Markus Hermann

Der Transfer-Sozialplan in der reformierten Betriebsverfassung

Ein Instrument zur Bewältigung von Personalabbauprozessen

PETER LANG
Europäischer Verlag der Wissenschaften

Bibliografische Information Der Deutschen Bibliothek
Die Deutsche Bibliothek verzeichnet diese Publikation in der Deutschen Nationalbibliografie; detaillierte bibliografische Daten sind im Internet über <http://dnb.ddb.de> abrufbar.

Zugl.: Mannheim, Univ., Diss., 2003

D 180
ISSN 0531-7312
ISBN 3-631-51124-8

www.peterlang.de

In Memoriam

Brigitte Hermann

* 31.01.1953 † 03.06.2003

Vorwort

Die vorliegende Arbeit hat der Rechtswissenschaftlichen Fakultät der Universität Mannheim im Wintersemester 2002/2003 als Dissertation vorgelegen. Rechtsprechung und Literatur sind bis zum 30.09.2003 berücksichtigt.

Mein besonderer Dank gilt Herrn Prof. Dr. Volker Rieble für die ausgezeichnete Betreuung der Arbeit und die schnelle Erstellung des Erstgutachtens. Ohne sein nachhaltiges Wirken wäre diese Arbeit wohl nie geschrieben worden. Herrn Prof. Dr. Egon Lorenz danke ich für die Übernahme des Zweitgutachtens.

Größten Dank schulde ich meiner lieben Ehefrau Maria Hermann, die mich nicht nur bei meinem Promotionsvorhaben bedingungslos unterstützte, sondern mir darüber hinaus mit der Geburt des kleinen Jan Lukas das schönste Geschenk überhaupt machte.

Schließlich sollen mein Vater und meine verstorbene Mutter nicht unerwähnt bleiben. Ihnen verdanke ich sehr viel. Sie räumten mir stets die notwendige Entscheidungsfreiheit ein, versagten mir niemals ihre vorbehaltlose Unterstützung und förderten mich nach besten Kräften.

Heidelberg, im September 2003

Markus Hermann

Inhaltsverzeichnis

Literaturverzeichnis

Abeln, Christoph, Besteuerung der Outplacementberatung, in: BB 1999, S. 721 - 722

Ammermüller, Martin, Grundlinien, in: Bundesarbeitsblatt 7- 8 /1997, S. 7- 13

Ammermüller, Martin, Innovative Arbeitsförderung aus der Sicht des Gesetzgebers, in: Die Reform der Arbeitsförderung, München 1997, S.21- 37

Annuß, Georg, Mitwirkung und Mitbestimmung der Arbeitnehmer im Regierungsentwurf eines Gesetzes zur Reform des BetrVG, in NZA 2001, S. 367 – 371

Ascheid, Reiner / Preis, Ulrich / Schmidt, Ingrid (Hrsg.), (APS), Großkommentar zum Kündigungsrecht, München 2000

Bachner, Michael / Schindele, Friedrich, Beschäftigungssicherung durch Interessenausgleich und Sozialplan, in: NZA 1999, S. 130 – 136

Bauer, Jobst- Hubertus, Arbeitsrechtliche Aufhebungsverträge, 6. Aufl., München 1999

Bauer, Jobst- Hubertus, Neues Spiel bei der Betriebsänderung und der Beschäftigungssicherung, in NZA 2001, S. 375 -379

Bauer, Jobst- Hubertus, Aktuelle Probleme des Personalabbaus im Rahmen von Betriebsänderungen Teil I und II, in: DB 1994, S. 217 – 227 u. S. 274 – 278

Bauer, Jobst- Hubertus / Göpfert, Burkhard, Beschleunigtes Interessenausgleichsverfahren, in: DB 1997, S. 1464 – 1471

Beckschulze, Martin, Auswirkung des § 2 SGB III auf das Arbeitsrecht, in: BB 1998, S. 791 – 794

Bepler, Klaus, Sozialrechtliche Gestaltung des Arbeitsverhältnisses Kündigungsschutz, Sozialplanförderung, Eingliederungsvertrag, in: AuR 1999, S. 219 – 229

Bertzbach, Martin, Verhindert die Anwendung des Kündigungsschutzgesetzes die Sanierung von Unternehmen?, in: Festschrift für Peter Hanau, hrsg. v. Isenhardt, Udo / Preis, Ulrich, Köln 1999, S. 173 – 195

Blatt, Hans Josef/ Kriegesmann, Bernd/ Kottmann, Markus, Der Transfer-Sozialplan als Alternative zur Abfindung, in PERSONALFÜHRUNG 2002, S. 61 - 65

Boemke, Burkhard/ Lembke Mark, Änderungen im AÜG durch das „Job-AQTIV-Gesetz", in DB 2002, S. 893 - 899

Bundesanstalt für Arbeit, Zuschüsse zu Sozialplanmaßnahmen nach §§ 254ff. SGB III, Runderlass vom 31.10.1997 – Ib1 – 5507 –

Bundesanstalt für Arbeit, Zuschüsse zu Sozialplanmaßnahmen nach §§ 254ff. SGB III, Runderlasse vom 17.12.1997 – 5507, Betreff: Rechtsänderungen und Förderhöchstbetrag; vom 11.12.1998 – 5507 und vom 20.12.1999 – 5507 Betreff: Förderhöchstbetrag

Bundesarbeitgeberverband Chemie e.V. , Transfer- Sozialplan der Chemischen Industrie – Veränderungen anders gestalten , Heidelberg 2001

Däubler, Wolfgang, Die veränderte Betriebsverfassung – Erste Anwendungsprobleme, in: ArbuR 2001, S. 285 – 291

Däubler, Wolfgang / Kittner, Michael / Klebe, Thomas (Hrsg.), Betriebsverfassungsgesetz, 8. Aufl., Köln 2002

Dieterich, Thomas / Hanau, Peter / Schaub, Günter (Hrsg.), Erfurter Kommentar zum Arbeitsrecht, 2. Aufl., München 2001

Dorndorf, Eberhard / Weller, Bernhard / Hauck, Friedrich / Kriebel, Volkhart / Höland, Armin / Neef, Klaus, Heidelberger Kommentar zum Kündigungsschutzgesetz, 4. Aufl., Heidelberg 2001

Eckhardt, Heinz- Jürgen, Gewährung von Kurzarbeitergeld (Kug) nach § 175 SGB III an Arbeitnehmer in Beschäftigungsgesellschaften, in: AuB 2000, S. 100 – 104

Eichenhofer, Eberhard, Neue Grundsätze der Arbeitsförderung, in SGb 2000, S. 289 - 295

Ehlers, Harald, Stilllegung einer Betriebsabteilung, München 2002

Engels, Gert / Trebinger, Yvonne / Löhr – Steinhaus, Wilfried, Regierungsentwurf eines Gesetzes zur Reform des Betriebsverfassungsgesetzes, in: DB 2001, S. 532 – 542

Etzel, Gerhard, Betriebsverfassungsrecht, 6. Aufl., Kassel 1998

Fabricius, Fritz / Kraft, Alfons / Wiese, Günther / Kreutz, Peter / Oetker, Hartmut, Betriebsverfassungsgesetz, Gemeinschaftskommentar Band I, Band II, 7. Aufl., Neuwied, Kriftel 2002

Fischer, Ulrich, Beschäftigungsförderung nach neuem Betriebsverfassungsrecht, in: DB 2002, S. 322 - 324

Fitting, Karl/ Kaiser, Heinrich/ Heither, Friedrich/ Engels, Gerd/ Schmidt, Ingrid, Betriebsverfassungsgesetz, Kommentar, 21. Aufl., München 2002

Friedemann, Hartmut, Das Verfahren der Einigungsstelle für Interessenausgleich und Sozialplan, Köln 1997

Gagel, Alexander, § 2 SGB III: Schlüssel zum eingliederungsorientierten Kündigungsrecht und zu Transfer- Sozialplänen, in: BB 2001, S. 358 – 363

Gagel, Alexander, Die Umsetzung sozialrechtlicher Ziele über Betriebsvereinbarungen und Tarifverträge, in: Festschrift für Thomas Dieterich, hrsg. von Hanau, Peter / Heither, Friedrich / Kühling, Jürgen, München 1999, S. 169 - 183

Gagel, Alexander, Die Wirkung von Konfliktlösungen im Arbeitsrecht auf sozialrechtliche Rechtsbeziehungen, in: Festschrift für Peter Hanau, hrsg. von Isenhardt, Udo / Preis, Ulrich, Köln 1999, S. 649 – 667

Gagel, Alexander, SGB III Arbeitsförderung, Loseblattsammlung, München Stand: 3/ 2002

Gajewski, Peter, Rechtsprobleme bei der Sozialplangestaltung, in: Festschrift für Dieter Gaul, hrsg. Dietrich Boewer, Björn Gaul, Berlin, Kriftel, Neuwied 1992, S. 189 - 212

Galperin, Hans / Löwisch, Manfred, Kommentar zum Betriebsverfassungsgesetz, Band II: Regelung der Mitbestimmung (§§ 74- 132), 6. Aufl., Heidelberg 1982

Gaul, Björn, Zuschüsse zu Sozialplänen, in: AuA, 1998, S. 336 – 339

Gaul, Björn / Kliemt, Michael, Aktuelle Aspekte einer Zusammenarbeit mit Beschäftigungsgesellschaften, in: NZA 2000, S. 674 – 678

Gemeinschaftskommentar zum Arbeitsförderungsrecht(GK-SGB III), bearbeitet von Ambs Friedrich u.a., Loseblatt. Neuwied, Kriftel, Berlin, Stand: April 2002

Gern, Alfons, Kommunalrecht Baden-Württemberg, 6. Aufl., Baden Baden 1996

Hanau, Peter, Denkschrift zu dem Regierungsentwurf eines Gesetzes zur Reform des Betriebsverfassungsgesetzes, in: RdA 2001, S. 65- 76

Hanau, Peter/ Thüsing, Gregor, Tarifverträge zur Beschäftigungssicherung, in: ZTR 2001, 1. Teil S. 1 – 6, 2. Teil S. 49 – 53.

Hans- Böckler- Stiftung (Hrsg.), Förderinstrumente einer flexiblen und sozialverträglichen Arbeitsmarktpolitik, Arbeitsgemeinschaft Engere Mitarbeiter der Arbeitsdirektoren Stahl Fachausschuss „Vermittlungs-, Qualifizierungs- und Beschäftigungsgesellschaften (VQB)“, Düsseldorf 2000

Hase, Detlef / Neumann – Cosel, Reino v. / Rupp, Rudi, Die Praxis von Interessenausgleichen und Sozialplänen in der Bundesrepublik, Eine empirische Analyse, Kurzfassung des Zwischenberichts 1988

Heinze, Meinhard, Das Verhältnis des öffentlich- rechtlichen Sozialrechts zum privatrechtlichen Arbeitsrecht, in: SGb 2000, S. 241 – 247

Hemmer, Edmund, Sozialpläne und Personalanpassungsmaßnahmen, Köln 1997

Henkes, Andreas / Bauer, Ulrich / Kopp, Joachim / Polduwe, Christiane, Handbuch Arbeitsförderung SGB III, München 1999

Hennig, Werner / Henke, Norbert / Schlegel, Rainer / Theuerkauf, Walter / Estelmann, Martin, SGB III Sozialgesetzbuch Drittes Buch – Arbeitsförderung – Kommentar mit Nebenrechten, Loseblattsammlung, Neuwied, Kriftel, Berlin Stand: 6 / 2002

Hermann, Arnd, Outplacement, Frankfurt am Main 2001

Hölter, Wolfgang (hrsg.), Handbuch des Unternehmens- und Beteiligungskaufs, Köln 2002

Hoyningen – Huene, Gerrick v., Betriebsverfassungsrecht, 5. Aufl., München 2002

Hoyningen – Huene, Gerrick v/ Linck, Rüdiger, Kündigungsschutzgesetz, Kommentar, 13. Aufl., München 2002

Jaeger, Michael, Personalmanagement bei Mergers & Acquisitions, Neuwied, Kriftel 2001

Jerusalem, Christian, Abfindungen kosten zu viel, in: PERSONALFÜHRUNG 2002, S. 44

Kaiser, Dagmar, Arbeitsrechtliche Probleme der Beschäftigungsgesellschaften in den neuen Bundesländern, in: NZA 1992, S. 193 – 201

Kirchhof, Ferdinand, Private Rechtsetzung, Berlin, 1987

Kirsch, Johannes/ Knuth, Matthias/ Krone, Sirikit/ Mühge, Gernot/ Müller, Angelika, Zuschüsse zu Sozialplanmaßnahmen, in: BeitrAB 242 des IAB, Nürnberg 2001

Kittner, Michael / Däubler, Wolfgang / Zwanziger, Bertram, Kündigungsschutzrecht, 5. Aufl., Köln 2001

Kriegesmann, Bernd / Kottmann, Marcus, Neue Wege für Personalanpassungen in der Chemischen Industrie, edition der Hans- Böckler- Stiftung 59, Düsseldorf 2001

Kruip, Dirk, Betriebsrentenanpassung und Sozialplandotierung in Konzern und Umwandlung, Heidelberg 1997

Küttner, Wolfdieter, Personalhandbuch 2001, München 2001

Larenz, Karl, Lehrbuch des Schuldrechts Band I Allgemeiner Teil, 14. Aufl., München 1987

Larenz, Karl, Methodenlehre der Rechtswissenschaft, 6. Aufl., Berlin, Heidelberg, New York 1991

Lingemann, Stefan, Betriebsänderungen nach neuem Recht, in: NZA 2002, S. 934 - 945

Löwisch, Manfred, Auswirkungen des Betriebsverfassungsrechts-Reformgesetzes auf Mitwirkung und Mitbestimmung des Betriebsrats, in: Sonderbeilage NZA 24/2001, S. 40 – 48

Löwisch, Manfred, Änderung der Betriebsverfassung durch Betriebsverfassungs-Reformgesetz, in: BB 2001, S. 1790 - 1798

Löwisch, Manfred, Arbeitsrechtliche Fragen des Transfer-Sozialplans, in: Der Transfer- Sozialplan, Neuer Rechtsrahmen zur Beschäftigungssicherung in Krisenzeiten, Fachtagung der Bayer-Stiftung für deutsches und internationales Arbeits- und Wirtschaftsrecht, hrsg. von Lieb, Manfred, München 2000, S. 33 – 52

Löwisch, Manfred, Der „vorsorgliche Sozialplan" – eine zweifelhafte Rechtsfigur, in: Festschrift für Thomas Dieterich, hrsg. von Hanau, Peter / Heither, Friedrich / Kühling, Jürgen, München 1999, S. 344 - 353

Löwisch, Manfred, Die Flankierung von Sozialplänen durch die Bundesanstalt für Arbeit (§§ 254ff. SGB III), in: RdA 1997, S. 287 – 293

Löwisch, Manfred / Kaiser, Dagmar, Betriebsverfassungsgesetz, 5. Auflage, Heidelberg 2002

Luding, Jens, Beendigung und Veränderung von Sozialplänen, Heidelberg, 2001

Lucas, Mark, Einsetzen statt Freisetzen, in: PERSONALFÜHRUNG 2002, S. 46 - 47

Matthes, Hans- Christoph, Neue Funktionen für Interessenausgleich und Sozialplan, in: RdA 1999, S. 178 – 182

Matthes, Hans- Christoph, Rechtsfragen zum Interessenausgleich, in: Festschrift für Otfried Wlotzke zum 70. Geburtstag, hrsg. von Anzinger, Rudolf / Wank, Rolf, München 1996, S. 393 – 406

Maydell, Bernd v., Zum Verhältnis von Arbeitsrecht und Sozialrecht, in: Festschrift für Kissel, hrsg. von Heinze, Meinhard / Söllner, Alfred, München 1994, S. 761 – 772

Meyer, Cord, Transfergesellschaften an der Schnittstelle zwischen Arbeits- und Sozialrecht, in: NZS 2002, S. 578 - 583

Meyer, Cord, Zuschüsse zu Sozialplänen nach §§ 254 ff. SGB III, in NZA 1998, 1. Teil S. 403 – 409, 2. Teil S. 513 - 521

Münchener Handbuch zum Arbeitsrecht, hrsg. Richardi, Reinhard/ Wlotzke, Otfried, 2. Auflage, München 2000

Niesel, Klaus, Arbeitsförderung – SGB III – Kommentar, 2. Aufl., München 2002

Oetker, Hartmut, Die Hinzuziehung eines Beraters bei Betriebsänderungen – Der neue § 111 S. 2 BetrVG, in: NZA 2002, S. 465 - 473

Nicolai, Wolfgang, Personalanpassung sozialverträghlich gestalten, in: Personalwirtschaft 2000, S. 56 - 58

Nimscholz, Bernhard/ Oppermann Klaus/ Ostrowicz, Alexander, Altersteilzeit, Frechen-Königsdorf, 2001

Picot, Gerhard / Schnitker, Elmar, Arbeitsrecht bei Unternehmenskauf und Restrukturierung, München 2001

Preis, Bernd, Stellenabbau als unternehmerische Entscheidung?, in: DB 2000, S. 1122 - 1126

Preis, Ulrich, Die Verantwortung des Arbeitgebers und der Vorrang betrieblicher Maßnahmen vor Entlassungen (§ 2 I Nr.2 SGB III), in: NZA 1998, S. 449 – 458

Pröpper, Martin, Steuerfreie Abfindungen gem. § 3 Nr. 9 EStG auch bei Transfer-Sozialplan und Beschäftigung- und Qualifizierungsgesellschaft, in: DB 2001, S. 2170 - 2173

Pröbsting, Karl, Die Konversion der Sozialpläne in Transferpläne – Hilfen zur Strukturanpassung, in: Der Transfer- Sozialplan, Beschäftigungsförderung durch neues Arbeits- und Sozialrecht, Fachtagung der Bayer- Stiftung für deutsches und internationales Arbeits- und Wirtschaftsrecht, hrsg. von Lieb, Manfred, München 1998, S. 111 - 118

Reichhold, Hermann, Die reformierte Betriebsverfassung 2001, in: NZA 2001, S. 857 – 865

Reuter, Dieter, Der Sozialplan – Entschädigung für Arbeitsplatzverlust oder Steuerung unternehmerischen Handelns?, Bielefeld 1983

Richardi, Reinhard, Die neue Betriebsverfassung, München 2001

Richardi, Reinhard, Betriebsverfassungsgesetz mit Wahlordnung, 8. Aufl., München 2002

Rieble, Volker, Die Kontrolle des Ermessens der betriebsverfassungsrechtlichen Einigungsstelle, Heidelberg 1990

Rieble, Volker, Erweiterte Mitbestimmung in personellen Angelegenheiten, in NZA Sonderheft 2001: Die neue Betriebsverfassung-Konsequenzen für die Praxis, S. 48 – 60

Rieble, Volker, Die Betriebsverfassungsgesetz-Novelle 2001 in ordnungspolitischer Sicht, in ZIP 2001, S. 133 - 143

Rolfs, Christian, Arbeitsrechtliche Aspekte des neuen Arbeitsförderungsrecht, in NZA 1998, S. 17 - 23

Röder, Gerhard / Baeck, Ulrich, Interessenausgleich und Sozialplan, Beck´sche Musterverträge, Band 17, 3. Auflage, München 2001

Rudolph, Helmut, Risiko von Langzeitarbeitslosigkeit frühzeitig erkennen – Berechnung der Verbleibwahrscheinlichkeit von Arbeitslosen, in: IAB Werkstattbericht Nr. 14, 1998

Ruhm, Ingo, Arbeitsförderungsrecht SGB III, Sozialversicherungsrecht für die Praxis, München 2000

Rumpff, Klaus / Boewer, Dietrich, Mitbestimmung in wirtschaftlichen Angelegenheiten und bei der Unternehmens- und Personalplanung, 3. Aufl. , Heidelberg 1990

Schaub, Günter, Arbeitsrechts - Handbuch, 9. Aufl., München 2000

Strobel, Eva, Die sozialrechtliche Flankierung des Transfer-Sozialplans aus Sicht der Arbeitsverwaltung, in: Der Transfer- Sozialplan, Neuer Rechtsrahmen zur Beschäftigungssicherung in Krisenzeiten, Fachtagung der Bayer- Stiftung für deutsches und internationales Arbeits- und Wirtschaftsrecht, hrsg. von Lieb, Manfred, München 2000, S. 95 - 110

Stahlhacke, Eugen / Preis, Ulrich / Vossen, Reinhard, Kündigung und Kündigungsschutz im Arbeitsverhältnis, 8. Aufl., München 2002

Stege, Dieter / Weinspach, Friedrich K. / Schiefer, Bernd, Betriebsverfassungsgesetz, 9. Aufl., Köln 2002

Stindt, Heinrich Meinhard, Zuschüsse zu Sozialplänen nach §§ 254 ff. SGB III: Gesetzlicher Anstoß der Konversion vom Sozialplan zum Transfer-Sozialplan, Fachtagung der Bayer- Stiftung für deutsches und internationales Arbeits- und Wirtschaftsrecht, hrsg. von Lieb, Manfred, München 1998, S. 119 - 136

Stindt, Heinrich Meinhard, Der Transfer- Sozialplan: Ein innovatives Verbundprodukt aus Betriebsverfassungsrecht und Arbeitsförderungsrecht, in: Festschrift für Weinspach, Friedrich Karl, hrsg. von Goos, Wolfgang / Molitor, Karl, Neuwied 2002, S. 147 – 171

Thannheiser, Achim, Moderne Sozialplangestaltung mit Hilfe des SGB III, in: AiB 1999 1. Teil S. 89- 100, 2. Teil S. 159 - 160

Veit, Barbara, Die funktionelle Zuständigkeit des Betriebsrats, München 1998

Weber, Ulrich / Burmester, Antje, Die Ermessensentscheidung der Einigungsstelle bei Sozialplänen und ihre arbeitsgerichtliche Überprüfung, in: BB 1995, S. 2268 - 2271

Wendeling-Schröder, Ulrike/ Welkoborsky H., Beschäftigungssicherung und Transfer-Sozialplan, in: NZA 2002, S. 1370 - 1378

Willemsen, Heinz J. / Hohenstatt, Klaus- Stefan / Schweibert, Ulrike, Umstrukturierung und Übertragung von Unternehmen: Arbeitsrechtliches Handbuch, München 1999

Wissing, Gerhard u.a. (Hrsg.), SGB III Arbeitsförderung, Baden Baden Loseblattsammlung, Stand: 6/ 2001

Wißmann, Hellmut, Der Sozialplan und seine Weiterentwicklung aus Sicht der Rechtsprechung, in: Der Transfer- Sozialplan, Neuer Rechtsrahmen zur Beschäftigungssicherung in Krisenzeiten, Fachtagung der Bayer- Stiftung für deutsches und internationales Arbeits- und Wirtschaftsrecht, hrsg. von Lieb, Manfred, München 2000, S. 81 – 94

Wolff, Hinnerk, Personalanpassung durch „Transfer-Sozialplan", in: NZA 1999, S. 622- 627

Zöllner, Wolfgang / Loritz, Karl- Georg, Arbeitsrecht, 5. Aufl., München 1998

Abkürzungsverzeichnis

a.A.	andere Ansicht
a.a.O.	an angeführtem Ort
a.M.	andere Meinung
Abs.	Absatz
AFG	Arbeitsförderungsgesetz
AFRG	Arbeitsförderungs- Reformgesetz
AiB	Arbeitsrecht im Betrieb (Zeitschrift)
AP	Arbeitsrechtliche Praxis (Entscheidungssammlung); Nachschlagewerk des Bundesarbeitsgerichts
ArbG	Arbeitsgericht
ArbGG	Arbeitsgerichtsgesetz
ArbuR	Arbeit und Recht (Zeitschrift)
Art.	Artikel
AuA	Arbeit und Arbeitsrecht (Zeitschrift)
AuB	Arbeit und Beruf (Zeitschrift)
AÜG	Arbeitnehmerüberlassungsgesetz
Aufl.	Auflage
BA	Bundesanstalt für Arbeit
BArBl.	Bundesarbeitsblatt (Zeitschrift)
BAG	Bundesarbeitsgericht
BaWü	Baden- Württemberg
BB	Betriebsberater (Zeitschrift)
Bd.	Band
beE	betriebsorganisatorisch eigenständige Einheit
BeitrAB	Beiträge zur Arbeitsmarkt- und Berufsforschung
Besch.	Beschluss
BetrVG- RG	Gesetz zur Reform des Betriebsverfassungsgesetzes
BetrVG	Betriebsverfassungsgesetz
BErzGG	Bundeserziehungsgeldgesetz
BFH	Bundesfinanzhof
BGB	Bürgerliches Gesetzbuch
BGBl.	Bundesgesetzblatt
BGH	Bundesgerichtshof
BPersVG	Bundespersonalvertretungsgesetz
BQG	Beschäftigungs- und Qualifizierungsgesellschaft
BSG	Bundessozialgericht

BSHG	Bundessozialhilfegesetz
bspw.	beispielsweise
BT- Drucks.	Bundestagsdrucksache
BVerfG	Bundesverfassungsgericht
bzgl.	bezüglich
bzw.	beziehungsweise
DA	Durchführungsanweisung
d.h.	das heißt
DB	Der Betrieb (Zeitschrift)
ders.	derselbe
DKK	Betriebsverfassungsgesetz, Kommentar von Wolfgang Däubler, Michael Kittner, Thomas Klebe, 8.Aufl., 2002
ErfK	Erfurter Kommentar zum Arbeitsrecht, Thomas Dieterich (Hrsg.), 2. Aufl. 2001
ESF	Europäischer Sozialfonds
EStG	Einkommensteuergesetz
EzA	Entscheidungssammlung zum Arbeitsrecht
f.	folgend
ff.	folgende
Fn.	Fußnote
FS	Festschrift
gem.	gemäß
GG	Grundgesetz
ggf.	gegebenenfalls
GK	Gemeinschaftskommentar
grds.	grundsätzlich
GS	Großer Senat
h.M.	herrschende Meinung
hrsg.	Herausgeber
i.d.R.	in der Regel
i.S.d.	im Sinne des
i.S.v.	im Sinne von
i.V.m.	in Verbindung mit
IAB	Institut für Arbeitsmarkt- und Berufsforschung
InsO	Insolvenzordnung
KSchG	Kündigungsschutzgesetz
Kug	Kurzarbeitergeld

LAA	Landesarbeitsamt
LAG	Landesarbeitsgericht
lit.	Buchstabe
m.w.N.	mit weiteren Nachweisen
MSchG	Mutterschutzgesetz
MünchArbR	Münchener Handbuch zum Arbeitsrecht
n.F.	neue Fassung
Nr.	Nummer
NZA	Neue Zeitschrift für Arbeitsrecht (Zeitschrift)
NZS	Neue Zeitschrift für Sozialrecht (Zeitschrift)
RdA	Recht der Arbeit (Zeitschrift)
Rdnr.	Randnummer
rglm.	reglmäßig
S.	Satz oder Seite
s.o.	siehe oben
SAE	Sammlung arbeitsrechtlicher Entscheidungen (Zeitschrift)
SGB	Sozialgesetzbuch
SGb	Die Sozialgerichtsbarkeit (Zeitschrift)
sog.	sogenannten
SozR	Sozialrecht, Entscheidungssammlung, bearbeitet von den Richtern des BSG
SprAuG	Sprecherausschussgesetz
TVG	Tarifvertragsgesetz
TzBfG	Teilzeit- und Befristungsgesetz
u.a.	unter anderem
UmwG	Umwandlungsgesetz
Urt.	Urteil
vgl.	vergleiche
z.B.	zum Beispiel
ZfA	Zeitschrift für Arbeitsrecht
ZIP	Zeitschrift für Wirtschaftsrecht
ZTR	Zeitschrift für Tarif-, Arbeits- und Sozialrecht des öffentlichen Dienstes

§ 1 Der Transfer-Sozialplan als moderne Personalabbaustrategie

Trotz vorausschauender Personalplanung, der Ausnutzung von individuellen sowie tariflichen Flexibilisierungsmöglichkeiten von Arbeitsbedingungen, sind Personalabbaumaßnahmen in erheblichem Umfang unvermeidbar[1]. Der Transfer-Sozialplan[2] eröffnet neue Wege bei der Bewältigung von Personalanpassungsprozessen.

A. Untersuchungsgegenstand Transfer-Sozialplan

Der Transfer-Sozialplan findet ausdrückliche Erwähnung in der Gesetzesbegründung zu § 112 Abs. 5 S. 2 Nr. 2a BetrVG[3]. Gem. § 112 Abs. 1 S.2 BetrVG ist er auf den Ausgleich oder die Milderung der wirtschaftlichen Nachteile, die den Arbeitnehmern infolge der geplanten Betriebsänderung entstehen, gerichtet. Er unterscheidet sich hinsichtlich seines Leistungsinhalts jedoch von den herkömmlichen Abfindungssozialplänen. Im Kern geht es darum, die von der Personalabbaumaßnahme betroffenen und von Arbeitslosigkeit bedrohten Arbeitnehmer nicht vorrangig mit Geld abzufinden, sondern anstelle von Abfindungen beschäftigungswirksame Qualifizierungs- und Transferleistungen zu vereinbaren. Erstes Ziel des Transfer-Sozialplanes ist es, den von einem Arbeitsplatzabbau betroffenen Arbeitnehmern neue Beschäftigungsmöglichkeiten zu eröffnen, sie entweder in ein neues Anschlussbeschäftigungsverhältnis oder in die Selbständigkeit zu vermitteln. Arbeitslosigkeit der vom Arbeitsplatzverlust betroffenen Arbeitnehmer soll durch die im Transfer- Sozialplan vorgesehenen Leistungen vermieden werden. Das Instrument erhält seinen besonderen „Pfiff" daraus, dass die Arbeitsverwaltung zur Finanzierung der Qualifizierungs- und Transferleistungen mit ins Boot genommen wird[4]. Transfer- und Qualifizierungsmaßnahmen können nämlich im Unterschied zu Abfindungen gem. §§ 254 ff. SGB III von der Bundesanstalt für Arbeit durch Zuschüsse zu Sozialplanmaßnahmen gefördert werden. Um den Transfer der betroffenen Arbeitnehmer in neue Beschäftigungsverhältnisse zu gestalten, stellt das SGB III gem. § 175 SGB III zudem das Kurzarbeitergeld in einer betriebsorganisatorisch eigenständigen Einheit (sog. Strukturkurzarbeitergeld) zur Verfügung.

---

[1] *Löwisch*, Der Transfer-Sozialplan, S. 33ff.

[2] Der Begriff wurde erstmals 1997 von *H.M. Stindt* auf einer Informationsveranstaltung der BDA zum neuen Arbeitsförderungsrecht eingeführt und im Beitrag: Zuschüsse zu Sozialplänen nach §§ 254 ff. SGB III: Gesetzlicher Anstoß der Konversion von Sozialplan zum Transfer- Sozialplan S. 119 ff. schriftlich begründet.

[3] BT-Drucks. 14/5741, S. 52.

[4] *Wißmann*, Transfer- Sozialplan, S. 81 (83).

Mit Einführung des § 112 Abs. 5 S.2 Nr. 2a BetrVG[5] im Zuge des BetrVG-Reformgesetzes, das zum 1.8.2001 in Kraft getreten ist, rückt die Ausgestaltung des Sozialplans als Transfer-Sozialplan in den Blickpunkt des kollektiven Arbeitsrechts. Bei der Entscheidung der Einigungsstelle über die Aufstellung des Sozialplanes soll diese gem. § 112 Abs. 5 S. 2 Nr. 2a BetrVG nunmehr insbesondere die im dritten Buch des Sozialgesetzbuches (SGB III) vorgesehenen Förderungsmöglichkeiten zur Vermeidung von Arbeitslosigkeit berücksichtigen. Damit soll erreicht werden, dass Sozialplanmittel für Maßnahmen der inner- oder außerbetrieblichen Qualifizierung, zur Förderung einer Anschlusstätigkeit bei einem anderen Arbeitgeber oder für Leistungen zur Vorbereitung einer selbständigen Existenz des Arbeitnehmers eingesetzt wird[6]. Diese Regelung steht im Zusammenhang mit den anderen durch das BetrV-RG neu eingeführten beschäftigungsfördernden und –sichernden Vorschriften. Zu nennen sind §§ 80 Abs. 1 Nr. 8, 92a und 97 Abs. 2 BetrVG[7].
Die neue Regelung des § 112 Abs. 5 S.2 Nr. 2a BetrVG ist unmittelbar im Einigungsstellenverfahren anwendbar. Die Einigungsstelle entscheidet nach § 112 Abs.4 BetrVG über die Aufstellung des Sozialplans, wenn zwischen dem Unternehmer und dem Betriebsrat keine Einigung über den Sozialplan zustande kommt. Sie entfaltet aber auch mittelbare Wirkung auf die freie Verhandlung des Sozialplans zwischen den Betriebsparteien. Denn diese erfolgt stets mit dem Blick auf den möglichen Ausgang eines Einigungsstellenverfahrens.
Mit § 112 Abs. 5 S. 2 Nr. 2a BetrVG kommt es zu einer ausdrücklichen Vernetzung des Sozialplans als arbeitsrechtlichem Instrument des Betriebsverfassungsrechts und den sozialrechtlichen Vorschriften des Arbeitsförderungsrechts. In der vorliegenden Arbeit wird der Transfer-Sozialplan als Verhandlungsergebnis der Betriebsparteien bzw. als Einigungsstellenspruch rechtlich untersucht. Im Mittelpunkt der Arbeit steht die arbeitsrechtliche Beurteilung des Transfer-Sozialplans in der reformierten Betriebsverfassung unter Berücksichtigung arbeitsförderungsrechtlicher Bezüge. Denn der Transfer-Sozialplan ist das Ergebnis aus dem Zusammenspiel von arbeitsförderungsrechtlichen und betriebsverfassungsrechtlichen Vorschriften und hat damit polyperspektivischen Charakter. So ist es treffend, den Transfer-Sozialplan als innovatives Verbundprodukt aus Betriebsverfassungsrecht und Arbeitsförderungsrecht zu bezeichnen[8].

---

[5] BGBl. 2001, Teil 1, S. 1852.
[6] BT-Drucks. 14/5741 S. 52.
[7] *Wendelin-Schröder/Welkoborsky*, NZA 2002, 1370 (1371).
[8] *Stindt*, FS Weinspach, S. 147.

Um den Transfer-Sozialplan rechtlich zu erfassen, sind folglich seine betriebsverfassungsrechtliche und arbeitsförderungsrechtliche Regelungsebene und die daraus resultierenden Wechselwirkungen zu analysieren.

I. Bisherige Bewältigung von Personalabbaumaßnahmen

Statistisch wird rund die Hälfte der von Betriebsänderung betroffenen Arbeitnehmer entlassen[9]. Knapp ein Viertel der Betroffenen wird über Frühverrentungsmaßnahmen abgebaut, ein weiteres Viertel wird umgesetzt d.h. anderweitig im Unternehmen beschäftigt[10]. Um die Folgen von derartigen Betriebsänderungen abzufedern sieht das Arbeitsrecht das Instrument des Sozialplans vor. Dieser hat nach § 112 Abs. 1 S. 2 BetrVG die wirtschaftlichen Nachteile, die den Arbeitnehmern infolge der geplanten Betriebsänderung entstehen, auszugleichen oder abzumildern.
Bis 1997 war eine klare Dominanz von Abfindungssozialplänen zu beobachten. 85,2% der Sozialplanvolumina wurden bundesweit für reine Abfindungszahlungen verwandt. Eine Ausnahme bildet dabei die Chemische Industrie, in der lediglich 68,5 % der Sozialpläne als reine Abfindungssozialpläne ausgestaltet waren[11]. Die Dominanz von Abfindungssozialplänen als Instrument der Bewältigung von Personalabbauprozessen zeigt sich auch daran, dass nur in 1,5% der Entlassungsfälle keine Abfindung gezahlt wurde[12]. Qualifizierungsvereinbarungen waren gerade mit einer Quote von 1,6% vertreten[13].
Nur in 7% der Fälle wurde die Abfindung einzelner Betroffener wegen schlechter Arbeitsmarktaussichten erhöht. Aktivierende Unterstützung von betroffenen Arbeitnehmern zum Transfer in den Arbeitsmarkt sind in den Sozialplänen der ersten Hälfte der 90er Jahre eher selten zu finden, sieht man von den Hilfen ab, welche die „innerbetriebliche“ Mobilität fördern sollen.[14] In den ausgewerteten Sozialplänen finden sich oftmals nur Leistungen zur Förderung der „innerbetrieblichen“ Mobilität, wozu auch der Wechsel auf neue Arbeitsplätze in anderen Unternehmen des Konzerns zählt. Im Einzelnen zählen zu den Unterstützungsleistungen der Ausgleich von Lohneinbußen, Regelungen zu Qualifizierungsmaßnahmen, die auf die neuen Aufgaben vorbereiten, sowie Fahrtkostenzuschüsse und Umzugshilfen.

---

[9] *Hemmer*, Sozialpläne 1997, S. 93, 104.
[10] *Hemmer*, Sozialpläne 1997, S. 93, 104.
[11] *Hemmer*, Sozialpläne 1997, S. 109.
[12] *Hase/Neumann-Cosel/ Rupp*, Praxis, S. 15.
[13] *Hemmer*, Sozialpläne 1997, S. 93, 104.
[14] Förderinstrumente einer flexiblen und sozialverträglichen Arbeitsmarktpolitik, Hans Böckler Stiftung, Arbeitspapier 16.

Bemerkenswert ist bei diesem Befund, dass 23 % der befragten Personalverantwortlichen in den Unternehmen nach neuen Strategien bei Personalumstrukturierungen suchen, die auf Wiedereingliederung betroffener Arbeitnehmer gerichtet sind [15].

II. Verbreitung und Umsetzung des neuen Transfer- Sozialplan- Konzeptes

Das Institut Arbeit und Technik (IAT) hat im Auftrag der Bundesanstalt für Arbeit eine Begleitforschung zu den 1998 neu eingeführten Zuschüssen zu Sozialplanmaßnahmen nach §§ 254 ff. SGB III durchgeführt[16]. Vergleichbare statistische Studien zur Umsetzung und Verbreitung des Strukturkurzarbeitergeldes nach §§ 175 ff. SGB III liegen nicht vor. In der Literatur finden sich zu diesem Instrument lediglich Berichte über erfolgreiche Einzelprojekte[17].

Die Begleitforschung zu §§ 254 ff. SGB III, die im Abschlussbericht den Zeitraum September 1998 bis August 2000 erfasst, geht auf das Gesetzgebungsverfahren zurück. In der Begründung zu § 252 [später §254] SGB III [18] heißt es dazu: Die Bundesregierung gehe davon aus, dass sich dieses im Arbeitsförderungsgesetz nicht enthaltene Instrument bewähren wird. Sie sehe keine Befristung der Regelung vor. Sollten sich wider Erwarten in der Praxis Schwierigkeiten oder Missbräuche herausstellen, werde sie dem Gesetzgeber vorschlagen, die Regelung aufzuheben. Um eine solche Entscheidung treffen zu können, werde sie die Bundesanstalt nach Inkrafttreten des Gesetzes bitten, eine Begleitforschung durch das Institut für Arbeitsmarkt- und Berufsforschung (IAB) vorzunehmen. Insgesamt sind bis zum 31.7.2000 bundesweit 148 Sozialplanmaßnahmen nach § 254 SGB III ff. gefördert worden. Dabei sind auf 8.778 Teilnehmer 35.941.261 DM entfallen. Klassifiziert man die geförderten Betriebe nach Beschäftigtenzahlen ergibt sich folgendes Bild: 2% der Förderfälle sind Betriebe unter 20 Beschäftigte, 4% mit 20 bis unter 50 Beschäftigten, 7% mit 50 bis unter 100 Beschäftigte, 7 % mit 100 bis 199 Beschäftigten, 9% mit 200 bis 499 Beschäftigte und 12 % mit über 500 Beschäftigten. Damit sind Großbetriebe im Vergleich zu mittleren und kleinen Betrieben überrepräsentiert.

In 82% der Fälle wurde den von der Sozialplanförderung begünstigten Arbeitnehmern zugleich eine Abfindung gewährt. Nur in 18% der Fälle beschränkte sich das Angebot ausschließlich auf Transferangebote.

---

[15] *Hemmer*, Sozialpläne, S. 67.

[16] *Kirsch*, Zuschüsse zu Sozialplanmaßnahmen.

[17] Personalentwicklung und Beschäftigungstransfer bei betrieblichen Umstrukturierungen, Hans Böckler Stiftung, Arbeitspapier 15; Förderinstrumente einer flexiblen und sozialverträglichen Arbeitsmarktpolitik, Hans Böckler Stiftung, Arbeitspapier 16.

[18] BT-Drucks. 13/4841, S.198.

Der Verhandlungszeitraum bis zum Abschluss des Sozialplans betrug durchschnittlich sechs Wochen. Der Median lag bei 42 Tagen. Grund für die kurze durchschnittliche Verhandlungsdauer ist vermutlich die mit 22% hohe Quote von Insolvenzfällen[19]. Outplacementmaßnahmen waren in insgesamt 115 Förderfällen vorgesehen[20]. Das entspricht einem Anteil von 75 %. Davon sind in 48% reine Outplacementmaßnahmen ohne weitere Angebote vereinbart worden. Von den insgesamt 8.778 Begünstigten waren 4.846 Personen für Outplacementmaßnahmen vorgesehen, das entspricht einem Anteil von 55%. Nur 423 Personen – das sind lediglich 5% der geförderten Personen - sollten Qualifizierungsmaßnahmen besuchen. Der Anteil derjenigen, für die finanziellen Zuschüsse vorgesehen waren, liegt bei 366 Personen oder 4% der Teilnehmer. 3.549 Personen - also rund 42% - erhielten Maßnahmen, die aus diesen Elementen kombiniert worden sind. Die Maßnahmedauer ist hinsichtlich 35% der geförderten Personen ist ermittelt worden. Daraus ergibt sich mit Blick auf die individuelle Maßnahmedauer differenziert nach Maßnahmearten folgendes Bild[21]:

	Zahl der Fälle mit bekannter Dauer	Zahl der Begünstigten	Dauer
Outplacement	34	1.526 408 163	2- 6 Tage 10- 14 Tage länger
Qualifizierung	3	163	5 – 12 Monate
Lohnkosten-zuschuss	2	230 56	12 Monate bis Ende der Ausbildung
Kurzqualifizierung	2	2	4 Wochen
Existenzgründer	1	9	6 Monate
Outplacement, Qualifizierung	6	539	2- 3 Monate

Insgesamt 69% der Arbeitnehmer konnte im Rahmen der Maßnahme eine neue Arbeitsmarktperspektive geboten werden[22].

[19] Unternehmensberater gehen dagegen von einem Zeitrahmen bis zu 36 Monaten zur Umsetzung einer Betriebsänderung aus.

[20] Zur arbeitsrechtlichen Beurteilung von Individualoutplacement vgl. *Hermann*, Outplacement, S. 71 ff.

[21] vgl. *Kirsch*, Zuschüsse zu Sozialplanmaßnahmen, S. 69.

[22] *Kirsch*, Zuschüsse zu Sozialplanmaßnahmen, S. 80.

58% haben eine Anschlussbeschäftigung gefunden[23]. Die neuen beruflichen Positionen der Teilnehmer sind überwiegend gleichwertig, jedoch sind berufliche Abstiege mit 20% häufiger als Aufstiege mit 7%. Dabei erzielt etwa die Hälfte der wieder Beschäftigten ein etwa gleiches und 16% sogar ein höheres Einkommen als im früheren Betrieb[24].

III. Fazit der Begleitforschung

Die zweijährige Begleitforschung durch das Institut für Arbeitsmarkt- und Berufsforschung hat ergeben, dass das Instrument der Zuschüsse zu Sozialplanmaßnahmen nicht in dem erwarteten Umfang genutzt wurde[25]. Gleichzeitig wurde deutlich, dass das Instrument im Falle seiner Anwendung erfolgreich war, Arbeitslosigkeit der von Personalanpassungsmaßnahmen betroffenen Arbeitnehmer gar nicht erst entstehen zu lassen.

Als Ergebnis der Studie kann festgehalten werden, dass es mit Hilfe von Transfer-Sozialplänen gelungen ist, die Gefahr der Arbeitslosigkeit für die betroffenen Arbeitnehmer im Vergleich zur bisherigen Praxis deutlich abzusenken und gleichzeitig die Wahrung unternehmerischer Zielsetzungen im Kontext sehr unterschiedlicher Rahmenbedingungen von Betriebsänderungen sicherzustellen[26].

Die verhältnismäßig geringe Verbreitung[27] des Transfer- Sozialplans wird paradoxerweise gerade durch die hohe Spezifik und Flexibilität des Instruments verursacht[28]. Gerade die Kompliziertheit des den neuen Instrumenten zugrundeliegenden Rechts könnte mitursächlich für diese Entwicklung sein[29]. Dies belegt der Umstand, dass die Instrumente überwiegend in größeren Unternehmen mit dementsprechend geschulten Personalabteilungen bzw. in Insolvenzfällen unter Zuziehung von Insolvenzverwaltern mit entsprechender Erfahrung zum Einsatz kommen.

So sind für die optimale Konzeption des Transfer- Sozialplans und eine professionelle Umsetzung der vereinbarten Leistungsbestandteile spezifische Kompetenzen zu bündeln: Unverzichtbar ist die juristische Kompetenz bzgl. der rechtlichen Rahmenbedingungen. Die Rahmenbedingungen und damit der Handlungsspielraum der beteiligten Betriebsparteien ist sowohl durch das Recht des Interessenausgleichs- und

---

[23] *Kirsch*, Zuschüsse zu Sozialplanmaßnahmen, S. 76.
[24] *Kirsch*, Zuschüsse zu Sozialplanmaßnahmen, S. 77.
[25] *Kirsch*, Zuschüsse zu Sozialplanmaßnahmen, S. 115 ff.
[26] *A. Müller* in Personalentwicklung und Beschäftigungstransfer bei betrieblichen Umstrukturierungen, Hans Böckler Stiftung, Arbeitspapier 15.
[27] *Blatt/ Kriegesmann/Kottmann*, PERSONALFÜHRUNG 2002, 60 (62).
[28] *Kriegesmann/Kottmann*, Personalanpassungen, S. 14.
[29] *Stindt*, Beschäftigungsförderung, S. 119 (134).

Sozialplans als auch durch das Arbeitsförderungsrecht festgelegt. Hierdurch wird die organisatorische Verankerung zur Umsetzung der Personalanpassung[30] ebenso wie auch die Realisierbarkeit einzelner Leistungsbestandteile[31] maßgeblich beeinflusst. Außerdem ist operative Expertise zur Umsetzung der Transfer- und Qualifizierungsprozesse erforderlich. Es sind zur Unterstützung individueller, beruflicher Umorientierungsprozesse die detaillierte Kenntnis der betroffenen Arbeitnehmer sowie des Arbeitsmarktes notwendig. Zudem muss die Konzeption und Durchführung zielgruppenspezifischer Maßnahmen gewährleistet werden.

IV. Beschäftigungsfeindliche Wirkung von Abfindungssozialplänen

Der Transfer-Sozialplan ist eine Herausforderung für alle Beteiligten. Dabei stellt sich die Frage, ob die Abwicklung über Abfindungen nicht zu präferieren ist. Abfindungen haben einen beschäftigungsfeindlichen Einfluss auf das Arbeitnehmerverhalten. Die mit der Abfindung und dem Arbeitslosengeld zunächst gut ausgestatteten Arbeitslose sind anfangs nur schwer vermittelbar[32]. Oftmals lehnen die Arbeitslosen die ihnen nicht angenehmen Angebote aus dem trügerischen Gefühl finanzieller Sicherheit ab. In der Spätphase, wenn sie als Langzeitarbeitslose stigmatisiert sind, erhalten sie keine Angebote mehr, und bedürfen dann kostspieliger Eingliederungsmaßnahmen[33].

Aber gerade vor Übergang in reguläre Arbeitslosigkeit bestehen die höchsten Wiedereingliederungschancen[34]. Nach sechs Monaten Arbeitslosigkeit liegen die Aussichten auf eine neue Anstellung gerade noch bei 30 bis 50 %[35] Diesen erfolgskritischen Zeitpunkt verpassen abfindungsberechtigte Arbeitnehmer häufig. Die Abfindung in Form des „goldenen Handschlags“ wird von den betroffenen Arbeitnehmern in den seltensten Fällen in die eigene berufliche Qualifizierung investiert[36].

---

[30] z.B. die Inanspruchnahme von Strukturkurzarbeitergeld nach § 175 SGB III ist daran gebunden, dass die vom Arbeitsausfall betroffenen Arbeitnehmer in einer betriebsorganisatorisch eigenständigen Einheit ggf. in einer rechtlich verselbständigten Gesellschaft zusammengefasst werden.
[31] z.B. die Arbeitnehmerüberlassungserlaubnis und die Gewerbeerlaubnis für die Arbeitsvermittlung.
[32] *Ammermüller*, BArbBl. 7- 8/1997, S. 7 (11); *Pröbsting*, Beschäftigungssicherung, S. 111
[33] *Ammermüller*, BArbBl. 7- 8/ 1997, S. 7 (11).
[34] *Strobel*, Der Transfer- Sozialplan, S. 107.
[35] Nicolai, Personalwirtschaft 2000, 56 (56).
[36] *Stindt*, FS Weinspach, S. 147 (148).

V. Das Neue an der Transfer-Sozialplan-Strategie

Das Neue an der Transfer-Sozialplan-Strategie ist die Neuausrichtung der Sozialplanmaßnahmen. Ihnen ist gemeinsam, dass sie dem Transfer aus Beschäftigung in Beschäftigung dienen.

1. Beschäftigungswirksame Transfer- und Qualifizierungsmaßnahmen statt Abfindungen

Anstelle der Abfindungen werden im Transfer-Sozialplan die Sozialplanmittel eingesetzt, um neue Beschäftigungsperspektiven zu schaffen. Mit diesem Fokus ist er konsequent zukunftsorientiert. Diese geänderte Zweckbestimmung lenkt Mittel von der konsumtiven auf die investive Ebene um[37].

2. Keine Beschränkung der Maßnahmen auf die des § 3 Abs. 1 SGB III

Als beschäftigungswirksame Qualifizierungs- und Transferleistungen für die infolge der Betriebsänderung vom Arbeitsplatzverlust bedrohten Arbeitnehmer kommen alle Maßnahmen in Betracht, die dazu beitragen, diese Arbeitnehmer in eine Anschlussbeschäftigung zu vermitteln. In Anlehnung an die im Arbeitsförderungsrecht geregelten Leistungen ist zunächst an Maßnahmen vergleichbar denen der aktiven Arbeitsförderung an Arbeitnehmer gem. § 3 Abs. 1 SGB III zu denken. Der funktionelle Zusammenhang zeigte sich in § 254 SGB III a.F. so war für die Bezuschussung von Sozialplanmaßnahmen notwendige Voraussetzung, dass anstelle der Eingliederungsmaßnahmen für die betroffenen Arbeitnehmer voraussichtlich andere Leistungen der aktiven Arbeitsförderung zu erbringen wären. Damit sind die Maßnahmen der aktiven Arbeitsförderung in § 3 Abs. 1 SGB III praktisch als nicht abschließender Katalog für Transfer- und Qualifizierungsmaßnahmen anzusehen.

Die Orientierung an den in § 3 SGB III gesetzlich aufgelisteten Fördermaßnahmen darf aber nicht zu der Annahme verleiten, dass der Unternehmer einfach an Stelle der Arbeitsverwaltung § 3 SGB III identische Maßnahmen anbietet[38]. Die Betriebsparteien sind in der Wahl und der Ausgestaltung der Transfer- und Qualifizierungsmaßnahmen keineswegs auf diese beschränkt. Wenn man sich am Leistungskatalog des § 3 SGB III orientiert, muss eine Optimierung durch den Arbeitgeber zu erwarten

---

[37] *Wißmann*, Transfer- Sozialplan, S. 81 (82).
[38] *Stindt*, Beschäftigungsförderung, S. 119 (127).

sein[39]. Einen höheren Wirkungsgrad dürfte man erzielen, wenn Arbeitgeber insbesondere Leistungen beisteuern, die der Arbeitsverwaltung naturgemäß schwerer zugänglich sind, wie z.B. detaillierte Kenntnisse zum Werdegang, zum Wissen, zur Erfahrung und zur Leistungsfähigkeit des betreffenden Arbeitnehmers[40].

3. Leistungsbausteine des Transfer-Sozialplans

Die denkbare Qualifizierungs- und Transferleistungen müssen im Transferprozess möglichst zielgruppenspezifisch eingesetzt werden. Nicht jeder betroffene Arbeitnehmer benötigt zum erfolgreichen Transfer in Anschlussbeschäftigung alle Transferleistungen. Der Transfervorgang ist als Prozesskette aufzufassen[41].
Oftmals genügt betroffenen Arbeitnehmern ein Leistungsbaustein, um den Weg in eine Anschlussbeschäftigung zu finden. Das entspricht im übrigen dem Gedanken des § 112 Abs.5 S.2 Nr.1 BetrVG, wonach beim Ausgleich und der Milderung wirtschaftlicher Nachteile den Gegebenheiten des Einzelfalles Rechnung getragen werden soll. Der effiziente Einsatz der Qualifizierungsmittel ist angesichts begrenzter Sozialplanbudgets durch den Einsatz des im Einzelfall wirksamsten Leistungsbausteins und durch Umschichtung der Mittel zu gewährleisten. Die begünstigten Arbeitnehmer lassen sich erfahrungsgemäß in drei Zielgruppen gliedern[42]:

- Mitarbeiter mit einer hohen Beschäftigungsfähigkeit, bei denen Chancen für einen schnellen Transfer auf den Arbeitsmarkt erkennbar sind. Bei diesen Arbeitnehmern kann der Wechsel in ein neues Beschäftigungsverhältnis durch Orientierungsberatung, Bewerbungstraining oder Akquirieren von vakanten Arbeitsplätzen unterstützt werden;
- Mitarbeiter mit nicht ausreichender Beschäftigungsfähigkeit, bei denen die Vermittlungschancen durch spezifische Qualifizierungsmaßnahmen gesteigert werden können;
- Mitarbeiter mit fehlender Beschäftigungsfähigkeit, bei denen nur durch umfassende Beratungshilfen und ggf. auch umfangreiche Qualifizierungsmaßnahmen eine Vermittlung in den ersten Arbeitsmarkt möglich ist.

Insofern kann schon bei abstrakter Betrachtung zwischen notwendigen und hinreichenden Leistungsbausteinen differenziert werden. Die möglichen Qualifizierungs-

---

[39] *Stindt*, Beschäftigungsförderung, S. 119 (127).
[40] *Stindt*, Beschäftigungsförderung, S. 119 (127).
[41] *Stindt*, Beschäftigungsförderung, S. 119 (127).
[42] *Stindt*, FS Weinspach S. 147, (159).

und Transferleistungen lassen sich systematisch in sechs Leistungsbausteine unterteilen[43].

Die erste Kategorie bilden die Feststellungsmaßnahmen und Orientierungshilfen. Diese umfassen zunächst Maßnahmen zur Feststellung der Leistungsfähigkeit, der Arbeitsmarktchancen und des Qualifikationsbedarfs. Dies dient zur Erstellung eines Potenzialprofils. Es erfasst nicht nur den bisherigen beruflichen Werdegang, die erworbenen Kenntnisse sowie die Tätigkeiten der letzten Zeit, sondern auch eine zukunftsorientierte über das Potenzial des Arbeitnehmers. Das Potenzialprofil geht insofern über das Bewerberprofil hinaus.

Mit Hilfe der Potenzialprofile werden entsprechend der individuellen Stärken-Schwäche-Analyse die weiteren Vermittlungsstrategien und ggf. Qualifizierungspläne entwickelt.

Eine zweite Gruppe bilden die Leistungen, die unmittelbar auf den Transfer in Anschlussbeschäftigung gerichtet sind und diesen unmittelbar unterstützen. Hierzu zählen alle Vermittlungsaktivitäten wie z.B. die Akquise freier Arbeitsplätze und die Implementierung von Jobbörsen unter Nutzung von bestehenden Netzwerken zu anderen Unternehmen, der Arbeitsverwaltung und Wirtschafts- bzw. Arbeitgeberverbänden. Das Versenden von Potenzialprofilen an interessierte Arbeitgeber gehört ebenso zu dieser Kategorie wie das Bereitstellen des technischen Equipments für die u.U. internetgestützte Arbeitsplatzsuche. Flankiert werden die unmittelbaren Vermittlungsaktivitäten durch die Hilfe beim Erstellen von Bewerbungsunterlagen bis hin zur Durchführung von Bewerbungstrainings. Zudem ist das Bewerbungscoaching Bestandteil dieser Gruppe.

Die dritte Kategorie bilden die Qualifizierungsmaßnahmen. Eine zusätzliche Qualifizierung kommt für diejenigen Arbeitnehmer in Betracht, bei denen die Potenzialprofile erkennen lassen, dass mögliche Arbeitgeber erst nach entsprechender Qualifizierung gesteigertes Einstellungsinteresse zeigen. Im Einzelnen gehören hierher Maßnahmen des Betriebes oder einer außerbetrieblichen Einrichtung, um eine bereits begonnene Berufsausbildung erfolgreich abzuschließen oder Maßnahmen der beruflichen Fort- und Weiterbildung.

Die vierte Gruppe der förderungsfähigen Sozialplanleistungen bilden finanzielle Leistungen. Mit den finanziellen Leistungen können verschiedene Zielsetzungen verfolgt werden. Die Leistungen können zur Sicherstellung des Lebensunterhalts der Arbeitnehmer eingesetzt werden. Denkbar sind die Finanzierung von Mobilitätshilfen i.S.d. § 53 SGB III für die betroffenen Arbeitnehmer. Auch Eingliederungszuschüsse für die aufnehmenden Arbeitgeber kommen in Betracht.

---

[43] In Anlehnung an *Thannheiser*, AiB 1999, 153 (154f.).

Die fünfte Kategorie bildet die strukturelle Kurzarbeit unter Bezug von Kurzarbeitergeld in einer betriebsorganisatorisch eigenständigen Einheit. Durch das sog. strukturelle Kurzarbeitergeld sollen bei dauerhaften strukturellen Arbeitsausfällen Massenentlassungen verhindert und eine übergangsweise Beschäftigung gesichert werden. Gleichzeitig sollen die Vermittlungsaussichten der Arbeitnehmer, insbesondere durch Teilnahme an Qualifizierungsmaßnahmen verbessert werden. In erster Linie wird die Auslaufphase des Arbeitsverhältnisses gefördert. Zu diesem Zweck werden die betroffenen Arbeitnehmer in betriebsorganisatorisch eigenständigen Einheiten zusammengefasst und auf Kurzarbeit „Null" gesetzt. Der Lebensunterhalt ist dadurch gesichert und gleichzeitig findet die Vermittlung aus Arbeit in Arbeit statt.

Als sechste und letzte Kategorie sind Maßnahmen zur Vorbereitung der Gründung und Begleitung einer selbständigen Existenz zu nennen. Dies umfasst finanzielle Hilfen wie auch Qualifikationen durch Existenzgründungsseminare. Zudem kann Hilfestellung durch gezielte Beratung bei der Konzepterstellung, der Finanzierung, dem Marketing, der Kalkulation und der Rechnungslegung unternehmensseitig angeboten werden.

4. Vorteile des Transfer-Sozialplans

Der Transfer-Sozialplan als Instrument zur Vermeidung von Arbeitslosigkeit bringt Vorteile für alle am Personalanpassungsprozess beteiligten Akteure. Insofern lassen sich durch den Transfer-Sozialplan echte Win-Win-Situationen erreichen.

a. Arbeitnehmersicht

Der beste Ausgleich für den Verlust des Arbeitsplatzes ist ein Anschlussarbeitsverhältnis. Eingliederungsmaßnahmen helfen dieses Ziel zu erreichen. Arbeitnehmer können bedürfnisgerecht aus verschiedenen Beratungs- und Unterstützungsleitungen gezielt diejenigen in Anspruch nehmen, die die Erschließung einer neuen beruflichen Perspektive bestmöglich unterstützen. Vermittlungsquoten bei Gruppenoutplacement von durchschnittlich über 60 Prozent[44] und bei Einzeloutplacement von über 90 Prozent[45] zeigen, dass gerade auch Personen mit Problemen auf dem Arbeitsmarkt stark von Transfer-Sozialplänen profitieren. Gleichzeitig werden Mitnahmeef-

---

[44] *Kirsch*, Zuschüsse zu Sozialplanmaßnahmen, S. 76.
[45] *Maisch*, Im Arbeitsamt de luxe, Handelsblatt v. 29./30.11.02.

fekte von Arbeitnehmern verhindert, die bereits über eine Anschlussbeschäftigung verfügen.

Damit kommt das Sozialplanbudget denjenigen zugute, die den Transfer in neue Beschäftigung nicht aus eigener Kraft schaffen.

Zudem sind Transferleistungen angesichts der Besteuerung von Abfindungszahlungen steuerlich attraktiver[46]. Lohnsteuerrechtlich sind Transferleistungen wie z.B. Outplacementmaßnahmen grundsätzlich Arbeitslohn in Gestalt eines geldwerten Vorteils[47], wobei prinzipiell die Freibeträge des § 3 Nr. 9 EStG gelten[48]. Darüber hinaus ist in den Lohnsteuerrichtlinien unter R 74 Abs. 2 S. 3 ausgeführt, dass Bildungsmaßnahmen des Arbeitgebers, die im ganz überwiegenden betrieblichen Interesse des Arbeitgebers durchgeführt werden, nicht als Arbeitslohn gelten. Von einem ganz überwiegenden betrieblichen Interesse ist auch bei den SGB III entsprechenden Qualifikations- und Trainingsmaßnahmen auszugehen, die der Arbeitgeber oder eine zwischengeschaltete Beschäftigungsgesellschaft im Zusammenhang mit Auflösungsvereinbarungen erbringt. Somit sind die Transferleistungen nach §§ 254 SGB III ff. bzw. im Rahmen der §§ 175 ff. besonders steuerprivilegiert[49].

Abfindungen sind nicht gleichermaßen privilegiert. Nach § 3 Nr. 9 S. 1 EStG sind Abfindungen wegen einer vom Arbeitgeber veranlassten oder gerichtlich ausgesprochenen Auflösung des Dienstverhältnisses nicht vollumfänglich sondern nur bis zu 8.181 € steuerfrei. Die Steuerfreibeträge erhöhen sich gem. § 3 Nr. 9 S. 2 EStG nach Vollendung des 50. Lebensjahres und 15 Jahren Bestand des Arbeitsverhältnisses auf 10.226 € und nach Vollendung des 55. Lebensjahres und 20 Jahren Bestand des Arbeitsverhältnisses auf 12.271 €. Darüber hinausgehende Abfindungsbeträge sind nach §§ 24 Nr. 1a, 34 EStG lediglich steuerermäßigt nicht aber steuerfrei[50].

b. Arbeitnehmervertretersicht

Die Arbeitnehmervertreter werden im Falle der Substitution von Abfindungen durch Transferleistungen den sozialen Belangen der vom Arbeitsplatzverlust betroffenen Arbeitnehmer gerecht. Durch die weitgehende Entmonetarisierung des Sozialplans entsprechen die Arbeitnehmervertreter sowohl ihrem Mandat gegenüber den scheidenden wie auch den verbleibenden Arbeitnehmern. Mitnahmeeffekte durch einzelne Arbeitnehmer zu Lasten der hochgradig Transferbedürftigen sowie der verbleibenden

---

[46] *Jerusalem*, Personalwirtschaft 2002, 44 (44).
[47] So auch *Abeln*, BB 1999, 721 (721).
[48] FG Düsseldorf vom 5.4.2000 – 13 K 9505/97 E, EFG 2000, S. 740 (741).
[49] *Pröpper*, DB 2001, 2170 (2171).
[50] Vgl. Berechnungsbeispiel bei *Schaub*, Arbeitsrechts- Handbuch § 141, Rdnr. 36.

Belegschaft werden verhindert, ohne dass sich die Arbeitnehmervertretung einem Rechtfertigungszwang hinsichtlich der ausgehandelten Abfindungshöhe aussetzen müsste.

c. Arbeitgebersicht

Die zukunftsorientierte Ausrichtung von Transferleistungen und die damit in Aussicht gestellte berufliche Perspektive erleichtert den Trennungsprozess[51]. Die durch Transferleistungen den Arbeitnehmern entgegengebrachte Wertschätzung wirkt sich positiv auf die Motivation und Produktivität der verbleibenden Arbeitnehmer aus[52]. Negativen Reaktionen der im Unternehmen Verbleibenden sind in hohem Maße von zwei Faktoren abhängig:

1. Die Wahrnehmung der als positiv oder negativ eingestuften Veränderung der eigenen Arbeitsumwelt und
2. Die Bewertung des Personalabbauprozesses als fair oder unfair[53].

Der Transfer-Sozialplan wird von der Belegschaft als faires Instrument des Personalabbaus wahrgenommen[54]. Übliche Begleiterscheinungen von Personalabbauprozessen, wie etwa überhöhte Fehlzeiten, steigende Unfallzahlen, Sabotageakte spielen in der Regel keine Rolle mehr[55]. Die Übernahme von Verantwortung für den Transfer in Anschlussbeschäftigung trägt zu einem positiven Image in der Öffentlichkeit bei. Schließlich eröffnet die Substitution von Abfindungen durch Transferleistungen die Möglichkeit der Kofinanzierung durch die Arbeitsverwaltung. In der Literatur wird insofern bereits von einem betriebswirtschaftlichen Gebot der vorrangigen Transferausrichtung von Sozialplänen gesprochen[56].

d. Sicht der Versichertengemeinschaft

Die sozialen Sicherungssysteme werden durch die Vermeidung von Langzeitarbeitslosigkeit entlastet, und gleichzeitig liefert die beschleunigte Besetzung offener Stellen Impulse zur Überwindung der durch den derzeitigen Fachkräftemangel begründeten

---

[51] *Siemann*, Personalwirtschaft 2002, 48 (49).
[52] *Lucas*, Personalwirtschaft 2002, 46 (46).
[53] *Jäger*, Personalmanagement bei M&A, S. 115 f.
[54] so beispielsweise Personalentwicklung und Beschäftigungstransfer bei betrieblichen Umstrukturierungen, Hans Böckler Stiftung, Arbeitspapier 15, S. 28 ff.
[55] *Blatt/ Kriegesmann/ Kottmann*, PERSONALFÜHRUNG 2002, 60 (61).
[56] *Stindt*, FS Weinspach, S. 147 (153).

Barrieren für wirtschaftliche Entwicklungsprozesse[57]. Die Langzeitarbeitslosigkeit (über ein Jahr) ist teuer für die Bundesanstalt. Die Bundesanstalt für Arbeit zahlt zunächst Arbeitslosengeld, Arbeitslosenhilfe, später zusätzlich Unterhaltsgeld und Qualifizierungskurse, Lohnkostenzuschüsse oder Arbeitsbeschaffungsmaßnahmen.
Die Betroffenen sind bei der Arbeitssuche stigmatisiert, verlieren Teile ihrer Qualifikation, den Anschluss an das Erwerbsleben und erleiden Einkommenseinbuße über einen langen Zeitraum. Der Verlust des Arbeitsplatzes birgt die Gefahr von Langzeitarbeitslosigkeit. Von allen neu registrierten Arbeitslosen des Jahres 1996 blieben in den alten Bundesländern 21,2%, in den neuen Bundesländern 26,9% länger als ein Jahr arbeitslos.[58] Von den neu registrierten Arbeitslosen unter 25 Jahren des Jahres 1997 blieben in den alten Bundesländern 20,7%, in den neuen Bundesländern 25,1% länger als 6 Monate arbeitslos.
Die Wahrscheinlichkeit langzeitarbeitslos zu werden, steigt mit zunehmendem Alter. Für 25-Jährige betrug sie ca. 10%, für 50-Jährige ca. 30%. Die Arbeitsmarktbedingungen haben sich seitdem verschlechtert.
So kann man in der Gesetzesbegründung zum Job – AQTIV - Gesetz[59] lesen, dass es für die Arbeitslosenversicherung sinnvoller und kostengünstiger sei, wenn es bereits im Vorfeld einer anstehenden Entlassung gelingt, für die betroffenen Arbeitnehmer eine unmittelbare Anschlussbeschäftigung zu finden. Dies rechtfertigt es auch Mittel der Arbeitsförderung, ergänzend zu betrieblichen Mitteln zur Finanzierung von Transfermaßnahmen, einzusetzen.

---

[57] *Blatt/ Kriegesmann/ Kottmann*, PERSONALFÜHRUNG 2002, 60 (61).
[58] *Helmut Rudolph*, Risiko von Langzeitarbeitslosigkeit frühzeitig erkennen, IAB Werkstattbericht Nr. 14, 19.11.1998.
[59] BGBl. I, 2001.

B. *Die Regelungsebenen des Transfer-Sozialplans*

Der Transfer-Sozialplan ist ein Instrument, dessen rechtlicher Rahmen durch das Arbeitsrecht und das Arbeitsförderungsrecht definiert wird. Der Transfer-Sozialplan liegt quasi auf der Schnittstelle zwischen Arbeitsrecht und Arbeitsförderungsrecht. Er ist das Ergebnis aus dem Zusammenspiel dieser Rechtsgebiete.

Die für den Transfer-Sozialplan maßgeblichen Regelungen finden sich sowohl im Betriebsverfassungsrecht wie auch im Arbeitsförderungsrecht. Damit wird der Inhalt vom Transfer-Sozialplan durch zwei Regelungsebenen bestimmt. Zwischen den Regelungsebenen bestehen Interdependenzen. So haben die betriebsverfassungsrechtlichen Bestimmungen Auswirkungen auf die Auslegung arbeitsförderungsrechtlicher Vorschriften und umgekehrt.

Offenbar wird dieser Wirkzusammenhang in § 112 Abs. 5 Satz 2 Nr. 2a BetrVG. Danach soll die Einigungsstelle bei der Aufstellung des Sozialplanes insbesondere die im Dritten Buch des Sozialgesetzbuches vorgesehenen Förderungsmöglichkeiten zur Vermeidung von Arbeitslosigkeit berücksichtigen.

Insofern stellt sich die Frage, in welchem Verhältnis die betriebsverfassungsrechtlichen Elemente des Transfer-Sozialplans und die arbeitsförderungsrechtlichen Elemente zueinander stehen. Richtig ist sicher, dass sich eine effektive Vermeidung von Arbeitslosigkeit nur erreichen lässt, wenn ein Zusammenwirken zwischen Arbeitsrecht und Arbeitsförderungsrecht besteht[60]. So wurde trotz der zunehmenden gesetzgeberischen Emanzipation des Sozialrechts eine Neubesinnung im Verhältnis zum Arbeitsrecht gefordert, um auf gleiche Sachverhalte mit einheitlichen Regelungsinstrumenten reagieren zu können[61].

Damit ist aber noch keine Aussage über das Verhältnis der beiden Rechtsgebiete zueinander getroffen.

Festzuhalten ist, dass auf der kollektivarbeitsrechtlichen Ebene der Arbeitgeber und der Betriebsrat den Interessenausgleich und Sozialplan verhandeln und auf der arbeitsförderungsrechtlichen Ebene die Förderinstrumente entweder an den Sozialplan selbst oder an arbeitsrechtliche Voraussetzungen anknüpfen. Regelungsgegenstand des Arbeitsförderungsrechts sind die Rechtsbeziehungen zwischen Arbeitsverwaltung und Arbeitsuchenden bzw. den Arbeitgebern. Die Regelungsebenen sind demzufolge zu trennen.

---

[60] *Stindt*, FS Weinspach, S. 147 (166).

[61] *Meydell*, FS Kissel, S. 761 (769).

C. Zweck des Transfer-Sozialplans

Die Vorschrift § 112 Abs. 5 S. 2 Nr. 2a BetrVG ist mit den im Zuge der Reform eingeführten Vorschriften zur Beschäftigungssicherung und Beschäftigungsförderung zu sehen. In engem Zusammenhang dazu stehen dabei die ebenfalls neu eingeführten § 92 a und § 97 BetrVG. Danach hat der Betriebsrat ein Initiativrecht zur Sicherung und Förderung von Beschäftigung und ein Mitbestimmungsrecht bei Maßnahmen der Berufsbildung. Auch hier zeigt sich das Anliegen der Reform, der Beschäftigungssicherung im Rahmen der Betriebsverfassung mehr Raum zu verleihen[62].
Die Funktion des Sozialplans war bereits in der Vergangenheit immer wieder Diskussionsgegenstand, da die Festlegung der Funktion des Sozialplaninstituts sowohl bei der Auslegung von Rechtsbegriffen als auch bei der Ermessensausübung der Einigungsstelle relevant wird.
Durch die Einführung der Ermessensrichtlinie § 112 Abs. 5 S.2 Nr. 2a BetrVG, die den Transfer betroffener Arbeitnehmer in Anschlussbeschäftigung in den Fokus des Sozialplanes in Form des Transfer-Sozialplanes bringt, sowie durch die Betonung der Beschäftigungssicherung im Betriebsverfassungsrecht, könnte das gesetzgeberische Ziel des Sozialplans neu justiert worden sein.
Ausgangspunkt ist §112 Abs.1 Satz 2 BetrVG, wonach der Sozialplan die wirtschaftlichen Nachteile ausgleicht oder mildert, die den Arbeitnehmern infolge der geplanten Betriebsänderung entstehen.

I. Entschädigungsfunktion des Sozialplans

Früher wurde dem Sozialplan eine Entschädigungsfunktion beigemessen, wonach der Verlust des Arbeitsplatzes entschädigt werden soll[63]. Die Entschädigung für den Verlust des Arbeitsplatzes setzt voraus, dass das Recht am Arbeitsplatz im Rahmen einer Betriebsänderung ein schützenswertes, fast eigentumsähnliches, absolutes Recht ist, das auch rechtmäßige Eingriffe nur gegen Entschädigung zulässt. Dieser Ansatz führt zu kaum überbrückbaren Wertungswidersprüchen: Der Verlust des Arbeitsplatzes aufgrund einer rechtmäßigen Kündigung in einem betriebsratslosen Betrieb infolge einer die Tatbestandsvoraussetzungen einer Betriebsvereinbarung erfül-

---

[62] BT-Drucks. 14/5741 S. 49.
[63] Mittlerweile aufgegebene Rechtsprechung früher BAG GS vom 13.12.1978-GS 1/77- AP Nr. 6 zu § 112 BetrVG 1972 = EzA § 112 BetrVG 1972 Nr.15, *Richardi*, NZA 1984, 181ff.

lenden Umstrukturierung wäre ohne Entschädigung hinzunehmen und im Betrieb mit Betriebsrat dagegen nicht. Weitere Widersprüche ergeben sich mit Blick auf die §§ 9,10 KSchG und § 113 BetrVG, die Entschädigungen nur zulassen, wenn das Arbeitsverhältnis rechtswidrig beeinträchtigt wurde. Sei es durch rechtswidrige Kündigung oder durch Entlassung ohne ordnungsgemäße Durchführung des Interessenausgleichsverfahrens bzw. unter Missachtung der Beteiligungsrechte des Betriebsrates[64].

Nicht zuletzt hat der Gesetzgeber dem Entschädigungsansatz nun den Boden entzogen, indem er den Transfergedanken in § 112 Abs. 5 S.2 Nr.2a BetrVG eingeführt hat. Damit bringt der Gesetzgeber die zukunftsbezogene Ausrichtung des Sozialplans zum Ausdruck. Es sollen durch den Sozialplan neue Beschäftigungsperspektiven für die Arbeitnehmer geschaffen werden. Mit dem Grundverständnis des Transfer-Sozialplans ist die mit der Entschädigungsfunktion verbundene vergangenheitsbezogene Betrachtung nicht vereinbar.

II. Steuerungsfunktion des Sozialplans

In der Literatur wird dem Sozialplan eine Steuerungsfunktion beigemessen[65]. Durch die Sozialplanpflicht solle auf die Planung des Unternehmers eingewirkt werden. Denn die Betriebsänderung generiere gewaltige soziale Folgekosten, die ohne Sozialplan der Allgemeinheit aufgeladen würden. Insbesondere sei an die Arbeitsvermittlung, die Arbeitslosenversicherung, die Sozialhilfe aber auch den sozialen Frieden zu denken[66]. Insofern sei der Sozialplan nicht auf einen reinen individualrechtlichen Zweck ausgerichtet, sondern die Beachtung von Interessen der Allgemeinheit stehe im Vordergrund[67]. Er diene gleichsam der Steuerung der Belastung der sozialen Umwelt im Interesse der Allgemeinheit[68].

Die Steuerungsfunktion gewährleiste die Vereinbarkeit mit dem Gleichheitssatz des Art. 3 Abs.1 GG[69]. Der Verstoß gegen den Gleichheitssatz scheide aus, da der Gesetzgeber die Schwelle, ab der die Abwälzung der sozialen Folgelasten auf die Allgemeinheit ein unzumutbares Ausmaß erreichen, frei definieren könne.

Entscheidend für eine Umstrukturierung sind aber regelmäßig nicht allein die Sozialplankosten sondern die durch die Restrukturierung erreichbare Effizienzsteigerung

---

[64] *Rumpff/Boewer*, Mitbestimmung, S: 365.
[65] *Richardi*, BetrVG, § 112 Rdnr. 49.
[66] *Reuter*, Sozialplan, S. 17.
[67] *Fabricius/Oetker*, BetrVG §§ 112,112a Rdnr. 97 mwN.
[68] *Fabricius/Oetker*, BetrVG §§ 112,112a , Rdnr. 97 mwN.
[69] Vgl. BAG vom 17.10.1989 –11 ABR 80/88 – AP Nr. 29 zu § 111 BetrVG 1972 = EzA § 111 BetrVG 1972 Nr. 26.

und Verbesserung der Wettbewerbsfähigkeit, die zu erwartende Wertsteigerung des Unternehmens und die Steuerersparnis für das Unternehmen[70]. Gegen die Steuerungsfunktion hinsichtlich der Betriebsänderung zur „Verringerung der sozialen Lasten für die Allgemeinheit" spricht zudem, dass der Gesetzgeber dem Unternehmer mit §§ 175 und 254 SGB III Möglichkeiten zur Kofinanzierung von Betriebsänderungen zur Verfügung stellt. Damit werden nicht etwa Hürden für die Durchführung der Betriebsänderung als solches aufgestellt, sondern durch Anreize wird die Ausgestaltung des Sozialplanes gesteuert. Die Förderung ist nicht davon abhängig, durch die Betriebsänderung möglichst kleine Einschnitte durchzuführen, sondern von der Art und Weise, wie die Folgen der Betriebsänderung abgefedert werden. Mit der Einführung des § 112 Abs. 5 Nr. 2a BetrVG ist die Verknüpfung mit den Förderungsmöglichkeiten des SGB III hergestellt worden. Die Steuerung erfolgt allenfalls hinsichtlich der inhaltlichen Ausgestaltung des Sozialplans.

III. Überbrückungs- und Vorsorgefunktion

Die Sozialplanleistung soll nach herrschender Meinung für die von der Entlassung betroffenen Arbeitnehmer eine Überbrückungshilfe bis zum Eintritt in ein neues Arbeitsverhältnis[71] oder längstens bis zum Bezug von Altersruhegeld sein[72]. Entstehen dem Arbeitnehmer keine oder nach dem Sozialplan keine ausgleichswürdigen Nachteile, verlangen weder § 112 I BetrVG noch § 75 BetrVG, dass der Arbeitnehmer eine „Entschädigung" allein deswegen erhält, weil er dem Betrieb längere Zeit angehört hat[73]. Die Sozialplanabfindung hat eine zukunftsorientierte Funktion hinsichtlich der Nachteile, die nach Ablauf der Kündigungsfrist oder der Beschäftigung in einem schlechter bezahlten Arbeitsverhältnis eintreten können[74]. Die Sozialplanabfindung hat keinen Lohn- oder Gehaltscharakter[75].

---

[70] So auch europäische Kommission zur beabsichtigten Umstrukturierungsrichtlinie .

[71] BAG vom 28.10.1992- 10 AZR 128/92- AP Nr.67 zu § 112 BetrVG 1972; *Fabricius/Oetker*, BetrVG, Rdnrn. 98, 99 mwN.

[72] BAG vom 31.7.1996-10 AZR 45/96 - AP § 112 BetrVG 1972 Nr. 103 = EzA § 112 BetrVG 1972 Nr. 86.

[73] BAG vom 9.11.1994- 10 AZR 281/94- AP Nr. 85 zu § 112 BetrVG 1972 Nr. 78.

[74] Vgl. BAG vom 30.10.2001 – 1 AZR 65/01 – NZA 2002, 449 (451).

[75] Vgl. BAG vom 30.10.2001 – 1 AZR 65/01 – NZA 2002, 449 (451).

IV. Bestätigung der Überbrückungs- und Vorsorgefunktion durch das BetrV-RG

Nach der Zielsetzung des BetrV-RG soll Beschäftigungssicherung ein Schwerpunkt der Betriebsratsarbeit sein[76]. Dieses Ziel soll dadurch erreicht werden, dass das Prinzip der Beschäftigungssicherung bei den Sozialplanregelungen verankert wird[77]. Deshalb ist das Institut des Transfer-Sozialplanes mit § 112 Abs. 5 S. 2 Nr. 2a BetrVG ausdrücklich in das BetrVG aufgenommen worden. Die Sozialplanmittel sollen künftig mit Hilfe des § 112 Abs. 5 Nr. 2a BetrVG verstärkt zur Schaffung neuer Beschäftigungsperspektiven für die vom Verlust des Arbeitsplatzes bedrohten Arbeitnehmer eingesetzt werden[78]. Der Begriff der Beschäftigungssicherung ist im Zusammenhang mit Sozialplanregelungen missverständlich. Denn unter Beschäftigungssicherung versteht man dem Wortsinn nach die Sicherung d.h. den Erhalt von Beschäftigung. Einschneidenstes Instrument der Beschäftigungssicherung ist die Vereinbarung einer Unkündbarkeit[79]. Im Sozialplan geht es aber nicht um die Fortsetzung des Arbeitsverhältnisses unter den bisherigen Bedingungen beim bisherigen Arbeitgeber, sondern um den Ausgleich oder die Milderung der wirtschaftlichen Nachteile, die den Arbeitnehmern infolge der geplanten Betriebsänderung entstehen. Beschäftigungssicherung muss teleologisch dahingehend ausgelegt werden, dass mit Beschäftigungssicherung im Rahmen eines Sozialplans eigentlich Vermeidung von Arbeitslosigkeit gemeint ist. Diese Auslegung wird dadurch gestützt, dass der Gesetzgeber ausdrücklich von „Förderung der Anschlussbeschäftigung bei einem anderen Arbeitgeber" spricht[80].

Bei diesem Verständnis der Sozialplanfunktion bestehen anders als bei den §§ 80 Abs. 1 Nr. 8 und § 92a BetrVG, die wegen der Ausweitung des Betriebsratsmandats auf Angelegenheiten der Beschäftigungsförderung und Beschäftigungssicherung kritisiert werden[81], keine Bedenken. Denn im Rahmen eines sozialplanpflichtigen Personalabbaus sind die Interessen der betroffenen Belegschaft und die der Allgemeinheit hinsichtlich der Vermeidung von Arbeitslosigkeit kongruent. Leistungen zur Vermeidung von Arbeitslosigkeit der ausgeschiedenen Arbeitnehmer sind zugleich Ausgleich oder die Milderung der wirtschaftlichen Nachteile, die den Arbeitnehmern infolge der geplanten Betriebsänderung entstehen. Die mittelbare arbeitsmarktliche Auswirkung von Transfer- Sozialplänen ist damit zwar ein gewollter Reflex aber keine

---

[76] BT-Drucks. 14/5741 S. 26.
[77] BT-Drucks. 14/5741 S. 29.
[78] BT-Drucks. 14/5741 S.52.
[79] vgl. *Hanau/Thüsing*, ZTR 2001, 1 ff.
[80] BT-Drucks. 14/5741 S. 52.
[81] *Bauer*, NZA 2001,375 (378); *Rieble*, ZIP 2001, 133 (140); *Weinspach/Stege*, BetrVG § 80, Rdnr. 8e.

systemwidrige Aufgabenstellung. Da Beschäftigungssicherung in diesem Zusammenhang nicht Beschäftigungssicherung beim bisherigen Arbeitgeber bedeutet, sondern den Transfer zu einem neuen Arbeitgeber, wird der Sozialplan in Form des Transfer-Sozialplans als Instrument der Vorsorge- und Überbrückung bestätigt[82].

D. *Der Transfer-Sozialplan als Institut des Arbeitsrechts*

Bis zum Inkrafttreten des neuen Betriebsverfassungsrechts war eine ausdrückliche Verknüpfung von Arbeitsrecht und Arbeitsförderungsrecht nicht vorhanden. Die fehlende Verkopplung zeigte sich auch dadurch, dass nach § 254 ff. SGB III zwar Zuschüsse für Eingliederungsmaßnahmen gewährt wurden, aber die Regelung des Sozialplans im Betriebsverfassungsrecht solche Eingliederungsmaßnahmen nicht ausdrücklich vorsah. Mit der Vernetzung von Arbeitsrecht und Arbeitsförderungsrecht durch § 112 Abs.5 S. 2 Nr.2a transformiert der Transfer- Sozialplan allerdings nicht zu einem arbeitsförderungsrechtlichen Institut. Der Sozialplan in der Form des Transfer- Sozialplanes bleibt ein arbeitsrechtliches Institut.

I. Der Transfer-Sozialplan im reformierten System der Beteiligungsrechte

Der Transfer-Sozialplan ist als besondere Ausgestaltung des Sozialplanes nach § 112 Abs. 1 S. 2 BetrVG in das System der Beteiligungsrechte in wirtschaftlichen Angelegenheiten §§ 111 ff. BetrVG eingebettet. So hat der Transfer-Sozialplan gem. § 112 Abs. 1 Satz 2 BetrVG die Nachteile, die den Arbeitnehmern infolge der geplanten Betriebsänderung entstehen, auszugleichen oder zu mildern. Können sich Unternehmer und Betriebsrat über die Aufstellung des Sozialplans in der Gestalt eines Transfer-Sozialplans nicht einigen, entscheidet die Einigungsstelle und deren Spruch ersetzt die Einigung der Betriebsparteien gem. § 112 Abs. 4 BetrVG. §§ 111 bis 113 BetrVG behandeln die Beteiligungsrechte des Betriebsrats und Sanktionen bei Missachtung der Beteiligungsrechte bei Betriebsänderungen, die wesentliche Nachteile für die Arbeitnehmer haben können. Die Beteiligungsrechte beziehen sich auf die geplante Betriebsänderung und deren wirtschaftlichen Folgen für die Arbeitnehmer. Der Transfer- Sozialplan knüpft seinerseits an die wirtschaftlichen Nachteile, die den Arbeitnehmern infolge der geplanten Betriebsänderung entstehen, an. Somit besteht eine enge Wechselbeziehung zwischen den Beteiligungsrechten hinsichtlich der Betriebsänderung und dem Transfer-Sozialplan. Die „vorgelagerten" Beteiligungsrechte, wie das Recht auf Unterrichtung und Beratung und die Pflicht zum Versuch eines In-

[82] ähnlich *Fabricius/Oetker*, BetrVG, §§ 112, 112a Rdnr. 99 a.E.

teressenausgleichs, haben dagegen den Zweck, hinsichtlich der Betriebsänderung das konfligierende Änderungsinteresse des Arbeitgebers und das Erhaltungsinteresse der Arbeitnehmer auszutarieren. Anzustreben ist ein Interessenausgleich, in dem festgelegt wird, ob, wann und wie die vom Unternehmer beabsichtigte Betriebsänderung durchgeführt werden soll. Die vom Arbeitgeber getroffenen unternehmerischen Entscheidungen hinsichtlich der Betriebsänderung bleiben frei[83]. Will sich der Arbeitgeber nicht der Gefahr von Nachteilausgleichsansprüchen nach § 113 BetrVG aussetzen, wird die Umsetzung der Unternehmerentscheidung allenfalls verzögert. Denn der Interessenausgleich ist letztlich, im Gegensatz zum Sozialplan, nicht erzwingbar. Der Betriebsrat kann damit die vom Unternehmer beabsichtigte Betriebsänderung nicht einseitig verhindern – nur durch Einigung mit dem Unternehmer modifizieren.

Die Betriebsänderung als Ergebnis des Beteiligungsverfahrens ist ursächlich für die wirtschaftlichen Nachteile der betroffenen Arbeitnehmer. Darin liegt die funktionale Verknüpfung der Beteiligungsrechte[84]. So ist hinsichtlich der Sozialplanverhandlungen sogar die Kopplung der Zustimmung zum Interessenausgleich und dem Abschluss des Sozialplans durch den Betriebsrat wegen des inneren Zusammenhangs von der herrschenden Meinung als zulässig anerkannt[85]. Dabei ist aber zu unterscheiden, ob der Betriebsrat seine inhaltliche Entscheidung zur Betriebsänderung vom Inhalt des Sozialplans abhängig macht oder er die Kopplung lediglich als Faustpfand hinsichtlich der Inhalte des Sozialplans nutzen möchte[86]. Lediglich im ersten Fall liegt eine Meinungsverschiedenheit bzgl. der Betriebsänderung vor, weswegen dem Unternehmer eine Pflicht auferlegt werden kann, mit der Durchführung der Betriebsänderung abzuwarten, bis eine Einigung über den Sozialplan erfolgt ist[87]. Eine Differenzierung ist freilich schwierig.

Verhandeln die Betriebsparteien über den Start der Umsetzung einer Betriebsänderung und damit über das Hinausschieben des Kündigungszeitpunktes, ggf. verbunden mit Freistellungen zur Suche einer Anschlussbeschäftigung, kann dieser Gegenstand des Interessenausgleichs mit der Frage der im Sozialplan zu verabredenden Transferleistungen sinnvoll verbunden werden.

---

[83] BAG vom 18.1.2001 – 2 AZR 668/00= EzA § 1 KSchG Betriebsbedingte Kündigung Nr. 111 = SAE 01, 287.

[84] dazu auch Fabricius/Oetker, BetrVG, §§ 112, 112a Rdnr. 101.

[85] BAG vom 17.9.1974 – AP Nr.8 zu § 72 BetrVG = DB 1974, 2207; *Richardi*, BetrVG § 112, Rdnr. 28.

[86] *Röder/Baeck*, Interessenausgleich, S. 14.

[87] *Röder/Baeck*, Interessenausgleich, S. 14.

II. Allgemeine Voraussetzungen für die Beteiligungsrechte bei Betriebsänderungen

Die allgemeinen Voraussetzungen für das Eingreifen der Beteiligungsrechte des Betriebsrates bei Betriebsänderungen ergeben sich zunächst aus den §§ 111 ff. BetrVG. Anknüpfungspunkt für die Beteiligungsrechte ist eine Betriebsänderung i.S.d. § 111 BetrVG. Besonderes Augenmerk ist in der vorliegenden Arbeit auf die Betriebsänderungen zu werfen, die sich entweder in einem reinen Personalabbau erschöpfen oder zumindest mit Personalabbau verbunden sind. Denn der Transfer-Sozialplan soll zur Schaffung neuer Beschäftigungsperspektiven für die vom Verlust des Arbeitsplatzes bedrohten Arbeitnehmer eingesetzt werden[88]. Damit stehen die Betriebsänderungen nach § 111 S. 2 Nr. 1 BetrVG in Form der Betriebsstilllegung, der Stilllegung wesentlicher Betriebsteile sowie die Einschränkung des Betriebes oder eines wesentlichen Betriebsteils im Blickpunkt der Arbeit. Die Verlegung eines Betriebs oder eines wesentlichen Betriebsteils § 111 S. 2 Nr. 2 BetrVG, Zusammenlegung mit anderen Betrieben oder die Spaltung von Betrieben § 111 S. 2 Nr. 3 BetrVG, die grundlegende Änderung der Betriebsorganisation des Betriebszwecks oder der Betriebsanlagen § 111 S. 2 Nr. 4 BetrVG und die Einführung grundlegender neuer Arbeitsmethoden und Fertigungsverfahren § 111 S. 2 Nr. 5 BetrVG sind in der vorliegenden Arbeit soweit zu berücksichtigen, wie diese zu einem Personalabbau führen.

Die Betriebsänderungen, bei denen ein Transfer-Sozialplan zur Anwendung kommen kann, sind mit Arbeitsplatzabbau verbunden. Deshalb ist das neue Mitwirkungsrecht bei der Beschäftigungssicherung aus § 92a BetrVG und das Mitbestimmungsrecht der betrieblichen Berufsbildung aus § 97 Abs.2 BetrVG mit einzubeziehen. Dabei ist die Frage zu beantworten, ob aus diesen Vorschriften weitere Beteiligungsrechte bzgl. der mit Personalabbau verbundenen Betriebsänderung abzuleiten sind.

1. Struktur der Beteiligungsrechte nach neuem Recht

Das BetrV- RG hat die Struktur des Beteiligungsverfahrens nach §§ 111 ff nicht geändert[89]: Betriebsänderungen lösen Ansprüche des Betriebsrates auf Unterrichtung und Beratung aus. Dabei ist ein Interessenausgleich anzustreben. Vor Umsetzung der geplanten Betriebsänderung ist mindestens ein Interessenausgleich zu versuchen, um Rechtsansprüche aus § 113 BetrVG zu vermeiden. Bringt die Betriebsän-

---

[88] Vgl. BT-Drucks. 14/5741, S. 52.
[89] *Richardi*, Betriebsverfassung, S. 182

derung wirtschaftliche Nachteile für die betroffenen Arbeitnehmer, hat der Betriebsrat Anspruch auf Aufstellung eines Sozialplanes.
Geändert hat das BetrVG– RG den Bezugspunkt des Schwellenwertes in § 111 S. 1 BetrVG, indem es an Stelle des Betriebes das Unternehmen gesetzt hat. Das Beteiligungsrecht des Betriebsrates bei Betriebsänderungen nach §§ 111 ff. besteht in Unternehmen mit i.d.R. mehr als 20 wahlberechtigten Arbeitnehmern.
Im neu eingeführten § 111 S. 2 BetrVG ist vorgesehen, dass der Betriebsrat in Unternehmen mit mehr als 300 Arbeitnehmern bei Betriebsänderungen ohne Vereinbarung mit dem Arbeitgeber einen externen Berater hinzuziehen kann. Zudem ist mit dem bereits erwähnten § 112 Abs. 5 S.2 Nr. 2a BetrVG den drei bekannten Ermessensrichtlinien für die Einigungsstellentscheidung eine neue Regelung hinzugefügt worden.

2. Existenz eines Betriebsrates als Voraussetzung der Beteiligungsrechte

Die Beteiligungsrechte nach §§ 111 ff. BetrVG setzen die Existenz eines Betriebsrates als Verhandlungspartner des Unternehmers voraus. Die Existenz des Betriebsrates muss spätestens bei Abschluss der unternehmerischen Planungsphase vorliegen[90]. Der entscheidende Zeitpunkt ist, wenn der Arbeitgeber aufgrund abgeschlossener Prüfungen und Vorüberlegungen grundsätzlich zur Betriebsänderung entschlossen hat[91]. Damit ist die teilweise oder ganze Umsetzung der geplanten Betriebsänderung nicht für den Ausschluss der Beteiligungsrechte des sich konstituierenden Betriebsrates erforderlich. Das BAG vertritt insofern die Auffassung, wenn bis zum Abschluss des Planungsstadiums und auch noch bei Beginn der Durchführung der Betriebsänderung kein Betriebsrat bestehe, dass die Betriebsänderung ohne Versuch eines Interessenausgleichs und ohne Abschluss eines Sozialplans durchgeführt werden kann[92]. Das Gericht lehnte weiter eine Differenzierung zwischen der Pflicht zum Versuch eines Interessenausgleichs und dem Abschluss eines Sozialplans ab[93]. Zwar ist anerkannt, dass der Sozialplan erst nach Durchführung der Betriebsänderung zustande kommt. Die Pflicht zum Versuch eines Interessenausgleiches und die erzwingbare Pflicht zur Aufstellung eines Sozialplanes stehen in systematischem und funktionalem Zusammenhang. Deshalb besteht nach BAG keine

---

[90] *FKHE*, BetrVG, § 111 Rdnr. 33.
[91] BAG vom 20.4.1992 –1 ABR 3/80 - AP Nr. 15 zu § 112 BetrVG 1972 = EzA §112 BetrVG 1972 Nr.25.
[92] BAG vom 20.4.1992 - 1 ABR 3/80 - AP Nr. 15 zu § 112 BetrVG 1972 = EzA §112 BetrVG 1972 Nr.25.
[93] BAG vom 20.4.1992 - 1 ABR 3/80 - AP Nr. 15 zu § 112 BetrVG 1972 = EzA §112 BetrVG 1972 Nr.25.

Pflicht zum Sozialplanabschluss ggf. in Form eines Transfer-Sozialplanes, wenn ein Betriebsrat bis zum Abschluss des Planungsstadiums und bei Beginn der Durchführung der Betriebsänderung nicht gewählt ist, sich aber zu einem späteren Zeitpunkt konstituiert[94]. Gem. § 21 S. 2 BetrVG beginnt die Amtszeit des Betriebsrats mit Bekanntgabe des Wahlergebnisses. Erst zu diesem Zeitpunkt existiert der Betriebsrat.

a. Konstituierung des Betriebsrates im vereinfachten Wahlverfahren

Gleiches gilt auch für das neue vereinfachte Wahlverfahren in Kleinbetrieben. Mit Schaffung des vereinfachten Wahlverfahrens nach §§ 14a, 17a BetrVG soll die Errichtung von Betriebsräten in Kleinbetrieben erleichtert werden[95]. Nach § 14a Abs. 1 und 2 BetrVG. kann in betriebsratslosen Betrieben mit in der Regel 5 bis 50 wahlberechtigten Arbeitnehmern der Betriebsrat in einem zweistufigen Wahlverfahren gewählt werden. Auf einer ersten Wahlversammlung wird der Wahlvorstand nach § 17a Nr. 3 BetrVG gewählt und gem. § 14a Abs. 1 S. 2 bis 4 BetrVG wird auf einer zweiten, eine Woche nach der ersten, in geheimer und unmittelbarer Wahl der Betriebsrat gewählt[96]. Beginnt der Unternehmer mit den Maßnahmen zur Betriebsänderung innerhalb der Wochenfrist des § 14a Abs. 1 BetrVG, ist die Betriebsänderung weder interessenausgleichs- noch sozialplanpflichtig.

b. Gesamt- und Konzernbetriebsrat

Durch die Erweiterung der originären Zuständigkeit von Gesamt- und Konzernbetriebsrat für betriebsratslose Betriebe in § 50 Abs.1 S. 1 HS 2 und § 58 Abs.1 S. 1 HS 2 BetrVG werden Beteiligungsrechte u.U. in betriebsratslosen Betrieben und Unternehmen bei unternehmens- bzw. konzernweit durchzuführende Betriebsänderungen ausgelöst[97]. Für die bisherige Fassung von § 50 Abs.1 S. 1 BetrVG ist die Rechtsprechung davon ausgegangen, dass sich die Zuständigkeit des Gesamtbetriebsrates auf die Betriebe erstreckt, in denen ein Betriebsrat gewählt worden ist, nicht aber auf betriebsratslose Betriebe. Denn ihm fehlt die demokratische Legitimation zur Vertretung der betriebsratslosen Belegschaft [98]. Gleiches galt für den Konzernbetriebsrat [99]. § 50 Abs. 1 S. 1, HS 2 BetrVG für den Gesamtbetriebsrat und

---

[94] BAG vom 20.4.1992 - 1 ABR 3/80 - AP Nr. 15 zu § 112 BetrVG 1972 = EzA §112 BetrVG 1972 Nr.25.

[95] BT- Drucks. 14/5741, S. 26,36f.

[96] *Richardi*, Betriebsverfassung, S. 55ff.

[97] vgl. *Fabricius/Oetker*, BetrVG § 111, Rdnr. 24

[98] BAG vom 16.8. 1983 – 1 AZR 544/81 – AP Nr.5 zu § 50 BetrVG 1972 = EzA § 50 BetrVG 1972 Nr.9 = DB 1983, 129, *Schweibert in Willemsen*, Umstrukturierung, S. 98.

zernbetriebsrat [99]. § 50 Abs. 1 S. 1, HS 2 BetrVG für den Gesamtbetriebsrat und § 58 Abs. 1 S. 1 HS 2 BetrVG sehen nach dem BetrVG- RG für den Fall ihrer originären Zuständigkeit vor, dass diese Gremien ihre Beteiligungsrechte auch für betriebsratslose betroffene Betriebe geltend machen. Die originäre Zuständigkeit erfordert zum Einen eine betriebs- bzw. unternehmensübergreifende Betriebsänderung und zum Anderen das daraus abgeleitete Erfordernis zur betriebs- bzw. unternehmensübergreifenden Regelung[100].

3. Neuer Unternehmensbezogener Schwellenwert

Ob eine Betriebsänderung als Voraussetzung für die Aufstellung eines Transfer- Sozialplanes vorliegt, richtet sich nach §§ 111 ff. BetrVG. Die alte Fassung des § 111 S. 1 BetrVG bestimmte, dass ein Unternehmer in Betrieben mit regelmäßig mehr als 20 wahlberechtigten Arbeitnehmern den Betriebsrat über geplante Betriebsänderungen zu unterrichten und mit ihm über diese zu beraten hat.

Das Reformgesetz hat in § 111 S. 1 BetrVG als Bezugspunkt des Schwellenwerts an die Stelle des Betriebs das Unternehmen gesetzt. Der Betriebsrat ist deshalb bei einer Betriebsänderung zu beteiligen, wenn dem Unternehmen mehr als 20 wahlberechtigte Arbeitnehmer angehören. Mit diesem Paradigmenwechsel, der auch in § 99 BetrVG bei zustimmungspflichtigen personellen Einzelmaßnahmen vollzogen wurde, soll sichergestellt werden, dass der Schutzzweck des Schwellenwertes von 20 wahlberechtigten Arbeitnehmern, kleinere Unternehmen vor zu starken Belastungen, insbesondere durch Sozialpläne zu schützen, auch tatsächlich nur diesen Kleinunternehmen zugute kommt[101]. Damit soll die Frage von der wirtschaftlichen Belastbarkeit des Unternehmens von dessen organisatorischer Strukturierung in Betriebe gelöst werden. Entscheidend ist die Gesamtzahl der Arbeitnehmer im betreffenden Unternehmen[102]. Damit ist der Beschluss des BAG vom 8.6.1999 bzgl. der Sonderkonstellation, dass sich die Maßnahme betriebsübergreifend auf mehrere Betriebe des Unternehmens bezieht, zur Regel geworden[103].

Zweifelhaft ist jedoch, ob die finanzielle Belastbarkeit der betreffenden Unternehmen im BetrVG das maßgebliche Kriterium für eine Differenzierung ist, oder ob es in Betriebsverfassungsrecht nicht vielmehr um die Berücksichtigung kleinerer Organisati-

---

[99] vgl. *Löwisch/Kaiser*, BetrVG § 58, Rdnr. 3.

[100] BAG vom 23.10.2002 – 7 ABR 55/01- demnächst in AP; BAG vom 11.12.2001 – 1 AZR 193/01 – NZA 2002, 688.

[101] BT- Drucks. 14/5741, S.51.

[102] BT- Drucks. 14/5741, S. 51.

[103] BAG vom 8.6.1999- 1 AZR 831/98- AP Nr. 47 zu § 111 BetrVG 1972; RdA 2001, 37 ff mit Anmerkung von *Richardi*.

onseinheiten geht[104]. Bislang erschöpfte sich jedenfalls darin der Zweck der Betriebsverfassung[105]. Das war der Grund, weshalb bisher das Urteil des BVerfG[106] zur Kleinbetriebsklausel in § 23 KSchG nicht auf die §§ 111 ff. BetrVG übertragen werden konnte. Das Mitbestimmungsrecht greift, wenn im Unternehmen in der Regel mehr als 20 Arbeitnehmer beschäftigt sind. Abzustellen ist dabei auf die Personalkopfstärke d.h. unabhängig vom jeweiligen Beschäftigungsgrad[107]. Arbeitnehmer i.S.d. Betriebsverfassung sind nach dem novellierten § 5 Abs.1 BetrVG Arbeiter und Angestellte einschließlich der zu ihrer Berufsausbildung Beschäftigten, unabhängig ob sie im Außendienst oder mit Telearbeit beschäftigt werden. Als Arbeitnehmer gelten auch die in Heimarbeit Beschäftigten, die in der Hauptsache für den Betrieb arbeiten. Diese Klarstellung hat materiellrechtlich zu keiner Änderung geführt. Neben den vertretungsberechtigten Organmitgliedern, den leitenden Angestellten i.S.d. § 5 Abs.3 BetrVG zählen auch die Leiharbeitnehmer in diesem Zusammenhang nicht zu den Arbeitnehmern. Letztere sind nun zwar im Entleiherbetrieb nach § 7 S. 2 BetrVG wahlberechtigt, wenn sie länger als 3 Monate im Betrieb eingesetzt werden. § 7 S. 2 BetrVG gewährt nur ein zusätzliches Wahlrecht und lässt die betriebsverfassungsrechtliche Stellung des Leiharbeitnehmers im Übrigen unberührt[108]. Dafür spricht auch die unveränderte Fortgeltung des § 14 Abs.1 AÜG, wonach Leiharbeitnehmer auch während der Zeit ihrer Arbeitsleistung beim Entleiher Angehörige des entsendenden Betriebs des Verleihers bleiben.

Durch das Wahlrecht werden die Leiharbeitnehmer nicht zu Arbeitnehmern des Entleiherbetriebs. Sie bleiben Arbeitnehmer des Verleihers. Sie rechnen bei der Ermittlung der Zahlen hinsichtlich des Schwellenwertes nach § 111 BetrVG nicht mit[109].Es ist auf die Zahl der Arbeitnehmer abzustellen, die für das Unternehmen im Allgemeinen kennzeichnend ist. Ein vorübergehendes Absinken der Arbeitnehmerzahl unter den Schwellenwert bleibt außer Betracht. Maßgebend ist nicht die zufällige tatsächliche, sondern die normale Beschäftigtenzahl, bei der auch absehbare weitere Entwicklungen des Unternehmens zu berücksichtigen sind[110]. Geht der geplanten Betriebsänderung ein Personalabbau voraus, der sich als Vorstufe der aktuell geplanten darstellt, ist auf die ursprüngliche Beschäftigtenzahl vor dem Personalabbau abzu-

---

[104] *Bauer*, NZA Sonderheft 2001, 61 (62).

[105] *Rieble*, ZIP 2001, 133 (135); *Löwisch*, SAE 2000, 175 (176).

[106] BVerfGE 97, 169.

[107] *FKHE*, BetrVG, § 111 Rdnr. 26.

[108] *Löwisch*, BetrVG § 7, Rdnr. 6.

[109] BAG vom 16.04.2003 –7 ABR 53/02; *Hanau*, RdA 2001, 65 (68); *Maschmann*, DB 2001 (2448); *Löwisch*, BetrVG § 7, Rdnr. 7 a.A. *Däubler*, AuR 2001, 285 (286); *Richardi*, Betriebsverfassung, S. 49.

[110] BAG vom 10.12.1996- 1 ABR 43/96- AP Nr.37 zu § 111 BetrVG 1972= EzA § 111 BetrVG 1972 Nr. 33 = BB 1997, 1206.

stellen[111]. Anders wenn sich das Unternehmen für eine nicht unerhebliche Zeit auf dem Beschäftigtenstand nach Personalabbau stabilisiert hat, und dieses Niveau als Zwischenstufe anzusehen ist[112]. Die Einbeziehung des Unternehmens als Anknüpfungspunkt für Beteiligungsrechte war der bisherigen Betriebsverfassung bis auf den Gesamtbetriebsrat i.S.v. § 47 BetrVG, Konzernbetriebsrat i.S.v. § 54 BetrVG und der Mitbestimmung in wirtschaftlichen Angelegenheiten nach §§ 106 BetrVG ff. fremd. Gerade beim gemeinsamen Betrieb, der in § 1 Abs. 1 S. 2 BetrVG nunmehr eigens gesetzlich geregelt ist, führt die Neuregelung des § 111 S.1 BetrVG zu Unklarheiten. Der neue Schwellenwert kann bei einem gemeinsamen Betrieb von zwei Unternehmen, in denen jeweils 19 wahlberechtigte Arbeitnehmer beschäftigt sind, dazu führen, dass Betriebsänderungen nicht mehr interessenausgleichs- und sozialplanpflichtig sind[113]. Zwar arbeiten im gemeinsamen Betrieb 38 Arbeitnehmer, aber die Unternehmen erreichen nicht den in § 111 S.1 BetrVG normierten Schwellenwert. Von einer planwidrigen Gesetzeslücke hinsichtlich der gemeinsamen Betriebe kann man jedoch nicht sprechen[114]. Denn die Figur des gemeinsamen Betriebs war dem Gesetzgeber bekannt. In § 1 Abs. 1 S. 1 und Abs. 2 BetrVG hat er die Errichtung von Betriebsräten in gemeinsamen Betrieben nun ausdrücklich geregelt. Eine Korrektur ist darüber hinaus nicht erforderlich, da der Gesetzgeber auf die Belastbarkeit des Unternehmens abstellt[115]. Diese ändert sich nicht bei dem Zusammenschluss von Betrieben zu gemeinsamen Betrieben. Verpflichteter aus einem zu vereinbarenden Sozialplan ist nicht der gemeinsame Betrieb sondern das jeweilige Unternehmen.

Bei gemeinsamen Betrieb kommt es zu weiteren Friktionen, wenn Unternehmen, die den Schwellenwert des § 111 S.1 BetrVG erreichen, mit Unternehmen, die den Schwellenwert nicht erreichen[116], einen gemeinsamen Betrieb bilden. In diesen Fällen führt die Aufgabe der strikten Trennung von Unternehmen und Betrieb zu schwer aufzulösenden Konflikten. Damit wären hinsichtlich des einen Unternehmens Beteiligungsrechte denkbar, sofern die weiteren Voraussetzungen für eine Betriebsänderung vorlägen.

Das Beteiligungsrecht nach § 111 ff. BetrVG entfällt nach der einen Ansicht in Konstellationen, in denen nur einem der an einem gemeinsamen Betrieb beteiligten Un-

---

[111] BAG vom 10.12.1996, - 1 ABR 43/96- AP Nr.37 zu § 111 BetrVG 1972= EzA § 111 BetrVG 1972 Nr. 33 = BB 1997, 1206.

[112] BAG vom 9.5.1995 – 1 ABR 51/94 – AP Nr.33 zu § 111 BetrVG 1972 = EzA § 111 BetrVG 1972 Nr.30.

[113] *Richardi*, Grundriss, S. 183.

[114] So aber *Hanau*, ZIP 2001, 1981 (1984), *Fabricius/Oetker*, BetrVG § 111, Rdnr. 11.

[115] s.o.

[116] *Bauer*, Sonderheft NZA 2001, 61 (63).

ternehmen mehr als 20 Arbeitnehmer angehören[117]. Nach anderer Ansicht[118] hat hingegen das Unternehmen, das den Schwellenwert überschreitet den Betriebsrat des gemeinsamen Betriebes gem. §§ 111 ff. BetrVG zu unterrichten. Interessenausgleichs- und Sozialplanverfahren sind danach zwischen dem Betriebsrat des gemeinsamen Betriebs und diesem Unternehmen hinsichtlich der Arbeitnehmer durchzuführen, welche zu dem Unternehmen im Arbeitsverhältnis stehen und von der Betriebsänderung betroffen sind. Das letztere Ergebnis entspricht dem Wortlaut des geltenden § 111 S. 1 BetrVG. Diese Ansicht entspricht im Übrigen auch dem Zweck der Vorschrift, auf die Belastbarkeit des Unternehmens abzustellen.
Künftig kommt es nach dem Wortlaut des § 111 S. 1 BetrVG auf die regelmäßige Arbeitnehmerzahl im Unternehmen an.

4. Die Betriebsänderung i.S.d. §§ 111 ff. BetrVG

Den Tatbestand der beteiligungspflichtigen Betriebsänderung umschreibt § 111 BetrVG in Satz 1 und Satz 3 der Vorschrift. Während Satz 1 ohne Konkretisierung an eine Betriebsänderung anknüpft und diese nur durch den nachfolgenden Relativsatz begrenzt, legt Satz 3 enumerativ fünf Tatbestände fest, die als Betriebsänderung i.S.d. Satzes 1 „gelten".

a. Verhältnis von § 111 S. 1 zu S. 3 BetrVG

Obwohl das Reformgesetz die Beteiligungspflicht von der regelmäßigen Arbeitnehmerzahl im Unternehmen abhängig macht, bezieht sich der Beteiligungstatbestand auf eine Betriebsänderung. Die Beurteilung der Maßnahme bleibt unverändert betriebsbezogen[119]. Der veränderte Bemessungsmaßstab führt aber dazu, dass eine beteiligungspflichtige Betriebsänderung nunmehr unabhängig von der Betriebsgröße vorliegt, sofern die Zahl im Unternehmen beschäftigter Arbeitnehmer den Schwellenwert erreicht[120]. Auch im Kleinbetrieb kann es zu sozialplanpflichtigen Betriebsänderungen kommen.
Eine Maßnahme des Unternehmers ist nur beteiligungspflichtig, wenn sie entweder die organisatorische Einheit des Betriebs, die Betriebsmittel, der Betriebszweck oder

---

[117] *Stege/Weinspach*, BetrVG § 111-113, Rdnr. 7e, *Annuß*, NZA 2001, 367 (369), *Richardi/Annuß*, DB 2001, 41 (45).
[118] *Löwisch*, BB 2001, 1790 (1797), *Fabricius/Oetker*, BetrVG § 111, Rdnr. 11; *Lingemann*, NZA 2002, 934 (937).
[119] BT-Drucks. 14/5741, S.51.
[120] *Annuß*, NZA 2001, 367 (369); *Fabricius/Oetker*, BetrVG § 111, Rdnr. 12.

die in der Belegschaft zusammengefassten Arbeitnehmer in quantitativer und qualitativer Hinsicht ändert[121].

Hinsichtlich des Transfer-Sozialplans sind die Betriebsänderungen im Blickpunkt, die auch den Verlust von Arbeitsplätzen nach sich ziehen.

Beteiligungsrechte des Betriebsrates werden nach § 111 S. 1 BetrVG nur ausgelöst, wenn die geplante Betriebsänderung „wesentliche Nachteile für die Belegschaft oder erhebliche Teile der Belegschaft" mit sich bringen kann. In § 111 S. 3 BetrVG sind katalogartig die Maßnahmen aufgezählt, die als Betriebsänderung i.S.d. § 111 S. 1 BetrVG gelten.

Eine umstrittene Frage ist, ob eine Betriebsänderung i.S.d. § 111 BetrVG wesentliche Nachteile für die Belegschaft oder erhebliche Teile der Belegschaft zur Folge haben muss. Kurz gesagt, ob der Relativsatz in Satz 1 der Vorschrift ein selbständiges Prüfungskriterium ist.

Die herrschende Meinung in Rechtsprechung und Literatur vertritt die Auffassung, dass das Kriterium der „wesentlichen Nachteile" nicht als zusätzliche Voraussetzung zu prüfen ist[122]. Denn die Möglichkeit wesentlicher Nachteile wird in den Katalogfällen Nr. 1 bis 5 fingiert[123]. Das Vorliegen eines wesentlichen Nachteils ist bei Erfüllung eines Katalogtatbestandes nicht gesondert zu prüfen[124]. Nach der Gegenansicht wird nach § 111 S.3 BetrVG die Betriebsänderung, nicht aber die wirtschaftlichen Nachteile, fingiert. Die wesentlichen Nachteile müssen nach dieser Ansicht dem Wortlaut der Vorschrift entsprechend („Nachteile ... haben können") nicht tatsächlich eintreten[125]. Ausreichend ist im Zusammenhang mit der Betriebsänderung, wenn der Eintritt der Nachteile nicht auszuschließen ist. Sie können materieller wie immaterieller Art sein[126].

Die erste Ansicht ist überzeugend. Gegen die zweite Ansicht spricht der Wortlaut des § 111 S. 3 BetrVG, nach der Formulierung „als Betriebsänderung i.S.d. S.1 gilt" bezieht er sich auf den gesamten Satz 1 und nicht eingeschränkt auf die Betriebsänderung. Die konkrete Prüfung, ob und ggf. welche Nachteile eintreten können, bedarf es erst bei der Vereinbarung des Transfer-Sozialplans, denn im Rahmen des Ab-

---

[121] *Richardi*, Betriebsverfassung, S. 184 m.w.N.

[122] BAG vom 26.10.1982 –1 ABR 11/81 - AP Nr. 10 zu § 111 BetrVG = EzA § 111 BetrVG 1972 Nr.15; BAG vom 27.6.1995 – 1 ABR 62/94 - AP Nr. 7 zu § 4 BetrVG = EzA § 111 BetrVG 1972 Nr.31; *Röder/Baeck*, Interessenausgleich, S. 38, *Rumpff/Boewer*, Mitbestimmung, H Rdnr. 61 ff.

[123] BAG 17.8.1982 – 1 ABR 40/80 - AP Nr. 11 zu § 111 BetrVG 1972 = EzA § 111 BetrVG 1972 Nr.14; BAG vom 26.10.1982 –1 ABR 11/81 - AP Nr. 10 zu § 111 BetrVG 1972 = EzA § 111 BetrVG 1972 Nr.15; BAG vom 7.8.1990 – 1 AZR 445/89 - AP Nr. 34 zu § 111 BetrVG 1972.

[124] BAG vom 26.10.1982 –1 ABR 11/81 - AP Nr. 10 zu § 111 BetrVG = EzA § 111 BetrVG 1972 Nr.15; BAG vom 27.6.1995 – 1 ABR 62/94 - AP Nr. 7 zu § 4 BetrVG = EzA § 111 BetrVG 1972 Nr.31; *Röder/Baeck*, Interessenausgleich, S. 38, *Rumpff/Boewer*, Mitbestimmung, H Rdnr. 61 ff.

[125] Stege/Weinspach, BetrVG, §§ 111-113 Rdnr. 13.

[126] *Fitting*, BetrVG § 111, Rdnr. 43, *Hoyningen- Huene*, BetrVG, S. 364.

schlusses eines Sozialplans gem. § 112 Abs. 1 S. 3 BetrVG werden nur konkrete wirtschaftliche Nachteile ausgeglichen[127]. Insofern kann es durchaus sein, dass dabei im Ergebnis ein „Null-Sozialplan“ herauskommt[128]. Überflüssig ist der Satz 3 dennoch nicht, denn er gibt einen Interpretationsmaßstab und damit eine Auslegungshilfe für die unbestimmten Rechtsbegriffe und wertungsbedürftigen Tatbestände in § 111 S. 3 BetrVG[129].

Das Verhältnis zwischen § 111 S.3 und § 111 S.1 BetrVG ist umstritten.

Die Vertreter der einen Meinung gehen davon aus, dass § 111 S. 3 BetrVG Tatbestände einer Betriebsänderung i.S.d. Satzes 1 umschreibe, ohne dabei den Rückgriff auf § 111 Satz 1 BetrVG als Generalklausel auszuschließen[130].

Nach der anderen Auffassung sei der Katalog in § 111 S. 3 BetrVG eine abschließende Aufzählung der Fälle beteiligungspflichtiger Betriebsänderungen[131].

Die erste Auffassung ist abzulehnen. Für die zweite Auffassung spricht, dass die Regelung in S. 3 nicht die für beispielhafte, nicht enumerative Aufzählungen typische Formulierung „insbesondere“ enthält. Für eine solche Auslegung sprechen auch Gründe der Rechtssicherheit. Der Unternehmer muss schon in der Planung der Maßnahme wissen, ob Beteiligungsrechte des Betriebsrates in Betracht kommen, um nicht der Gefahr von Ansprüchen auf Nachteilsausgleich nach § 113 BetrVG ausgesetzt zu sein. Da der Katalog des Satzes 3 so weit gefasst ist, dass sämtliche denkbaren Betriebsänderungen erfasst werden, besteht auch nicht die Gefahr, dass die Beteiligungsrechte des Betriebsrates verkürzt werden[132]. In den Katalog fallen im Ergebnis sämtliche Maßnahmen eines Unternehmers, durch die entweder die organisatorische Einheit des Betriebs, die Betriebsmittel, der Betriebszweck oder die in der Belegschaft zusammengefassten Arbeitnehmer eine wesentliche Änderung in quantitativer und qualitativer Hinsicht erfahren[133].

---

[127] *Röder/Baeck*, Interessenausgleich, S. 38 f.

[128] *Röder/Baeck*, Interessenausgleich, S. 41, *Bauer*, DB 1994, 220; BAG vom 16.6.1987 – 1 ABR 41/85 – AP Nr.19 zu § 111 BetrVG 1972 = DB 1987, 1842.

[129] *Picot*, Arbeitsrecht, S. 172, Fabricius/Oetker § 111 BetrVG Rdnr. 43

[130] *Fitting*, BetrVG § 111, Rdnr. 42; *Hoyningen- Huene*, BetrVG S. 359; *Däubler DKK*, BetrVG § 111, Rdnr.33.

[131] *Bauer*, DB 1994, 217 (218)); *Hanau*, ZfA 1974, 89 (93); *Stege/Weinspach*, BetrVG §§ 111- 113, Rdnr. 27

[132] *Picot*, Arbeitsrecht, S. 172 m.w.N.

[133] BAG vom 17.2.1981 – 1 ABR 101/78 - AP Nr. 9 zu § 111 BetrVG 1972= EzA § 111 BetrVG 1972 Nr.13.

b. Die Tatbestände nach § 111 S. 3 BetrVG

Eine Differenzierung zwischen den gem. § 111 S. 3 BetrVG aufgezählten unternehmerischen Entscheidungen, die mit Personalabbau bestehen können[134], ist im Hinblick auf § 112a BetrVG von Bedeutung. Denn bei einem reinen Personalabbau sind weitere Voraussetzungen hinsichtlich der Erzwingbarkeit eines Sozialplans zu prüfen. Das Vorliegen einer Betriebsänderung und die Erzwingbarkeit eines Sozialplans hinsichtlich der verursachten nachteiligen Folgen ist nicht kongruent. Sind die Voraussetzungen des § 112 a BetrVG erfüllt, so liegt stets eine Betriebsänderung vor[135]. Sind die Voraussetzungen des § 112 a BetrVG nicht erfüllt, kann gleichwohl eine Betriebseinschränkung im Sinne des § 111 S. 3 Nr. 1 BetrVG vorliegen, so dass lediglich die Pflicht zur Aufstellung eines Transfer-Sozialplans entfällt[136].
Die Beteiligungsrechte und die Pflicht zum Versuch eines Interessenausgleichs werden in allen Varianten der Betriebsänderung begründet.

aa. Stilllegung des Betriebs, wesentlicher Betriebsteile nach § 111 S. 3 Nr. 1 BetrVG

Die Betriebsstilllegung nach § 111 S. 3 Nr. 1 BetrVG ist die einschneidenste Betriebsänderung. Voraussetzung ist die Auflösung der zwischen Arbeitgeber und Arbeitnehmer bestehenden Betriebs- und Produktionsgemeinschaft[137]. Die Betriebsstilllegung setzt also zum einen den unternehmerischen Entschluss voraus, den verfolgten Betriebszweck auf unbestimmte Zeit einzustellen[138]. Zum anderen bedarf es der Auflösung der den Betrieb gestaltenden Organisationseinheit[139]. Erforderlich ist, dass der Unternehmer beabsichtigt, die rechtlichen Maßnahmen zu ergreifen, um die von ihm organisierte Zusammenarbeit der Arbeitnehmer im Betrieb zu beenden[140]. Aus diesem Grund führt eine Beendigung aller Arbeitsverhältnisse automatisch zur Auflö-

---

[134] so bereits BAG vom 22.5.1979 – 1 ABR 17/77 - AP Nr. 4 zu § 111 BetrVG 1972 = EzA § 111 BetrVG 1972 Nr.7.

[135] *Picot*, Arbeitsrecht, S. 180.

[136] *Richardi*, BetrVG § 111, Rdnr. 74.

[137] BAG vom 19.6.1991 – 2 AZR 127/91 - AP Nr. 53 zu § 1 KSchG 1969 Betriebsbedingte Kündigung = EzA§1 KSchG Betriebsbedingte Kündigung Nr.70; BAG vom 27.9.1984 – 2 AZR 309/83 - AP Nr. 39 zu § 613 a BGB = EzA § 613a BGB Nr.40; BAG vom 27.6.1995 – 1 ABR 62/94 - AP Nr. 7 zu § 4 BetrVG 1972 = EzA § 111 BetrVG 1972 Nr.31.

[138] BAG vom 4.7.1989 – 1 ABR 35/88 – AP Nr. 27 zu § 111 BetrVG 1972 = EZA § 111 BetrVG 1972 Nr. 24; *Fitting*, BetrVG § 111, Rdnr. 61; *Richardi*, BetrVG § 111, Rdnr. 50; *Matthes*, MünchArbR § 360, Rdnr. 19.

[139] *Fabricius/Oetker*, BetrVG § 111, Rdnr. 49.

[140] BAG vom 3.7.1986 – 2 AZR 68/85- AP Nr. 53 zu § 613a BGB = EzA § 613a BGB Nr.53; BAG vom 12.2.1987 – 2 AZR 247/86- AP Nr. 67 zu § 613a BGB = EzA § 613a BGB Nr.64.

sung der Betriebsorganisation. Unbedeutend für die Stilllegung ist dabei die Weiterbeschäftigung weniger Arbeitnehmer zur Bewältigung von Abwicklungsarbeiten[141]. Ausschließlich die Einstellung der Produktion führt für sich genommen nicht zur Betriebsstilllegung[142]. Gleiches gilt für den Antrag auf Eröffnung des Insolvenzverfahrens oder dessen Eröffnung durch Beschluss des Insolvenzgerichts[143]. Ebenso ist die Änderung des Betriebszwecks ohne Zerschlagung einer organisatorischen Einheit des alten Betriebs und unter Beibehaltung der früheren Identität keine Betriebsstillegung[144].

Die Betriebsstilllegung setzt den ernstlichen und endgültigen Entschluss des Unternehmers voraus, den Betrieb für unbestimmte Zeit und nicht nur vorübergehend stillzulegen[145].

Keine Stilllegung ist es, wenn der Unternehmer den Betrieb von vorneherein planmäßig für lediglich eine kurze Dauer einstellt und den Arbeitnehmern mit der Ankündigung, sie später wieder einzustellen, kündigt[146]. Nur wenn für den Unternehmer Handlungsspielraum besteht, ist für eine Einflussnahme des Betriebsrates auf die Willensbildung des Unternehmers Raum[147] und nur dann werden die Beteiligungsrechte ausgelöst. Denn die Beteiligungsrechte des Betriebsrates in wirtschaftlichen Angelegenheiten sind nicht nur auf die soziale Abfederung der Betriebsänderung mittels Sozialplan gerichtet. Sie zielen mit Unterrichtung, Beratung und den eigentlichen Interessenausgleichsverhandlungen auf die Betriebsänderung selbst [148].Nach der Rechtsprechung des BAG haben die Arbeitnehmer einen Anspruch auf Wiedereinstellung, wenn der Unternehmer noch während des Laufes der Kündigungsfristen von der geplanten Stilllegung Abstand nimmt und im Hinblick auf die Beendigung der Arbeitsverhältnisse noch keine Dispositionen getroffen hat[149]. Keine Stilllegung liegt dann vor, wenn der Betrieb von vornherein für eine zeitlich begrenzte Aufgabe errichtet worden ist und die Begrenzung für den Arbeitnehmer erkennbar war[150]. Darunter

[141] BAG vom 14.10.1982 – 2 AZR 568/80 - AP Nr. 1 zu § 1 KSchG 1969 Konzern = EzA § 15nF.KSchG Nr.29.
[142] *Richardi*, BetrVG § 111, Rdnr. 54.
[143] BAG vom 11.11.1997 – 1 ABR 6/97 – AP Nr.42 zu § 111 BetrVG 1972 = EzA § 111 BetrVG 1972 Nr. 36.
[144] *Richardi*, BetrVG § 111, Rdnr. 61.
[145] BAG vom 16.6.1987- 1 AZR 528/85 – AP Nr. 20 zu § 111 BetrVG 1972 = EzA § 111 BetrVG 1972 Nr. 21; BAG vom 4.7.1989 – 1 ABR 35/88 – AP Nr.27 zu §111 BetrVG 1972 = EzA § 111 BetrVG 1972 Nr. 24; *Richardi*, BetrVG § 111, Rdnr. 53.
[146] BAG vom 16.6.1987 – 1 AZR 528/85 – AP Nr.20 zu § 111 BetrVG 1972 = EzA § 111 BetrVG 1972 Nr.21 = DB 1987, 2231.
[147] *Fabricius/Oetker*, BetrVG § 111, Rdnr. 47.
[148] *Fabricius/Oetker*, BetrVG §§ 112, 112a, Rdnr. 9.
[149] BAG vom 27.2.1997 – 2 AZR 160/96 - AP Nr. 87 zu § 1 KSchG betriebsbedingte Kündigung; BAG vom 6.8.1997 – 7 AZR 557/96- AP Nr. 2 zu § 1 KSchG Wiedereinstellung.
[150] *Löwisch/Kaiser*, BetrVG § 111, Rdnr. 27; *Richardi*, BetrVG § 111, Rdnr. 58.

fallen Betriebe, die zur Verfolgung eines bestimmten Zweckes errichtet wurden[151]. Dazu zählen auch Auffanggesellschaften, die zur Verwertung der Insolvenzmasse gebildet wurden[152], und nicht zuletzt Beschäftigungsgesellschaften und betriebsorganisatorisch eigenständige Einheiten i.S.d. § 175 Abs.1 S. 1 Nr.2 SGB III[153].
Von Bedeutung ist die Abgrenzung der Betriebsstilllegung zur Betriebsverlegung im Sinne des § 111 S. 3 Nr. 2 BetrVG. Die Unterscheidung ist hinsichtlich der Beteiligungsrechte nach §§ 111 BetrVG unerheblich, gewinnt aber in anderem Zusammenhang Relevanz. Denn nur im ersten Falle sind Beendigungskündigungen gegenüber den betroffenen Arbeitnehmern auszusprechen. Mangels drohender Arbeitslosigkeit bzw. Kündigungen sind Maßnahmen zur Bewältigung einer Betriebsverlegung weder nach § 254 SGB III noch nach § 175 SGB III förderungsfähig.
Keine Verlegung des Betriebes, sondern eine Betriebstilllegung liegt vor, wenn der Unternehmer die alte Belegschaft auflöst und an einem anderen Standort eine neue Belegschaft aufbaut. Entscheidend ist, ob ein Großteil der Belegschaft an die neue Betriebsstätte folgt[154]. Da die betriebliche Organisation wesentlich durch die Belegschaft geprägt ist, stellt die Verlagerung des Betriebes an einen anderen Ort unter Zurücklassung der Belegschaft faktisch eine Betriebsstillegung dar[155].
Die Betriebsstilllegung und der Betriebsübergang nach § 613a BGB schließen sich gegenseitig aus. Wird der Betrieb oder ein Betriebsteil vor dem Erwerb der Betriebsmittel durch einen Dritten stillgelegt, liegt kein Betriebsübergang i.S.d. § 613a BGB vor[156]. Entscheidend ist, ob im Zeitpunkt des Erwerbs der Betriebsmittel die Betriebsorganisation bereits objektiv aufgelöst worden ist[157]. Dabei kommt den Kündigungsfristen indizielle Wirkung zu, da in aller Regel die Zerschlagung des Betriebs vorliegt, wenn das Personal entlassen und zerstreut worden ist[158].
Nach § 112 S. 3 Nr. 1 liegt eine interessenausgleichs- und sozialplanpflichtige Betriebsänderung auch im Falle der Stillegung eines wesentlichen Betriebsteils vor. Zunächst ist zu prüfen, ob es sich bei dem stillgelegten Bereich um einen Betriebsteil handelt.
Nach herrschender Meinung wird für einen Betriebsteil i.S.d. § 111 S. 3 Nr. 1 BetrVG nicht gefordert, dass es sich um einen abgeschlossenen und organisatorisch selb-

---

[151] *Däubler DKK*, BetrVG § 111, Rdnr. 111; *Fitting*, BetrVG § 111, Rdnr. 63; *Stege/Weinspach*, BetrVG § 111 – 113, Rdnr. 30.
[152] *Matthes*, Interessenausgleich § 360 Rdnr. 22.
[153] *Fabricius/Oetker*, BetrVG § 111 Rdnr. 57.
[154] BAG vom 12.2.1987 – 2 AZR 247/86 - AP Nr.67 zu § 613a BGB = EzA § 613a BGB Nr.64.
[155] GK- *Fabricius*, BetrVG § 111, Rdnr. 302 m.w.N.
[156] BAG vom 27.2.1987 – 7 AZR 652/85- AP Nr. 41 zu § 1 KSchG Betriebsbedingte Kündigung = EzA § 1 KSchG Betriebsbedingte Kündigung Nr.46.
[157] BAG vom 12.2.1987 – 2 AZR 247/86 - AP Nr. 67 zu § 613a BGB = EzA § 613a BGB Nr.64.
[158] BAG vom 22.5.1997 – 8 AZR 101/96 - AP Nr. 154 zu § 613a BGB.

ständigen Teil des Betriebes handelt[159]. Es genügt, wenn es sich bei dem betroffenen Bereich um eine organisatorische Untergliederung des Gesamtbetriebes handelt, mit dem ein Teilzweck innerhalb des betrieblichen Gesamtzwecks verfolgt wird[160]. Erforderlich ist eine betriebswirtschaftlich oder technologisch abgrenzbare Einheit innerhalb der Betriebsorganisation[161].

Im Rahmen des § 111 BetrVG ist der Betriebsbegriff zugrundezulegen, wie auch in anderen Vorschriften des BetrVG. Das Reformgesetz hat davon abgesehen, für den Betriebsbegriff eine Legaldefinition zu geben[162]. Betrieb ist die organisatorische Einheit innerhalb derer ein Arbeitgeber allein oder mit seinen Arbeitnehmern mit Hilfe von technischen und immateriellen Mitteln bestimmte arbeitstechnische Zwecke fortgesetzt verfolgt, die sich nicht in der Befriedigung von Eigenbedarf erschöpfen[163].

Auch Betriebsteile können als selbständige Betriebe gelten, wenn dort fünf Arbeitnehmer beschäftigt werden, von denen drei wahlberechtigt sind und sie räumlich weit vom Hauptbetrieb entfernt oder durch Aufgabenbereich und Organisation eigenständig sind[164]. Das Reformgesetz hat diesen Betriebsteilen nach § 4 Abs.1 S.2 bis 5 BetrVG freigestellt, ob sie einen eigenen Betriebsrat wählen oder an der Wahl des Betriebsrates im Hauptbetrieb teilnehmen wollen. Gemeinsame Betriebe mehrerer Unternehmen sind ebenso ein Betrieb i.S.d. § 111 BetrVG[165].

Ob ein Betriebsteil wesentlich i.S.d. § 111 S.3 Nr.1 BetrVG ist, bestimmt sich nach seiner Bedeutung für den arbeitstechnischen Zweck des Gesamtbetriebs[166]. Von der Rechtsprechung wurde bisher ausdrücklich offengelassen, ob ein Betriebsteil alleine aufgrund seiner wirtschaftlichen bzw. qualitativen Bedeutung für den Gesamtbetrieb zu einem wesentlichen Betriebsteil werden kann, unabhängig von der Zahl der in diesem Betriebsteil beschäftigten Arbeitnehmer[167].

In der Literatur werden die qualitativen Gesichtspunkte für die Beurteilung der Wesentlichkeit eines Betriebsteils abgelehnt. So wird die Funktion des Betriebsteils im

---

[159] *Fitting*, BetrVG § 111 BetrVG Rdnr. 65, *Däubler DKK*, BetrVG § 111, Rdnr. 45.

[160] *Baeck/Roeder*, Interessenausgleich, S. 48.

[161] *Richardi*, BetrVG § 111 Rdnr. 76.

[162] vgl. *Richardi*, NZA 2000, 161 (162).

[163] *Baeck/Roeder*, Interessenausgleich, S. 36, BAG vom 29.5.1991 – 7 ABR 54/90 – AP Nr.5 zu § 4 BetrVG 1972 = EzA § 4 BetrVG 1972 Nr.6.

[164] vgl. § 4 BetrVG; von Betriebsteilen zu unterscheiden sind sog. Nebenbetriebe, wenn sie die Voraussetzung des § 1 BetrVG nicht erfüllen.

[165] vgl. § 1 Abs.1 S.1, Abs.2 BetrVG.

[166] BAG vom 6.6.1978 – 1 AZR 495/75 – AP Nr.2 zu § 111 BetrVG 1972 = EzA § 111 BetrVG 1972 Nr. 5; BAG vom 6.12.1988 – 1 ABR 47/87 – AP Nr.26 zu § 111 BetrVG 1972 = EzA § 111 BetrVG 1972 Nr. 23; *Fitting*, BetrVG § 111, Rdnr. 65.

[167] BAG vom 23.8.1988 – 1 AZR 276/87 – AP Nr.17 zu § 113 BetrVG 1972 = EzA § 113 BetrVG 1972 Nr.17 = NZA 1989, 31; BAG vom 6.12.1988 – 1 ABR 47/87 – AP Nr.26 zu § 111 BetrVG 1972 = NZA 1989, 399, 557 = EzA § 111 BetrVG 1972 Nr. 23.

Betriebsablauf als Kriterium abgelehnt[168]. Allein die quantitative Abgrenzung gewährleiste die in §§ 111 ff. BetrVG erforderliche Rechtssicherheit [169].

Nach Rechtsprechung des BAG ist nicht ausgeschlossen, dass die wirtschaftliche oder sonstige Bedeutung des Betriebsteils mit in die Prüfung einbezogen werden kann[170]. Damit erfolgt lediglich eine Festlegung, dass bei der Prüfung die Zahl der Arbeitnehmer im betreffenden Betriebsteil und auch die qualitative Bedeutung berücksichtigt wird. So kann ein Mehr an Qualität das Weniger an Quantität ausgleichen[171].

Für die Frage, inwieweit es sich gemäß § 111 S.3 BetrVG um wesentliche Betriebsteile handelt, lässt es das BAG ausreichen, wenn die Zahl der in dem Betriebsteil beschäftigten Arbeitnehmer im Verhältnis zu der Gesamtzahl der Arbeitnehmer im Betrieb die Schwellenwerte des § 17 Abs.1 KSchG überschreitet; mindestens aber 5 % der Arbeitnehmer in dem Betriebsteil beschäftigt sind[172]. Das hat sich ausweislich der Gesetzesbegründung bei der Neufassung des BetrVG nicht geändert. Wörtlich heißt es: „An den Tatbestandsvoraussetzungen für das Vorliegen einer konkreten Betriebsänderung ändert sich dadurch nichts. Die Beurteilung bleibt betriebsbezogen[173].

Demgemäss wurde auch § 17 KSchG nicht geändert. Die Staffel in § 17 Abs.1 Nr.1 KSchG beginnt erst mit Betrieben mit in der Regel mehr als 20 Arbeitnehmern. Betriebsteile in diesen Betrieben, in denen mehr als 5 Arbeitnehmer beschäftigt sind, sind wesentlich. Die Werte der ersten Schwelle des § 17 KSchG bzgl. Kleinbetriebe weichen nun von denen des § 111 S. 1 BetrVG ab.

Durch die Bezugnahme in § 111 S. 1 BetrVG auf Unternehmen werden Kleinbetriebe mit bis zu 20 Arbeitnehmern erfasst. Eine Bestimmung, ab welcher Arbeitnehmerzahl Betriebsteile als wesentlich gelten, fehlt. Eine Lösung dieser Frage wird durch die analoge Heranziehung des § 112a BetrVG vorgeschlagen[174]. § 112a Abs.1 S.1 Nr.1 BetrVG sieht vor, dass die Sozialplanpflicht nach § 112 Abs.4 und 5 BetrVG nur Anwendung findet, wenn in Betrieben mit in der Regel weniger als 60 Arbeitnehmern

---

[168] *Kaiser/Löwisch*, BetrVG § 111, Rdnr. 23 mit Verweis auf BAG vom 7.8.1990 – 1 AZR 445/89 – AP Nr.34 zu § 111 BetrVG 1972, DB 1991, 76 wonach die Herstellung eines Vorproduktes, das ohne weiteres am Markt zugekauft werden kann.

[169] *Kaiser/Löwisch*, BetrVG § 111, Rdnr. 24.

[170] BAG vom 7.8.1990 – 1 AZR 445/89 – AP Nr.34 zu § 111 BetrVG 1972 = EzA § 111 BetrVG 1972 Nr. 27; BAG vom 10.6.1969 – 1 AZR 2/69- AP Nr. 6 zu §72 BetrVG 1972; BAG vom 6.6.1978 – 1AZR 495/75 – AP Nr.2 zu §111 BetrVG 1972 = EZA § 111 BetrVG 1972 Nr. 5.

[171] *Fabricius/Oetker*, BetrVG § 111, Rdnr. 84; *Fitting*, BetrVG § 111, Rdnr. 66.

[172] vgl. BAG vom 6.12.1988 – 1 ABR 47/87 – AP Nr.26 zu § 111 BetrVG 1972 = EzA § 111 BetrVG 1972 Nr.23 = NZA 1989, 399.

[173] BT – Drucks. 14/5741, S. 51, *Engels*, DB 2001, 532 (540).

[174] so bereits vor der Novellierung *Rumpff/Boewer*, Mitbestimmung, H Rdnr. 98.

20% der regelmäßig beschäftigten Arbeitnehmer aus betrieblichen Gründen entlassen werden.
Damit sind für die Annahme eines wesentlichen Betriebsteils auch nach analoger Anwendung des § 112 Abs.1 S.1 Nr.1 BetrVG bei Kleinbetrieben mindestens 6 Arbeitnehmer erforderlich.
Für die quantitative Beurteilung, ob ein Betriebsteil wesentlich ist, ist vielmehr § 17 Abs.1 KSchG analog im Wege des Erst-Recht-Schlusses anzuwenden. Betriebsteile des Kleinbetriebes, die für den Betrieb i.S.d. § 17 Abs.1 Nr.1 KSchG wesentlich sind, sind es erst recht auch für kleinere Betriebe unter der Schwelle des § 17 KSchG[175].
Für die Stilllegung des Betriebsteils sind die Grundsätze zur Stilllegung des ganzen Betriebs entsprechend heranzuziehen[176]. Die dauerhafte Auflösung der arbeitstechnischen Organisation des Betriebsteils kann sich aus der Aufgabe der sächlichen Betriebsmittel oder der personellen Betriebsmittel ergeben[177].
Bei einem Personalabbau als einer Form der Betriebsstilllegung ist zu beachten, dass die Auflösung der Organisation des Betriebsteils nicht nur im Falle der Entlassung aller im betreffenden Betriebsteil beschäftigten Arbeitnehmer, sondern auch wenn diese in andere Betriebsteile versetzt werden, erfüllt ist. Entscheidend ist, dass infolge des Personalabbaus in dem Betriebsteil keine Arbeitnehmer mehr beschäftigt werden.

bb. Einschränkung des Betriebs, wesentlicher Betriebsteile nach § 111 S. 3 Nr. 1 BetrVG

Die Einschränkung muss den Betrieb in seiner Gesamtheit betreffen. Da eine Betriebsänderung i.S.d. § 111 S.3 Nr.1 BetrVG auch vorliegt, wenn ein wesentlicher Betriebsteil eingeschränkt wird, kann eine Einschränkung unterhalb dieser Schwelle nicht als Einschränkung des gesamten Betriebs bewertet werden.
Neben der Stillegung stellt auch die Einschränkung des Betriebes eine Betriebsänderung i.S.d. § 111 S. 3 Nr. 1 BetrVG dar. Der Unterschied zwischen einer Stillegung und einer Einschränkung liegt darin, dass im Fall der Stillegung die Belegschaft aufgelöst, während bei der Einschränkung die Leistungsfähigkeit des Betriebes erheblich, ungewöhnlich und nicht nur vorübergehend herabgesetzt wird[178]. Die Betriebsorganisation bleibt aufrechterhalten. Der Unternehmer stellt also planmäßig die be-

[175] so auch *Stege/Weinspach, BetrVG* § 111- 113, Rdnr. 14.
[176] *Fabricius/Oetker*, BetrVG § 111 Rdnr. 87.
[177] BAG vom 21.10.1980 – 1 AZR 145/79 – AP Nr.8 zu § 111 BetrVG 1972 = EZA § 111 BetrVG 1972 Nr.12.
[178] *Picot*, Arbeitsrecht, S. 178.

triebliche Arbeit für einen von vornherein nicht übersehbaren, wirtschaftlich nicht unerheblichen Zeitraum erheblich ein[179]. Hinsichtlich der Beteiligungsrechte des Betriebsrates ist es ohne Belang, ob die Verminderung der Leistungsfähigkeit durch Außerbetriebsetzung von Betriebsanlagen oder allein durch Personalreduzierung erfolgt[180]. Die dauerhafte Herabsetzung der Leistungsfähigkeit kann durch den Entzug von sächlichen Betriebsmitteln eintreten, wobei insbesondere die Stilllegung oder Veräußerung von Betriebsanlagen zu dieser Herabsetzung führen kann[181]. Wie bei der Verringerung der Auslastung bestehender Betriebsanlagen, bedeutet die Einführung von konjunktureller Kurzarbeit keine dauerhafte Herabsetzung der Leistungsfähigkeit[182].

Denn der Einführung konjunktureller Kurzarbeit fehlt die Dauerhaftigkeit im Gegensatz zur strukturellen. Zudem bleibt die Leistungsfähigkeit unverändert fortbestehen, da die Arbeitnehmer wieder auf die ursprüngliche Arbeitszeit zurückgesetzt werden können.

Es ist anerkannt, dass eine Betriebseinschränkung im Sinne des § 111 S. 3 Nr. 1 BetrVG auch bei reinem Personalabbau unter Beibehaltung der sächlichen Betriebsmittel vorliegen kann[183]. Dies ist durch den Gesetzgeber mit Einführung des § 112a BetrVG bestätigt worden. In § 112a BetrVG hat er klargestellt, unter welchen Voraussetzungen eine Sozialplanpflicht besteht, wenn sich die Betriebsänderung im reinem Personalabbau erschöpft.

cc. *Reiner Personalabbau als Betriebsänderung nach § 111 S. 3 Nr.1 BetrVG*

Da eine Betriebsänderung allein in der Entlassung von Arbeitnehmern bestehen kann, steht nunmehr fest, dass Personalabbau sowohl Ursache als auch Folge einer Betriebseinschränkung sein kann[184]. Nicht jeder Personalabbau ist als Einschränkung des ganzen Betriebs zu bewerten.

Die Einschränkung des ganzen Betriebs liegt vor, wenn von Personalabbau erhebliche Teile der Belegschaft erfasst werden. Unter dieser Voraussetzung ist regelmäßig

---

[179] *Löwisch/Kaiser*, BetrVG § 111, Rdnr. 23 mit Verweis auf § 106 Rdnr. 27.

[180] BAG vom 22.5.1979 – 1 ABR 17/77 - AP Nr. 4 zu § 111 BetrVG 1972 = EzA § 111 BetrVG 1972 Nr.7; BAG vom 7.8.1990 –1 AZR 445/89 – AP Nr.34 zu § 111 BetrVG 1972 = EzA § 113 BetrVG Nr. 28.

[181] *Fabricius/Oetker*, BetrVG § 111, Rdnr. 61.

[182] *Gamillscheg*, FS Bosch 209 (213); *Hanau*, ZfA 1974, 89 (98); *Rumpff/Boewer*, Mitbestimmung, H Rdnr. 66; *Richardi*, BetrVG § 111, Rdnr. 64.

[183] zuletzt BAG vom 6.12.1988 – 1 ABR 47/87 - AP Nr. 26 zu § 111 BetrVG 1972 = EzA § 111 BetrVG 1972 Nr.23.

[184] BAG vom 10.12.1996 – 1 AZR 290/96 - AP Nr. 32 zu § 113 BetrVG 1972 = EzA § 111 BetrVG 1972 Nr.34.

die Annahme gerechtfertigt, dass der alleinige Personalabbau mit einer Einschränkung der Leistungsfähigkeit des Betriebs verbunden ist.

Nach gefestigter Rechtsprechung und überwiegender Ansicht in der Literatur ist für die Feststellung, ob der Personalabbau „erhebliche Teile der Belegschaft" betrifft, die Zahlen- und Prozentangaben des §17 Abs.1 KSchG[185] zur Anzeigepflicht von Massenentlassungen heranzuziehen[186].

Der regelmäßig mit einer Reduzierung der Leistungsfähigkeit des Betriebs verbundene reine Personalabbau ist demzufolge eine Betriebsänderung i.S.d. § 111 S.3 Nr.1 BetrVG, wenn

- in Betrieben mit in der Regel mehr als 20 und weniger als 60 Arbeitnehmern mehr als fünf,
- in Betrieben mit in der Regel mindestens 60 und weniger als 500 Arbeitnehmern 10% der im Betrieb regelmäßig beschäftigten Arbeitnehmer oder aber mehr als 25 Arbeitnehmer,
- in Betrieben mit in der Regel mindestens 500 Arbeitnehmern mindestens 30 Arbeitnehmer

entlassen werden.

Ein geringfügiges Unterschreiten der obengenannten Schwellenwerte steht der Annahme einer Betriebsänderung i.S.d. § 111 S.3 Nr.1 BetrVG nicht entgegen, insbesondere wenn zu dem Personalabbau Einschränkungen bei den sächlichen Betriebsmitteln hinzutreten[187]. Hinsichtlich von Großbetrieben mit mehr als 1000 Arbeitnehmern hat die Rechtsprechung eine Mindestgrenze von 5% der Gesamtbelegschaft entwickelt und nunmehr als allgemeine Mindestgrenze ausgedehnt[188]. Bisher war die Bezugnahme auf § 17 Abs. 1KSchG ohne weiteres möglich, da § 17 Abs. 1 KSchG wie § 111 BetrVG a.F. auf den Betrieb abstellten. Nunmehr stimmen beide Vorschriften nicht mehr überein. Für Betriebe mit mehr als 20 Arbeitnehmern ist daran auch in Zukunft festzuhalten[189]. Denn das Reformgesetz hat an der Betriebsänderung als dem das Beteiligungsrecht auslösenden Tatbestand nichts geändert[190]. Durch die Änderung des § 111 S. 1 BetrVG mit der Bezugnahme auf die Unterneh-

---

[185] Die Vorschrift verfolgt zwar arbeitsmarktpolitische Zielsetzungen, hat aber mit § 66 Abs.2 BetrVG 1952 betriebsverfassungsrechtliche Wurzeln.

[186] BAG vom 10.12.1996- 1 AZR 290/96 - AP Nr.32 zu § 113 BetrVG 1972 = EzA § 111 BetrVG 1972 Nr.34.

[187] BAG vom 7.8.1990 – 1 AZR 445/89 – AP Nr.34 zu § 111 BetrVG 1972 = EzA § 111 BetrVG 1972 Nr. 27; *Matthes*, ArbR § 360, Rdnr. 31.

[188] BAG vom 1.8.1990 – 7 ABR 91/88 – AP Nr.8 zu § 106 BetrVG 1972 = EzA § 106 BetrVG 1972 Nr. 16; BAG vom 7.8.1990 – 1 AZR 445/89 – AP Nr.34 zu § 111 BetrVG 1972 = EzA § 111 BetrVG 1972 Nr. 27.

[189] *Löwisch/Kaiser*, BetrVG § 111, Rdnr. 24.

[190] *Löwisch/Kaiser*, BetrVG § 111, Rdnr. 24.

mensgröße ist nun fraglich, welche Zahlen maßgeblich sind, wenn der reine Personalabbau einen kleinen Betrieb mit weniger als 21 Arbeitnehmern innerhalb eines Unternehmens mit mehr als 20 Arbeitnehmern betrifft. In § 17 Abs. 1 KSchG findet sich keine Regelung für diese Kleinbetriebe. Wenn man davon ausgeht, dass eine Maßnahme, deren Sozialplanpflicht gesetzlich angeordnet ist, auch interessenausgleichspflichtig ist[191], kann § 112a Abs. 1 Nr. 1 BetrVG als Maßstab herangezogen werden.

Danach besteht die Sozialplanpflicht, wenn mit in der Regel weniger als 60 Arbeitnehmern 20% der regelmäßig beschäftigten Arbeitnehmer, aber mindestens 6 Arbeitnehmer aus betriebsbedingten Gründen entlassen werden sollen. In der Literatur wird dieser Schwellenwert als Maßstab auf Kleinbetriebe übertragen[192]. Ausgeschlossen bleiben von vorneherein Betriebe mit bis zu 5 Arbeitnehmern[193]. In Teilen der Literatur[194] wird dieser Lösung entgegengehalten, dass die Entlassung von 5 Arbeitnehmern in Betrieben mit 10 Arbeitnehmern bei entsprechender Größe des Unternehmens entgegen der Regelung des § 112a Abs. 1 Nr. 1 BetrVG nicht sozialplanpflichtig, aber zumindest interessenausgleichspflichtig sei. Denn die Entlassung der Hälfte der Belegschaft bedeute eine wesentliche Einschränkung des Betriebs[195]. Es wird weiter vorgetragen, dass es zweifelhaft sei eine beteiligungspflichtige Betriebsänderung erst beim Überschreiten der Grenzwerte des § 112a Abs. 1 BetrVG anzunehmen, da infolgedessen in Kleinbetrieben die Fallgruppe der nicht sozialplanpflichtigen aber interessenausgleichspflichtigen Betriebsänderungen entfallen würde[196]. Deshalb wird vorgeschlagen den Grenzwert bei der Entlassung von mehr als drei Arbeitnehmern[197] .

Die Zahl drei kann nicht durch Analogie mit einer Regelung einer vergleichbaren Vorschrift begründet werden. Wollte der Gesetzgeber diese Zahl als Maßstab müsste er sie einführen.

Im Rahmen der Einschränkung des Betriebs nach § 111 S.3 Nr.1 BetrVG sind die vom Personalabbau betroffenen Arbeitnehmer in das Verhältnis zu setzen.

Entscheidend ist die Personalkopfzahl unabhängig vom Beschäftigungsgrad der Betroffenen. So zählt jeder Teilzeitbeschäftigte als ein Arbeitnehmer[198]. Bei der be-

---

[191] *Richardi*, BetrVG § 111, Rdnr. 74; a.A. *Fabricius/Oetker*, BetrVG § 111, Rdnr. 92.
[192] So überzeugend *Löwisch*, BB 2001, 1790 (1797); *Hanau*, ZIP 2001, 1981 (1985); *Stege/Weinspach* §§ 111- 113, Rdnr. 45a.
[193] Vgl. § 1 Abs.1 BetrVG.
[194] *Bauer*, NZA Sonderheft, NZA 2001, S.61 (64); *Fitting*, BetrVG § 111, Rdnr. 75,76.
[195] *Bauer*, NZA Sonderheft, NZA 2001, S.61 (64); *Fitting*, BetrVG § 111, Rdnr. 75,76.
[196] *Fabricius/Oetker*, BetrVG § 111, Rdnr. 73.
[197] *Fabricius/Oetker* § 111 Rdnr. 73.
[198] LAG Baden- Württemberg vom 16.6. 1987 – 8 [14] –Tab 21/86 – LAGE Nr.6 zu § 111 BetrVG 1972.

triebsbedingten Personalreduzierung kommt es auf den Grund der Auflösung und nicht auf die Form der Beendigung des Arbeitsverhältnisses an[199].
Dies wird durch § 112a Abs.1 S.2 BetrVG bestätigt, wonach als Entlassung auch das vom Arbeitgeber aus Gründen der Betriebsänderung veranlasste Ausscheiden vom Arbeitnehmer aufgrund eines Aufhebungsvertrages gilt. Auch die vom Arbeitgeber veranlasste Eigenkündigung wird erfasst[200]. Eine Veranlassung in diesem Sinne liegt nur vor, wenn der Arbeitgeber die Arbeitnehmer im Hinblick auf eine konkret geplante Betriebsänderung bestimmt hat, selbst zu kündigen oder einen Aufhebungsvertrag zu schließen, um eine sonst notwendig werdende Kündigung zu vermeiden. Nicht ausreichend ist der bloße Hinweis auf die unsichere Lage des Unternehmens, auf notwendig werdende Betriebsänderungen oder der Rat, sich eine neue Stelle zu suchen[201].
Mitzuzählen sind auch Arbeitnehmer, die in andere Betriebe des Unternehmens oder des Konzerns versetzt werden[202]. Ebenso sind Arbeitnehmer miteinzubeziehen, die dem Übergang ihres Arbeitsverhältnisses auf den Erwerber eines Betriebes bzw. Betriebsteiles widersprochen haben, und der Veräußerer infolgedessen einen Personalabbau der betreffenden Arbeitnehmer vornehmen will[203]. Gleiches gilt für Arbeitnehmer, die bei einer Änderungskündigung das Angebot geänderter Arbeitsbedingungen ablehnen und demgemäss für betriebsbedingte Kündigungen vorgesehen sind[204]. Keine Berücksichtigung finden Arbeitnehmer deren Arbeitsverhältnis aus personen- oder verhaltensbedingten Gründen endet.
Arbeitnehmer, die infolge natürlicher Fluktuation ausscheiden, z.B. wegen Erreichen der Altersgrenze oder wegen Auslaufens einer Befristung bzw. aufgrund von Bedingungseintritt, werden nicht mitgezählt[205]. Bei der natürlichen Fluktuation erleiden die Arbeitnehmer keinen auf die unternehmerische Betriebsplanung zurückzuführenden Nachteil und im Falle der Beendigung des Arbeitsverhältnisses aufgrund Befristung oder Bedingungseintritt tragen die Rechtsverhältnisse den Beendigungstatbestand bereits in sich.

---

[199] BAG vom 4.7.1989 – 1 ABR 35/88 - AP Nr.27 zu §111 BetrVG 1972 =EzA § 111 BetrVG 1972 Nr.24.
[200] BAG vom 28.10.1992 – 10 AZR406/91 - AP Nr.65 zu § 112 BetrVG 1972 = EzA § 112a BetrVG 1972 Nr.6.
[201] BAG vom 20.4.1994 – 10 AZR 323/93 – AP Nr.77 zu § 112 BetrVG 1972 =EzA § 112 BetrVG 1972 Nr.75 = BB 1994, 1938.
[202] *Richardi,* BetrVG § 111, Rdnr. 72.
[203] BAG vom 10.12.1996 – AZR 290/96 - AP Nr. 32 zu § 113 BetrVG 1972= EzA § 111 BetrVG 1972 Nr.34.
[204] *Bauer*, DB 1994 , 217 (219).
[205] BAG vom 2.8.1983- 1 AZR 516/81 - AP Nr.12 zu § 111 BetrVG 1972= EzA § 111 BetrVG 1972 Nr.16.

Wie die Einschränkung des Betriebs erfüllt auch die Einschränkung eines wesentlichen Betriebsteils den Tatbestand des § 111 S.3 Nr.1 BetrVG. Es gelten die für die Einschränkung des Betriebs beschriebenen Grundsätze.
Zweifelhaft ist, ob bei der Heranziehung des § 17 Abs.1 KSchG der Schwellenwert hinsichtlich der Zahl im Betriebsteil oder der im Betrieb insgesamt beschäftigten Arbeitnehmer zu ermitteln ist.
Maßgeblich ist die Zahl der Arbeitnehmer im Betrieb, denn so ist gewährleistet, dass von der Betriebsänderung ein erheblicher Teil der Belegschaft betroffen ist, wie dies aus § 111 S.1 BetrVG als Interpretationsmaßstab hervorgeht[206].
Der in § 17 Abs. 1 S. 1 KSchG vorgesehene Zeitraum von 30 Kalendertagen ist nicht maßgeblich[207].

dd. Betriebsverfassungsrechtliche Organisationseinheiten

Objekt der Stilllegung und der Einschränkung ist nach § 111 S. 3 Nr.1 BetrVG zunächst der Betrieb bzw. Betriebsteil. Bedeutende Abweichungen zum bisher maßgeblichen Betriebsbegriff sind durch die in § 3 Abs.1 Nr.1 bis 3 BetrVG eröffnete Befugnis möglich, wonach durch Tarifvertrag oder Betriebsvereinbarung neue betriebsverfassungsrechtliche Organisationseinheiten gebildet werden können. Diese Organisationseinheiten gelten nach § 3 Abs. 5 S. 1 BetrVG als Betrieb i.S.d. BetrVG. Damit ist diese Organisationseinheit als Betrieb maßgeblicher Anknüpfungspunkt für die Betriebsänderung nach § 111 BetrVG. Parallelstrukturen sind nicht möglich. Die gebildeten Organisationseinheiten treten anstelle des Betriebs und nicht neben diesen.
Die Bildung von betriebsverfassungsrechtlichen Organisationseinheiten nach § 3 Abs.1 Nr.1 bis 3 BetrVG kann dazu führen, dass bei reinem Personalabbau zwar der Schwellenwert des § 111 S. 1 BetrVG überschritten, aber der des § 17 Abs.1 KSchG nicht erreicht wird. Damit können Maßnahmen, die ohne die Neustrukturierung der betriebsverfassungsrechtlichen Organisationseinheiten unter Beachtung der Beteiligungsrechte nach §§ 111 ff. BetrVG durchzuführen waren, als unerhebliche Maßnahmen frei umgesetzt werden. Da § 3 Abs.5 BetrVG anordnet, dass die aufgrund eines Tarifvertrages oder einer Betriebsvereinbarung nach Abs.1 Nr.1 bis 3 gebildeten betriebsverfassungsrechtlichen Organisationseinheiten als Betriebe im Sinne dieses Gesetzes gelten, könnte man auf den Gedanken kommen, die Zusammen-

---

[206] *Löwisch/Kaiser*, BetrVG § 111, Rdnr. 23; *Däubler DKK*, BetrVG § 111, Rdnr. 46; *Fabricius/Oetker*, BetrVG § 111, Rdnr. 90; *Stege/Weinspach*, BetrVG §§ 111 – 113, Rdnr. 14d.
[207] BAG vom 22.5.1979 – 1 ABR 17/77 - AP Nr. 4 zu § 111 BetrVG 1972 = EzA § 111 BetrVG 1972 Nr.7.

fassungen nach § 3 BetrVG sind über die Schwellenwerte des § 17 Abs.1 KSchG nicht relevant und § 17 Abs.1 KSchG richte sich nach den Betriebsstrukturen ohne die abweichende Regelung des § 3 BetrVG.

Dabei wird übersehen, dass § 17 Abs.1 KSchG zur Ausfüllung des § 111 S. 3 BetrVG hinsichtlich der Erheblichkeit der Betriebsänderung herangezogen wird. In § 111 BetrVG ist der betriebsverfassungsrechtliche Betriebsbegriff im Sinne dieses (Betriebsverfassungs-) Gesetzes heranzuziehen. Im übrigen handelt es sich bei § 17 Abs.1 KSchG um eine ursprünglich verfassungsrechtliche Vorschrift.

Damit ist die durch § 3 BetrVG gebildete betriebsverfassungsrechtliche Organisationseinheit für § 111 S.3 BetrVG i.V.m. § 17 Abs.1 KSchG maßgeblich.

ee. *Gesamtzusammenhang von zeitlich versetzten „Personalabbauwellen"*

Ob mehrere voneinander zeitlich oder sachlich unabhängige Maßnahmen bei der Beurteilung der Wesentlichkeit der daraus resultierenden Beeinträchtigungen als einheitliche Maßnahmen angesehen werden, ist gerade bei aufeinanderfolgenden „Personalabbauwellen" entscheidend für das Verfahren nach §§ 111 ff. BetrVG.

Die Zusammenfassung der Maßnahmen hängt davon ab, ob ihnen eine einheitliche Planungsentscheidung des Arbeitgebers zugrunde liegt oder ob sie lediglich zufällig in zeitlichem Zusammenhang stehen bzw. sachlich gleichartig sind[208]. Kommt es beispielsweise aufgrund von unvorhersehbaren Entwicklungen am Markt zu wiederholten Personalanpassungsmaßnahmen und erfolgen diese Maßnahmen jeweils auf einer neuen Arbeitgeberentscheidung, so ist der Personalabbau nur insoweit beteiligungspflichtig, wie jede einzelne Entlassungswelle für sich betrachtet die obigen Schwellenwerte überschreitet[209]. Nach Auffassung des BAG muss eine wirtschaftlich und sozial einheitliche Maßnahme einheitlich beurteilt werden[210]. Dabei genügt es, wenn der Unternehmer einen Rahmen für die bevorstehenden Betriebsänderungen absteckt und die Detailfragen vor Eintritt der nächsten Durchführungsstufe klärt[211]. Wird ein Personalabbau innerhalb weniger Wochen oder Monate durchgeführt spricht nach BAG eine tatsächliche Vermutung für eine einheitliche unternehmerische Planung. Der Unternehmer muss dann darlegen, dass die vorgenommenen

---

[208] *Baeck/Diller*, NZA 1997, 689 (690).

[209] *Baeck/Diller*, NZA 1997, 689 (690).

[210] BAG vom 22.5.1979 – 1 ABR 17/77 - AP Nr. 4 zu § 111 BetrVG = EzA § 111 BetrVG 1972 Nr.7; BAG vom 2.8.1983 – 1 AZR 516/81 - AP Nr. 12 zu § 111 BetrVG 1972 = EzA § 111 BetrVG 1972 Nr.16.

[211] *Schweibert in Willemsen*, Umstrukturierung, S. 104 m.w.N.

Maßnahme nicht Bestandteil eines Gesamtkonzepts sind[212]. Damit wird Missbräuchen vorgebeugt und gewährleistet, dass durch das Verfahren nach §§ 111 ff. BetrVG seine Steuerungsfunktion erfüllen kann[213]. Dadurch wird auch sichergestellt, dass der Unternehmer vor Durchführung einer für die Belegschaft einschneidenden Betriebsänderung deren Notwendigkeit abwägt und nicht übereilt vorgeht[214].

ff. Betriebsänderungen nach § 111 S.3 Nr.2 bis Nr.5

Die Betriebsänderungen nach §§ 111 S.3 Nr.2 bis Nr.5 BetrVG sind für den Transfer-Sozialplan nur bedingt relevant, soweit sie mit Personalabbau verbunden sind. Gemeinsam ist diesen Betriebsänderungen, dass sie nicht unmittelbar zu Entlassungen führen. Diese können aber in einem weiteren Schritt im Rahmen der zugrundeliegenden Unternehmerentscheidung erfolgen. Diese mittelbaren Entlassungen lösen kein Beteiligungsverfahren nach §§ 111 ff. BetrVG aus und sind auch nicht Transfer-Sozialplanpflichtig, wenn sie nicht für sich den Tatbestand einer Betriebsänderung erfüllen.

Die Verlegung des ganzen Betriebs oder wesentlicher Betriebsteile nach § 111 S.3 Nr.2 BetrVG bezieht sich nur auf ortsgebundene Betriebe bzw. Betriebsteile. Verlegung ist jede wesentliche Veränderung der örtlichen Lage des Betriebs oder von wesentlichen Betriebsteilen unter Weiterbeschäftigung des größeren Teils der Belegschaft[215].

Der Zusammenschluss mit anderen Betrieben oder die Spaltung von Betrieben nach § 111 S.3 Nr.3 BetrVG erfasst Änderungen auf der betrieblichen Ebene, nicht aber auf der Unternehmensebene. Gemeint sind Veränderungen in der Betriebsstruktur i.S.d. Betriebsverfassungsrechts[216]. § 111 S.3 Nr.3 BetrVG erfasst alle arbeitstechnischen Organisationseinheiten, die betriebsverfassungsrechtlich als selbständige Betriebe zu qualifizieren sind. Damit sind Betriebe i.S.d. § 1 BetrVG sowie Betriebsteile und Nebenbetriebe einbezogen, die nach § 4 BetrVG als selbständige Betriebe gelten. Auch Organisationseinheiten, die auf nach § 3 Abs.1 Nr.1 bis Nr.3 BetrVG abgeschlossenen Tarifvertrag bzw. Betriebsvereinbarung beruhen, zählen dazu. Die

---

212 BAG vom 6.6.1978 – 1AZR495/75 - AP Nr. 2 zu § 111 BetrVG 1972 = EzA § 111 BetrVG 1972 Nr.5.

213 BAG vom 22.5.1979 – 1 ABR 17/77 - AP Nr. 4 zu § 111 BetrVG = EzA § 111 BetrVG 1972 Nr.7; BAG vom 3.12.1991 – EzA § 112 BetrVG 1972 Nr.60 Anmerkung Fenn; *Roeder/Baeck*, Interessenausgleich, S. 128.

214 *Schweibert in Willemsen*, Umstrukturierung, S. 103.

215 *Fitting*, BetrVG § 111, Rdnr. 81 zur Abgrenzung zur Betriebsstilllegung vgl. BAG vom 12.2.1987 – 2 AZR 247/86 – AP Nr. 67 zu § 613a BGB = EzA § 613a BGB Nr.64.

216 *Stege/Weinspach*, BetrVG §§ 111 – 113, Rdnr. 52b.

grundlegende Änderung der Betriebsorganisation, des Betriebszwecks oder der Betriebsanlagen gilt nach § 111 S.3 Nr.4 BetrVG als Betriebsänderung.

Die Betriebsorganisation ist die Ordnung, nach der die im Betrieb vorhandenen Produktionsmittel und dort tätigen Arbeitnehmer zur Erfüllung des Betriebszwecks eingesetzt werden[217]. Dazu gehören die Leitung des Betriebs, die Zentralisation oder Delegation von Aufgaben, die Gliederung und der Aufbau der Betriebsabteilungen. Nicht dazu zählt die Arbeitsplatzorganisation und -gestaltung[218]. Betriebszweck sind die mit dem Betrieb verfolgten arbeitstechnischen Zwecke, also in Produktionsbetrieben die herzustellenden Produkte, in Dienstleistungsbetriebe die zu erbringenden Dienstleistungen[219].

Betriebsanlagen sind alle Anlagen und Gegenstände, die zur Verwirklichung des arbeitstechnischen Zwecks eingesetzt werden[220]. Dazu gehören neben technischen auch bauliche Anlagen.

Von § 111 S.3 Nr.4 BetrVG werden nur grundlegende Änderungen erfasst. Grundlegend ist eine Änderung, insbesondere wenn sie erhebliche Auswirkungen auf den Betriebsablauf hat, bzw. einen Sprung in der technisch wirtschaftlichen Entwicklung darstellt[221].

Insofern sind qualitative Gesichtspunkte zu berücksichtigen[222]. Neben dem qualitativen Maßstab sind auch die quantitativen Kriterien heranzuziehen. Entscheidend ist, ob die Änderungen einen erheblichen Teil der Belegschaft des Betriebs i.S.d. § 17 Abs.1 KSchG nachteilig betreffen[223].

5. Beteiligungsrechte nach § 111 BetrVG

Die Beteiligungsrechte des Betriebsrates bei einer geplanten Betriebsänderung können getrennt werden in die Mitwirkungsrechte bis zum Abschluss eines Interessenausgleichs bzw. seines Versuchs und die Mitbestimmungsrechte beim Abschluss eines Sozialplans. Zuerst ist nach § 111 S.1 BetrVG der Betriebsrat über die geplante Betriebsänderung zu unterrichten und dann ist diese mit dem Betriebsrat zu beraten. Die Beratung erfolgt im Hinblick auf die weitere Beteiligung des Betriebsrats. Sie er-

---

[217] BAG vom 22.5.1979 – 1 ABR 17/77 – AP Nr.4 zu § 111 BetrVG 1972 = EzA § 111 BetrVG 1972 Nr.7 = BB 1979, 1501.
[218] *Richardi*, BetrVG § 111, Rdnr. 98.
[219] *Löwisch/Kaiser*, BetrVG § 106, Rdnr. 31.
[220] BAG vom 26.10.1982 – 1 ABR 11/81 – AP Nr.10 zu § 111 BetrVG 1972 = EZA § 111 BetrVG 1972 Nr.15.
[221] *Fitting*, BetrVG § 111, Rdnr.91.
[222] dazu *Fabricius/Oetker*, BetrVG § 111, Rdnr. 119.
[223] vgl. BAG vom 26.10.1982 – 1 ABR 11/81 – AP Nr.10 zu § 111 BetrVG 1972 = EZA § 111 BetrVG 1972 Nr.15.

streckt sich einmal auf das „Ob" und das „Wie" der Betriebsänderung in Form der Einigung als Interessenausgleich, die aber vom übereinstimmendem Willen der Betriebsparteien abhängig ist. Zudem bezieht sich die Beratung auf die wirtschaftlichen Nachteile, die den Arbeitnehmern infolge der geplanten Betriebsänderung entstehen. Das Beteiligungsrecht bezüglich des Ausgleichs und der Milderung in Form eines Sozialplans i.S.d. § 112 Abs.1 S.2 BetrVG grenzt sich von den übrigen Beteiligungsrechten ab, da es sich um ein thematisch begrenztes Mitbestimmungsrecht handelt[224].

a. Beteiligungsfreie Konzeption der Betriebsänderung

Die Beteiligungsrechte nach § 111 BetrVG setzen mit Abschluss der Konzeptionsphase hinsichtlich der Betriebsänderung ein, sobald das Planungsstadium hinsichtlich der Betriebsänderung abgeschlossen ist. Vorüberlegungen des Unternehmers bezüglich der Betriebsänderung haben sich so konkretisiert, dass man sie als Vorgabe ansehen kann, nach denen er vorbehaltlich der Beratung mit dem Betriebsrat verfahren will[225]. In der Konzeptionsphase wird die Betriebsänderung entwickelt. Diese Planungen sind rechtlich nicht reglementiert, sondern werden vielmehr von Zweckmäßigkeitserwägungen bestimmt. Entwickelt wird die eigentliche Unternehmerentscheidung. Sie beschränkt sich nicht auf nur auf die beabsichtigte Betriebsänderung[226]. Neben der Konzeption der Betriebsänderung sind in dieser ersten Phase Überlegungen anzustellen, wie die wirtschaftlichen Nachteile für die betroffenen Arbeitnehmer infolge der geplanten Betriebsänderung auszugleichen oder zu mildern sind. Zwar kann der Arbeitgeber infolge § 112 Abs. 4 BetrVG nicht einseitig über die Sozialplaninhalte bestimmen jedoch sollte frühestmöglich unternehmensseitig ein Vorschlag für die sozialverträgliche Bewältigung erarbeitet sein.
In der Konzeptionsphase werden die Kosten von Transfer-Sozialplänen weitgehend vorbestimmt[227]. Es sind die möglichen Umsetzungsvarianten vor dem Hintergrund der betrieblichen Ausgangssituation zu klären und in die Kostenkalkulation des Transfer-Sozialplans einzubinden. In dieser frühen Phase sind bereits die arbeitsförderungsrechtlichen Kofinanzierungsmöglichkeiten bezüglich der konkret beabsichtigten Betriebsänderung ins Kalkül miteinzubeziehen. Nach dem SGB III eröffnen sich im Kern zwei Ansatzpunkte zur Kofinanzierung von Personalanpassungen im Rah-

---

[224] *Fabricius/Oetker*, BetrVG § 111, Rdnr. 142.
[225] BAG vom 27.6.1989 – 1 ABR 19/88- AP Nr.37 zu § 80 BetrVG 1972 = EzA § 80 BetrVG 1972 Nr.37 = DB 1990, 181.
[226] vgl. *Schweibert im Willemsen*, Umstrukturierung, S.164, 165.
[227] *Kriegesmann/Kottmann*, Personalanpassungen, S. 40.

men von Betriebsänderungen[228]. Das sind das Strukturkurzarbeitergeld nach §§ 175 ff. SGB III oder die Zuschüsse zu Sozialplanmaßnahmen nach §§ 254 ff. SGB III. Das Beratungsrecht zur Gewährung von Zuschüssen zu Sozialplanmaßnahmen nach § 256 Abs.1 SGB III entsteht im Rahmen der Sozialplanverhandlungen, nicht bereits in der Konzeptionsphase. Als speziellere Vorschrift geht § 256 Abs.1 SGB III dem allgemeinen Beratungsanspruch nach § 14 SGB I vor[229]. So besteht in dieser entscheidenden frühen Konzeptionsphase kein Anspruch auf Beratung über Zuschüsse zu Sozialplanmaßnahmen.

Hinsichtlich der Gewährung des Strukturkurzarbeitergeldes nach § 175 ff. SGB III gibt es keinen speziellen Beratungsanspruch. Er richtet sich nach § 14 Abs.1 S.1 SGB I. Danach hat jeder Anspruch auf Beratung über seine Rechte und Pflichten.

Gem. § 169 SGB III haben die Arbeitnehmer nicht aber der Arbeitgeber den Anspruch auf Kurzarbeitergeld. Mithin hat der Arbeitgeber kein Beratungsanspruch nach § 14 Abs.1 S.1 SGB I. Möglicherweise könnte sich etwas anderes daraus ergeben, dass der versicherte Arbeitnehmer anders als bei anderen Leistungen des SGB III der Arbeitsverwaltung nicht individuell gegenübertritt, sondern in ein Geflecht wirtschaftlicher und kollektivrechtlicher Beziehungen eingebunden ist[230]. Der Arbeitnehmer ist zwar Anspruchsberechtigter des Strukturkurzarbeitergeldes, die wichtigsten Verfahrensschritte zur Erlangung des Strukturkurzarbeitergeldes können nur der Betriebsrat und der Arbeitgeber setzen[231]. Dies ändert aber nichts daran, materiell Berechtigte hinsichtlich des Strukturkurzarbeitergeldes sind die Arbeitnehmer[232]. Ein Beratungsanspruch über den Bezug von Strukturkurzarbeitergeld besteht nicht nach § 14 Abs.1 S.1 SGB I.

b. Unterrichtung des Betriebsrates über die geplante Betriebsänderung

Ist eine Betriebsänderung geplant, löst dies nach § 111 S.1 BetrVG zunächst Unterrichtungsrechte des Betriebsrates aus. Auf Grundlage dieser Informationen muss der Betriebsrat in die Lage versetzt werden, in eine Beratung mit dem Unternehmer über die Betriebsänderung als solche sowie über den Ausgleich und die Milderung der Nachteile einzutreten[233]. Im Unterschied zu § 106 Abs.2 BetrVG enthält § 111 S.1

[228] Zu weiteren Leistungen der Arbeitsförderung nach SGB III vgl. Übersicht: BAVC: Transfer- Sozialplan a.a.O. S. 45 ff.
[229] *Roeder in Niesel*, SGB III, § 256, Rdnr. 2.
[230] *Roeder in Niesel*, SGB III, § 169 Rdnr. 16.
[231] vgl. *Roeder in Niesel*, SGB III, § 169 Rdnr. 17.
[232] BSG SozR 3-4100 § 65 Nr. 2, 4; so muss der Arbeitgeber vor dem Sozialgericht in Prozessstandschaft für seine Arbeitnehmer auftreten.
[233] *Fabricius/Oetker*, BetrVG § 143, Rdnr. 143.

BetrVG keine Vorgaben zu der Form der Unterrichtung. Sie kann deshalb mündlich erfolgen[234].

aa. *Rechtzeitige Unterrichtung*

Der Unternehmer hat den Betriebsrat über geplante Betriebsänderungen nach § 111 S.1 BetrVG rechtzeitig und umfassend zu unterrichten. Aus dem Zweck des Beteiligungsrechts, auf die vom Unternehmer beabsichtigte Betriebsänderung im Rahmen der Beratung Einfluss zu nehmen[235], ergibt sich der maßgebliche Zeitpunkt. Rechtzeitige Unterrichtung ist gewährleistet, wenn diese zu einem so frühen Zeitpunkt erfolgt, dass sowohl die in § 111 S.1 BetrVG vorgesehene Beratung als auch die Verhandlungen zum Interessenausgleich und Sozialplan ohne Zeitdruck durchgeführt werden können[236]. Rechtzeitig ist die Information, wenn sich Vorüberlegungen hinsichtlich der Betriebsänderung so konkretisiert haben, dass man sie als Vorgabe ansehen kann, nach denen der Unternehmer vorbehaltlich der Beratung mit dem Betriebsrat verfahren will[237]. Auf jeden Fall darf der Unternehmer den Betriebsrat hinsichtlich der Umsetzung der Betriebsänderung vor vollendete Tatsachen stellen[238].

bb. *Umfassende Unterrichtung*

Die Unterrichtung nach § 111 S. 1 BetrVG über die geplante Betriebsänderung muss umfassend sein. Damit erschöpft sich die Unterrichtung nicht nur auf Art und Umfang der vom Unternehmer beabsichtigten Maßnahme. Zur umfassenden Unterrichtung gehören vielmehr die Gründe für die beabsichtigte Maßnahme sowie die Auswirkungen für die Arbeitnehmer des Betriebs[239]. Dazu zählt auch der beabsichtigte Zeitplan der Umsetzung[240]. Da sich die Beratung auf das „ob" der Betriebsänderung bezieht, ist der Betriebsrat auch über etwaige Alternativen zur Umsetzung der unternehmerischen Entscheidung zu unterrichten, sofern diese im Rahmen der Planung erwogen wurden[241]. Auf Grundlage dieser Informationen soll der Betriebsrat in die Lage versetzt werden, in die Beratung über die Betriebsänderung und über den Ausgleich und

---

[234] *Heither* AR – Blattei SD 530. 14.5, Rdnr. 109.
[235] *Hanau/ Kania*, ErfK § 111 BetrVG, Rdnr. 20.
[236] *Löwisch/Kaiser*, BetrVG § 111, Rdnr. 38.
[237] BAG vom 27.6.1989 – 1 ABR 19/88 – AP Nr.37 zu § 80 BetrVG 1972 = EzA § 80 BetrVG 1972 Nr.37 = DB 1990, 181.
[238] BAG vom 6.6.1978 – 1 AZR 495/75 – AP Nr.2 zu § 111 BetrVG 1972 = EzA § 111 BetrVG 1972 Nr. 5.
[239] *Fitting*, § 111 BetrVG, Rdnr. 102; *Bauer/Göpfert* DB 1997, 1468.
[240] *Picot*, Arbeitsrecht, S. 200.
[241] *Fitting*, BetrVG § 111, Rdnr. 111.

die Milderung der Nachteile einzutreten[242]. Durch die Unterrichtung muss sich über die geplante Maßnahme und deren Auswirkungen ein vollständiges Bild machen können. § 111 S. 1 BetrVG schreibt keine Pflicht zur Vorlage der erforderlichen Unterlagen bei der Unterrichtung vor.

Der Unternehmer hat allerdings nach der allgemeinen Bestimmung des § 80 Abs. 2 S. 2 BetrVG dem Betriebsrat auf Verlangen die zur Durchführung seiner Aufgaben erforderlichen Unterlagen zur Verfügung zu stellen[243]. Unterlagen sind alle Aufzeichnungen unabhängig von ihrer Form. Unterlagen in diesem Sinne sind beispielsweise Bilanzen, Gewinn- und Verlustrechnungen, Betriebsstatistiken, Wirtschaftsprüfungsberichte, Marktanalysen und ähnliches, sofern sie in konkretem Zusammenhang von Bedeutung sind. Auch der Betriebsrat kann nicht verlangen, dass der Arbeitgeber speziell für die Information des Betriebsrats ergänzende Unterlagen erstellt[244]. Die Pflicht beschränkt sich auf die Unterlagen, die dem Arbeitgeber bei seiner Planungsentscheidung vorlagen[245]. Die Unterrichtung nach § 111 S.1 BetrVG dient dazu, die Gestaltung der im Einzelfall geplanten Betriebsänderung gezielt zu beeinflussen. Dazu müssen Art und Umfang derselben bekannt sein[246]. Die Vorlagepflicht ist auf Unterlagen zu beschränken, die Grundlage des Entschlusses zur Betriebsänderung waren[247].

Der Geheimnisschutz beschränkt sich im Anwendungsbereich des § 111 BetrVG auf die §§ 79, 120 BetrVG, die allerdings voraussetzen, dass der Unternehmer das mitgeteilte „Geheimnis" ausdrücklich als geheimhaltungsbedürftig erklärt hat[248].

cc. Auswahlrisiko: Zuständiger Betriebsrat

Der Arbeitgeber trägt das Risiko, dass er den richtigen Verhandlungspartner auswählt, um ihn zu unterrichten, die Betriebsänderung zu beraten und den Interessenausgleich abzuschließen oder zumindest zu versuchen. Im Grundsatz ist der Betriebsrat des betroffenen Betriebes zuständig. Denn nach der Kompetenzzuweisung des BetrVG ist der von den Arbeitnehmern gewählte Betriebsrat für die Ausübung der gesetzlichen Mitbestimmungsrechte zuständig. Er hat die Interessen der Belegschaft des einzelnen Betriebs gegenüber dem Unternehmer wahrzunehmen[249].

---

[242] *Fabricius/Oetker*, BetrVG § 111, Rdnr. 143.
[243] *Fitting*, BetrVG § 111, Rdnr. 112.
[244] *Ehlers*, Stilllegung, S. 15.
[245] *Ehlers*, Stilllegung, S. 15.
[246] BAG vom 19.1.1999 – 1 AZR 342/98 – AP Nr.37 zu § 113 BetrVG 1972 = EzA § 113 BetrVG 1972 Nr. 28.
[247] *Röder/Baeck*, Interessenausgleich, S.8.
[248] a.A. *Stege/Weinspach*, BetrVG §§ 111- 113, Rdnr. 23
[249] BAG vom 11.12.2001 – 1 AZR 193/01 – NZA 2002 688 (689).

§ 50 Abs. 1 HS 1 BetrVG weist diese Aufgabe dem Gesamtbetriebsrat originär zu, wenn für die Behandlung von Angelegenheiten, die das Gesamtunternehmen oder mehrere Betriebe betreffen und nicht innerhalb ihrer Betriebe geregelt werden können. Das ist der Fall, wenn die zu regelnde Angelegenheit nicht auf den einzelnen Betrieb beschränkt ist und deshalb die Interessen der Arbeitnehmer nicht mehr auf der betrieblichen Ebene gewahrt werden können[250]. Dazu muss ein zwingendes Erfordernis nach einer betriebsübergreifenden Regelung vorliegen[251]. Deren bloße Zweckmäßigkeit kann in den Angelegenheiten der zwingenden Mitbestimmung nicht begründen[252]. Das kann muss aber nicht bei der Stilllegung mehrerer Betriebe der Fall sein[253]. Bei Entlassungen spricht gegen eine unternehmenseinheitliche oder betriebsübergreifende Regelung, dass keine Koordination der Ergebnisse zwischen den Betrieben erforderlich ist, weil beispielsweise kein einheitlicher Sozialplan aufgestellt werden soll und die Entlassungen unterschiedliche Gründe haben oder nicht auf einem einheitlichen Plan beruhen[254]. Der betriebsübergreifende Regelungsbedarf bestimmt sich jedoch nicht nach dem Inhalt des erst auszuhandelnden Interessenausgleichs, sondern nach der vom Arbeitgeber geplanten Maßnahme[255]. Liegt ein unternehmensseitiges Konzept zugrunde, ist der Interessenausgleich mit dem Gesamtbetriebsrat zu vereinbaren[256]. Hierher gehört auch der Fall, dass Wechselwirkungen zwischen den geplanten Maßnahmen bestehen[257].

Aus der Zuständigkeit des Gesamtbetriebsrates zum Abschluss eines Interessenausgleichs folgt nicht ohne weiteres die Zuständigkeit für den Abschluss eines Sozialplanes[258]. Dafür müssen isoliert die Voraussetzungen des § 50 BetrVG vorliegen. Es muss ein zwingendes Bedürfnis nach einer betriebsübergreifenden Regelung bestehen[259]. Ein Sozialplan soll die sozialen Belange der von einer wirtschaftlichen Entscheidung des Unternehmers betroffenen Arbeitnehmer wahren. Ob die mit dieser Entscheidung verbundenen Nachteile unternehmenseinheitlich oder betriebsbezogen auszugleichen sind, bestimmt sich nach Gegenstand und Ausgestaltung der Betriebsänderung im Interessenausgleich sowie nach den im Einzelfall den Arbeitnehmer hierdurch entstehenden Nachteile. Regelt ein mit dem Gesamtbetriebsrat

---

[250] BAG vom 15.1.2002 – 1 ABR 10/01 – NZA 2002, 988 (990)
[251] BAG vom 15.1.2002 – 1 ABR 10/01 – NZA 2002, 988 (990)
[252] BAG vom 11.12.2001 – 1 AZR 193/01 – NZA 2002 688 (689).
[253] BAG vom 24.1.1996 – 1 AZR 542/95 - AP Nr. 16 zu § 50 BetrVG 1972 = EzA § 113 BetrVG 1972 Nr.24.
[254] *Picot*, Arbeitsrecht, S. 193.
[255] BAG vom 11.12.2001 – 1 AZR 193/01 – NZA 2002 688 (690).
[256] BAG vom 20.4.1994 – 10 AZR 186/93 – AP Nr.14 zu § 50 BetrVG 1972 = NZA 1995, 89.
[257] *Picot*, Arbeitsrecht, S. 193.
[258] BAG vom 11.12.2001 – 1 AZR 193/01 – NZA 2002, 688 (690).
[259] *Kreutz* in GK BetrVG § 50, Rdnr. 40; *Fitting*, BetrVG § 50, Rdnr. 41.

nach § 50 Abs. 1 BetrVG vereinbarter Interessenausgleich Betriebsänderungen, die einzelne Betriebe unabhängig voneinander betreffen, oder eine solche, die sich auf einen Betrieb beschränkt, ist ein unternehmensweit zu findender Ausgleich der wirtschaftlichen Nachteile im Sozialplan nicht zwingend[260]. Erfassen die im Interessenausgleich vereinbarten Betriebsänderungen mehrere oder gar sämtliche Betriebe des Unternehmens und ist die Durchführung des Interessenausgleichs abhängig von betriebsübergreifend einheitlichen Kompensationsregelungen in dem noch abzuschließenden Sozialplan, so kann diese Aufgabe von den Betriebsräten der einzelnen Betriebe nicht wahrgenommen werden; sie ist dem Gesamtbetriebsrat zugewiesen[261]. Der Gesamtbetriebsrat ist nunmehr nach § 50 Abs.1 S.1 HS 2 BetrVG unter den oben genannten Voraussetzungen für betriebsratslose Betriebe zuständig[262].

Gem. § 50 Abs. 2 BetrVG ist die Beauftragung des Gesamtbetriebsrats durch die einzelnen Betriebsräte möglich. Da die Beauftragung von den betreffenden Betriebsräten zu beschließen ist und der Beschluss nach § 27 Abs. 3 BetrVG der Schriftform bedarf, ist das zuständige Gremium im Falle der Delegation leicht zu eruieren.

Die Zuständigkeit des Konzernbetriebsrats bestimmt sich nach § 58 Abs.1 BetrVG. Wie der Gesamtbetriebsrat für die Angelegenheiten auf Unternehmensebene unter bestimmten Voraussetzungen zuständig ist, darf der Konzernbetriebsrat solche Fragen behandeln, die den Konzern oder mindestens mehrere Konzernunternehmen betreffen, die von einzelnen Gesamtbetriebsräten innerhalb ihrer Unternehmen nicht geregelt werden können. Ansonsten bleibt der Gesamtbetriebsrat zuständig, auch wenn die unternehmerischen Vorgaben das herrschenden Unternehmens umgesetzt werden.

Künftig wird diese Frage in dem Maße komplexer, wie in den Unternehmen von der Möglichkeit Gebrauch gemacht wird, gem. § 3 Abs. 1 BetrVG besondere Betriebsratsstrukturen zu bilden. Danach können von den an sich zwingenden organisatorischen Bestimmungen des BetrVG durch Tarifvertrag bzw. durch Betriebsvereinbarungen abweichende betriebsverfassungsrechtliche Organisationseinheiten, wie z.B. ein Spartenbetriebsrat gebildet werden. Dabei muss sichergestellt werden, dass keine Parallelstrukturen erzeugt werden mit der Folge von sich überlagernden Regelungskompetenzen. Dies würde die Umsetzung einer Betriebsänderung wegen des Kompetenzkonflikts erheblich erschweren[263].

[260] BAG vom 11.12.2001 – 1 AZR 193/01 – NZA 2002, 688 (690).
[261] BAG vom 11.12.2001 – 1 AZR 193/01 – NZA 2002, 688 (690).
[262] Vgl. zum Entstehen der Beteiligungsrechte oben.
[263] *Picot*, Arbeitsrecht, S. 192.

c. Beratung mit dem Betriebsrat über die geplante Betriebsänderung und ihre sozialen und personellen Folgen

Schließlich ist die geplante Betriebsänderung mit dem Betriebsrat nach § 111 S. 1 BetrVG zu beraten. So ist die Beratung mit dem Ziel der Einigung zu führen. Die Einigung über die Betriebsänderung als solche wird als Interessenausgleich und die Einigung über den Ausgleich und die Milderung der wirtschaftlichen Nachteile der Arbeitnehmer in § 112 Abs.1 BetrVG als Sozialplan bezeichnet.

Die Beratung ist durch die „geplante Betriebsänderung" bestimmt und zugleich begrenzt[264]. Die Beratung erstreckt sich auf die Frage, ob es wirklich notwendig ist, die geplante Betriebsänderung durchzuführen, auf Bedingungen, unter denen sie durchgeführt werden soll und auf die damit verbundenen sozialen und personellen Auswirkungen[265]. Die sozialen Auswirkungen sind nur Gegenstand der Beratung, soweit sie bei den Arbeitnehmern infolge der Betriebsänderung wirtschaftliche Nachteile betreffen. Vorschläge zur Sicherung der Beschäftigung können vom Betriebsrat unterbreitet werden, soweit sie sich auf die geplante Betriebsänderung beziehen[266].

Der Unternehmer muss die Stellungnahme des Betriebsrates entgegennehmen und sowohl die geplante Betriebsänderung als auch die Stellungnahme des Betriebsrats erörtern[267]. Aus § 74 Abs. 1 S. 2 BetrVG ergibt sich, dass Arbeitgeber und Betriebsrat bei den Beratungen gehalten sind, über strittige Fragen mit dem ernsten Willen zur Einigung zu verhandeln und Vorschläge zur Beilegung von Meinungsverschiedenheiten zu machen.

Die Dauer der Beratung ist im Gesetz nicht geregelt[268]. Es wurde vorgeschlagen § 17 Abs. 2 und Abs. 3 S.3 KSchG analog heranzuziehen und die dort normierte 2-Wochenfrist anzuwenden[269]. Ähnlich wie § 111 S. 1 BetrVG sieht § 17 Abs. 2 KSchG bei Massenentlassungen eine Unterrichtungspflicht des Unternehmers gegenüber dem Betriebsrat vor, verbunden mit der Pflicht, Möglichkeiten zu beraten, Entlassungen zu vermeiden oder einzuschränken und ihre Folgen zu mildern. Zudem sei die Massenentlassung die häufigste Form der Betriebsänderung[270]. Wenn der Gesetzgeber im Falle der Massenentlassungen eine zweiwöchige Frist zur Beratung mit dem Betriebsrat vor Einleitung weiterer Schritte als ausreichend ansieht lässt, ist es

---

264 *Fabricius/Oetker*, BetrVG § 111, Rdnr. 170.
265 *Löwisch/Kaiser*, BetrVG § 111, Rdnr. 42.
266 *Fabricius/Oetker*, BetrVG § 111, Rdnr. 170.
267 *Löwisch/Kaiser*, BetrVG § 111, Rdnr. 42.
268 Auch die bereits außer Kraft getretene Zeitvorgabe des § 113 Abs. 3 Satz 2 und 3 BetrVG a.F. betraf den Versuch des Interessenausgleichs insgesamt und nicht die einzelnen Beteiligungsrechte.
269 *Bauer*, DB 1994, 217 (222).
270 S.o.

gerechtfertigt auch bei Betriebsänderungen zwei Wochen für die Beratungen nach der Unterrichtung des Betriebsrates zur Herbeiführung von Interessenausgleich und Sozialplan ausreichen zu lassen, bevor das weitere Verfahren nach § 112 Abs. 2 und 2 BetrVG eingeleitet werde.
Hinsichtlich der Beratung bedarf es keiner Zeitgrenze, denn die Beratung ist in zwei Fällen abgeschlossen: Zwischen den Betriebsparteien kommt es zu einer Einigung in Form eines Interessenausgleichs oder mindestens eine der Betriebsparteien leitet die in § 112 Abs. 2 BetrVG vorgesehenen Schritte ein, nachdem sie die Verhandlungen als gescheitert ansieht[271].

6. Keine Einflussnahme auf die Betriebsänderung gem. § 92a BetrVG

Durch das BetrV-RG erhielt der Betriebsrat mit § 92 a BetrVG ein neues Beteiligungsrecht, das sich nach der Paragraphenüberschrift auf die Beschäftigungssicherung bezieht. Die neue Bestimmung könnte insofern für die Planung und Vornahme einer Betriebsänderung von Bedeutung sein. Wegen der Gegenstände des neuen Beteiligungsrechts sind Überschneidungen mit den Beteiligungsrechten im Zuge der geplanten Betriebsänderung denkbar.
Gegenstände des neuen Beteiligungsrechts sind gem. der nicht abschließenden Aufzählung des § 92a Abs. 1 BetrVG: Flexible Gestaltung der Arbeitszeit, Förderung von Teilzeitarbeit, Förderung von Altersteilzeit, Änderung von Arbeitsverfahren und Arbeitsabläufen, Ausgliederung von Arbeit oder ihre Vergabe an andere Unternehmen sowie Produktions- und Investitionsprogramm. Nach dem Willen des Gesetzgebers sind die Vorschläge des Betriebsrates von ihrem Gegenstand her nicht begrenzt[272]. Als Beschäftigungssicherungsvorschläge kommen somit auch Umschulungspflichten, Kündigungsverbote oder Versetzungsregelungen in Betracht[273]. Damit sind inhaltliche Überschneidungen mit dem Interessenausgleich möglich[274].
In den Drucksachen werden zudem beispielhaft das Produktions- und Investitionsprogramm des Unternehmens erwähnt[275]. Daraus lässt sich allerdings nicht ableiten, dass das Vorschlagsrecht unternehmensbezogen sei. Es ist betriebsbezogen. Dies folgt aus § 80 Abs. 1 BetrVG, wonach der Betriebsrat die Beschäftigung im Betrieb zu fördern und zu sichern hat. Denn mit der neuen Vorschrift soll dem Betriebsrat

---

[271] *Fabricius/Oetker*, BetrVG § 111, Rdnr. 172,173.
[272] BT-Drucks. 14/5741, S. 49.
[273] *Wendeling-Schröder/Welkoborsky*, NZA 2002, 1370 (1375).
[274] *Wendeling-Schröder/Welkoborsky*, NZA 2002, 1370 (1375) sprechen von einem „kleinen Sozialplan". Dies erscheint angesichts der unterschiedlichen Regelungsmaterien von Interessenausgleich und Sozialplan zweifelhaft.
[275] BT-Drucks. 14/5741, S. 49.

entsprechend § 80 Abs. 1 Nr. 8 BetrVG ein Instrumentarium an die Hand gegeben werden, um die Initiative für eine Beschäftigungssicherung ergreifen zu können[276]. Damit ist im Verhältnis zwischen Betriebsrat und Wirtschaftsausschuss sichergestellt, dass sich zwei betriebsverfassungsrechtliche Gremien nicht mit demselben Thema befassen. § 92 a BetrVG enthält ein durch den Vorschlag des Betriebsrates initiiertes und mit den betrieblichen Belangen in Zusammenhang stehendes Beratungsrecht.
§ 106 BetrVG begründet demgegenüber eine umfassende Unterrichtungspflicht in unternehmensbezogenen wirtschaftlichen Angelegenheiten[277]. Nach § 92a Abs. 2 BetrVG hat der Arbeitgeber die Vorschläge mit dem Betriebsrat zu beraten. Damit genügt ein ernsthaftes Zuhören und Stellungnahmen[278]. Zu den Beratungen kann der Arbeitgeber oder der Betriebsrat einen Vertreter des Arbeitsamtes oder des Landesarbeitsamtes hinzuziehen. Damit soll erreicht werden, dass zu dem Potenzial an innerbetrieblichem Wissen über Sicherung und Ausbau von Beschäftigung überbetriebliche Kenntnisse und Erfahrungen, insbesondere über Fortbildungs- und Umschulungsmaßnahmen sowie deren Unterstützung durch die Arbeitsverwaltung, hinzukommen[279].
Sofern der Arbeitgeber sie für ungeeignet hält, hat er dies zu begründen. Dies hat in Betrieben mit mehr als 100 Arbeitnehmern schriftlich zu erfolgen.
Nur wenn der Arbeitgeber den Vorschlag des Betriebsrates wegen seiner fehlenden Beschäftigungswirkung im Betrieb ablehnt, ist dies begründungspflichtig. Handelt der Betriebsrat außerhalb seiner Kompetenz und fordert unternehmenspolitische Entscheidungen ein, ist eine Begründung nicht erforderlich[280]. An die Begründung werden keine inhaltlichen Anforderungen gestellt. Sie muss in verständlicher Form erfolgen und lediglich die Motive aufdecken, derentwegen der Arbeitgeber dem Vorschlag nicht Folge leistet[281]. Insgesamt sollen nach dem Willen des Gesetzgebers die Regelungen dazu beitragen, dass der Meinungsbildungsprozess im Betrieb zu Fragen der Sicherung und Förderung der Beschäftigung in Gang gehalten wird und der Arbeitgeber sich den Vorschlägen des Betriebsrates stellen muss, auch wenn sie den Bereich der Unternehmensführung betreffen[282]. Der Betriebsrat kann über § 92a BetrVG auf die unternehmerische Entscheidungen keinen unmittelbaren Einfluss nehmen[283]. Denn § 92 a BetrVG enthält kein Mitbestimmungsrecht, sondern nur ein

[276] BT-Drucks. 14/5741, S. 49.
[277] *Hanau*, ZIP 2001, 1984.
[278] *Stege/Weinspach*, BetrVG § 92a , Rdnr. 4.
[279] BT-Drucks. 14/5741, S. 49.
[280] *Rieble*, NZA Sonderheft 2001, 48 (49).
[281] *Rieble*, NZA Sonderheft 2001, 48 (48).
[282] BT-Drucks. 47/5741, S. 49.
[283] *Stege/Weinspach*, BetrVG § 92a, Rdnr. 8.

Vorschlagsrecht hinsichtlich der Sicherung und Förderung der Beschäftigung gegenüber dem Arbeitgeber. Die Regelungen sollen dazu beitragen, dass der Meinungsbildungsprozess im Betrieb zu Fragen der Sicherung und Förderung der Beschäftigung in Gang gehalten wird und der Arbeitgeber sich den Vorschlägen des Betriebsrats stellen muss, auch wenn sie den Bereich der Unternehmensführung betreffen[284].
Möglicherweise könnte über § 92a BetrVG eine Betriebsänderung verzögert werden, indem die Beratung nach § 92a BetrVG der Unterrichtung und Beratung nach § 111 BetrVG vorgeschaltet bzw. parallel geführt wird und die Durchführung der Betriebsänderung bis zum Abschluss dieser Beratungen nicht umgesetzt werden dürfte[285].
Zunächst stellt sich die Frage, ob § 92a BetrVG neben der Regelung in §§ 111 ff. BetrVG besteht[286]. Es macht Sinn, dass die Verhandlungen der Beteiligten um den optimalen Interessenausgleich außer- und innerhalb der Einigungsstelle geführt werden können[287]. Das Betriebsverfassungsrecht sieht eine Kumulierung der Beteiligungsrechte hinsichtlich der geplanten Betriebsänderung nicht ausdrücklich vor.
Zwar geht es in § 111 BetrVG in § 92a BetrVG um Beschäftigungssicherung. Dennoch haben die Rechte des Betriebsrats ganz unterschiedliche Anknüpfungspunkte. Das Beteiligungsrecht aus § 92a BetrVG besteht voraussetzungslos, während die Beteiligungsrechte nach §§ 111 ff. BetrVG eine geplante Betriebsänderung voraussetzen. Auch hinsichtlich der Zuziehung von Dritten ergeben sich Unterschiede. Während beim Interessenausgleich nur der Präsident des Landesarbeitsamtes gem. § 112 Abs. 2 S. 3 BetrVG unterstützend hinzugezogen werden kann werden kann, genügt im Fall des § 92a BetrVG dagegen ein einfacher Vertreter des Arbeitsamts oder Landesarbeitsamtes[288]. Darüber hinaus wird die Missachtung der Rechte nach §§ 111 ff. BetrVG durch die Pflicht zum Nachteilsausgleich nach § 113 BetrVG sanktioniert und wird gem. § 121 BetrVG als Ordnungswidrigkeit mit Bußgeld belegt.
In der Situation einer Betriebsänderung ist das Verfahren der §§ 111, 112 BetrVG ggü. § 92a BetrVG vorrangig[289]. Hinsichtlich der konkreten Betriebsänderung das in §§ 111 ff. BetrVG niedergelegte differenzierte Verfahren gegenüber § 92 a Abs. 2 BetrVG lex specialis[290].
Wenn nach anderer Auffassung der Betriebsrat auch bei einer sich abzeichnenden Betriebsänderung ungeachtet der §§ 111 ff. BetrVG geregelten Vorgaben beschäfti-

---

284 BT-Drucks. 14/5741, S. 49.
285 Ablehnend Lingemann, NZA 2002, 934 (942).
286 Bejahend *Fischer*, DB 2002, 322 (324).
287 *Fischer*, DB 2002, 322 (324).
288 *Rieble*, NZA, Sonderheft 2001,48 (50).
289 *Rieble*, NZA Sonderheft 2001, 48 (51).
290 *Fabricius/Oetker*, BetrVG § 111, Rdnr. 170; *Rieble*, NZA Sonderheft 2001, 48 (51); a.A. *Däubler DKK*, BetrVG § 92a, Rdnr. 25.

gungssichernde Vorschläge unterbreiten kann[291], ist das nur möglich, soweit diese nicht die geplante Betriebsänderung betreffen.

Fraglich ist, ob durch die Vorschläge nach § 92a BetrVG der Arbeitgeber konkrete Unternehmensplanungen zurückstellen muss, bis er diese mit dem Betriebsrat beraten hat[292]. Dies wird damit begründet, dass der Beratungsanspruch sonst keine Rechtsqualität hätte, da er durch einseitige Handlungen des Arbeitgebers hinfällig gemacht werden könnte. Aus § 92a BetrVG ergibt sich unmittelbar keine dementsprechend weitreichende Rechtsfolge. Der Anspruch erschöpft sich in der Beratung der Vorschläge, der Zuziehung eines Vertreters des Arbeitsamtes und der ordnungsgemäßen Begründung der Ablehnung. § 92a BetrVG ist insbesondere nicht auf vom Arbeitgeber geplante Handlungen zugeschnitten und kann deshalb keinen Unterlassungsanspruch auslösen[293]. Andernfalls könnte der Betriebsrat sich einen allgemeinen Unterlassungsanspruch dadurch verschaffen, dass er etwas vorschlägt, was den Unternehmensplanungen zuwiderläuft[294].

Auf Grundlage des vermeintlichen Unterlassungsanspruchs wird vereinzelt angenommen, dass durch einstweilige Verfügung die Unterlassung der Betriebsänderung bis zum Abschluss der Beratungen nach § 92a BetrVG erstritten werden könnte und zwar solange, wie noch Erörterungsbedarf zu Fragen der Beschäftigungsförderung und -sicherung besteht[295]. Dabei wird auf die Situation bei Verhandlung über den Interessenausgleich verwiesen[296]. Allerdings wird der Unterlassungsanspruch im Hinblick auf die „stärkeren" Beteiligungsrechte der §§ 111 ff. BetrVG von den Instanzgerichten überwiegend abgelehnt[297]. Denn der Arbeitgeber ist für die Durchführung der Betriebsänderung nicht auf die Zustimmung des Betriebsrates angewiesen[298]. Ein Unterlassungsanspruch wäre systemwidrig, da mit § 92 a BetrVG kein Mitbestimmungsrecht geschaffen werden sollte[299].

Eine Unterlassung einer Betriebsänderung kann nicht dadurch erreicht werden, dass zwar ein Unterlassungsanspruch verneint wird, aber dem Gericht im Rahmen von § 85 Abs. 2 ArbGG i.V.m. §§ 935, 940 ZPO die Befugnis zugebilligt wird, zur Absicherung des Beratungsanrechts, die Durchführung der Betriebsänderung zu untersa-

---

[291] *FKHE*, BetrVG § 92a, Rdnr. 9.
[292] So *Däubler DKK*, BetrVG § 92a, Rdnr. 25.
[293] Bezogen auf die Kündigung, *Rieble*, NZA Sonderheft 2001,48 (49).
[294] *Lingemann*, NZA 2002, 934 (942).
[295] So *Däubler*, AuR 2001, 290; *Däubler DKK*, BetrVG § 92a, Rdnr. 25.
[296] *Däubler DKK*, BetrVG § 92a, Rdnr. 25.
[297] Siehe Auflistung bei *Fabricius/Oetker*, BetrVG § 111, Rdnr. 190.
[298] Zum Streitstand, Röder/Baeck, Interessenausgleich, S. 27f.
[299] *Lingemann*, NZA 2002, 934 (942).

gen[300]. Durch eine solche Unterlassungsverfügung würden die speziellen Wertungen des BetrVG umgangen. Eine Unterlassungsverfügung ohne Unterlassungsanspruch ist abzulehnen.

6. Keine Einflussnahme auf die Betriebsänderung gem. § 97 II BetrVG

Mit Einführung des § 97 Abs. 2 BetrVG durch das BetrV-RG sind die Rechte des Betriebsrates erweitert und ihm ein echtes Mitbestimmungsrecht mit Initiativrecht eingeräumt worden[301]. Nach § 97 Abs. 2 S.1 BetrVG hat der Betriebsrat bei der Einführung von Maßnahmen der betrieblichen Berufsbildung mitzubestimmen, wenn der Arbeitgeber Maßnahmen geplant oder durchgeführt hat, die dazu führen, dass sich die Tätigkeit der betroffenen Arbeitnehmer ändert und ihre beruflichen Kenntnisse und Fähigkeiten zur Erfüllung ihrer Aufgaben nicht mehr ausreichen. Dieses neue Mitbestimmungsrecht könnte auf Betriebsänderungen Einfluss nehmen und zu Verzögerungen führen. So führen Betriebsänderungen in Gestalt von reinem Personalabbau häufig zu Strukturänderungen und damit zur Veränderung der Tätigkeit der im Betrieb verbleibenden Arbeitnehmer. Denn womöglich muss die Maßnahme gar nicht diejenigen Arbeitnehmer treffen, um deren Bildung es geht, so dass die Kündigung eines oder mehrerer Arbeitnehmer die Qualifikationsnotwendigkeit bei den übrigen Arbeitnehmern erzeugt[302]. Denkbar wäre ein Unterlassungsanspruch hinsichtlich der Betriebsänderung, solange noch über die flankierenden Qualifikationsmaßnahmen nach § 97 Abs. 2 BetrVG beraten wird[303].
Der Betriebsrat hat gem. § 97 Abs. 2 BetrVG über die Einführung von betrieblichen Berufsbildungsmaßnahmen mitzubestimmen, um Qualifikationsdefizite der Arbeitnehmer zu beheben. Im Streitfall entscheidet nach § 97 Abs. 2 S.2 und S. 3 BetrVG die Einigungsstelle.
Voraussetzung des Mitbestimmungsrechts ist ein vom Arbeitgeber verursachtes Qualifikationsdefizit. Qualifikationsmängel, deren Ursachen beim Arbeitnehmer liegen, lösen das Mitbestimmungsrecht nach Abs. 2 nicht aus[304]. Unter Maßnahmen des Arbeitgebers, die zu Qualifikationsmängeln führen, sind solche mit Betriebsbe-

---

[300] Zur Unterlassungsverfügung im Rahmen der §§ 111 ff. BetrVG: *Löwisch*, BetrVG § 111, Rdnr. 27; *Rumpff/Boewer*, Mitbestimmung, H Rdnr. 188.
[301] *Franzen*, NZA 2001, S. 864, (865); *Löwisch*, BB 2001, 1734 (1795); *Reichold*, NZA, 2001, 857 (864).
[302] vgl. *Rieble*, NZA Sonderheft 2001, 48 (53)
[303] vgl. *Schiefer/Korte*, NZA 2001, 71 (86)
[304] *Löwisch*, BB 2001, 1734 (1795); *Franzen*, NZA 2001, 865 (866).

zug zu verstehen, insbesondere eine arbeitgeberseitige Änderung der technischen Anlagen, Arbeitsverfahren, -abläufe und –plätze[305].

Da die Regelung vom Gesetzgeber als präventiver Kündigungsschutz eingeführt wurde[306], reichen die Kenntnisse und Fähigkeiten zur Erfüllung der Arbeitnehmeraufgaben nicht aus, wenn begründete Besorgnis besteht, dass die Qualifikationsdefizite zu Kündigungen führen[307]. Der Betriebsrat ist damit nicht mehr darauf beschränkt, im Nachhinein bei Kündigungen von Arbeitnehmern durch den Arbeitgeber, die mangels Schulung mit der neuen Technik nicht umgehen können, von seinem Widerspruchsrecht nach § 102 Abs. 3 Nr. 4 BetrVG Gebrauch machen[308]. So konnte der Betriebsrat bislang einer beabsichtigten Kündigung widersprechen, wenn die Weiterbeschäftigung des Arbeitnehmers nach zumutbaren Umschulungs- oder Fortbildungsmaßnahmen möglich ist. Einführung betrieblicher Qualifizierungsmaßnahmen heißt damit, dass der Betriebsrat über die Definition von Qualifizierungszielen und –wegen mitzubestimmen hat[309].

Das Mitbestimmungsrecht ist damit ein weiteres Instrument der Beschäftigungssicherung. Es soll einen Beitrag für den Verbleib der Arbeitnehmer im Arbeitsleben leisten und damit Beschäftigung sichern[310]. Das Mitbestimmungsrecht bezieht sich aber nicht auf die den Qualifizierungsbedarf auslösende Maßnahme sondern auf die Frage, wie diese zu bewältigen ist.

Damit begründet § 97 Abs. 2 BetrVG keinen materiell rechtlichen Unterlassungsanspruch hinsichtlich der zugrundeliegenden Maßnahme.

Ebenso wie im Rahmen des § 92a BetrVG ist auch eine Unterlassungsverfügung bezogen auf die geplante Betriebsänderung unzulässig.

7. Zuziehung eines „Transfer"- Beraters § 111 S. 2 BetrVG

Der durch das BetrV-RG neu eingefügte § 111 S. 2 BetrVG räumt dem Betriebsrat in Unternehmen von mehr als 300 Arbeitnehmern das Recht ein, abweichend vom Verfahren der Hinzuziehung von Sachverständigen nach § 80 Abs. 3 BetrVG, im Fall von Betriebsänderungen ohne vorherige Vereinbarung mit dem Arbeitgeber zu seiner Unterstützung einen Berater hinzuzuziehen.

---

[305] *Rieble*, NZA 2001, Sonderheft, 48 (48); vgl. auch RegE, BTDs 14/5741 S 15 und 49 f.

[306] BT-Drucks. 14/5741, S.29, 49.

[307] *Rieble*, NZA 2001 Sonderheft, S. 48 (48).

[308] BT-Drucks. 14/5741, S.50.

[309] *Löwisch/Kaiser*, BetrVG § 97, Rdnr. 8.

[310] BT-Drucks. 14/5741, S. 50.

Nach der Gesetzesbegründung [311] soll der Betriebsrat damit in die Lage versetzt werden, bei Betriebsänderungen, die in der Regel mit erheblichem Personalabbau verbunden sind oder andere erhebliche Nachteile für die Arbeitnehmer nach sich ziehen, die Auswirkungen der Betriebsänderung zu erfassen und schnell mit Hilfe des externen Sachverstands fundierte Alternativvorschläge vor allem zur Beschäftigungssicherung zu erarbeiten. Dies erfolgt mit dem Ziel, auf die Entscheidung des Arbeitgebers Einfluss nehmen zu können und auf diese Weise den Auftrag der Beschäftigungssicherung und –förderung zu erfüllen.

Die Kosten für die Einschaltung eines Beraters trägt der Arbeitgeber[312]. Wegen der Kostenrelevanz erfolgte eine Einschränkung auf Unternehmen mit 300 Arbeitnehmern. Die Worte „in der Regel" sind nach herrschender Literaturauffassung aufgrund eines Redaktionsversehens vergessen worden[313]. Die Formulierung zu seiner Unterstützung lässt offen, ob sich die Beratung auf das gesamte Beteiligungsverfahren nach den §§ 111 ff BetrVG bezieht. Denn dieses umfasst zum Einen die Verhandlungen über das „ob" und „wie" der Betriebsänderung mit dem Ziel eines Interessenausgleichs und zum Anderen die Verhandlung über den Ausgleich oder die Milderung der wirtschaftlichen Nachteile für die Arbeitnehmer.

Wegen der systematischen Stellung des § 111 S.2 BetrVG kann der Betriebsrat nur im Hinblick auf den Interessenausgleich einen Berater hinzuziehen. Der Interessenausgleich hat die Betriebsänderung zum Gegenstand und § 111 S. 1 und 3 BetrVG regeln die Voraussetzungen der Betriebsänderung. Das Recht zur Zuziehung eines Beraters steht unmittelbar im Anschluss an die Pflicht des Unternehmers nach § 111 S. 1 BetrVG, den Betriebsrat über die Betriebsänderung zu unterrichten und zu beraten. Die unterstützende Tätigkeit bezieht sich mithin auf die Verhandlungen zum Interessenausgleich[314]. Der Betriebsrat ist nicht berechtigt, einen Berater nach § 111 S. 2 BetrVG zu den Verhandlungen über den Sozialplan zuzuziehen. Denn diese Verhandlungen haben nicht die Betriebsänderung zum Gegenstand, sondern den Ausgleich und die Milderung der wirtschaftlichen Nachteile als deren Folge. Nach § 111 S. 2 HS.3 BetrVG bleibt § 80 Abs. 3 BetrVG unberührt. Danach kann der Betriebsrat bei der Durchführung seiner Aufgaben nach näherer Vereinbarung mit dem Arbeitgeber Sachverständige hinzuziehen, soweit dies zur ordnungsgemäßen Erfüllung seiner Aufgaben erforderlich ist. Unter den dort genannten Voraussetzungen kann der Betriebsrat einen Sachverständigen auch zu den Sozialplanverhandlungen hin-

[311] BT-Drucks. 14/5741, S.52.
[312] *Hanau*, Denkschrift RdA 2001, 65 (72).
[313] *Oetker*, NZA 2002, 465 (467) mwN.
[314] *Oetker*, NZA 2002, 465 (469)

zuziehen[315]. Aufgrund des Beratungsanspruchs nach § 256 Abs.1 SGB III fehlt es regelmäßig an der Erforderlichkeit hinsichtlich eines „Transfer-Beraters".
Die Beratertätigkeit beschränkt sich auf die freie Verhandlung des Interessenausgleichs zwischen Unternehmer und Betriebsrat, nicht jedoch das Vermittlungsverfahren nach § 112 Abs. 2 BetrVG sowie das Einigungsstellenverfahren nach § 112 Abs. 3 BetrVG, denn § 111 S.1 BetrVG regelt nur die erste Phase des Interessenausgleichsverfahrens[316]. In diesen Phasen kann der Präsident des Landesarbeitsamtes nach § 112 Abs.2 S.2 bzw. § 112 Abs.2 S.4 BetrVG hinzugezogen werden. Dieser wird regelmäßig seine Expertise hinsichtlich des Arbeitsmarktes und der arbeitsförderungsrechtlichen Instrumente einbringen.

III. Interessenausgleich

Die Beteiligungsrechte des § 111 BetrVG sind auf das Zustandekommen eines Interessenausgleichs gerichtet. Der Interessenausgleich ist die Einigung der Betriebsparteien über die Durchführung der Betriebsänderung. Sie betrifft die unternehmerische Entscheidung selbst. Es geht um die Frage, ob, wann und in welcher Form die vom Unternehmer geplante Betriebsänderung durchgeführt werden soll[317]. Der Interessenausgleich ist darauf gerichtet, Nachteile für die Arbeitnehmer zu vermeiden ohne die wirtschaftlichen Belange des Unternehmers zu beeinträchtigen[318]. Bei Betriebsänderungen, die auf Personalabbau gerichtet sind, kann nur darüber beraten werden, ob er in dem geplanten Umfang durchgeführt und ob er zeitlich hinausgeschoben werden soll[319]. Der Interessenausgleich ist im Gegensatz zum Sozialplan nicht erzwingbar, so dass eine Abgrenzung der Regelungsgegenstände dann erforderlich wird, wenn die Betriebsparteien sich nicht in freier Verhandlung einigen können. Eine Zustimmung des Betriebsrats zur geplanten Betriebsänderung wird vom Betriebsverfassungsrecht nicht gefordert. Missachtet der Unternehmer die Beteiligungsrechte nach § 111 BetrVG oder führt er die Betriebsänderung durch, ohne zuvor einen Interessenausgleich versucht[320] zu haben, setzt er sich Ansprüchen auf Nachteilsausgleich nach § 113 BetrVG aus[321]. Allerdings führt die Verletzung des Beteiligungs-

[315] BAG vom 5.11.1981 – 6 ABR 24/78 - AP Nr. 9 zu § 76 BetrVG 1972 = EzA § 40 BetrVG 1972 Nr.50; BAG vom 13.5.1998 – 7 ABR 65/96 - AP Nr. 55 zu § 80 BetrVG 1972 = NZA 1998, 900.
[316] *Oetker*, NZA 2002, 465 (469).
[317] BAG vom 27.10.87 – 1 ABR 9/86 - AP Nr. 41 zu § 112 BetrVG 1972 = EzA § 112 BetrVG 1972 Nr.41; BAG vom 17.9.91 – 1 ABR 23/91 - AP Nr. 59 zu § 112 BetrVG 1972.
[318] *Fitting*, BetrVG §§ 112, 112a, Rdnr. 13.
[319] *Fitting*, BetrVG §§ 112, 112a, Rdnr. 18.
[320] Zu den Anforderungen an den Versuch eines Interessenausgleichs unten.
[321] Denkbar sind weitere Sanktionsmöglichkeiten wie Ordnungs- und Zwangsgeld nach § 23 Abs. 3 BetrVG und Bußgeld gem. § 121 BetrVG. bis das Beteiligungsverfahren abgeschlossen ist.

rechts nicht dazu, dass die von ihm durchgeführten Maßnahmen unwirksam werden. Mit Einigung über den Interessenausgleich aber auch mit dessen Scheitern steht fest, in welcher Form die Betriebsänderung durchgeführt werden wird. Damit sind auch die wirtschaftlichen Nachteile der betroffenen Arbeitnehmer infolge der Betriebsänderung absehbar, welche der Sozialplan auszugleichen bzw. abzumildern hat.

IV. Transfer-Sozialplan

Der Sozialplan ist die Einigung über den Ausgleich oder die Milderung der wirtschaftlichen Nachteile, die den Arbeitnehmern infolge der geplanten Betriebsänderung entstehen. Entstehen den Arbeitnehmern infolge der Betriebsänderung wirtschaftliche Nachteile ist der Sozialplan nach § 112 Abs. 4 BetrVG erzwingbar, sofern die Sozialplanpflicht nicht nach § 112a BetrVG entfällt. Wenn sich danach die Betriebsparteien nicht auf einen Sozialplan einigen können, kann der Sozialplan durch Spruch der Einigungsstelle aufgestellt werden, sofern dies eine Betriebspartei bei der Einigungsstelle gem. §§ 112 Abs. 4, 76 Abs. 5 S. 1 BetrVG beantragt.

1. Wegfall der Sozialplanpflicht nach § 112a BetrVG

Hinsichtlich der Tatbestandsvoraussetzungen der Betriebsänderung kann auf die obigen Ausführungen verwiesen werden. Jedoch besteht die Sozialplanpflicht nicht in jedem Fall, wenn tatbestandlich eine Betriebsänderung i.S.d. §111 BetrVG vorliegt. Ausnahmsweise entfällt die Sozialplanpflicht nach §112a BetrVG, wenn nach Abs. 1 im Falle des reinen Personalabbaus die dort genannten Schwellenwerte nicht erreicht werden oder das Neugründungsprivileg nach Abs. 2 gilt. Die übrigen Beteiligungsrechte aus Anlass der Betriebsänderung bleiben unberührt[322].

a. Nichterreichen des Schwellenwertes

Nach seiner Konzeption ist der Transfer- Sozialplan ein Instrument zur Bewältigung von Betriebsänderungen verbunden mit Personalabbau oder in Form von reinem Personalabbau. Beim reinen Personalabbau gibt es eine Ausnahme hinsichtlich der Sozialplanpflicht. So entfällt für geplante Betriebsänderungen nach §111 S. 3 Nr. 1, die durch Personalabbau und nicht unter gleichzeitiger Änderung sächlicher Betriebsmittel erfolgen, die Sozialplanpflicht, wenn die Schwellenwerte des §112a Abs.1

---

[322] *Richardi*, BetrVG §112 a, Rdnr. 2.

BetrVG nicht erreicht werden. Damit ist bei reinem Personalabbau der Sozialplan nur erzwingbar, wenn in Betrieben mit in der Regel bis zu 59 Arbeitnehmer 20%, aber mind. 6 Arbeitnehmer, in Betrieben mit 60 – 249 Arbeitnehmer 20% oder mind. 37 Arbeitnehmer, in Betrieben mit 250 – 499 Arbeitnehmern 15% oder mind. 60 Arbeitnehmer, in Betrieben mit 500 – 599 Arbeitnehmer 60 Arbeitnehmer und in Betrieben ab 600 Arbeitnehmern 10% der Arbeitnehmer aus betriebsbedingten Gründen entlassen werden.

b. Neugründungsprivileg

§ 112 a Abs.2 BetrVG schließt als weitere Ausnahmevorschrift die Anwendbarkeit des § 112 Abs. 4 und 5 BetrVG auf Betriebe neugegründeter Unternehmen für vier Jahre aus. Diese Vorschrift erfasst alle Arten von Betriebsänderungen. Entscheidend ist das Alter des Unternehmens, nicht des betroffenen Betriebes[323].

Nach der Rückausnahme des Satzes 2 handelt es sich nicht um ein begünstigtes Unternehmen, wenn die Neugründung im Zusammenhang mit Umstrukturierungen von Unternehmen und Konzernen steht. Maßgebend sind wirtschaftliche Verflechtungen des neugegründeten Unternehmens zu bereits bestehenden Unternehmen. Auf die rechtliche Selbständigkeit kommt es nicht an, entscheidend ist eine wirtschaftliche Betrachtungsweise.

2. Arbeitsplatzverlust infolge Betriebsänderung als wirtschaftlicher Nachteil

Nach §112 Abs.1 S. 2 BetrVG soll der Sozialplan die wirtschaftlichen Nachteile, die den Arbeitnehmern infolge der geplanten Betriebsänderung entstehen, ausgleichen oder mildern. Nach dem Wortlaut reichen rein rechtliche Nachteile, wie insbesondere die Beendigung des Arbeitsverhältnisses als solche nicht aus, sondern es muss sich um wirtschaftliche Nachteile handeln[324]. Immaterielle Nachteile sind sonach nicht zu berücksichtigen.

Nach einer Auffassung in der Literatur ergibt sich aus §§ 111 i.V.m. § 112 BetrVG, dass nur wesentliche wirtschaftliche Nachteile auszugleichen sind[325]. Wesentliche Nachteile sind danach solche, die ein in vergleichbarer Lage befindlicher, verständiger und vernünftiger Arbeitnehmer nicht hinnehmen muss und kann[326]. Aus § 112

---

[323] So das BAG vom 13.6.1989 – 1 ABR 14/88 - AP Nr. 52 zu §112 BetrVG 1972.
[324] *Richardi*, BetrVG § 112 BetrVG, Rdnr. 53.
[325] *Stege/Weinspach*, BetrVG §§ 111- 113, Rdnr. 133.
[326] *Röder/Baeck*, Interessenausgleich, S. 139 mwN.

Abs. 1 S. 2 BetrVG ergibt sich keine Einschränkung auf wesentliche Nachteile[327]. Demnach ist die erste Ansicht abzulehnen. Der Arbeitsplatzverlust, der durch den Transfer-Sozialplan ausgeglichen werden soll, ist auch nach dieser Auffassung wesentlicher Nachteil.

Einer Auffassung zufolge[328] muss im Falle des Vorteilsausgleiches kein Sozialplan aufgestellt werden. Entsprechend dem im Schadensrecht entwickelten Prinzip der Vorteilsausgleichung sind nicht nur Nachteile, sondern auch Vorteile, die der Arbeitnehmer infolge der Betriebsänderung erlangt, zu berücksichtigen[329].

Nach der Gegenmeinung müssen die Vorteile erst bei der Berechnung der Sozialplanleistungen berücksichtigt werden[330].

Es ist der zweiten Auffassung zu folgen. Da erst im Sozialplanverfahren durch die Betriebspartner geprüft werden kann, ob die Vorteile bereits die Nachteile ausgleichen oder ob der Arbeitgeber darüber hinaus Leistungen gewähren muss.

Die Arbeitslosigkeit ist ein solcher Nachteil i.S.d. § 112 Abs.1 S.2 BetrVG[331]. Der für §112 Abs.1 S. 2 BetrVG relevante Nachteil liegt jedoch bereits im Verlust des bisherigen Arbeitsplatzes bei drohender Arbeitslosigkeit und nicht erst im tatsächlichen Eintritt der Arbeitslosigkeit. Schon Entlassungen führen regelmäßig zu Vermögensnachteilen des Arbeitnehmers i.S.d. §112 Abs.1 S. 2 BetrVG, aufgrund der Schwierigkeiten, eine entsprechend bezahlte Stelle zu finden, dem Ausschluss des Kündigungsschutzes im neuen Arbeitsverhältnis während der ersten sechs Monate, sowie der anfangs noch nicht bestehenden Ruhegeldanwartschaften[332].

Ausnahmsweise fehlt es an einem auszugleichenden wirtschaftlichen Nachteil, wenn ein Arbeitnehmer in einem benachbarten Betrieb des gleichen Unternehmens auf einem gleichwertigen Arbeitsplatz übernommen wird oder in ein anderes Unternehmen zu vollständig gleichen Bedingungen und unter Zusage von Kündigungsschutz auch vor Erfüllung der Wartezeit nach § 1 Abs. 1 KSchG wechseln kann[333].

Die Rechtsprechung des BAG sieht in Regelungen, die solche Arbeitnehmer von Abfindungsansprüchen ausschließen, welche nach der Entlassung in ein neues Arbeitsverhältnis treten oder anderweitig wirtschaftlich abgesichert sind, eine sachgerechte Differenzierung im Rahmen von § 112 BetrVG[334]. Die Mitarbeiter können von

---

[327] *FKHE*, BetrVG §§ 112, 112a, Rdnr. 97; *Richardi*, BetrVG § 112, Rdnr. 86.
[328] *Galperin/Löwisch*, BetrVG §112, Rdnr. 21.
[329] vgl. *Larenz*, Schuldrecht AT, S. 530 ff.
[330] *Richardi*, BetrVG §112, Rdnr. 85.
[331] *Wißmann*, Transfer- Sozialplan, S. 88.
[332] *Löwisch/Kaiser*, BetrVG §112, Rdnr. 20.
[333] LAG Hamburg vom 8.7.1980 - EzA § 112 BetrVG 1972 Nr.23.
[334] BAG vom 17.4.1996 – 10 AZR 606/95 - AP Nr. 101 zu § 112 BetrVG 1972; BAG vom 19.6.1996 – 10 AZR 23/96 - AP Nr. 102 zu § 112 BetrVG 1972.

Sozialplanleistungen ausgenommen werden. Dies zeigt, dass bereits der Verlust des bisherigen Arbeitsplatzes der nach § 112 BetrVG relevante Nachteil ist.
Diese Auffassung wird letztlich auch durch einen Umkehrschluss aus § 112 Abs. 5 S. 2 Nr. 2 BetrVG bestätigt. Denn nach dieser Vorschrift soll die Einigungsstelle Arbeitnehmer von Leistungen ausschließen, die in einem Arbeitsverhältnis im selben Betrieb oder in einem zum Konzern gehörenden Unternehmen weiterbeschäftigt werden können und die Weiterbeschäftigung ablehnen. Demzufolge sind Arbeitnehmer selbst mit Anschlussbeschäftigung grundsätzlich vom Sozialplananspruch erfasst.
Der Arbeitsplatzverlust als wirtschaftlicher Nachteil muss infolge der Betriebsänderung eintreten. Danach muss die Betriebsänderung kausal für die Entlassung sein.

3. Transfer- und Qualifizierungsmaßnahmen als Ausgleich und Milderung des wirtschaftlichen Nachteils der drohenden Arbeitslosigkeit

Mit den Leistungen im Transfer- Sozialplan soll der Arbeitsplatzverlust betroffener Arbeitnehmer ausgeglichen bzw. gemildert werden. Werden Arbeitnehmer entlassen, können in den Transfer- Sozialplan alle Maßnahmen aufgenommen werden, die geeignet sind, den gekündigten Arbeitnehmer die Begründung eines neuen Arbeitsverhältnisses zu ermöglichen oder zu erleichtern. Im Einzelnen kommen die in bereits beschriebenen Inhalte in Betracht. Der Einsatz von Qualifizierungs- und Transfermaßnahmen zielt auf neue Beschäftigung auf dem Arbeitsmarkt. Die Maßnahmen sind zukunftsorientiert und vermitteln Berufsperspektiven. Dies entspricht der Vorsorge- und Überbrückungsfunktion des Sozialplans.
Den in einem Transfer-Sozialplan vorgesehenen Transfer- und Qualifizierungsmaßnahmen ist gemeinsam, dass sie die Wettbewerbsfähigkeit des betroffenen Arbeitnehmers auf dem Arbeitsmarkt erhöhen. Sie sind auf Eingliederung bei einem neuen Arbeitgeber gerichtet. Es geht dabei um die Steigerung der Beschäftigungsfähigkeit[335]. Die im Transfer-Sozialplan vorgesehenen Maßnahmen lassen sich grundsätzlich unter den weiten Begriff der beruflichen Bildung subsumieren. So sind nach dem BAG Berufsbildungsmaßnahmen allgemein solche, die dem Arbeitnehmer Kenntnisse und Erfahrungen vermitteln, die zur Ausfüllung seines Arbeitsplatzes und seiner beruflichen Tätigkeit dienen[336]. Es besteht aber ein entscheidender Unterschied, so dass weder der Anspruch auf Feststellung des Berufsbildungsbedarfs nach § 96 Abs. 1 S. 2 BetrVG noch die Qualifizierungsmitbestimmung nach § 97 Abs. 2 BetrVG greift. Denn der Transfer-Sozialplan zielt auf die Vermittlung von Kenntnissen, die

---

335 *Rieble*, NZA Sonderheft 2001, 48 (56).
336 BAG vom 18.4.2000 – 1 ABR 28/99 - AP Nr. 9 zu § 98 BetrVG 1972.

dem Arbeitnehmer neue Beschäftigungsmöglichkeiten bei anderen Arbeitgebern auf dem Arbeitsmarkt eröffnet. Hinsichtlich § 96 Abs. 1 S.2 BetrVG ist der Bildungsbedarf für die vom Personalabbau betroffenen Arbeitnehmer gleich Null. Ihre Arbeitsplätze sind infolge der zugrundeliegenden Betriebsänderung entfallen. Denn der Bildungsbedarf i.S.d. § 96 Abs. 1 S.2 BetrVG hängt gerade von der künftigen Tätigkeit für den Betrieb ab. Notwendig ist ein konkreter Bezug mit Aufgaben im Betrieb.
Ebenso geht es bei § 97 Abs. 2 BetrVG um die Beschäftigungsfähigkeit im bestehenden Arbeitsverhältnis. Auf entlassene Arbeitnehmer erstreckt sich das Mitbestimmungsrecht nicht[337]. Wird diese Vorschrift doch gerade als präventiver Kündigungsschutz verstanden[338]. Er dient nicht dazu, die Arbeitsmarktchancen von Arbeitnehmern, deren Arbeitsverhältnis ohnehin endet, zu verbessern[339]. Beides sind ausschließlich Instrumente der Beschäftigungssicherung im Betrieb. Der Transfer- Sozialplan beinhaltet ggf. eine Qualifikation zum Ausgleich für den Verlust des Arbeitsverhältnisses, aber gerade keine Qualifikation mit der Zielsetzung des Verbleibs im Betrieb oder Unternehmen. Die oben genannten Rechte werden durch die §§ 111 BetrVG quasi überlagert[340].

4. Informationsgewinnung über arbeitsförderungsrechtliche Kofinanzierungsmöglichkeiten von Transfer-Sozialplanleistungen

Im Arbeitsförderungsrecht bzw. Sozialrecht sind Beratungsansprüche geregelt, die es den Betriebsparteien bzw. der Einigungsstelle ermöglichen, vor Abschluss eines Transfer-Sozialplans Informationen über arbeitsförderungsrechtliche Kofinanzierungsmöglichkeiten zu gewinnen.

a. Beratung über die Förderungsmöglichkeiten durch Zuschüsse zu Sozialplanmaßnahmen nach § 256 Abs. 1 SGB III

Nach § 256 Abs. 1 SGB III berät das Landesarbeitsamt den Unternehmer und den Betriebsrat auf Verlangen über die Förderungsmöglichkeiten von Eingliederungsmaßnahmen im Rahmen der Sozialplanverhandlungen. Damit wird den Betriebsparteien ein spezieller Beratungsanspruch eingeräumt, der dem allgemeinen Beratungsanspruch in § 14 SGB I vorgeht[341]. Lässt sich eine Betriebspartei beraten, folgt

[337] *Fitting*, BetrVG § 97, Rdnr. 13.
[338] *Hanau*, RdA 2001, 65 (72); *Franzen*, NZA 2001 865 (867).
[339] *Fitting*, BetrVG § 97, Rdnr. 13.
[340] Ählich Kaiser, NZA 1992, 194 (196) zum Verhältnis Sozialauswahl nach § 1 KSchG und § 98 Abs. 3 BetrVG.
[341] Feckler, GK-SGB III, § 256 Rdnr. 3.

daraus weder das Recht noch die Pflicht der anderen Betriebspartei an dieser Beratung teilzunehmen[342]. Die Beratung ist schlicht- hoheitliches Verwaltungshandeln. Die Ablehnung der Beratung durch das Landesarbeitsamt ist ein Verwaltungsakt[343], gegen den Widerspruch eingelegt werden kann und bei ablehnendem Widerspruchsbescheid die Anfechtungs- und Leistungsklage offen steht[344].
Die Beratung im Vorfeld der Vereinbarung eines Sozialplans bietet den Vorteil, dass Eingliederungsmaßnahmen rechtzeitig unter Beteiligung einer kompetenten Stelle zielgerichtet konzipiert werden können[345].

aa. *Form und Inhalt der Beratung*

Die Beratung findet nur auf Verlangen vom Unternehmer und Betriebsrat statt. Aufgrund der Ausweitung der Sozialplanzuschüsse in § 255 Abs. 3 SGB III auf Sozialpläne außerhalb des BetrVG und sozialplanähnliche Vereinbarungen stellt sich die Frage, ob der Berechtigtenkreis auf die Verhandlungspartner der außerhalb des Anwendungsbereichs des Betriebsverfassungsgesetzes vereinbarten Sozialpläne sowie der sozialplanähnlichen Vereinbarungen auszuweiten ist. Der Wortlaut als Grenze der Auslegung lässt dies nicht zu. In Frage kommt nur die analoge Anwendung auf den oben genannten Kreis. Dann müsste eine planwidrige Regelungslücke vorliegen und sich die zu regelnden Sachverhalte ähneln[346]. Um zu gewährleisten, dass Eingliederungsmaßnahmen rechtzeitig unter Beteiligung einer kompetenten Stelle zielgerichtet konzipiert werden können, ist die Ausweitung auf diesen Kreis erforderlich[347].
Der einzelne betroffene Arbeitnehmer hat dagegen keinen Beratungsanspruch aus § 256 Abs. 1 SGB III. Dieser erwächst ihm auch nicht aus § 14 S.1 SGB I; denn der einzelne Arbeitnehmer ist im lex specialis der §§ 254 ff SGB III nicht anspruchsberechtigt. In welcher Form das Landesarbeitsamt die Beratung durchführt, steht in ihrem pflichtgemäßen Ermessen[348].
Die Beratung beinhaltet alle Fragen, welche die mögliche Förderung von Maßnahmen in Sozialplänen durch die Bundesanstalt betreffen. Die Beratung erfasst allgemeine Auskünfte zu Förderungsmöglichkeiten und Eingliederungsmaßnahmen als auch die Beratung, welches Vorgehen im Hinblick im konkreten Fall die zweckmä-

---

[342] Anders als beim Einlassungszwang im Vermittlungsverfahren nach § 112 Abs. 2 BetrVG.
[343] *Roeder in Niesel*, SGB III, § 256 Rdnr. 2.
[344] *Stark in Wissing*, SGB III § 256, Rdnr. 5.
[345] *Stark in Wissing*, SGB III § 256, Rdnr. 1.
[346] *Larenz/Canaris*, Methodenlehre, S. 202.
[347] *Feckler*, GK-SGB III § 256, Rdnr. 3; *Stark in Wissing*, SGB III § 256, Rdnr. 1.
[348] *Roeder in Niesel*, SGB III § 256, Rdnr. 5.

ßigste ist[349]. Es muss auf die besondere Situation und Fragestellung des ersuchenden Unternehmens oder Betriebsrats individuell eingegangen werden[350]. Dabei sind nicht alle Arbeitnehmer einzubeziehen, die vom Sozialplan erfasst werden, sondern nur diejenigen, die infolge der Betriebsänderung mit der alsbaldigen Beendigung der Beschäftigung zu rechnen haben[351]. Beratung bedeutet nicht zuletzt die Empfehlung einer bestimmten Vereinbarung unter Aufzeigen der Folgen und Alternativen[352]. Diese Empfehlung hat für die Betriebsparteien keine bindende Wirkung[353].

bb. Beschränkung der Beratung auf Sozialplanverhandlungen?

Die Beratung erfolgt nach § 256 Abs. 1 SGB III im Rahmen der Sozialplanverhandlungen. Wegen der rechtlichen und praktischen Wechselbeziehungen zwischen Interessenausgleich und Sozialplan, werden diese häufig gemeinsam verhandelt[354]. Der Unternehmer hat im Regelfalle bereits bei den Verhandlungen zum Interessenausgleich ein berechtigtes Interesse zu wissen, welche finanzielle Aufwendungen aufgrund des Sozialplanes für ihn infolge der Betriebsänderung anfallen werden[355]. Auch der Betriebsrat hat zu diesem Zeitpunkt ein Interesse daran, welche Förderungen zur sozialen Abfederung der Betriebsänderung zur Verfügung stehen.

Der Beratungsanspruch nach § 256 SGB III knüpft nicht an die Sozialplanverhandlung an, sondern ist im Rahmen der Sozialplanverhandlungen zu erbringen. Im Rahmen der Sozialplanverhandlungen erfasst auch die vorgelagerten Interessenausgleichsverhandlungen[356].

Um eine wirksame Nutzung der Zuschüsse zu Sozialplanmaßnahmen zu erreichen, besteht die Beratungspflicht bereits vor dem Versuch des Interessenausgleichs, da eine möglichst frühzeitige Intervention im Betrieb zur Vermeidung von Arbeitslosigkeit anzustreben ist[357].

b. Beantragung einer Vorabentscheidung nach § 256 Abs. 2 SGB III

Nach § 256 Abs. 2 SGB III entscheidet das Landesarbeitsamt auf Antrag des Unternehmens oder der Einigungsstelle des Betriebsverfassungsgesetzes im voraus, ob

---

[349] *Stark in Wissing*, SGB III § 256, Rdnr. 3.
[350] *Roeder in Niesel*, SGB III § 256, Rdnr. 6.
[351] *Feckler*, GK-SGB III § 256, Rdnr. 4b.
[352] *Roeder in Niesel*, SGB III § 256, Rdnr. 6.
[353] Vgl. *Feckler*, GK-SGB III § 256, Rdnr. 4.
[354] *Röder/Baeck*, Interessenausgleich, S.13.
[355] *Röder/Baeck*, Interessenausgleich, S.13.
[356] *Feckler*, GK-SGB III § 256, Rdnr. 4a; a.A. *Meyer*, NZA 1998, 403 (408).
[357] Eckpunkte, Info also 2001, 185 (188).

und unter welchen Voraussetzungen eine Maßnahme gefördert werden kann. Die Vorabentscheidung soll eine größere Planungssicherheit für die Sozialplanverhandlungen ermöglichen[358]. Das BetrVerf- Reformgesetz vom 23.07.2001 hat Recht auf Vorabentscheidung auf die Einigungsstelle nach § 112 BetrVG erweitert[359].

aa. Rechtsnatur der Vorabentscheidung

Die Vorabentscheidung nach § 256 Abs. 2 SGB III ist ein Verwaltungsakt i.S.d. § 31 SGB X, da sie verbindlich die Voraussetzungen der Förderung regelt. Ebenso stellt die Verweigerung der Vorabentscheidung einen Verwaltungsakt dar, der mit der Anfechtungs- und Verpflichtungsklage angegriffen werden kann[360].

bb. Zeitpunkt der Vorabentscheidung

Die Vorabentscheidung erfolgt vor Abschluss des Sozialplan; der tatsächliche Abschluss eines Sozialplans ist die Voraussetzung für die endgültige Bezuschussung nach § 255 Abs. 1 Nr. 3 SGB III.

cc. Umfang der Vorabentscheidung

Die Entscheidung umfasst die Förderungsvoraussetzungen des § 255 Abs. 1 SGB III bzw. die Ausschlusstatbestände nach § 255 Abs. 2 SGB III.
Damit hat der Unternehmer und die Einigungsstelle das Recht, noch während der Sozialplanverhandlung verbindlich klären zu lassen, ob eine beabsichtigte Maßnahme förderungsfähig ist und welche Vorkehrungen getroffen werden müssen, um die Fördervoraussetzungen des § 255 SGB III zu erfüllen[361]. Wenn in dem Antrag auf Vorabentscheidung alle Anspruchsvoraussetzungen belegt sind und hierüber eine positive Vorabentscheidung hinsichtlich der Förderungsmöglichkeit ergeht, ist dies eine verbindliche Zusicherung darüber, dass eine Förderung dem Grunde nach erfolgt[362].

---

[358] BT-Drucks. 13/4941, S. 198.
[359] Damit ist der Streit um die analoge Anwendung auf die Einigungsstelle vom Gesetzgeber entschieden.
[360] *Feckler*, GK-SGB III, § 256 Rdnr. 9, 9a.
[361] *Löwisch*, RdA 1997, 287 (292).
[362] *Stark in Wissing*, SGB III § 256, Rdnr. 4.

Allerdings kann eine verbindliche Feststellung, in welcher Höhe ein Zuschuss gewährt werden kann, durch die Vorabentscheidung nicht getroffen werden[363]. Dies ergibt sich bereits aus dem Wortlaut, nach dem sich die Vorabentscheidung auf das „ob und unter welchen Voraussetzungen" der Förderung bezieht. Auch die systematische Stellung des § 256 SGB spricht für diese Beschränkung. Denn er steht nach § 255 SGB III, der die Anspruchsvoraussetzung normiert, und vor § 257 SGB III, der die Höhe des Zuschusses definiert.
Mit Bestandskraft gibt sie dem Unternehmer lediglich die Zusicherung, dass bei Vorliegen dieser Voraussetzungen nach Antragstellung ein Zuschuss zu der Sozialplanmaßnahme gewährt wird, so dass diese nicht von ihm allein getragen werden muss[364]. Das gibt dennoch nicht die absolute und wünschenswerte Planungssicherheit hinsichtlich des vom Unternehmer letzten Endes zu tragenden Sozialplanbudgets. Zur Absicherung dieser Eventualitäten müssen im Sozialplan entsprechende Klauseln vereinbart werden[365].
Die Vorabentscheidung hat Bindungswirkung für das entscheidende Landesarbeitsamt hinsichtlich der vorgelegten Fragen[366], soweit die anspruchsbegründenden Umstände vom Antragsteller vorgelegt worden sind. Da sie die vorgesehene Sozialplanmaßnahme als erst künftig eintretende Tatsache betrifft, entfaltet die Zusicherung in der Vorabentscheidung nur bindende Wirkung unter der Voraussetzung, dass die Maßnahme auch tatsächlich wie beantragt abgeschlossen wird. Andernfalls wird sie gegenstandslos, ohne dass es gem. § 34 Abs. 3 SGB X einer Aufhebung bedarf.

c. Arbeitsförderungsrechtliche Pflicht zur Überlassung der Vorabentscheidung

Der Betriebsrat ist nicht nach § 256 Abs. 2 SGB III antragsbefugt. Er hat kein eigenes arbeitsförderungsrechtliches Recht auf eine Vorabentscheidung.
Roeder ist der Auffassung, dass die Vorabentscheidung nach Anhörung unverzüglich dem Unternehmer und auch dem Betriebsrat oder sonstigen Arbeitnehmervertretern bekanntzugeben sei, damit diese sie ebenfalls bei den Verhandlungen berücksichtigen können[367]. Aus dem Arbeitsförderungsrecht ergibt sich ein solcher Anspruch

---

363 *Stark in Wissing*, SGB III § 256, Rdnr. 4; *Löwisch*, RdA 1997, 287 (292); a.A. *Roeder in Niesel*, SGB III § 256, Rdnr. 9.
364 *Roeder in Niesel*, SGB III § 256, Rdnr. 9.
365 s.u.
366 *Feckler*, GK-SGB III § 256, Rdnr. 9.
367 *Roeder in Niesel*, SGB III § 256, Rdnr. 9

nicht. Das Arbeitsförderungsrecht regelt nicht die Rechtsbeziehung zwischen den Betriebsparteien[368].

d. Betriebsverfassungsrechtliche Pflicht zur Überlassung der Vorabentscheidung

Der Unternehmer hat möglicherweise den ergangenen Vorabbescheid im Rahmen seiner Unterrichtungspflicht im Rahmen der Betriebsänderung dem Betriebsrat auf Verlangen zur Verfügung zu stellen.

aa. Pflicht aus §111 S.1 i.V.m. § 80 Abs. 2 S. 2 BetrVG

Der Vorabbescheid wird von dieser Pflicht nicht erfasst. Er betrifft die Förderungsfähigkeit von im Sozialplan vorgesehenen Eingliederungsmaßnahmen. Damit ist er nicht Teil oder Grundlage der Überlegungen zu der geplanten Betriebsänderung, sondern Teil der nachgelagerten Überlegung hinsichtlich des Ausgleichs und der Milderung der wirtschaftlichen Nachteile infolge der geplanten Betriebsänderung.

bb. Pflicht aus § 80 Abs. 2 S. 2 Nr. 8, § 112 BetrVG

Nach § 80 Abs. 2 S.2 BetrVG hat der Arbeitgeber dem Betriebsrat die zur Durchführung seiner Aufgaben erforderlichen Unterlagen zur Verfügung zu stellen. Die Aufgaben sind zunächst nicht auf die im Katalog des § 80 Abs. 1 BetrVG aufgeführten Aufgaben beschränkt[369]. Somit zählt auch der Abschluss eines Sozialplanes zu den Aufgaben des Betriebsrates i.S.d. Vorschrift. Die §§ 254 ff. SGB III bieten die Möglichkeit von Zuschüssen von Sozialplanmaßnahmen. Die Kenntnis um die Förderungsfähigkeit von bestimmten Eingliederungsmaßnahmen ist bei der Verhandlung vorteilhaft aber nicht erforderlich. Geht es dabei doch zuletzt um die Finanzierung der im Sozialplan vorgesehenen Eingliederungsmaßnahmen. Die Finanzierung ist Aufgabe des Unternehmers. Ebenso wenig wie der Betriebsrat Zusagen oder Vorgaben der Konzernmutter zum Sozialplanvolumen verlangen kann, kann er den Vorabbescheid verlangen.

Die Kenntnis um die Finanzierung der Sozialplanleistungen ist für die Ausübung des Mitbestimmungsrechts nicht erforderlich; es stärkt lediglich die Verhandlungsposition. Aber im Blickpunkt der Sozialplanverhandlung muss zunächst der zielgerichtete

---

[368] ähnlich *Stindt*, FS Weinspach, S. 147 (166).

[369] *FKHE*,BetrVG, § 80 Rdnr. 50.

Ausgleich und die Milderung der wirtschaftlichen Nachteile stehen und nicht die Festlegung eines möglichst großen Sozialplanbudgets.

cc. *Pflicht aus § 80 Abs. 1 Nr. 8, § 80 Abs. 2 S. 2 BetrVG*

Nach dem Katalog des § 80 Abs. 1 BetrVG hat der Betriebsrat mit Nr. 8 die neue Aufgabe, die Beschäftigung im Betrieb zu fördern und zu sichern. Bei den Eingliederungsmaßnahmen geht es um den Transfer von vom Personalabbau betroffenen Arbeitnehmern in Anschlussbeschäftigungen bei dritten Arbeitgebern. Bei der Aufgabe des § 80 Abs. 1 Nr. 8 BetrVG geht es um die Beschäftigung „im" Betrieb. Diese ist nicht Gegenstand der Eingliederungsmaßnahme und damit lässt sich aus § 80 Abs. 1 Nr. 8 i.V.m. § 80 Abs. 2 S. 2 BetrVG keine Pflicht zur Überlassung des Vorbescheides konstruieren.

e. Betriebsverfassungsrechtliche Pflicht zur Beschaffung eines Vorabbescheids

Fraglich ist, ob der Betriebsrat ein Recht gegenüber dem Unternehmer hat, dass dieser eine Vorabentscheidung i.S.d. § 256 SGB III einholt und ihm überlässt.

aa. *Beschaffungsanspruch aus § 80 Abs. 2 S. 2 Hs.1 BetrVG*

Fraglich ist schon, ob der Betriebsrat gegenüber dem Arbeitgeber den Anspruch hat, dass dieser einen Vorabbescheid beantragt. Ein solcher Anspruch ist nicht aus § 80 Abs. 2 S 2 HS. 1 BetrVG abzuleiten. Denn zum Einen fehlt es am erforderlichen Aufgabenbezug. Zudem beschränkt sich der Anspruch von vorne herein auf das zur Verfügung stellen von vorhandenen Unterlagen und umfasst nicht die Beschaffung von Unterlagen[370].

bb. *Pflicht aus § 2 Abs. 1 BetrVG*

Eine Ableitung von Rechten und Pflichten aus der Generalklausel des § 2 BetrVG ist nicht möglich, wenn das Betriebsverfassungsrecht eine abschließende Regelung getroffen hat[371]. In § 80 Abs. 2 S. 2 HS.1 BetrVG ist bereits eine Regelung getroffen,

---

[370] BAG vom 7.8.1986 – 6 ABR 77/83 - AP Nr. 25 zu § 80 BetrVG 1972 = EzA § 80 BetrVG 1972 Nr.27.

[371] *Richardi*, BetrVG § 2, Rdnr. 21.

die festlegt, dass kein Beschaffungsanspruch hinsichtlich von Unterlagen besteht. Diese spezielle Vorschrift sperrt die Anwendbarkeit des § 2 BetrVG.

f. Vermittlung durch den Präsidenten des Landesarbeitsamtes

Jeder Betriebspartei steht das Recht zu nach § 112 Abs. 2 S. 1 BetrVG, den Präsidenten des Landesarbeitsamtes um Vermittlung zu ersuchen. Mit dem Präsident des Landesarbeitsamtes ist der Leiter der Behörde zur Vermittlung berufen, die auch nach § 256 SGB III zur Beratung und zum Vorabbescheid hinsichtlich der Zuschüsse zu Sozialplanmaßnahmen verpflichtet ist. Der Präsident ist nicht verpflichtet, das Vermittlungsverfahren persönlich durchzuführen. Er kann andere Mitarbeiter der Behörde beauftragen.

Mitarbeiter der Arbeitsämter scheiden als Vermittler aus. Das geht aus dem Umkehrschluss aus § 92a Abs.2 S.3 BetrVG hervor, der ausdrücklich auch Mitarbeiter der Arbeitsämter miteinbezieht. Liegt eine Betriebsänderung vor, ist der Präsident des Landesarbeitsamtes nach wirksamem Ersuchen zur Vermittlungstätigkeit verpflichtet[372]. Die von einer Seite begehrte Anrufung der Einigungsstelle entfaltet eine Sperrwirkung für das Vermittlungsverfahren, die Verfahren sind insoweit alternativ ausgestaltet. Der zuerst gestellte Antrag sperrt das jeweilige andere Verfahren[373]. Unternehmer und Betriebsrat können nach § 112 Abs.2 S.2 BetrVG direkt die Einigungsstelle anrufen. Das gilt gleichermaßen für den Interessenausgleich wie den Sozialplan. Allerdings ist die Entscheidungskompetenz unterschiedlich ausgestaltet. Beim Einigungsstellenverfahren kann der Präsident des Landesarbeitsamtes unter den Voraussetzungen des § 112 Abs.2 S.3 BetrVG teilnehmen. Er ist kein Mitglied der Einigungsstelle; die Besetzung richtet sich nach der allgemeinen Regelung des § 76 Abs.2 BetrVG. Ein eigenes Recht zur Teilnahme steht dem Präsidenten des Landesarbeitsamtes nicht zu.

Beschränkte sich früher die Aufgabe des Präsidenten des Landesarbeitsamtes vor allem darauf, die Aussichten der betroffenen Arbeitnehmer auf dem Arbeitsmarkt anhand von Statistiken darzulegen, hat die Einbindung des Landesarbeitsamtsleiters nunmehr einen höheren Stellenwert erhalten. Zunächst besteht der erste Teil des Verfahrens darin, vor der Einigungsstelle eine Einigung über den Interessenausgleich und/ oder den Sozialplan herbeizuführen. Falls es zu einer Einigung kommt, muss diese entsprechend § 112 Abs.1 S.1 und S.2 BetrVG schriftlich abgefasst und von beiden Betriebsparteien unterzeichnet werden.

---

[372] *Bauer* DB 1994, 217 (224); *Schaub* ArR § 244, Rdnr. 38.
[373] vgl. *Friedemann*, Verfahren der Einigungsstelle, Rdnr. 36.

Scheitern die Bemühungen eine Einigung herbeizuführen, hat die Einigungsstelle nur die Rechtsmacht nach § 112 Abs.4 BetrVG, einen Sozialplan aufzustellen. Die Durchführung eines freiwilligen Einigungsstellenverfahrens nach § 76 Abs.6 BetrVG bleibt davon unberührt.

5. Aufstellung des Sozialplans durch die Einigungsstelle

Die Einigungsstelle stellt nach § 112 Abs. 1 S. 2, Abs. 4 BetrVG den Sozialplan auf. Sie hat bei ihrer Entscheidung bezüglich der Aufstellung des Sozialplans gemäß § 112 Abs.5 S.1 BetrVG, sowohl die sozialen Belange der betroffenen Arbeitnehmer zu berücksichtigen als auch auf die wirtschaftlichen Vertretbarkeit ihrer Entscheidung zu achten. Grundlage der sozialen Belange sind die Nachteile, die der Arbeitnehmer infolge der Betriebsänderung erleidet[374]. Das ist der Verlust des Arbeitsplatzes infolge der Betriebsänderung. Damit wird der Sozialplanbedarf festgelegt[375]. Die wirtschaftliche Vertretbarkeit des Sozialplans für das Unternehmen bildet die Obergrenze für den von der Einigungsstelle aufgestellten Sozialplan[376].
Die wirtschaftliche Vertretbarkeit hat sich im Rahmen billigen Ermessens, insbesondere von den Grundsätzen § 112 Abs.5 Nr.1 bis 3 BetrVG leiten zu lassen. Im Rahmen der Reform des BetrVG ist § 112 Abs.5 S.2 Nr.2 BetrVG dazugekommen. Danach soll die Einigungsstelle insbesondere die im Dritten Buch des Sozialgesetzbuches vorgesehenen Förderungsmöglichkeiten zur Vermeidung von Arbeitslosigkeit berücksichtigen.
Mit den Grundsätzen des § 112 Abs. 5 BetrVG sind konkrete Ermessensrichtlinien aufgestellt, die das billige Ermessen bei der Aufstellung eines Sozialplans konkretisieren.
Das BAG sieht den Verstoß gegen diese Richtlinien als Ermessensfehler an[377]. Der Sozialplan ist in diesem Fall unter der Voraussetzung des § 76 Abs.5 S.4 BetrVG unwirksam[378]. Inhaltlich sind die in dieser Vorschrift aufgestellten Grundsätze auf die Erwägungen der Einigungsstelle und damit auf den Entscheidungsvorgang ausgerichtet[379]. Sie enthalten Regeln darüber, welche Gesichtspunkte die Einigungsstelle bei ihrer Entscheidungsfindung zu berücksichtigen hat[380].

---

[374] *Kruip*, Betriebsrentenanpassung und Sozialplandotierung S. 107.
[375] *Richardi*, BetrVG § 112, Rdnr. 113.
[376] BAG - - EZA § 112 BetrVG 1972 Nr. 41 = AP Nr. 41 zu § 112 BetrVG 1972.
[377] BAG vom 26.5.1988 – AP Nr.26 zu § 76 BetrVG 1972 = NZA 1988, 26.
[378] BAG vom 14.9.1994 – 10ABR 7/94 – AP Nr. 87 zu § 112 BetrVG 1972 = EzA § 112 BetrVG 1972 Nr.77.
[379] *Rieble*, Kontrolle des Ermessens, S. 206.
[380] *Rieble*, Kontrolle des Ermessens, S. 206.

a. Gegebenheiten des Einzelfalls nach § 112 Abs.5 S.2 Nr.1 BetrVG

§ 112 Abs.5 S.2 Nr.1 BetrVG gebietet der Einigungsstelle, beim Ausgleich oder der Milderung wirtschaftlicher Nachteile Leistungen vorzusehen, die in der Regel den Gegebenheiten des Einzelfalls Rechnung tragen.
So fordert das BAG[381] eine Einzelfallbetrachtung und eine differenzierte Berechnung der individuellen Sozialplanansprüche. Jedenfalls trägt der Spruch der Einigungsstelle des Gegebenheiten des Einzelfalls nicht Rechnung, wenn er jedem betroffenen Arbeitnehmer pauschal einen Ausgleichsbetrag in gleicher Höhe zubilligt[382]. Die Abfindung darf sich nicht lediglich nach Dauer der Betriebszugehörigkeit und Monatseinkommen bestimmen[383]. In einer weiteren Entscheidung hat das BAG einerseits ausgeführt, dass der Sozialplan eine Überbrückungshilfe sei, aber andererseits die Betriebszugehörigkeit mit dem Argument einfließen lassen, dass die Überbrückungshilfe um so höher sein sollte, je länger der Arbeitnehmer dem Betrieb die Treue gehalten und zu dessen wirtschaftlichen Erfolg beigetragen hat[384]. Ermessensfehlerhaft ist es, wenn die Einigungsstelle davon ausgeht, dass einem dem Betrieb länger angehörenden Arbeitnehmer weitaus höhere Nachteile treffe als einem solchen mit kurzer Betriebszugehörigkeit[385]. Denn die Sozialplanleistungen haben Überbrückungsfunktion. Demzufolge ist der individuelle Überbrückungsbedarf festzustellen.Sieht man den Überbrückungsbedarf als Qualifizierungs- und Transferbedarf, wird offenbar, dass die starre Anknüpfung an die Dauer des zurückliegenden Arbeitsverhältnisses verfehlt ist. Denn das Bedürfnis, sich qualifizieren zu können, kann bei jüngeren Arbeitnehmern mit kürzerer Betriebszugehörigkeit größer sein als bei älteren langjährige Betriebszugehörigen[386]. Das schließt aber nicht aus, mit ausdifferenzierten Pauschalierungen, die typisierend an bestimmte Umstände anknüpfen, auf die individuelle Situation der betroffenen Arbeitnehmer zu reagieren[387]. So ist es möglich, im Sozialplan Transferleistungen typisierend nach Lebenssachverhalt fest-

---

[381] BAG vom 14.9. 1994 – 10ABR 7/94 – AP Nr. 87 zu § 112 BetrVG 1972 = EzA § 112 BetrVG 1972 Nr.77.
[382] BAG vom 14.9. 1994 – 10ABR 7/94 – AP Nr. 87 zu § 112 BetrVG 1972 = EzA § 112 BetrVG 1972 Nr.77 = Krichel SAE 1996, 349.
[383] BAG vom 14.9. 1994 – 10ABR 7/94 – AP Nr. 87 zu § 112 BetrVG 1972 = EzA § 112 BetrVG 1972 Nr.77 = Krichel SAE 1996, 349.
[384] BAG vom 30.3.1994 – 10 AZR 352/93 - AP Nr. 76 zu § 112 BetrVG 1972.
[385] vgl. *Kruip*, Betriebsrentenanspassung und Sozialplandotierung, S. 111.
[386] *Löwisch*, Transfer- Sozialplan, 33 (44); BAG vom 26.5.1988 – 1 ABR 11/87 - AP Nr.26 zu § 76 BetrVG 1972 = NZA 1989, 26 = EzA § 76 BetrVG 1972 Nr.41.
[387] *Hanau/Kania*, ErfK §§ 112, 112a BetrVG, Rdnr. 32; *Gajewski*, FS Gaul, S. 189 (200 f.); *Stege/Weinspach*, BetrVG §§ 111 – 113, Rdnr. 129.

zulegen und etwa nach Grundtransfer- und Zusatztransferpaketen zu differenzieren[388].

Die Aufzählung der möglichen und auszugleichenden wirtschaftlichen Nachteile ist in § 112 Abs.5 S.2 Nr.1 BetrVG nicht abschließend geregelt.

b. Berücksichtigung der Aussichten auf dem Arbeitsmarkt § 112 Abs.5 S.2 Nr.2 S.1 BetrVG

Nach § 112 Abs.5 S.2 Nr.2 S.1 hat die Einigungsstelle die Aussichten der betroffenen Arbeitnehmer auf dem Arbeitsmarkt zu berücksichtigen. Die Einigungsstelle hat die Sozialplanleistungen unter Berücksichtigung des lokalen Arbeitsmarktes zu bemessen[389].

Für die Personengruppe, die erfahrungsgemäß auf dem Arbeitsmarkt schwer zu vermitteln sind, sind umfangreichere Sozialplanleistungen vorzusehen als für Personengruppen, die auf dem Arbeitsmarkt gefragt sind[390]. Sie hat damit eine Prognose über die Vermittelbarkeit betroffener Arbeitnehmer und der ggf. zu erwartenden Dauer der Arbeitslosigkeit[391]. Sachverständige Hilfe kann bei dieser Beurteilung durch die Heranziehung des Präsidenten des Landesarbeitsamtes nach § 112 Abs.2 S.3 BetrVG erfolgen.

c. Weiterbeschäftigung in zumutbaren Arbeitsverhältnis § 112 Abs.5 S.2 Nr.2 S.2 BetrVG

Die Einigungsstelle soll Arbeitnehmer von Leistungen ausschließen, die in einem zumutbaren Arbeitsverhältnis im selben Betrieb oder anderen Betrieben des Unternehmens oder eines zum Konzern gehörenden Unternehmens weiterbeschäftigt werden können und die Weiterbeschäftigung ablehnen. Gleiches gilt, wenn der Arbeitnehmer, der dem Übergang seines Arbeitsverhältnisses nach § 613a BGB ohne hinreichenden Grund widerspricht und so die Weiterbeschäftigung unmöglich

---

[388] vgl. zu Abfindungsregelungen *FKHE*, BetrVG, §§ 112, 112a, Rdnr. 171.

[389] *Etzel*, BetrVG, Rdnr. 1034; *Stege/Weinspach*, BetrVG §§ 111- 113, Rdnr. 137b; BAG vom 5.10.2000 – 1 AZR 48/00 - AP Nr.141 zu § 112 BetrVG 1972 = EZA § 112 BetrVG Nr. 107.

[390] LAG Niedersachsen AiB 2000 767 (768); *Däubler/DKK*, BetrVG §§ 112, 112a, Rdnr. 67; *Fitting*, BetrVG §§ 111, 112a, Rdnr. 173.

[391] *Weber/Burmeister*, BB 1995, 2268 (2269).

macht[392]. Beschäftigungsmöglichkeiten bei einem anderen Unternehmen außerhalb des Konzerns, sind bei den „Aussichten auf dem Arbeitsmarkt" zu berücksichtigen[393]. § 112 Abs.5 S.2 Nr.2 S.2 BetrVG verbietet in der Regel die Zuerkennung von Abfindungsansprüchen an Arbeitnehmer, die einen zumutbaren Arbeitsplatz ablehnen. Das bedeutet aber nicht im Umkehrschluss, dass Arbeitnehmer, die einen unzumutbaren Arbeitsplatz ablehnen, auf jeden Fall eine Sozialplanleistung erhalten[394]. Darüber hinaus ist die Einigungsstelle frei im Rahmen ihres Ermessens, den Ausschlusstatbestand auf andere Weiterbeschäftigungsmöglichkeiten außerhalb des Unternehmens und Konzerns zu erweitern[395].

Welche Anforderungen an die Zumutbarkeit des Arbeitsverhältnisses gestellt werden muss, ist Gegenstand der Diskussion. Umstritten ist, ob bei der Bestimmung der Zumutbarkeit von Arbeitsbedingungen arbeitsförderungsrechtliche Kriterien herangezogen werden, oder ob die Zumutbarkeit isoliert arbeitsrechtlich definiert werden muss. Einige Auffassungen in der Literatur halten die arbeitsförderungsrechtlichen Vorschriften bei der Bestimmung der Zumutbarkeit für anwendbar. Teils wird vertreten, die arbeitsförderungsrechtlichen Vorschriften bei der Auslegung der Zumutbarkeit[396] bzw. als Orientierungshilfe[397] heranzuziehen.

Nach Löwisch richtet sich die Zumutbarkeit des Arbeitsverhältnisses i.S.d. § 112 Abs.5 S.2 Nr.2 S.2 BetrVG nach § 121 SGB III[398]. Als Argument führt er § 2 Abs.5 Nr.3 SGB III an. Danach haben die Arbeitnehmer zur Vermeidung von Arbeitslosigkeit eine zumutbare Beschäftigung anzunehmen. Löwisch misst dieser Regelung die Wirkung einer Obliegenheit im Arbeitsrecht bei[399]. Die Anwendung der Zumutbarkeitsgrundsätze des SGB III seien angebracht, da die mit dem neuen Arbeitsverhältnis etwa verbundenen Nachteile nach § 112 Abs.5 S.2 Nr.1 BetrVG ausgeglichen würden. Schließlich sei es widersinnig, wenn der Arbeitnehmer ein Arbeitsverhältnis zunächst ablehnen könnte und damit Sozialplanleistungen für den bisherigen Arbeitsplatzes erhielte, um sich dann unter dem Druck des SGB III doch auf das angebotene Arbeitsverhältnis einzulassen[400].

---

[392] BAG vom 5.2.1997 – 10 AZR 553/96 – AP Nr.112 zu § 112 BetrVG 1972 = EzA § 112 BetrVG 1972 Nr.92 = BB 1997, 2167; BAG vom 25.1.2000 – 1 ABR 1/99 – AP Nr.137 zu § 112 BetrVG 1972 = EzA § 112 BetrVG 1972 Nr.106 = BB 2000, 2261.

[393] *Fitting*, BetrVG §§ 112, 112a, Rdnr. 179.

[394] BAG vom 28.9.1988 – 1 ABR 23/87 - AP Nr.47 zu § 112 BetrVG 1972 = EZA § 112 BetrVG 1972 Nr.49; *Rieble*, Die Kontrolle des Ermessens, S. 207.

[395] *Fabricius/Oetker*, BetrVG §§ 112, 112a, Rdnr. 323.

[396] *Weber/ Burmeister*, BB 1995, 2268 (2269).

[397] *Schaub*, Arbeitsrechts Handbuch § 244, Rdnr. 66.

[398] *Löwisch in Löwisch/Kaiser*, BetrVG § 112, Rdnr. 24.

[399] NZA 1998, 729 (730).

[400] *Löwisch/Kaiser*, BetrVG § 112, Rdnr. 24.

Heinze stimmt im Ergebnis Löwisch zu. Aus dem rechtsstaatlichen Gebot der Widerspruchsfreiheit der Rechtsordnung ergebe sich, dass der Zumutbarkeitsbegriff des Arbeitsförderungsrechts im SGB III unmittelbare Wechselwirkung im Arbeitsrecht besitzen muss, ohne dass es deshalb einer Transfernorm wie § 2 SGB III bedarf[401]. Denn ansonsten würde der Schutz der Solidargemeinschaft der Arbeitslosenversicherung durch den arbeitsrechtlichen Zumutbarkeitsbegriff ausgehebelt. Dies laufe auf die Privatisierung der arbeitsrechtlichen Vorteile zu Lasten der sozialversicherungsrechtlichen Sozialisierung der Nachteile hinaus[402].

Die Gegenauffassung lehnt die Anwendung des sozialrechtlichen Zumutbarkeitsbegriffes ab[403]. Die Weiterbeschäftigungsmöglichkeit ist zumutbar, wenn die Arbeitsbedingungen des angebotenen Arbeitsplatzes gleichwertig sind[404].

Gegen die Anwendbarkeit des § 121 SGB III spricht zunächst, dass die Regelung sich auf Arbeitslose i.S.d. §§ 118 ff. SGB III beschränkt.

Die einzige Regelung, die im SGB III an Arbeitnehmerverhalten während des laufenden Arbeitsverhältnisses anknüpft, ist § 144 Abs.1 Nr.1 SGB III. Diese sanktioniert die vom Arbeitnehmer veranlasste Auflösung des Arbeitsverhältnisses ohne wichtigen Grund. Das in § 121 Abs.3 SGB III niedergelegte System sich ausweitender Zumutbarkeit zu Lasten der Entscheidungsfreiheit des Arbeitnehmers soll verhindern, dass Arbeitslose zu Lasten der Versichertengemeinschaft Arbeitslosengeld beziehen. So ist Grundvoraussetzung für den Bezug von Arbeitslosengeld neben der Beschäftigungslosigkeit nach § 118 Abs.1 Nr.1 SGB III, dass der betreffende Arbeitnehmer gemäß §§ 118 Abs.1 Nr.2 SGB III, 119 Abs.2 i.V.m. Abs.4 S.1 Nr.1 SGB III bereit ist, zumutbare Beschäftigungen aufzunehmen. Eine Sperrfrist wird nach § 144 Abs.1 Nr.2 SGB III ausgelöst, wenn der Arbeitslose eine konkret angebotene Beschäftigung, trotz Rechtsfolgenbelehrung, nicht angenommen hat.

Der Spruch der Einigungsstelle ersetzt die Einigung der Betriebsparteien bei der Aufstellung des Sozialplans und regelt damit das Rechtsverhältnis der Arbeitnehmer, die infolge der Betriebsänderung ihren Arbeitsplatz verlieren, und ihrem Arbeitgeber.

Die Sozialplanansprüche bestehen gegenüber dem Arbeitgeber und nicht gegenüber der Solidargemeinschaft der Arbeitslosenversicherten. Aus § 112 Abs.5 S.1 BetrVG geht der Zweck der Regelung hervor. Die Einigungsstelle soll sowohl die sozialen

---

[401] *Heinze*, SGb 2000, 241 (244).

[402] *Heinze*, SGb 2000, 241 (244).

[403] *Bepler*, ArbuR 1999, 219 (244); *Däubler DKK* , BetrVG §§ 112, 112a, Rdnr. 71; *Fitting*, BetrVG §§ 112, 112a, Rdnr. 157; *Gagel*, BB 2001, 358 (362); *Hanau/Kania*, ErfK §§ 112, 112a BetrVG, Rdnr. 34.

[404] *Bepler*, ArbuR 1999, 219 (244); *Däubler DKK*, BetrVG §§ 112, 112a, Rdnr. 71; *Fitting*, BetrVG §§ 112, 112a, Rdnr. 157; *Gagel*, BB 2001, 358 (362); *Hanau/Kania*, ErfK §§ 112, 112a BetrVG, Rdnr. 34.

Belange der Arbeitnehmer berücksichtigen, als auch auf die wirtschaftliche Vertretbarkeit ihrer Entscheidung für das Unternehmen achten. Die beiden Rechtsgebiete hängen zwar zusammen wie siamesische Zwillinge[405], unterscheiden sich aber in ihren zentralen Aufgaben.

Insofern gebietet es die Einheit der Rechtsordnung nicht, die Zumutbarkeitskriterien im Betriebsverfassungsrecht und Arbeitsförderungsrecht identisch zu bestimmen. Es darf nur nicht zu Widersprüchen zwischen den Teilrechtsordnungen führen. Konflikte sind im Wege der praktischen Konkordanz zu lösen.

Erhält der Arbeitnehmer eine Abfindung, weil er eine arbeitsrechtlich nicht zumutbare Anschlussbeschäftigung ablehnt, und wird er arbeitslos, greifen die arbeitsförderungsrechtlichen Sanktionen erst, wenn er als Arbeitsloser arbeitsförderungsrechtlich zumutbare Beschäftigungen ablehnt. Es bedarf insofern keiner arbeitsrechtlichen Sanktionierung.

Nicht zuletzt wird diese Auffassung dadurch gestützt, dass die Einigungsstelle ein betriebsverfassungsrechtliches Schlichtungsorgan und nicht Sachwalterin öffentlicher Interessen ist[406]. Schließlich spricht die Gesetzesbegründung zu § 112 Abs.5 S.2 Nr.2 S.2 BetrVG dafür, dass der Zumutbarkeitsbegriff in dieser Vorschrift nicht dem des Arbeitsförderungsrechts entspricht[407]. Danach ist die Annahme eines neuen Arbeitsplatzes nur zumutbar, wenn der Kündigungsschutz bei einer Übernahme eines anderen Konzernunternehmens gewährleistet wird[408].

Ob ein Arbeitsverhältnis zumutbar ist i.S.d. § 112 Abs.5 S.2 Nr.2 S.2 BetrVG, richtet sich nicht nach arbeitsförderungsrechtlichen Kriterien, sondern nach arbeitsrechtlichen.

Zumutbar ist die Weiterbeschäftigungsmöglichkeit, wenn die Arbeitsbedingungen des angebotenen Arbeitsplatzes in rechtlicher, finanzieller und beruflicher Hinsicht gleichwertig sind[409]. Die Kriterien können von den Betriebsparteien bzw. der Einigungsstelle konkretisiert werden[410].

Die Einigungsstelle kann Arbeitnehmer schon dann von den Leistungen ausschließen, die einen angebotenen Arbeitsplatz ablehnen, der nach der von ihnen getroffenen Regelung als zumutbarer Arbeitsplatz anzusehen ist[411]. Dies gilt auch, wenn die

---

405 *Stindt*, FS Weinspach, S. 147 (166).
406 *Kreutz*, BetrVG, § 76 Rdnrn. 5 ff.
407 vgl. *Etzel*, BetrVG, Rdnr. 1037; *Berenz*, NZA 1993, 538 (541).
408 BT – Drucks. 10/2102, S. 27.
409 *Fitting/Oetker*, BetrVG §§ 112, 112a, Rdnr. 324; *Richardi*, BetrVG § 112, Rdnr. 128.
410 BAG vom 27.10. 1987 – 1 ABR 9/86 - AP Nr. 41 zu § 112 BetrVG 1972 = EzA § 112 BetrVG 1972 Nr.41; *Hanau/Kania*, BetrVG §§ 112, 112a, Rdnr. 34.
411 BAG vom 28.9.1988 – 1 ABR 23/87 – AP Nr.47 zu § 112 BetrVG 1972 = EzA § 112 BetrVG 1972 Nr. 49.

Zuerkennung von Leistungen bei Ablehnung eines solchen Arbeitsplatzes nicht gegen § 112 Abs. 5 S. 2 Nr. 2 S. 2 BetrVG verstoßen würde[412].

Fraglich ist, ob für der Präzisierung der Zumutbarkeit durch die Einigungsstelle Grenzen gezogen sind. Grenze für den Einigungsstellenspruch ist das billige Ermessen. Dieses wird in § 112 Abs.5 BetrVG konkretisiert[413] und muss demnach bei der Auslegung der sie konkretisierenden Vorschriften berücksichtigt werden.

So soll die Einigungsstelle berechtigt sein, die Zumutbarkeitskriterien in § 121 SGB III aufzugreifen[414]. Mit Formulierung geringerer Anforderungen an die Zumutbarkeit als den in § 121 SGB III Normierten, hält sich die Einigungsstelle nicht mehr im Rahmen billigen Ermessens[415].Es ist überzeugend, dass an einen Arbeitnehmer, der sich in einem Arbeitsverhältnis befindet, keine höheren Anforderungen gestellt werden als an einen Arbeitslosen. Eine Verknüpfung der Zumutbarkeitskriterien mit der Lage am regionalen Arbeitsmarkt[416] ist im Gesetz nicht vorgesehen und rechtfertigt deshalb nicht, geringere Anforderungen an die Zumutbarkeit der Weiterbeschäftigung zu stellen.

d. Förderungsmöglichkeiten zur Vermeidung von Arbeitslosigkeit nach § 112 Abs.5 S.2 Nr.2a BetrVG

Durch das BetrVerf-RG ist Nr.2a in den Katalog des § 112 Abs.5 S.2 BetrVG aufgenommen worden. Die Einigungsstelle hat künftig, insbesondere die im Dritten Buch des Sozialgesetzbuches Förderungsmöglichkeiten zur Vermeidung von Arbeitslosigkeit, bei ihrer Entscheidung über die Aufstellung eines Sozialplanes zu berücksichtigen. Die Sozialplanmittel sollen künftig verstärkt auch zur Schaffung neuer Beschäftigungsperspektiven genutzt werden[417]. Es soll auch im Bereich der Betriebsänderung das Ziel der Beschäftigungssicherung deutlicher hervorgehoben werden[418].

---

412 BAG vom 28.9.1988 – 1 ABR 23/87 – AP Nr.47 zu § 112 BetrVG 1972 = EzA § 112 BetrVG 1972 Nr. 49.

413 *Rieble*, Kontrolle des Ermessens, S. 206.

414 *Fabricius/Oetker*, BetrVG §§ 112, 112a, Rdnr. 327; *Hanau/Kania*, ErfK §§ 112, 112a BetrVG, Rdnr. 34.

415 *Löwisch/Kaiser*, BetrVG § 112, Rdnr. 24; legt man § 121 SGB III bereits als Maßstab für die Zumutbarkeit i.S.d. § 112 Abs.5 S.2 Nr.2 S.2 BetrVG an, so bleibt kein Raum für eine Verschärfung der Zumutbarkeitskriterien durch die Einigungsstelle.

416 Vgl. *Bepler/Gagel*, § 2 SGB III, Rdnr. 52, der die Lage am Arbeitsmarkt berücksichtigen möchte.

417 BT- Drucks. 14/5741, S. 52.

418 BT– Drucks. 14/57 41 S. 52.

e. Fortbestand des Unternehmens nach § 112 Abs.5 Nr.3 BetrVG

Die Einigungsstelle hat bei der Bemessung des Gesamtbetrages der Sozialplanleistungen darauf zu achten, dass der Fortbestand des Unternehmens oder die nach Durchführung der Betriebsänderung verbleibenden Arbeitsplätze nicht gefährdet werden.

Nach Rechtsprechung und herrschender Meinung in der Literatur scheidet eine Begrenzung des Sozialplanvolumens durch §§ 113 BetrVG, 10 KSchG aus[419]. Denn der Nachteilsausgleich nach § 113 BetrVG hat im Gegensatz zum Sozialplan zumindest auch Sanktionscharakter. Die Abfindung nach § 10 KSchG hat Entschädigungsfunktion und ist vermögensrechtliches Äquivalent für den Verlust des Arbeitsplatzes[420]. Dies entspricht nicht der, im novellierten BetrVG, betonten Überbrückungsfunktion des Sozialplans, so dass § 10 KSchG ebenfalls nicht anwendbar ist.

Die Einigungsstelle hat somit das zukünftige Bestehen des Unternehmens im Wettbewerb und seine zukünftige Kreditwürdigkeit, sowie seine Fähigkeit zu berücksichtigen, Verbindlichkeiten zu begleichen[421]. Weiterhin muss die Rentabilität des Unternehmens für die Unternehmensträger erhalten bleiben[422].

Die Einigungsstelle hat die Sozialplanleistungen so zu bemessen, dass diese nicht zu einem weiteren Arbeitsplatzabbau führen, der im Rahmen der geplanten Betriebsänderung nicht vorgesehen war[423]. Diese Grundsätze gelten auch bei der Aufstellung eines Transfer- Sozialplans[424]. Insoweit ist die Kofinanzierung durch die Arbeitsverwaltung mitzuberücksichtigen[425]. Die Lasten dürfen dabei nicht auf die in der Bundesanstalt für Arbeit zusammengeschlossene Versichertengemeinschaft verschoben werden[426]. Gleichzeitig darf die geforderte Eigenbeteiligung das Unternehmen nicht überfordern. Im Fall der Überforderung ist von einem Transfer- Sozialplan abzusehen.

---

[419] BAG vom 27.10.1987 – 1 ABR 9/86 - AP Nr.41, Nr. 77 zu § 112 BetrVG 1972 = EzA § 112 BetrVG 1972 Nr.41; *Gajewski*, FS Gaul, S.189 (203); *Matthes*, MünchArbR § 362, Rdnr. 34; *Rumpff/Boewer*, Wirtschaftliche Angelegenheiten, I Rdnr. 131.

[420] *APS/Biebl*, KSchG § 10, Rdnr. 38.

[421] *Stege/Weinspach*, BetrVG §§ 111- 113, Rdnr. 141.

[422] vgl. BVerfG vom 19.10.1983- 2 BvR 485; 2 BvR 486/80 – BB 1984, 141.

[423] *Stege/Weinspach*, BetrVG §§ 111- 113, Rdnr. 142; BAG vom 13.12. 1978 – GS 1/77 – AP Nr.6 zu § 112 BetrVG 1972 = EzA § 112 BetrVG 1972 Nr.15 = BB 1979, 267 (282); BAG vom 9.12.1981 – 5 AZR 549/79 – AP Nr.14 zu §112 BetrVG 1972 = EzA § 112 BetrVG 1972 Nr.24 = BB 1982, 1299.

[424] *Löwisch/Kaiser*, BetrVG § 112, Rdnr. 48.

[425] *Rolfs*, NZA 1998, 17 (21).

[426] BT–Drucks. 13/ 4941, S. 198.

§ 2 Ausdrückliche Vernetzung des Sozialplanes mit den Förderungsmöglichkeiten des SGB III zur Vermeidung von Arbeitslosigkeit

Mit der neu eingeführten Regelung des § 112 Abs.2 S.2 Nr. 2a BetrVG verstärkt der Gesetzgeber die Umorientierung der Sozialplanleistungen hin zu Transferleistungen. Er beschränkt sich nicht mehr auf die Schaffung eines Anreizsystems durch arbeitsförderungsrechtliche Instrumente, sondern bindet die Einigungsstelle bei ihrer Ermessensentscheidung zur Aufstellung des Sozialplanes ein.

A. Bisherige Wechselwirkungen zwischen Arbeitsförderungsrecht und Arbeitsrecht

Bei der Diskussion um die Wechselwirkungen zwischen dem Arbeitsförderungsrecht und dem Arbeitsrecht, stand zunächst § 2 SGB III im Mittelpunkt[427]. In erster Linie wird dabei § 2 SGB III zur Begründung des Ultima-ratio-Grundsatzes im Kündigungsschutzrecht[428], der Beschränkung der freien Unternehmerentscheidung bei der betriebsbedingten Kündigung, Pflicht zur Einführung von Kurzarbeit oder des arbeitgeberseitigen Weisungsrecht herangezogen[429]. Auffällig ist dabei, dass mit Hilfe des § 2 SGB III ausschließlich Gestaltungswirkungen zu Lasten des Arbeitgebers zu begründen, versucht wurden. Einschränkungen der Berufswahlfreiheit oder der Statuierung eines Kontrahierungszwangs bei zumutbaren Beschäftigungsangeboten zu Lasten der Arbeitnehmer sind nicht vorgeschlagen worden[430]. Begründet wurde diese Einseitigkeit des § 2 SGB III regelmäßig mit der im SGB III fehlenden Sanktionierung von Arbeitgeberverhalten, das im Widerspruch mit den „Pflichten" aus § 2 SGB III stehe[431].

Ob die Betriebspartner und die Einigungsstelle berechtigt oder gar verpflichtet sind, Sozialpläne entsprechend den Bestimmungen des SGB III auszugestalten, stand dagegen bislang nicht im Vordergrund der Diskussion[432].

---

427 *Schaub*, NZA 1997, 810 (810); *Preis*, NZA 1998, 449 (454); *Löwisch*, NZA 1998, 729 (729f.); *Kittner*, NZA 1997, 968 (975); *Hanau*, NZA 1998, 785 (790), *Bieback*, ArbuR 1999, 209 (211).

428 *Bepler*, ArbuR 1999, 219 (221).

429 *Schaub*, NZA 1997, 810 (810); *Bepler*, ArbuR 1999, 219 (221); *Bieback*, ArbuR 1999, 209 (211).

430 *Heinze*, SGb 2000, 241 (244f); nur *Löwisch* sah einen Einfluss des § 2 SGB III auf das Recht der Änderungskündigung.

431 *Bepler*, ArbuR 1999, 219 (221).

432 Vgl. *Wißmann*, Transfer- Sozialplan, S. 81 (90).

I. Kein Verbot von konsumtiven Abfindungssozialplänen

§ 112 Abs.1 S.2 BetrVG räumt den Betriebspartnern grundsätzlich die Möglichkeit ein, in den Grenzen von Recht und Billigkeit selbst zu bestimmen, ob und welche Nachteile aus dem Verlust des Arbeitsplatzes in welcher Weise in einem Sozialplan ausgeglichen werden[433]. Sie können bei ihrer Regelung von einem Nachteilsausgleich auch gänzlich absehen und nach der Vermeidbarkeit der Nachteile unterscheiden[434]. Insofern haben die Betriebsparteien einen weiten Ermessensspielraum[435]. Es muss stets der Normzweck des § 112 Abs. 1 S.2 BetrVG beachtet werden [436]. Zudem ist höherrangiges Recht einzuhalten. Die Betriebsparteien sind nicht an die Ermessensrichtlinien der Einigungsstelle nach § 112 Abs. 5 BetrVG gebunden[437]. Dies gilt auch nach der Reform des Betriebsverfassungsrechts. Die Betriebsparteien haben die Regelung des § 112 Abs. 5 S. 2 Nr. 2a BetrVG ohnehin nicht zu berücksichtigen[438]. Insofern bleibt es im Rahmen der Sozialplanverhandlung und dem Abschluss desselben bei der Rechtslage wie vor der Reform. Stindt ist dagegen der Auffassung, dass nicht nur die Einigungsstelle, sondern bereits die Betriebsparteien angehalten sind, die im SGB III vorgesehenen Fördermaßnahmen zu berücksichtigen[439]. Es würde Sinn und Zweck des neuen § 112 Abs.5 S.2 Nr. 2a BetrVG widersprechen, wenn lediglich die Einigungsstelle die Schaffung neuer Beschäftigungsperspektiven in ihren Entscheidungen miteinbeziehen müsste. Diese Auffassung würde die Gestaltungsfreiheit der Betriebsparteien bei Aufstellung von Sozialplänen in systemwidriger Weise beschneiden.

Das Argument, dass dies nicht sinnvoll sei, weil ansonsten erst zu dem späten Zeitpunkt der Anrufung der Einigungsstelle eine Befassung mit den Förderinstrumenten erfolgen würde und damit wertvolle Zeit verstreichen würde[440], rechtfertigt ohne gesetzliche Grundlage keine Einschränkung der Gestaltungsfreiheit der Betriebsparteien.

Inhalt des Sozialplans ist der Ausgleich und die Milderung der wirtschaftlichen Nachteile, die den Arbeitnehmern infolge der geplanten Betriebsänderung entstehen.

---

433 BAG vom 28.10.1992 – 10 AZR 489/91 – EzA § 112 BetrVG 1972 Nr. 66.

434 BAG vom 28.09.1988- 1 ABR 23/87- AP Nr.47 zu § 112 BetrVG 1972 = EzA § 112 BetrVG 1972 Nr. 49.

435 *Wißmann*, Transfer- Sozialplan ,S. 90.

436 BAG vom 9.11.1994 – 10 AZR 281/94 – AP Nr.85 zu § 112 BetrVG 1972 = EzA § 112 BetrVG 1972 Nr. 80.

437 *Matthes*, MünchArbR § 362, Rdnr. 11 mwN.

438 Allenfalls bei drohendem Scheitern der Sozialplanverhandlungen ist die mögliche Einigungsstellenentscheidung nach §§ 112 Abs. 4, Abs. 5 BetrVG zu antizipieren.

439 *Stindt*, FS Weinspach 147 (167).

440 *Stindt*, FS Weinspach 147 (167).

Dieser Ausgleich kann in Form von Ausgleichszahlungen, insbesondere Abfindungen, oder in Form von Transferleistungen, insbesondere Maßnahmen zur Steigerung der Beschäftigungsfähigkeit am Arbeitsmarkt[441]. Die Betriebsparteien sind weiterhin frei. Daran anknüpfend kann ein Sozialplan vorsehen, dass Arbeitnehmer keine Abfindung erhalten, wenn sie durch „Vermittlung" des Arbeitgebers einen neuen Arbeitsplatz erhalten[442].

Auch aus den arbeitsförderungsrechtlichen Regelungen ergibt sich weder ein generelles Abfindungsverbot noch ein partielles Verbot von Abfindungsregelungen, soweit Eingliederungsmaßnahmen möglich sind. So hatte selbst der zwischenzeitlich aufgehobene § 140 SGB III lediglich die Anrechnung der Abfindung auf das Arbeitslosengeld zur Folge[443]. Der Anspruch auf Abfindung nach § 143a Abs. 1 SGB III hat das Ruhen des Arbeitslosenanspruchs zur Folge, sofern das Arbeitsverhältnis ohne Einhaltung einer der ordentlichen Kündigungsfrist des Arbeitgebers entsprechenden Frist beendet worden ist. Auch führt in § 255 Abs. 2 SGB III[444] die individuelle Wahlfreiheit zwischen Eingliederungsmaßnahmen und Abfindung nicht mehr zum Ausschluss der Zuschüsse zu Sozialplanmaßnahmen. Das zeigt, dass die Abfindung immer noch eine erlaubte Alternative zu Transferleistungen ist. Das Arbeitsförderungsrecht bedient sich nicht Verboten, sondern agiert über mittelbare Steuerungsinstrumente wie der Reduzierung bzw. dem Ausschluss von Leistungen der Arbeitsverwaltung oder wie der Kofinanzierung erwünschter Sozialplaninhalte durch dieselbe.

Abfindungen lassen sich trotz ihrer negativen Auswirkungen auf die Vermittelbarkeit der Arbeitnehmer mit der Überbrückungsfunktion des Sozialplans vereinbaren[445]. Denn der verständige Arbeitnehmer könnte die Abfindung zur Kompensation seiner Defizite aufwenden. Abfindungen sind weiterhin zulässiger Inhalt des Sozialplans.

II. Pflichten zum Abschluss eines beschäftigungswirksamen Sozialplans durch die Betriebsparteien

Fraglich ist, ob sich für die Betriebsparteien eine Pflicht zum Abschluss von Eingliederungsmaßnahmen aus arbeitsförderungsrechtlichen Vorschriften ergibt.

---

441 *Löwisch*, Der Transfer- Sozialplan, S. 43.

442 BAG vom 19.06.1996 – 10AZR 23/96 – AP Nr.102 zu § 112 BetrVG 1972 = EzA § 112 BetrVG 1972 Nr. 85.

443 *Hanau/Peters-Lange*, NZA 1998, 785 (791).

444 Nach Aufhebung der entsprechenden Regel durch das Job-AQTIV-Gesetz mW. 01.01.2002.

445 BAG vom 31.7.1996 – 10 AZR 45/96 – AP Nr.103 zu § 112 BetrVG 1972 = EzA § 112 BetrVG 1972 Nr.86.

1. Pflicht zur Vereinbarung von Eingliederungsmaßnahmen aus § 254 ff. SGB III

Zu erwägen ist eine Pflicht zur Vereinbarung von Eingliederungsmaßnahmen aus § 254 ff SGB III. Nach § 254 SGB III können die in einem Sozialplan vorgesehenen Maßnahmen zur Eingliederung von Arbeitnehmern in den Arbeitsmarkt durch Zuschüsse gefördert werden. Aus dieser Vorschrift ergibt sich trotz ihres unmittelbaren arbeitsrechtlichen Bezugs keine Pflicht zum Abschluss eines beschäftigungswirksamen Sozialplans.

Denn die Regelung stellt lediglich eine Subventionierung in Aussicht, ohne unmittelbar eine Handlungspflicht zu begründen[446]. Ausweislich der Gesetzesbegründung zum Job-AQTIV-Gesetz, dem Gesetz zur Reform der arbeitsmarktpolitischen Instrumente, müssen stärkere Anreize für Arbeitgeber und Arbeitnehmer geschaffen werden, betriebliche Mittel verstärkt für Qualifizierungs- und andere Eingliederungsmaßnahmen zugunsten der Betroffenen einzusetzen[447]. Damit wird der mit § 254 SGB III verfolgte Zweck bestätigt und fortgeschrieben, wonach mit dem neuen Instrument der Zuschüsse zu Sozialplanmaßnahmen der Anreiz für die Sozialpartner erhöht werden soll, in Sozialplänen beschäftigungswirksame Maßnahmen anstelle von Abfindungen zu gewähren[448].

Die Steuerung erfolgt über Anreizstrukturen nicht über Verpflichtungen. Aus dem Umstand, dass mit Vereinbarung von Eingliederungsmaßnahmen i.S.d. §§ 254 ff. SGB III das Sozialplanvolumen durch die Kofinanzierung vergrößert werden kann, ist ebenfalls keine Pflicht zur Vereinbarung von Eingliederungsmaßnahmen abzuleiten.

Für die Betriebsparteien bestehen keine Vorgaben hinsichtlich des Sozialplanvolumens. Die Anwendbarkeit des § 112 Abs. 5 S. 2 Nr. 3 BetrVG, wonach bei der Bemessung des Gesamtbetrages der Sozialplanleistungen darauf zu achten ist, dass der Fortbestand des Unternehmens oder die nach Durchführung der Betriebsänderung verbleibenden Arbeitsplätze nicht gefährdet werden dürfen, ist auf das Einigungsstellenverfahren beschränkt und beinhaltet im Übrigen keine Handlungspflicht zur Vergrößerung des Sozialplanvolumens. Sind die Betriebsparteien nicht verpflichtet, ein bestimmtes Sozialplanvolumen zu vereinbaren, sind sie erst recht nicht verpflichtet, das vorhandene Sozialplanvolumen dadurch zu vergrößern, dass sie die Voraussetzungen für eine öffentliche Subventionierung nach § 254 SGB III schaffen. Stindt spricht aufgrund der betriebswirtschaftlichen Vorteile des Transfer- Sozialplans von einem betriebswirtschaftlichen Gebot der vorrangigen Transferausrichtung von

---

[446] *Wißmann*, Transfer- Sozialplan, S. 90.
[447] BT-Drucks. 14/6944, S. 25.
[448] BT-Drucks. 13/4941, S. 197.

Sozialplänen[449]. Ein rechtliches Gebot besteht indes nicht. Demzufolge sind die Betriebsparteien aus § 254 SGB III nicht verpflichtet, beschäftigungswirksame Sozialpläne abzuschließen[450].

2. Pflicht zur Vereinbarung von Maßnahmen der beruflichen Qualifizierung nach §§ 175 ff. SGB III

Die Zuordnung des Regelungsgegenstandes der §§ 175 ff. SGB III zum Sozialplaninhalt vorausgesetzt, könnte sich aus § 177 Abs.1 S.4 SGB III die Pflicht zur Vereinbarung von Transferleistungen ergeben.

Danach besteht ein Anspruch auf Kurzarbeitergeld in einer betriebsorganisatorisch eigenständigen Einheit über die Dauer von sechs Monaten hinaus nach § 177 Abs. 1 S. 4 SGB III nur, wenn für die Arbeitnehmer Maßnahmen der beruflichen Qualifizierung oder andere geeignete Maßnahmen zur Eingliederung vorgesehen sind. Die Durchführung der Eingliederungsmaßnahmen sind Voraussetzung, um die Berechtigung des verlängerten Kurzarbeitergeldbezuges zu erlangen. Er normiert keine Handlungspflicht für die Betriebsparteien. Auch mit §§ 175 ff. SGB III bleibt der Gesetzgeber im System der Steuerung durch Anreize.

3. Pflicht zur Vereinbarung von Maßnahmen der beruflichen Qualifizierung aus § 2 SGB III

Eine Auffassung in der Literatur leitet aus § 2 SGB III mit Blick auf den Sozialplan die Folge ab, dass die Betriebsparteien Wege und Möglichkeiten suchen müssen, die es dem Arbeitnehmer ermöglichen, wieder auf dem Arbeitsmarkt Fuß zu fassen[451]. Abfindungen kämen nach diesem Konzept nur dann noch in Betracht, wenn andere Maßnahmen nicht erfolgversprechend sind oder zum Beispiel wegen fortgeschrittenen Alters nicht mehr in angemessenem Verhältnis zum Aufwand steht[452].

Nach § 2 Abs. 2 S.1 SGB III haben die Arbeitgeber bei ihren Entscheidungen verantwortungsvoll deren Auswirkungen auf die Beschäftigung der Arbeitnehmer und von Arbeitslosen und damit auf die Inanspruchnahme von Leistungen der Arbeitsförderung einzubeziehen. In § 2 Abs. 2 S. 2 Nr. 1 und 2 SGB III wird die Regelung des Satzes 1 konkretisiert. Nach Nr. 1 sollen die Arbeitgeber im Rahmen ihrer Mitverantwortung für die Entwicklung der beruflichen Leistungsfähigkeit der Arbeitnehmer zur

---

[449] *Stindt*, FS Weinspach, S. 147 (153).
[450] So spricht *Heinze*, SGb 2000, 241 (245) in diesem Zusammenhang von „Hoffnung".
[451] *Gagel*, BB 2001, 358 (361); *Stindt*, FS Weinspach, S. 147 (167).
[452] *Gagel*, BB 2001, 358 (361).

Anpassung an sich ändernde Anforderungen sorgen. Aus dieser Regelung lässt sich lediglich die Verpflichtung entnehmen, den Leistungsstand der beim Arbeitgeber Beschäftigten zu erhalten und im Bedarfsfall an Entwicklungen anzupassen, die sich aus unternehmerisch verantworteten Veränderungen von Betriebsabläufen oder durch neue Technologien oder Aufgabenstellungen gesteigerte Anforderungen ergeben[453].

Im Betriebsverfassungsrecht hat der Gesetzgeber diese Verantwortung des Arbeitgebers mit §§ 81 Abs. 4 S.1 u.2 BetrVG sowie in § 97 Abs. 2 BetrVG normiert und ihn damit gleichzeitig in die Verantwortung des Arbeitnehmers für den eigenen Bildungsstand und damit die berufsbildungsbedingte Arbeitsfähigkeit eingebunden[454]. Diese resultiert aus § 2 Abs. 4 S. 2 SGB III, wonach die Arbeitnehmer ihrerseits ihre berufliche Leistungsfähigkeit den sich ändernden Anforderungen anpassen.

Diese Regelungen des § 2 Abs. 2 S. 2 Nr. 1 und § 2 Abs. 4 S. 2 SGB III korrespondieren. Sie beziehen sich auf das laufende Arbeitsverhältnis und beziehen sich mithin nicht auf die Sondersituation der drohenden Arbeitslosigkeit infolge einer Betriebsänderung, die dem Sozialplan zugrunde liegt.

§ 2 Abs. 5 Nr. 4 SGB III[455] erfasst diese Situation, denn nach dieser Vorschrift müssen die Arbeitnehmer zur Vermeidung oder Beendigung von Arbeitslosigkeit insbesondere an einer beruflichen Eingliederungsmaßnahme teilnehmen. Eine korrespondierende Pflicht des Arbeitgebers, eine solche Eingliederungsmaßnahme anzubieten, ist nicht normiert.

Nach § 2 Abs. 2 S. 2 Nr. 2 SGB III sollen die Arbeitgeber vorrangig durch betriebliche Maßnahmen die Inanspruchnahme von Leistungen sowie Entlassungen von Arbeitnehmern verhindern. Erstes Ziel der Regelung ist, dass der Arbeitgeber durch selbst verantwortete und getragene Maßnahmen jede Belastung der Bundesanstalt für Arbeit vermeidet, und nur wenn dies nicht möglich ist, soll zumindest durch weniger weitreichende Inanspruchnahme eine durch Entlassung aus dem Arbeitsverhältnis verursachte Arbeitslosigkeit verhindert werden[456].

Durch § 2 Abs. 3 S. 2 Nr. 5 SGB III wird die Idee des Transfer-Sozialplans unterstützt, eine Pflicht des Arbeitgebers respektive der Betriebsparteien zur Vereinbarung von Eingliederungsmaßnahmen wird nicht begründet[457]. Danach sollen Arbeitgeber die Arbeitsverwaltung möglichst frühzeitig über Planungen unterrichten, wie Entlassungen von Arbeitnehmern vermieden oder Übergänge in andere Beschäftigungs-

---

[453] *Bepler/Gagel*, SGB III § 2, Rdnr. 8.
[454] *Rieble*, NZA Sonderheft 2001, 48 (52).
[455] Nr. 4 wurde mit Wirkung zum 01.01.2002 durch das Job-AQTIV-Gesetz eingeführt.
[456] *Bepler/Gagel*, SGB III § 2, Rdnr. 10.
[457] Vgl. *Stindt*, FS Weinspach, S. 147, 153; vgl. *Meyer*, NZS 2002, 578 (579).

verhältnisse organisiert werden können. Wie aus der Paragraphenüberschrift hervorgeht, bezieht sich diese Regelung lediglich auf die Zusammenwirken von Arbeitgeber und Arbeitsverwaltung.
Vor diesem Hintergrund lässt sich schwerlich eine Gestaltungswirkung hinsichtlich der Pflicht der Betriebsparteien zur Vereinbarung von Eingliederungsmaßnahmen anstelle von Abfindungen herleiten. Berücksichtigt man dann zudem einerseits, dass § 2 SGB III dort keine gestaltende Wirkung zukommt, wo speziellere Vorschriften das rechtlich Gebotene festlegen[458] und andererseits die Spezialregelungen der §§ 254 ff SGBIII sowie § 112 Abs. 1 S.2 BetrVG, kann eine Pflicht der Betriebsparteien nicht konstruiert werden.
§ 2 SGB III ist eine Auslegungsregel[459]. Sie erlangt lediglich Bedeutung bei der Auslegung unbestimmter Rechtsbegriffe sowie bei Vereinbarungen der Betriebsparteien[460]. Das räumt Gagel selbst i.E. ein, wenn er formuliert: „ Indes ist die Einhaltung dieser Verantwortung nicht durchsetzbar, wenn sich Arbeitgeber und Betriebsrat einig sind."

B. Ziel der Neuregelung des § 112 Abs. 5 S. 2 Nr. 2a BetrVG

Die Einigungsstelle soll nach § 112 Abs. 5 S. 2 Nr. 2a BetrVG insbesondere die im Dritten Buch des Sozialgesetzbuches vorgesehenen Förderungsmöglichkeiten zur Vermeidung von Arbeitslosigkeit berücksichtigen.
Diese Vorschrift wurde mit dem Ziel eingesetzt, der Beschäftigungssicherung in der Betriebsverfassung mehr Gewicht zu verleihen[461]. Daher soll auch im Bereich der Betriebsänderungen das Ziel der Beschäftigungssicherung deutlicher hervorgehoben werden[462]. Der Begriff Beschäftigungssicherung ist im Zusammenhang mit dem Sozialplan missverständlich, denn Beschäftigungssicherung ist letztlich Gegenstand des Interessenausgleichs. Das wirkliche Ziel der Regelung ist es, dass der Sozialplan nicht mehr wie bisher meistens als Abfindungsinstrument, sondern vorrangig als Mittel für die Schaffung neuer Beschäftigungsperspektiven genutzt werden soll[463]. Sozialplanmittel sollen für Maßnahmen eingesetzt werden, die die von einer Be-

---

[458] *Bepler/Gagel*, SGB III § 2, Rdnr. 37.
[459] BB 2001, 358 (360); in FS Dieterich 1999, S. 169 (177) hat *Gagel* § 2 SGB III, noch als Auslegungsgrundsatz bezeichnet.
[460] *Beckschulze*, BB 1998, 791; *Preis*, NZA 1998, 449 (458); *Bepler/Gagel*, SGB III § 2, Rdnr. 28; *Niesel*, SGB III § 2, Rdnr. 3.
[461] BT-Drucks. 14/5741, S. 29, 52.
[462] BT-Drucks. 14/5741, S. 52.
[463] BT-Drucks. 14/5741, S. 52.

triebsänderung betroffenen Arbeitnehmer nach Möglichkeit zu einer Anschlussbeschäftigung verhelfen[464].

I. § 112 Abs. 5 S. 2 Nr. 2a BetrVG als Ermessensrichtlinie

Die systematische Einordnung in § 112 Abs. 5 S. 2 Nr. 2a BetrVG spricht dafür, die Regelung Nr. 2a als Ermessensrichtlinie zu verstehen. Sie konkretisiert § 112 Abs.5 S.1 BetrVG, wonach die Einigungsstelle sowohl die sozialen Belange der betroffenen Arbeitnehmer zu berücksichtigen, als auch auf die wirtschaftliche Vertretbarkeit ihrer Entscheidung zu achten hat.

Damit ist der Einigungsstelle eine weitere Richtlinie für die Ermessensentscheidung zur Aufstellung des Sozialplanes vorgegeben. Die neue Regelung fügt sich als weitere in die Aufzählung der bisherigen Ermessensrichtlinien ein. So dass man von einer Gleichordnung und nicht von einer Vorrangstellung des § 112 Abs.5 S.2 Nr.2a BetrVG ausgehen muss.

Wird sie nicht eingehalten, ist das Ermessen überschritten. Der Sozialplan ist dann ermessensfehlerhaft und somit unwirksam[465].

Mit der Formulierung „soll“ in §112 Abs. 5 S.2 Nr. 2a BetrVG kommt die grundsätzliche Verpflichtung zur Berücksichtigung der im SGB III vorgesehenen Förderungsmöglichkeiten zur Vermeidung von Arbeitslosigkeit zum Ausdruck, soweit nicht besondere Umstände eine andere Wertung erfordern[466].

II. § 112 Abs. 5 S. 2 Nr. 2a BetrVG - eine Vorschrift ohne Regelungsgehalt?

Fraglich ist, ob § 112 Abs. 5 S.2 Nr. 2a BetrVG einen eigenen Regelungsgehalt hat. Der Vorschrift könnte bloße Hinweisungsfunktion zukommen, wenn bisher bei optimaler Gestaltung der Sozialpläne die Möglichkeiten der Qualifizierung und Umleitung auf andere Arbeitsplätze, unter Einsatz der zur Verfügung stehenden öffentlichen Mittel, berücksichtigt wurden[467].

Dies ist besonders mit Blick auf § 112 Abs. 5 S.2 Nr. 2 BetrVG zu erörtern. Denn danach hat die Einigungsstelle, die Aussichten der betroffenen Arbeitnehmer auf dem Arbeitsmarkt zu berücksichtigen. Dies könnte dahingehend verstanden werden, dass

---

[464] BT-Drucks. 14/5741, S. 52.

[465] BAG vom 14.9.1994 – 10 ABR 7/94 – AP Nr. 87 zu § 112 BetrVG 1972 = EzA § 112 BetrVG 1972 Nr.77.

[466] *Hanau*, RdA 2001, 65 (72).

[467] *Buchner*, NZA 01, 633 (639).

die Einigungsstelle für die vom Arbeitsverlust betroffenen Arbeitnehmer, entsprechend ihren Aussichten auf dem Arbeitsmarkt, maßgeschneiderte Sozialplanleistungen sucht. Bei diesem Verständnis wäre § 112 Abs.5 S.2 Nr. 2a BetrVG tatsächlich ohne eigenen Regelungsgehalt.

Die Pflicht zur Berücksichtigung der Aussichten auf dem Arbeitsmarkt wird nach einhelliger Meinung nicht auf die Art der Ausgleichsmaßnahmen, sondern auf den Umfang der Ausgleichsmaßnahmen bezogen[468]. Es geht darum, die sozialen Belange der betroffenen Arbeitnehmer zu berücksichtigen. Dafür spricht der systematische Zusammenhang zu § 112 Abs.5 S. 2 Nr.2 BetrVG, indem der allgemeine Ausschluss von Sozialplanmaßnahmen geregelt ist.

In § 112 Abs.5 S.2 Nr.2a BetrVG wird hingegen die Art der Sozialplanleistung geregelt. Aus § 112 Abs.5 S. 2 Nr.2a BetrVG folgt, dass der Sozialplan, wo das die Fördermöglichkeiten nach SGB III erlauben, „vorrangig als Mittel für die Schaffung neuer Beschäftigungsperspektiven genutzt werden sollen"[469]. Mithin ist Gegenstand der Regelung das Wie des Ausgleichs von wirtschaftlichen Nachteilen. Die Aussichten auf dem Arbeitsmarkt sind bei der Auswahl der Transfer- und Qualifizierungsmaßnahmen zu berücksichtigen sein. Dies muss aber mit anderer Zielsetzung als bei § 112 Abs.5 S.2 Nr.2 BetrVG geschehen. Der Arbeitsmarkt ist bei der Frage zu berücksichtigen, welche Eingliederungsmaßnahmen geeignet sind, den Transfer zu gewährleisten.

Möglicherweise ergab sich bereits bisher für die Einigungsstelle die Pflicht zur Berücksichtigung insbesondere der Förderungsmöglichkeiten zur Vermeidung von Arbeitslosigkeit aus § 2 I SGB III a. F., der durch das Inkrafttreten des Job-AQTIV-Gesetzes zum 01.01.2002 bis auf die Verselbständigung der Nr. 3 unverändert als Abs.2 übernommen wurde und unverändert fortgilt.

Danach haben die Arbeitgeber bei ihren Entscheidungen verantwortungsvoll deren Auswirkungen auf die Beschäftigung der Arbeitnehmer und von Arbeitslosen und damit die Inanspruchnahme von Leistungen der Arbeitsförderung einzubeziehen.

Insbesondere sollen sie nach § 2 Abs.2 S. 2 Nr. 1 SGB III dabei im Rahmen ihrer Mitverantwortung für die Entwicklung der beruflichen Leistungsfähigkeit der Arbeitnehmer zur Anpassung an sich ändernden Anforderungen sorgen. Zudem sollen sie nach Nr. 2 die Inanspruchnahme von Leistungen der Arbeitsförderung sowie Entlassungen von Arbeitnehmern vorrangig durch betriebliche Maßnahmen vermeiden.

---

[468] BAG vom 14.9.1994 – 10 ABR 7/94 - AP Nr. 87 zu § 112 BetrVG 1972 = EzA § 112 BetrVG 1972 Nr.77; *Fitting*, BetrVG, Rdnr. 225.

[469] BT-Drucks. 14/5741, S. 52.

Gagel sieht in § 2 SGB III den Schlüssel zu Transfer- Sozialplänen[470]. Die neue Verantwortung habe zur Folge, dass Wege und Möglichkeiten gesucht werden müssen, die es dem Arbeitnehmer ermöglichen, entweder doch noch im Betrieb zu verbleiben, eventuell wieder in den Betrieb zurückzukehren oder auf andere Weise auf dem Arbeitsmarkt Fuß zu fassen[471]. Diese Verpflichtung erstrecke sich auf die Einigungsstelle, die in die Rolle von Arbeitgeber und Betriebsrat trete[472]. § 2 SGB III ergänze und konkretisiere den Katalog des § 112 Abs.5 BetrVG[473].

Versteht man § 2 Abs. 2 SGB III als weitere Ermessensrichtlinie zu § 112 Abs.5 BetrVG stellt sich in der Tat die Frage nach einem eigenen Regelungsgehalt von § 112 Abs. 5 S. 2 Nr. 2a BetrVG.

§ 2 SGB III hat den Arbeitgeber und den Arbeitnehmer als Normadressaten nicht aber die Betriebsparteien oder die Einigungsstelle[474]. Zudem haben die Arbeitgeber nach § 2 Abs. 2 S. 1 SGB III verantwortungsvoll bei ihren Entscheidungen deren Auswirkungen auf die Beschäftigung und damit die Inanspruchnahme von Leistungen der Arbeitsförderung einzubeziehen.

Die Generalklausel des § 2 Abs. 2 S. 1 SGB III beschreibt die Verantwortlichkeit des Arbeitgebers für die Beschäftigung von Arbeitnehmern und Arbeitslosen im Hinblick auf die im Zusammenhang mit unternehmerischen Entscheidungen drohenden Kosten für die Arbeitsförderung[475]. Bezugspunkt ist die unternehmerische Entscheidung, nicht jedoch die soziale Bewältigung derselben.

Die Einigungsstelle ist im Betriebsverfassungsgesetz nicht als Sachwalterin öffentlicher Belange konzipiert, sondern als Schlichtungsorgan im Interessenwiderstreit von Arbeitgeber und Betriebsrat. Wenn sich für die Betriebspartner keine Handlungspflichten beim Abschluss eines Sozialplanes ergeben, kann für die Einigungsstelle nichts anderes gelten[476].

Demzufolge ist in § 2 Abs. 2 SGB III keine Pflicht zur Substitution von Abfindungen durch Qualifizierungs- und Transfermaßnahmen geregelt. Das SGB III belässt es insofern bei einer Steuerung durch Anreize. So begnügt sich § 255 SGB III auch auf mittelbare Einflussnahme, indem er vom Inhalt des Sozialplans die Subventionierung abhängig macht[477]

---

[470] *Gagel*, BB 2001, 358 (361).
[471] *Gagel*, BB 2001, 358 (361).
[472] *Gagel*, BB 2001, 358 (360, 361).
[473] so auch *Löwisch*, Der Transfer- Sozialplan, S. 43.
[474] vgl. *Lingemann*, NZA 2002, 934 (940).
[475] *Bepler*, SGB III § 2, Rdnr. 4.
[476] *Wißmann*, Transfer- Sozialplan, S. 93.
[477] *Wißmann*, Transfer- Sozialplan, S. 90.

In der Begründung des Job-AQTIV-Gesetzes wird dazu ausgeführt, dass von Betriebsänderungen betroffene Beschäftigte zunehmend die Bedeutung von Eingliederungsmaßnahmen für ihren weiteren beruflichen Werdegang erkennen und damit verstärkt in den Sozialplänen Abfindungsmittel zugunsten der Finanzierung von Eingliederungsmaßnahmen umgewidmet werden[478]. Die positiven Erfahrungen mit diesem Instrument legen es nahe, den Transfergedanken noch weiter zu entwickeln[479]. Hinzu müssen stärkere Anreize für Arbeitgeber und Arbeitnehmer geschaffen werden, betriebliche Mittel verstärkt für Qualifizierungs- und andere Eingliederungsmaßnahmen zugunsten von Betroffenen einzusetzen[480].

§ 2 Abs. 2 SGB III regelt das Zusammenwirken von Arbeitgeber und Arbeitsämtern. Dies ergibt sich bereits aus der neuen Überschrift des § 2 SGB III, welche nicht mehr „Besondere Verantwortung von Arbeitgebern und Arbeitnehmern", sondern „Zusammenwirken von Arbeitgebern und Arbeitnehmern mit den Arbeitsämtern" lautet.

Damit stellt § 2 Abs. 2 SGB III keine Ermessensrichtlinie für die Aufstellung von Sozialplänen durch die Einigungsstelle dar.

Mithin hat weder § 112 Abs. 5 S. 2 Nr. 2 BetrVG noch § 2 SGB III einen mit § 112 Abs.5 S. 2 Nr. 2a BetrVG identischen Regelungsgehalt. § 112 Abs. 5 S.2 Nr. 2 a BetrVG ist nicht auf eine Hinweisfunktion beschränkt, sondern verfügt über einen eigenen Regelungsgehalt.

III. Förderungsmöglichkeiten zur Vermeidung von Arbeitslosigkeit

Die Ermessensrichtlinie nach § 112 Abs.5 S. 2 Nr. 2a BetrVG bezieht sich insbesondere auf die im SGB III vorgesehenen Förderungsmöglichkeiten zur Vermeidung von Arbeitslosigkeit.

Im SGB III findet sich keine Kategorie von Leistungen, die ausdrücklich als Förderungsleistung zur Vermeidung von Arbeitslosigkeit bezeichnet würde.

§ 3 SGB III zählt in Abs. 1 bis 3 – getrennt nach Arbeitnehmern, Arbeitgebern und Trägern- die einzelnen Leistungen der Arbeitsförderung auf, die von der Bundesanstalt für Arbeit erbracht werden können. Abs. 4 enthält die Legaldefinition der „Leistungen der aktiven Arbeitsförderung". Abs.5 schließlich legt fest, welche Leistungen der aktiven Arbeitsförderung Ermessens- und welche Pflichtleistungen sind.

Ausweislich der Gesetzesbegründung sollen mit der Regelung in Nummer 2a die nach SGB III zur Vermeidung von Arbeitslosigkeit vorgesehenen Instrumentarien stärker mit den Möglichkeiten eines Sozialplanes zum Ausgleich oder Milderung der

---

[478] BT-Drucks. 14/6944, S. 42.
[479] BT-Drucks. 14/6944, S. 25.
[480] BT-Drucks. 14/6944, S. 25.

mit der Betriebsänderung verbundenen Nachteilen verknüpft werden[481]. Die Förderungsinstrumente i.S.d. § 112 Abs.5 S. 2 Nr. 2a BetrVG müssen zunächst dazu dienen, Arbeitslosigkeit infolge von geplanten Betriebsänderungen zu vermeiden. Einen Anhaltspunkt gibt die Gesetzesbegründung des Job-AQTIV-Gesetzes: Zu den Instrumenten der präventiven Arbeitsmarktpolitik, d.h. Leistungen der Arbeitsförderung zur Verhinderung der Arbeitslosigkeit, gehören vor allem das sogenannte Struktur-Kurzarbeitergeld, das z.B. bei Transfer- Sozialplänen eingesetzt wird.
Auch die Förderung von Sozialplanmaßnahmen wird zunehmend genutzt, um im Rahmen von Transfer- Sozialplänen Arbeitslosigkeit, der von Personalabbaumaßnahmen betroffenen Beschäftigten, gar nicht erst entstehen zu lassen[482]. Um den Transfer der betroffenen Arbeitnehmer in neue Beschäftigung zu bringen, stellt das SGB III zwei Instrumente zur Verfügung: Das Strukturkurzarbeitergeld nach §§ 175 ff. SGB III und Zuschüsse zu Sozialplanmaßnahmen nach §§ 254 ff. SGB III.
Die nach §§ 254 ff. SGB III förderungsfähigen Sozialplanmaßnahmen müssen im Sozialplan vereinbart sein und haben den Ausgleich oder zumindest die Milderung der wirtschaftlichen Nachteile in Form von drohender Arbeitslosigkeit durch Transfer betroffener Arbeitnehmer in Anschlussbeschäftigung zum Gegenstand.
Als förderungsfähige Maßnahmen kommen demnach u.a. folgende Maßnahmen in Betracht:

- Bereitstellung von Sozialplanmittel für Bewerbungskosten bei einem neuen Arbeitgeber (§§ 45 SGB III)
- Finanzielle Unterstützung bei Trainings- und Weiterbildungsmaßnahmen (§§ 48, 77 SGB III)
- Mobilitätshilfen (§ 53 SGB III)
- Überbrückungsgelder bis zur Aufnahme neuer selbständiger Tätigkeit (§ 57 SGB III)

Wie bereits eingangs ausgeführt, ist dies keine abschließende Aufzählung der Eingliederungsmaßnahmen. Zudem ist das sogenannte Strukturkurzarbeitergeld in einer betriebsorganisatorisch eigenständigen Einheit, das an die Stilllegung oder Einschränkung des ganzen Betriebes oder wesentlicher Betriebsteile – Betriebsänderungen i.S.d. § 111 BetrVG an, die mit Personalanpassungen in erheblichem Umfang einhergehen[483], anknüpft, in die Erwägungen aufzunehmen.

---

[481] BT-Drucks. 14/5741, S. 52.
[482] BT-Drucks. 14/6944, S. 25.
[483] Diese Maßnahmen lösen regelmäßig die Pflicht zum Abschluss eines Sozialplanes aus.

IV. Reichweite der Berücksichtigungspflicht

Die Einigungsstelle soll bei ihrer Entscheidung über die Aufstellung eines Sozialplanes die Förderungsmöglichkeiten berücksichtigen.

Zwar handelt es sich bei § 112 Abs.5 S.2 Nr. 2a BetrVG nur um eine Soll – Vorschrift, was jedoch nach allgemeinen Grundsätzen ein „Muss" bedeutet, sofern nicht besondere Umstände vorliegen. Auf dieser Linie liegt auch die Gesetzesbegründung[484], wonach die Einigungsstelle bei ihrer Entscheidung über die Aufstellung eines Sozialplanes, insbesondere die im Dritten Buch des Sozialgesetzbuches vorgesehenen Förderungsmöglichkeiten zur Vermeidung von Arbeitslosigkeit, zu berücksichtigen hat. Ein Verstoß gegen diese Ermessensrichtlinie liegt damit sicherlich vor, wenn die Einigungsstelle die Förderungsmöglichkeiten völlig außer Betracht lässt[485].

Positiv formuliert bedeutet „ soll berücksichtigen" in Nr. 2a, dass die Einigungsstelle sich über die konkreten Förderungsmöglichkeiten zu informieren und sie diese in die Beratung einzubeziehen hat[486].

Neben der Prüfung der Anspruchsvoraussetzungen für die in Betracht kommenden Förderinstrumente muss sie schließlich auch untersuchen, ob sich der Einsatz der Fördermöglichkeiten mit den Vorgaben aus § 112 Abs.5 S.1 und S.2 BetrVG vereinbaren lässt.

Fraglich ist, ob die Fördermöglichkeiten nur in die Abwägung der Einigungsstelle mit ein zu beziehen sind, oder ob diese darüber hinaus festzulegen sind.

Ein Teil der Literatur ist der Auffassung, dass die Ermessensrichtlinie des § 112 Abs.5 S.2 Nr. 2a BetrVG die Einigungsstelle nicht zwingt, Maßnahmen zur Vermeidung von Arbeitslosigkeit in den Sozialplan aufzunehmen[487]. Damit ist erforderlich aber auch ausreichend, dass die Einigungsstelle Kontakt mit den zuständigen Stellen der Bundesanstalt für Arbeit aufnehmen muss, um sich über die konkreten Förderungsmöglichkeiten zu informieren, und dass sie diese in ihre Erwägungen einzubeziehen[488]. Dies ist entspricht auch § 256 Abs. 2 SGB III[489].

Die Gegenauffassung legt „berücksichtigen" als „festlegen" aus[490]. Für eine weitgehende Pflicht zur Umsetzung der Förderungsmöglichkeiten spricht nicht nur die Gesetzesbegründung, wonach der Sozialplan vorrangig als Mittel für die Schaffung

---

484 BT- Drucks. 14/5741, S. 52.

485 *Löwisch/ Kaiser*, BetrVG § 112, Rdnr. 43.

486 *Löwisch/Kaiser*, BetrVG § 112, Rdnr. 43, sowie auch *Fabricius/Oetker*, BetrVG §§ 112, 112a, Rdnr. 331.

487 *Fabricius/Oetker*, BetrVG §§ 112, 112a, Rdnr. 331.

488 Vgl. *Löwisch*, Sonderbeilage zu NZA 24/2001, 40 (45).

489 Siehe Ausführungen oben.

490 Lingemann NZA 2002, S. 934 (941); *Löwisch/Kaiser*, BetrVG § 112, Rdnr. 44; *Fitting*, BetrVG §§ 112, 112a, Rdnr. 236; *Stindt*, FS Weinspach, S. 147 (168).

neuer Beschäftigungsperspektiven genutzt werden soll. Die Einigungsstelle soll die beschäftigungswirksame Neuausrichtung des Sozialplanes vorantreiben[491]. Ihr stehen nach der Begründung eine Vielzahl von Möglichkeiten zur Verfügung, die von inner- oder außerbetrieblicher Qualifizierung, der Förderung der Anschlusstätigkeit bei einem anderen Arbeitgeber bis hin zu Leistungen, die der Verbreitung einer selbständigen Existenz des Arbeitnehmers dienen, reichen[492].
Auch wird man dem Sinn und Zweck der Ermessensrichtlinie nach § 112 Abs.5 S.2 Nr. 2a BetrVG nur gerecht, wenn man den Begriff „berücksichtigen" teleologisch dahingehend auslegt, dass es regelmäßig billigem Ermessen entspricht, wenn der Sozialplan Transferleistungen und keine Abfindungen vorsieht, sofern die Anspruchsvoraussetzungen für Förderungsmöglichkeiten für den betroffenen Arbeitnehmerkreis vorliegen[493]. Auch systematische Gründe sprechen für diese Pflicht. Eine Berücksichtigungspflicht findet sich ebenso in § 112 Abs.5 S.2 Nr.2 S.1 BetrVG. Danach hat die Einigungsstelle die Aussichten der betroffenen Arbeitnehmer auf dem Arbeitsmarkt zu berücksichtigen. Dort beschränkt sich die Berücksichtigungspflicht nicht auf die Betrachtung, sondern verpflichtet weitgehend zur Umsetzung der gewonnenen Erkenntnisse, sofern die Besonderheiten des Einzelfalles nicht eine Nichtberücksichtigung rechtfertigen. So darf die Einigungsstelle nicht unterschiedslos allen Arbeitnehmern eine in gleicher Weise berechnete Abfindung zubilligen, unabhängig davon, welche wirtschaftlichen Nachteile die Arbeitnehmer voraussichtlich haben werden. Die Nachteile sind etwa deutlich geringer bei jüngeren Arbeitnehmern, die bereits einen neuen Arbeitsplatz haben[494]. § 112 Abs.5 S.2 Nr.2a BetrVG beinhaltet eine Umsetzungspflicht[495]. Diese ist jedoch wie alle übrigen Soll-Ermessensrichtlinien keine Muss-Regelung, wenn besondere Umstände eine andere Wertung erfordern[496].

C. Grenzen der Erzwingbarkeit von „im SGB III vorgesehenen Fördermöglichkeiten zur Vermeidung von Arbeitslosigkeit"

Normiert § 112 Abs. 5 S. 2 Nr. 2a BetrVG die Pflicht zur Umsetzung der „im SGB III vorgesehenen Fördermöglichkeiten zur Vermeidung von Arbeitslosigkeit", stellt sich die Frage nach der Grenze der Erzwingbarkeit.

---

491 BT-Drucks. 14/5741, S. 52.
492 BT-Drucks. 14/5741, S. 52.
493 *Löwisch*, Sonderbeilage zu NZA 24/2001, 40 (45); ders. in *Löwisch/Kaiser*, BetrVG § 112, Rdnr. 44; *Fitting*, BetrVG §§ 112, 112a, Rdnr. 236.
494 BAG vom 14.9.1994 – 10 ABR 7/94 - AP Nr. 87 zu § 112 BetrVG 1972 = EzA § 112 BetrVG Nr.77.
495 ebenso *Stindt*, FS Weinspach, S. 147 (168).
496 *Hanau*, RdA 2001, 65 (72).

(1) Reichweite der Mitbestimmung nach § 112 Abs. 4 BetrVG

Kommt eine Einigung der Betriebsparteien über den Sozialplan nicht zustande, so entscheidet nach § 112 Abs.4 S.1 BetrVG die Einigungsstelle über dessen Aufstellung. Der Spruch der Einigungsstelle ersetzt nach § 112 Abs.4 S.2 BetrVG die Einigung zwischen Arbeitgeber und Betriebsrat.

Zentrale Frage ist also, ob die in § 112 Abs.5 S.2 Nr.2a BetrVG genannten Maßnahmen bzw. Instrumente von der Einigungsstelle gegen den Willen einer Betriebspartei festgelegt werden können. Diese Frage ist anhand der allgemeinen Grundsätze zu beantworten.

Die Einigungsstelle darf bei der Aufstellung des Sozialplanes im Rahmen des § 112 Abs.4 S.2 BetrVG nicht ihre Kompetenz überschreiten, die durch die Legaldefinition des Sozialplanes in § 112 Abs.1 S.2 BetrVG begrenzt ist[497]. Die von der Einigungsstelle beschlossenen Regelungen müssen sich darauf beschränken, wirtschaftliche Nachteile der Arbeitnehmer infolge der geplanten Betriebsänderung auszugleichen oder zu mildern[498]. Überschreitet der Spruch der Einigungsstelle die Kompetenzgrenze der Legaldefinition, ist der von ihr aufgestellte Sozialplan wegen fehlender Rechtsetzungsmacht im Umfang der Kompetenzüberschreitung rechtsunwirksam[499].

I. Exklusivitätsverhältnis zwischen Regelungsgegenständen des Interessenausgleichs und des Sozialplans

Fraglich ist, ob die im SGB III vorgesehenen Förderungsmöglichkeiten zur Vermeidung von Arbeitslosigkeit ihrem Inhalt nach Gegenstand des Interessenausgleichs sind und damit überhaupt nicht erzwingbar. Nach Rechtsprechung des BAG und der h.M. in der Literatur besteht zwischen den Regelungsgegenständen des Interessenausgleichs und des Sozialplans ein Exklusivitätsverhältnis[500]. Was in einen Interessenausgleich gehört, kann nicht in Form eines erzwingbaren Sozialplans geregelt werden. Mit den Beteiligungsrechten hinsichtlich des Interessenausgleichs, nimmt der Betriebsrat Einfluss auf die wirtschaftlichen Entscheidungen des Unternehmers, und deshalb besteht insoweit kein Mitbestimmungsrecht. Nach § 112 Abs.1 S.1 BetrVG bezieht sich der Interessenausgleich auf die geplante Betriebsänderung.

---

[497] *Lingemann*, NZA 2002, 934 (941).

[498] *Fabricius/Oetker*, BetrVG §§ 112, 112a, Rdnr. 298; *Fitting*, BetrVG §§ 112, 112a, Rdnr. 168; BAG vom 25.1.2000 – 1 ABR 1/99 – AP Nr.137 zu § 112 BetrVG 1972 = EzA § 112 BetrVG 1972 Nr. 106.

[499] *Stege/Weinspach*, BetrVG §§ 111-113, Rdnr. 106.

[500] BGH vom 15.11.2000 XII ZR 197/98 NJW 2001, 439 (440); *Rumpff/Boewer*, Mitbestimmung, S.341, Rdnr. 6; Däubler, BetrVG §§ 112, 112a, Rdnr. 13; BAG vom 17.9.1991 – 1 ABR 23/91 - AP Nr. 59 zu § 112 BetrVG 1972 = EzA § 112 BetrVG 1972 Nr.58.

Dies betrifft die vom Unternehmer geplante Betriebsänderung als solche; er regelt das Ob und das Wie der Betriebsänderung[501]. Er beschränkt sich aber nicht auf die technische und personelle Umsetzung der Betriebsänderung, sondern umfasst zudem präventive Regelungen hinsichtlich der Folgen der Betriebsänderung.
Diese sind demnach keine Bestimmungen des Sozialplanes i.S.d. § 112 Abs.1 S.2 BetrVG, da sie den Eintritt von wirtschaftlichen Nachteilen bei den Arbeitnehmern verhindern[502].
(3) Kategorien des Interessenausgleichs und mögliche Abgrenzungsthemen
Bei Interessenausgleich sind Organisationsregeln der Betriebsänderung und Folgeregelungen für die Durchführung der Betriebsänderung zu unterscheiden[503].

1. Organisationsregeln und Eingliederungsmaßnahmen

Die Organisationsregeln betreffen ausschließlich die Betriebsänderung als solche.
Im Zentrum steht demgemäss das Ob der Betriebsänderung, d.h. die Einigung, ob die Betriebsänderung wie vom Unternehmer geplant, durchgeführt werden soll[504].
Einigen sich die Betriebsparteien im Grundsatz über die Durchführung der Betriebsänderung, kann der Interessenausgleich in Form von Organisationsregelungen weitere Modalitäten – das Wie – der Betriebsänderung enthalten[505]. Mögliche Organisationsregelungen sind bei Betriebsänderungen in Gestalt von reinem Personalabbau, oder verbunden mit Personalabbau, die Zeitpläne der Umsetzung von Betriebsstilllegungen und Betriebseinschränkungen, die Zuordnung von Arbeitnehmern zu Betriebsteilen, Namenslisten der betroffenen Arbeitnehmer, Auswahlrichtlinien, Modifikation der künftigen, betrieblichen Organisationsstruktur. Da diese Regelungsgegenstände dem Interessenausgleich zugeordnet sind, sind sie für den Sozialplan gesperrt.
Demzufolge sind „die im SGB III vorgesehenen Maßnahmen zur Vermeidung von Arbeitslosigkeit" gesperrt, soweit sie inhaltlich Organisationsregelungen sind oder Organisationsregelungen zur Voraussetzung haben. Da die Zuordnung einiger SGB III Maßnahmen zu Organisationsregelungen denkbar sind, bedürfen diese einer näheren Prüfung.

---

[501] BAG vom 27.10.1987, 1 ABR 9/86 - AP Nr. 41 zu § 112 BetrVG 1972 = EzA § 112 BetrVG 1972 Nr.41.
[502] *Fabricius/Oetker*, BetrVG §§ 112, 112a, Rdnr. 6.
[503] *Willemsen/Hohenstatt*, NZA 1997, 345 (346).
[504] vgl. BGH vom 15.11.2000 XII ZR 197/98 NJW 2001, 439 (440); *Bauer*, DB 1994, 217 (223); *Fitting*, BetrVG § 112, Rdnr. 16.
[505] vgl. *Fabricius/Oetker*, BetrVG §§ 112, 112a, Rdnr. 9.

Die Kofinanzierung der Eingliederung durch das Strukturkurzarbeitergeld ist bspw. mit der Notwendigkeit der Einrichtung einer betriebsorganisatorischen Einheit verbunden. Aber auch die Umsetzung von Eingliederungsmaßnahmen bei voller Arbeitszeit ist praktisch schwer vorstellbar. In diesem Zusammenhang wird häufig die Frage nach bezahlter Freistellung aufgeworfen und deren Erzwingbarkeit diskutiert.

2. Folgeregelungen und Eingliederungsmaßnahmen

Die Folgeregelungen einer Betriebsänderung enthalten präventive Regelungen, die bereits den Eintritt wirtschaftlicher Nachteile, insbesondere auch die Beendigung von Arbeitsverhältnissen verhindern sollen[506].

Mögliche Inhalte sind Fortbildungs- und Umschulungsmaßnahmen oder Versetzungsregelungen. Inhaltlich sind die Regelungen durchaus mit Transfer- und Qualifizierungsmaßnahmen vergleichbar. Diese Berührungspunkte machen die Einordnung der Eingliederungsmaßnahmen i.S.d. § 112 Abs.5 S.2 Nr.2a BetrVG mit Blick auf deren Erzwingbarkeit erforderlich.

II. Arbeitsrechtliche Abgrenzung

Die Zuordnung von Eingliederungsmaßnahmen in Gestalt von Transfer- und Qualifizierungsleistungen ist umstritten.

Matthes ist der Auffassung, dass beschäftigungsfördernde Maßnahmen wirtschaftliche Nachteile, insbesondere die mit der Entlassung verbundene Arbeitslosigkeit vermeiden sollen[507] und deshalb Gegenstand des Interessenausgleichs sind.

Denn die Frage, ob solche Maßnahmen von den Betriebspartnern ergriffen werden, sei eine Frage des Wie der Betriebsänderung, ebenso wie die Frage, ob und welche Arbeitnehmer entlassen, versetzt, umgeschult oder in Altersteilzeit überführt werden[508]. Regelungen über diese Fragen können hiernach nur Inhalt eines Interessenausgleichs sein. Danach könnten beschäftigungsfördernde Maßnahmen von den Betriebsparteien nur freiwillig vereinbart werden, und die Einigungsstelle kann nicht beschließen, dass der Arbeitgeber einzelne Arbeitnehmer qualifiziert, Praktika durchführt oder Arbeitnehmer an Dritte überlässt[509].

---

[506] *Fitting*, BetrVG §§ 112, 112a, Rdnr. 17b; *Willemsen/Hohenstatt*, NZA 1997, 345 (347).
[507] *Matthes*, MünchArb., S. 1810.
[508] *Matthes*, RdA 1999, 178.
[509] *Matthes*, RdA 1999, 178.

Damit liefe die neue Ermessensrichtlinie des § 112 Abs.5 S.2 Nr. 2a BetrVG gänzlich leer; die Vorschrift wäre wirkungslos. Denn die Einigungsstelle darf keine Regelung beschließen, die sachlich zum Interessenausgleich gehört[510].

Der Auffassung von Matthes wäre zuzustimmen, wenn die Vermeidung von Arbeitslosigkeit mit der Vermeidung von wirtschaftlichen Nachteilen i.S.d. § 112 Abs.1 S.2 BetrVG gleichzusetzen wäre. Denn in diesem Falle bliebe kein Raum für den Ausgleich und die Milderung von wirtschaftlichen Nachteilen der Arbeitnehmer.

Dem ist nicht so, denn Matthes selbst sieht bereits den Verlust des Arbeitsplatzes grundsätzlich als wirtschaftlichen Nachteil an, da damit regelmäßig ein, wenn auch nur vorübergehender, Verdienstausfall oder eine Verdienstminderung verbunden sein wird[511].

Die völlig konträre Position nimmt Däubler ein. Er vertritt die Auffassung, dass alle Regelungen, die darauf abzielen, einen unvermeidbaren Nachteil erträglicher zu machen, in den Sozialplan gehören[512]. Sonach gehört die Vereinbarung von Weiterbildungs- und Umschulungsmaßnahmen zum Ausgleich von Nachteilen und ist somit Gegenstand des Sozialplans, dem er nicht nur reaktiver Charakter zuspricht[513]. Nach seiner Ansicht gehören nur Kündigungsverbote zum Interessenausgleich.

Nach einer weiteren Literaturmeinung kann ein förderungsfähiger Sozialplan i.S.d. § 255 SGB III nicht von der Einigungsstelle gegen den Willen des Arbeitgebers erzwungen werden[514]. Die Regelungen bzgl. der tatsächlichen Umsetzbarkeit des Überganges der Arbeitnehmer auf die Maßnahmeträger vor allem in zeitlicher Hinsicht ist der Kompetenz der Einigungsstelle entzogen[515]. Der Befund ist zutreffend, aber die Ableitung, dass damit Eingliederungsmaßnahmen nicht erzwingbar sind, nicht zwingend. Beispielsweise kann sich die Umsetzung von Eingliederungsmaßnahmen durch den Unternehmer, abgesehen von der erforderlichen Mühewaltung, auf lediglich finanzielle Belastungen beschränken[516].

Däublers Auffassung missachtet die gesetzlichen Abgrenzungskriterien des § 112 Abs.1 S.2 BetrVG. Denn der Interessenausgleich soll verhindern, dass Nachteile entstehen und hat insofern präventiven Charakter. Dagegen ist Aufgabe des Sozialplans, gleichwohl entstehende wirtschaftliche Nachteile auszugleichen und zu mildern und hat somit reaktiven Charakter. Da lediglich der Sozialplan erzwingbar ist, ist mit der gesetzlichen Grenzziehung gewährleistet, dass die Änderung der Unterneh-

---

[510] *Fitting*, BetrVG §§ 112, 112a, Rdnr. 236.
[511] *Matthes*, MünchArb., S. 1807, Rdnr. 26.
[512] *Däubler- DKK*, BetrVG §§ 112, 112a, Rdnr. 44.
[513] *Däubler- DKK*, BetrVG §§ 112, 112a, Rdnr. 44.
[514] *Picot*, Arbeitsrecht, E Rdnr. 209; *Schweibert in Willemsen*, Umstrukturierung, Teil C, Rdnr.244.
[515] *Picot*, Arbeitsrecht, E Rdnr. 209.
[516] *Richardi*, BetrVG § 112, Rdnr. 163.

mensentscheidung durch die Einigungsstelle nicht festgesetzt werden kann[517]. Damit korrespondiert die materielle Grenze der Unternehmerentscheidung[518].

Beide Ansichten überzeugen nicht. Während Matthes die Reichweite des Interessenausgleichs zu Lasten des Sozialplans ausweitet, weitet Däubler die Reichweite des Sozialplans zu Lasten des Interessenausgleichs aus.

Die Einordnung von Maßnahmen zur Eingliederung, eines infolge der geplanten Betriebsänderung von Arbeitslosigkeit bedrohten Arbeitnehmers in den Arbeitsmarkt, lässt sich aus dem Senatsbeschluss des BAG vom 17.9.1991[519] ableiten. Das BAG hat sich anhand einer Versetzungsklausel, die auf einem Einigungsstellenspruch fußte, mit der Abgrenzung von Interessenausgleich und Sozialplan befasst. „Inhalt eines Interessenausgleichs soll nicht nur die Frage sein, ob die Betriebsänderung überhaupt durchzuführen ist, sondern auch und gerade die Frage, ob die Betriebsänderung auch gegenüber den davon betroffenen Arbeitnehmern in einer Weise durchgeführt werden kann, dass diesen möglichst keine oder doch nur geringe wirtschaftliche Nachteile entstehen. Die Betriebspartner können sich daher in einem Interessenausgleich u.a. darauf verständigen, dass anlässlich der geplanten Betriebsänderung Arbeitnehmer nicht entlassen, sondern an anderer Stelle im Unternehmen oder Betrieb, ggf. nach Umschulung, durch das Unternehmen weiterbeschäftigt werden. Der Umstand, dass solche Maßnahmen geeignet sind, wirtschaftliche Nachteile für Arbeitnehmer zu vermeiden oder gering zu halten, bedeutet nicht, dass durch solche Maßnahmen ein ‚Ausgleich oder eine Milderung wirtschaftlicher Nachteile vereinbart wird."

Im angeführten Beschluss ordnete der Senat diejenigen Maßnahmen dem Interessenausgleich zu – und sperrte sie als Gegenstand eines erzwingbaren Sozialplans - die auf die Weiterbeschäftigung im Unternehmen gerichtet sind.

Daraus ist abzuleiten, dass Maßnahmen nicht dem Interessenausgleich zuzuordnen sind, bei denen es nicht um eine Eingliederung in den Arbeitsmarkt geht, sondern um den Erhalt des ggf. abgeänderten Arbeitsverhältnisses zum bisherigen Arbeitgeber. Entscheidend ist, ob die Maßnahme der Weiterbeschäftigung im Betrieb oder Unternehmen dient, oder der Wiedereingliederung auf dem Arbeitsmarkt nach Ausscheiden[520].

Bei diesem Verständnis wird der durch § 112 Abs.1 S. 2 BetrVG definierte Spielraum der Einigungsstelle nicht erweitert.

---

[517] *Lingemann*, NZA 2002, 934 (941); *Fitting*, BetrVG §§ 112, 112a, Rdnr. 236.

[518] *Lingemann*, NZA 2002, 934 (941).

[519] BAG vom 17.9.1991 – 1 ABR 23/91- AP Nr. 59 zu § 112 BetrVG 1972 = EzA § 112 BetrVG 1972 Nr.58.

[520] so auch *Löwisch*, Transfer- Sozialplan, S. 41.

Auch Maßnahmen nach SGB III können von der Einigungsstelle nur vorgesehen werden, soweit diese mit dem Regelungsgegenstand des Sozialplans vereinbar sind[521].

III. Veränderte Grenzziehung nach dem Arbeitsförderungsrecht

In der arbeitsförderungsrechtlichen Literatur wird die Frage diskutiert, ob durch §§ 254, 255 Abs.1 Nr.3 SGBIII der Rechtsprechung des BAG der Boden entzogen wurde und die Grenze zwischen Interessenausgleich und Sozialplan, abweichend von den dargestellten arbeitsrechtlichen Grundsätzen, verschoben wurde.
Dabei wird die Auffassung vertreten, dass der Gesetzgeber in § 255 Abs.1 Nr.1 bis 3 SGB III auch im Arbeitsförderungsrecht zwischen Interessenausgleich und Sozialplan trennt und der letztgenannte in Regelungsform den Bereich der förderungsfähigen Eingliederungsmaßnahmen gezielt zugewiesen hat.[522]. Dabei geht Bepler, als Ausgangspunkt seiner Überlegungen, unzutreffend von der Zuordnung der Eingliederungsmaßnahmen zum Interessenausgleich aus[523]. Diese Verschiebung wirke auch ins Betriebsverfassungsrecht[524]. Die Erzwingbarkeit von Eingliederungsmaßnahmen in Sozialplänen bedeutet eine konsequente Umsetzung der Generalklausel § 2 Abs.1 SGB III (heute § 2 Abs.2 SGB III)[525].
Darüber hinaus begründet er die Verschiebung der Grenzen zwischen Interessenausgleich und Sozialplan damit, dass zu den durch den Sozialplan auszugleichenden wirtschaftlichen Nachteilen auch die mit dem Wegfall des bisherigen Arbeitsplatzes und dem Bedürfnis einen neuen Arbeitsplatz zu suchen, erkennbar werdenden Defizite gehören[526]. Für eine Zuordnung der Eingliederungsmaßnahmen spräche zudem das Recht der Einigungsstelle auf Vorabbescheid nach § 256 Abs.2 SGB III. In der Tat machte es wenig Sinn, wenn die Einigungsstelle einen Vorabbescheid hinsichtlich der Zuschussfähigkeit von Sozialplanmaßnahmen beantragen könnte, aber die Maßnahmen schlussendlich nicht festlegen könnte. Eine generelle Ausweitung der Mitbestimmung entgegen § 112 Abs.4 BetrVG lässt sich damit nicht rechtfertigen.

---

[521] ebenso *Richardi*, BetrVG § 112, Rdnr. 136; *Wißmann*, Transfer- Sozialplan, S. 88.
[522] *Bepler in Gagel*, SGB III § 254, Rdnr. 20; *Gagel*, BB 2001, 358 (361).
[523] *Bepler in Gagel*, SGB III § 254, Rdnr. 19.
[524] *Bepler in Gagel*, SGB III § 254, Rdnr. 20; a.A. *Heinze*, SGb 2000, 241 (245): Es ist an der Rechtsprechung des BAG, an der Abgrenzung zwischen Interessenausgleich und Sozialplan festzuhalten. Die Eingliederungsmaßnahmen können aber synchron im Sozialplan vereinbart, nicht erzwungen, werden.
[525] *Bepler in Gagel*, SGB III § 254, Rdnr. 20.
[526] *Bepler in Gagel*, SGB III § 254, Rdnr. 20.

Nicht zuletzt wurde § 2 Abs.1 S.2 Nr.2 SGB III als materielle Rechtfertigung für die Verschiebung ins Feld geführt[527].

Im Ergebnis definiert Bepler die Reichweite der Mitbestimmung so wie Däubler. Aber auch die Argumente Beplers rechtfertigen die Ausdehnung des Sozialplans auf alle Eingliederungsmaßnahmen nicht.

Das in § 2 Abs.1 S.2 Nr.2 SGB III an den Arbeitgeber gerichtete Gebot, Entlassungen von Arbeitnehmern zu vermeiden, entfaltet wegen seines präventiven Charakters bei der Aufstellung des Sozialplans keine Wirkung[528]. In § 2 Abs.1 S.2 Nr.2 SGB III gilt es im Grunde bereits die mit Personalabbau verbundene Betriebsänderung zu unterlassen. Unabhängig davon, ob man davon arbeitsrechtliche Rechtspflichten ableitet, erfasst die Vorschrift in ihrem Regelungsgehalt nicht den Sozialplangegenstand.

Die persönlichen Defizite der Arbeitnehmer als die wirtschaftlichen Nachteile im Sinne des § 112 Abs.1 S. 2 BetrVG zu verstehen, missachtet die Legaldefinition. Die wirtschaftlichen Nachteile der Arbeitnehmer müssen infolge der geplanten Betriebsänderung entstehen und nicht bei Gelegenheit der Betriebsänderung offenbar werden.

IV. Verschiebung der Grenzziehung zwischen Interessenausgleich und Sozialplan durch § 112 Abs.5 S.2 Nr.2a BetrVG

Fraglich ist, ob durch § 112 Abs.5 S.2 Nr. 2a BetrVG eine Ausweitung der Regelungskompetenz der Einigungsstelle erfolgt ist, indem alle Eingliederungsmaßnahmen unabhängig von ihrem Ziel für den Arbeitsmarkt oder für eine andere Stelle im Unternehmen zu qualifizieren dem Regelungsgegenstand des Sozialplans zugeordnet wurden[529]. Ausweislich der Gesetzesbegründung stehen der Einigungsstelle eine Vielzahl von Möglichkeiten zur Verfügung, die von der inner- oder außerbetrieblichen Qualifizierung, der Förderung der Anschlusstätigkeit bei einem anderen Arbeitgeber bis hin zu Leistungen, die der Vorbereitung einer selbständigen Existenz des Arbeitnehmers dienen, reichen[530].

§ 112 Abs.5 S.2 Nr. 2a BetrVG, wonach die Einigungsstelle insbesondere die im Dritten Buch des Sozialgesetzbuches vorgesehenen Möglichkeiten zur Vermeidung von Arbeitslosigkeit berücksichtigen soll, ist eine Ermessensrichtlinie für die Einigungsstelle und keine Kompetenznorm. Die Argumentation, dass § 112 Abs.5 S.2 Nr. 2a

---

[527] *Gagel*, BB 2001, 358 (361); *Gagel*, FS Dieterich, S. 169 (177).
[528] ebenso *Fabricius/Oetker*, BetrVG §§ 112, 112a, Rdnr. 299.
[529] So jüngst *Wendeling-Schröder/ Welkoborsky*, NZA 2002, 1370 (1375).
[530] BT–Drucks. 14/5741, S. 52.

BetrVG auf die arbeitsförderungsrechtlichen Instrumente zur Vermeidung von Arbeitslosigkeit verweisen und damit alle Maßnahmen, die diese Instrumente voraussetzen oder beinhalten, erzwingbar sind, missachtet die Systematik des § 112 Abs.4 und 5 BetrVG.

Die Kompetenznorm findet sich allein in § 112 Abs.4 S.1 BetrVG, nach der ein Sozialplan i.S.d. § 112 Abs.1 S.2 BetrVG Voraussetzung und Grenze des Spruchs der Einigungsstelle ist[531].

Nach dieser Definition findet sich demnach im Gegensatz zum Ansatz von Matthes ein Anwendungsbereich für § 112 Abs.5 S.2 Nr. 2a BetrVG. Das sind nämlich die Eingliederungsmaßnahmen, die der Definition des § 112 Abs.4 BetrVG entsprechend auf Transfer in den Arbeitsmarkt und nicht auf den Erhalt des Arbeitsverhältnisses zum bisherigen Arbeitgeber gerichtet sind. Im Übrigen entspricht dies auch dem Verständnis, das in der Gesetzesbegründung zum Ausdruck kommt, wenn dort gefordert wird, Sozialplanmittel für Maßnahmen einzusetzen, die den von einer Betriebsänderung betroffenen Arbeitnehmern nach Möglichkeit zu einer Anschlussbeschäftigung verhelfen[532].

Für die Beantwortung der Frage, inwieweit Eingliederungsmaßnahmen im Sozialplan erzwungen werden können, ist entscheidend, dass sich die von der Einigungsstelle nach § 112 Abs.5 S.2 Nr. 2a BetrVG vorgesehenen Maßnahmen innerhalb der von der Legaldefinition der § 112 Abs.1 S.2, Abs.4 BetrVG gezogenen Grenzen halten. Es können nur solche Maßnahmen zum Gegenstand des Einigungsstellenspruchs gemacht werden, die zur Bewältigung der Folgen einer als Fakten hinzunehmenden Betriebsänderung dienen und keinen gestaltenden Eingriff in die Betriebsstruktur bewirken[533].

Im Einzelnen scheidet damit als Gegenstand des Sozialplanes das Hinausschieben der für die Umsetzung der Betriebsänderung notwendigen betriebsbedingten Kündigungen bzw. Angebote zum Abschluss von Aufhebungsverträgen aus.

Denn das bedeutete eine Weiterbeschäftigung entgegen der Unternehmungsentscheidung hinsichtlich der geplanten Betriebsänderung. Dem Arbeitgeber können durch Spruch der Einigungsstelle keine Maßnahmen aufgegeben werden, die ihm entgegen seiner Unternehmerentscheidung verpflichten, Arbeitnehmer weiterhin, wenn auch nur vorübergehend, zu beschäftigen[534].

Ebenso sind Freistellungsregelungen bei fortbestehendem Arbeitsverhältnis Regelungen, die ggf. die Unternehmensentscheidung hinsichtlich eines Stilllegungstermins

---

531 Vgl. *Bauer,* NZA 2001, 375 (378).
532 BT–Drucks. 14/5741, S. 52.
533 vgl. *Richardi,* BetrVG § 112, Rdnr. 163.
534 *Bauer,* NZA 2001, 375 (378); *Stege/Weinspach,* BetrVG §§ 111- 113, Rdnr. 139e.

bzw. Einschränkungstermins konterkarieren und mithin nicht dem Regelungsgegenstand des Sozialplans zuzurechnen sind, nicht erzwingbar .

Letztlich darf die Ausweitung der Befugnisse der Einigungsstelle nicht dazu führen, dass die verfassungsrechtlich durch Art. 14 I GG geschützte Unternehmensentscheidung durch Beschäftigungssicherungsvorschläge der Einigungsstelle unterlaufen wird[535].

Diese Grenze ist zu berücksichtigen, denn ein anderes Verständnis würde zu einem erheblichen Systembruch und zur Aufhebung der Grenzen zwischen Interessenausgleich und Sozialplan führen[536]. Eine Änderung der Unternehmensentscheidung ist nicht Gegenstand des Sozialplans, sondern des Interessenausgleichs und kann mithin nicht von der Einigungsstelle festgesetzt werden[537].

V. Einordnung von Eingliederungsmaßnahmen nach §§ 254 ff. SGB III

Die von der Einigungsstelle im Rahmen des § 112 Abs.5 S.2 BetrVG ins Auge gefassten Eingliederungsmaßnahmen nach § 254 SGB III sind im Einzelfall an § 112 Abs.1 S.2, Abs.4 BetrVG zu messen.

Nach §§ 254, 255 Abs. 1 Nr. 3 SGB III können grds. die in einem Sozialplan vorgesehenen Maßnahmen zur Eingliederung von Arbeitnehmern in den Arbeitsmarkt durch Zuschüsse gefördert werden. Die Förderungsfähigkeit nach §§ 254, 255 Abs. 1 Nr. 3 SGB III beschränkt sich auf Regelungsgegenstände des Sozialplans. Diese sind nach § 112 Abs.4, Abs.1 BetrVG durch die Einigungsstelle erzwingbar. Dem wird entgegengehalten, dass aus arbeitsförderungsrechtlicher Sicht durchaus Fälle denkbar sind, in denen es dem Gesetzeszweck entspricht, Sozialplanleistungen zu bezuschussen, zu denen der Arbeitgeber zwar nicht hätte gezwungen werden können, die er aber freiwillig zusagt[538]. Die darin zum Ausdruck kommende Zweckmäßigkeitserwägung rechtfertigt keine Ausdehnung über die Grenze des Wortlauts der §§ 254, 255 Abs. 1 Nr. 3 SGB III.

Die nach §§ 254, 255 Abs. 1 Nr. 3 SGB III förderungsfähigen Eingliederungsmaßnahmen können durch die Einigungsstelle festgelegt werden, da die für die Förderungsfähigkeit maßgeblichen Vorschriften ihrerseits auf § 112 Abs.4, Abs. 1 S. 2 BetrVG rekurrieren.

---

535 vgl. *Bauer*, NZA 2001, 375 (378); *Picker*, RdA 2001, 266.

536 so auch *Lingemann*, NZA 2002, 934 (941).

537 *Lingemann*, NZA 2002, 934 (941); *Bauer*, NZA 2001, 375 (378).

538 *Löwisch*, RdA 1997, 287 (289)

VI. Einordnung von Strukturkurzarbeitergeld nach §§ 175 ff SGB III

Nach § 175 Abs. 1 Nr. 2 SGB III ist eine Anspruchsvoraussetzung für die Gewährung von Strukturkurzarbeitergeld die Zusammenfassung der vom Arbeitsausfall betroffener Arbeitnehmer in betriebsorganisatorisch eigenständigen Einheit zur Vermeidung von Entlassungen in einer erheblichen Anzahl von Arbeitnehmern.
Die Umsetzung dieser Anspruchsvoraussetzung durch Einigungsstellenspruch könnte aus zwei Gründen von der Regelungsbefugnis der Einigungsstelle nicht gedeckt sein.
Zum Einen erfolgte durch die Einrichtung einer betriebsorganisatorisch eigenständigen Einheit ein Eingriff in die Betriebsstruktur, und zum Anderen bedeutete die Vermeidung von Entlassungen eine Verlängerung von Arbeitsverhältnissen über den in der Betriebsänderung vorgesehenen Stichtag hinaus.

1. Arbeitsförderungsrechtliche Anforderungen an die betriebsorganisatorisch eigenständige Einheit

Die betriebsorganisatorisch eigenständigen Einheit i.S.d. § 175 SGB III unterscheidet sich entsprechend ihrer Auffangfunktion, von Personalabbau betroffene Arbeitnehmer vorübergehend weiterzubeschäftigen, von der Betriebsabteilung i.S.d. § 171 S.2 SGB III. Die betriebsorganisatorisch eigenständige Einheit braucht keinen selbständigen Arbeitszweck oder eine ausreichende Ausstattung mit eigenen technischen Arbeitsmitteln zu haben[539].
Unverzichtbare Voraussetzung ist, dass die betriebsorganisatorisch eigenständige Einheit deutlich vom bisherigen Betrieb abgegrenzt ist. Verbleibt sie im Organisationsbereich des alten Arbeitgebers, sind die Arbeitnehmer, die im alten Betrieb bleiben, von den Arbeitnehmern zu trennen, die auszugliedern und zu entlassen sind[540].
Verbleibt die betriebsorganisatorisch eigenständige Einheit beim ursprünglichen Arbeitgeber, so ist die betriebsorganisatorische Eigenständigkeit dadurch gewährleistet, dass ein Mindestmaß an separater Organisation vorhanden ist[541].
Vom Gesetzgeber gewollt, ist auch die Bildung einer betriebsorganisatorisch eigenständigen Einheit nicht nur beim bisherigen Arbeitgeber, sondern auch als neuer Rechtsträger, in Form einer externen Beschäftigungs- und Qualifizierungsgesell-

---

[539] *Feckler- GK*, SGB III, Rdnr. 13.
[540] *Eckhardt*, AuB 2000, 100 (101); *Bachner/Schindele*, NZA 1999, 132.
[541] *Bieback in Gagel*, SGB III § 175, Rdnr. 45 evtl. durch eigene Personalverwaltung oder besondere Zuordnung innerhalb der Personalverwaltung bzw. deutliche Unterscheidung vom Produktionszweck des Altbetriebes.

schaft[542]. In der Literatur wird bei der externen Umsetzung gefordert, dass eine bestimmte Beziehung zum vorherigen Arbeitgeber bestehen bleiben müsse[543]. Dabei solle die Beteiligung des Arbeitgebers an der Gründung oder Verwaltung der betriebsorganisatorisch eigenständige Einheit nicht genügen. Erforderlich sei, dass ein Rest von Arbeitgeberpflichten beim abgebenden Arbeitgeber verbleibt[544]. Weder Gesetz noch der Zweck des Strukturkurzarbeitergeldes erfordern, dass ein Rest an Rechtsbeziehungen zum alten Arbeitgeber bleibt[545]. Dies wird auch durch § 175 Abs. 3 SGB III gestützt, wonach der Anspruch auf Strukturkurzarbeitergeld auch für Arbeitnehmer besteht, deren Arbeitsverhältnis gekündigt oder durch Aufhebungsvertrag aufgelöst ist. Das BAG hat zuletzt sogar ausgeführt, dass die Beschäftigungsgesellschaft die formale Stellung eines neuen Arbeitgebers erhält[546].

2. Arbeitsrechtliche Einordnung der betriebsorganisatorisch eigenständigen Einheit i.S.d. § 175 Abs.1 S.1 Nr.2 SGB III

Das BAG hat jüngst anlässlich des Streits um die Zulässigkeit des Rechtsweges entschieden, dass es sich bei einer extern betriebsorganisatorisch eigenständigen Einheit um eine soziale Einrichtung i.S.d. § 2 Abs.1 Nr.4 lit. b ArbGG des sie finanzierenden Arbeitgebers handelt. Richtet der Arbeitgeber innerhalb seines Unternehmens eine eigenständige betriebsorganisatorische Einheit mit dem Ziel ein, für diese Mitarbeiter Strukturkurzarbeitergeld beantragen zu können, ist diese als Sozialeinrichtung des Arbeitgebers anzusehen[547]. Nichts anderes gilt, wenn der Arbeitgeber im Sozialplan die Einrichtung einer externen Beschäftigungsgesellschaft initiiert hat[548]. Eine externe Beschäftigungsgesellschaft organisiert im Auftrag des Altarbeitgebers betriebsorganisatorisch eigenständige Einheiten, in denen strukturelle Kurzarbeit Null gem. § 175 SGB III durchgeführt wird. Wenngleich die Beschäftigungsgesellschaft die formale Stellung eines neuen Arbeitgebers erhält, und somit Leistungen an den Arbeitnehmer auf einem eigenständigen Rechtsgrund basieren, kann sie dennoch als Sozialeinrichtung des bisherigen Arbeitgebers angesehen werden[549]. Die Tätigkeit der Beschäftigungsgesellschaft dient der sozialverträglichen Abwicklung der alten Arbeitsverhältnisse. Die neuen Rechtsbeziehungen zwischen den überge-

---

[542] BT–Drucks.14/6944, S. 38.
[543] *Feckler- GK*, SGB III § 175, Rdnr. 18; *Estelmann in Hennig*, SGB III § 175, Rdnr. 63
[544] *Feckler- GK*, SGB III § 175, Rdnr. 18; *Estelmann in Hennig*, SGB III § 175, Rdnr. 63.
[545] *Bieback in Gagel*, SGB III § 175, Rdnr. 44; so auch DA 7.5 Abs.2.
[546] BAG vom 23.08.2001 – 5 AZB 11/01 – NZA 2002, 230 (231).
[547] BAG vom 23.08.2001 – 5 AZB 11/01 – NZA 2002, 230 (231).
[548] BAG vom 23.08.2001 – 5 AZB 11/01 – NZA 2002, 230 (231).
[549] BAG vom 23.08.2001 – 5 AZB 11/01 – NZA 2002, 230 (231).

wechselten Arbeitnehmern und der Beschäftigungs- und Qualifizierungsgesellschaft sind Ausfluss der in den Sozialplänen der Altarbeitgeber geschaffenen Möglichkeit, durch Begründung eines neuen Beschäftigungsverhältnisses die Arbeitslosigkeit unter Bezug von Kurzarbeitergeld hinauszuzögern und die Aussichten auf dem Arbeitsmarkt durch Qualifizierungsmaßnahmen zu verbessern[550]. Das soziale Element der Wohlfahrtseinrichtung (=Sozialeinrichtung) scheitert nicht daran, dass § 112 Abs. 4 und 5 BetrVG den Arbeitgeber zum Abschluss eines Sozialplans unter Berücksichtigung der sozialen Belange und insbesondere der Aussichten der betroffenen Arbeitnehmer auf dem Arbeitsmarkt verpflichtet. Die konkrete Errichtung einer Beschäftigungsgesellschaft ist gleichwohl freiwillig. Eine Pflicht, den Arbeitnehmern gerade den Erhalt von Kurzarbeitergeld durch Einschaltung einer Beschäftigungsgesellschaft zu ermöglichen, ist dem Gesetz nicht zu entnehmen[551].

Handelt es sich bei der betriebsorganisatorisch eigenständigen Einheit um eine Sozialeinrichtung nach § 2 Abs. 1 Nr. 4 lit. b ArbGG bedeutet dies gleichzeitig, dass die betriebsorganisatorische Einheit eine Sozialeinrichtung im Sinne des § 87 Abs. 1 Nr. 8 BetrVG ist. Das gleiche gilt hinsichtlich der beim Arbeitgeber selbst eingerichteten betriebsorganisatorisch eigenständigen Einheit.

3. Regelungsbefugnis der Einigungsstelle zur Errichtung einer betriebsorganisatorisch eigenständigen Einheit

Ausgehend von dieser Einordnung könnte man zum Schluss gelangen, dass die Regelungsbefugnis der Einigungsstelle bei Aufstellung eines Sozialplans nicht weiter reicht als bei Errichtung einer sozialen Einrichtung[552].

Die Errichtung einer Sozialeinrichtung unterliegt, wie sich aus § 88 Nr. 2 BetrVG ergibt, nicht der Mitbestimmung des Betriebsrates. Denn gem. § 88 Nr.2 BetrVG können durch freiwillige Betriebsvereinbarung insbesondere die Errichtung von Sozialeinrichtungen, deren Wirkungsbereich auf den Betrieb, das Unternehmen oder den Konzern beschränkt ist, geregelt werden. Da der Arbeitgeber die Mittel aufzubringen hat, soll er frei darüber entscheiden können, ob er eine Sozialeinrichtung errichtet[553]. Eng verbunden mit der Errichtung einer Sozialeinrichtung ist die Frage ihrer Ausstattung mit Sachmitteln, etwa mit Gebäuden und ihre finanzielle Dotierung[554]. Alle zur Einrichtung gehörenden Entscheidungen des Arbeitgebers bilden den Rahmen für die Mitbestimmung nach § 87 Abs. 1 Nr. 8 BetrVG; sie können daher nicht über die

---

[550] BAG vom 23.08.2001 – 5 AZB 11/01 – NZA 2002, 230 (231).
[551] BAG vom 23.08.2001 – 5 AZB 11/01 – NZA 2002, 230 (231).
[552] Vgl. *Wendeling-Schröder/ Welkoborsky*, NZA 2002, 1370 (1375).
[553] *Wiese*, BetrVG § 87, Rdnr. 600.
[554] *Löwisch/Kaiser*, BetrVG § 87, Rdnr. 143.

Form, Ausgestaltung oder Verwaltung einer Sozialeinrichtung wieder beseitigt werden[555]. Soweit der Betriebsrat bei der Errichtung der Sozialeinrichtung kein Mitbestimmungsrecht hat, steht ihm auch kein Initiativrecht zu [556].

Nach § 87 Abs.1 Nr. 8 BetrVG erstreckt sich die Mitbestimmung zunächst auf die Form der Sozialeinrichtung, sofern sich der Arbeitgeber entschlossen hat oder in einer freiwilligen Betriebsvereinbarung verpflichtet, eine Sozialeinrichtung zu schaffen. Mitbestimmungspflichtig ist dann, ob die Sozialeinrichtung als unselbständiger Teil des Betriebs, Unternehmens oder Unterordnungskonzerns oder als nicht rechtsfähige Gesellschaft, nicht rechtsfähiger Verein oder selbständige juristische Person, etwa als nicht wirtschaftlicher Verein gem. § 21 BGB geführt wird[557]. Das Mitbestimmungsrecht nach § 87 Abs. 1Nr. 8 BetrVG erstreckt sich auf die Ausgestaltung der Sozialeinrichtung d.h. auf die Maßnahmen, die zeitlich und ihrer Bedeutung nach zwischen Festlegung der Form und der laufenden Verwaltung der Sozialeinrichtung liegen[558]. Darunter fällt zum Beispiel der Leistungsplan, der regelt, welche Arbeitnehmer unter welchen Voraussetzungen welche Leistungen erhalten[559]. Zudem ist die Verwaltung der Sozialeinrichtung mitbestimmungspflichtig. Zur Verwaltung gehören mithin alle auf die Geschäftsführung, Nutzung und Erhaltung der Sozialeinrichtung bezogenen Maßnahmen[560]. Arbeitgeber und Betriebsrat können sich darauf einigen, die Sozialeinrichtung auf einen Dritten zu übertragen. Dabei hat der Betriebsrat über das Ob und Wie der Übertragung mitzubestimmen. Während der Laufzeit solcher Übertragungsverträge beschränkt sich das Mitbestimmungsrecht darauf, auf den Arbeitgeber als Vertragspartner des Dritten Einfluss zu nehmen. Dementsprechend ist der Arbeitgeber betriebsverfassungsrechtlich verpflichtet, seine vertraglichen Befugnisse gegenüber dem Dritten in Übereinstimmung mit dem Betriebsrat auszuüben[561]. Wird die Sozialeinrichtung als unselbständiger Betriebsteil geführt, muss der Betriebsrat, solange die Verwaltung nicht generell in einer Betriebsvereinbarung geregelt ist, bei jeder Verwaltungsmaßnahme mitbestimmen. Ist eine Sozialeinrichtung ein selbständiger Betrieb i.S.d. §§ 1,4 BetrVG mit eigenem Betriebsrat so stehen diesem gegenüber dem Arbeitgeber sämtliche betriebsverfassungsrechtlichen Befugnisse eines Betriebsrates in bezug auf die Belegschaft der Sozialeinrich-

---

[555] *Wiese*, BetrVG § 87, Rdnr. 609.
[556] *Wiese*, BetrVG § 87, Rdnr. 610.
[557] *Löwisch/Kaiser*, BetrVG § 87, Rdnr. 133.
[558] BAG vom 13.3.1973 – 1 ABR 16/72 – AP Nr.1 zu § 87 BetrVG 1972 Werkmietwohnungen = BB 1973, 845.
[559] BAG vom 26.4.1988 – 3 AZR 168/86 – AP Nr.16 zu § 87 BetrVG 1972 Altersversorgung = EzA § 87 BetrVG 1972 Nr.2 = BB 1988, 2249.
[560] *Wiese*, BetrVG § 87, Rdnr. 631.
[561] BAG vom 18.07.1978 – 1 ABR 20/75 – AP Nr.4 zu § 87 BetrVG 1972 Werkmietwohnungen = EzA § 87 BetrVG 1972 Werkswohnung Nr.6 = BB 1978, 1668.

tung zu. Dazu gehört aber nicht die Verwaltung des Betriebs. Dieses Mitbestimmungsrecht aus § 87 Abs. 1 Nr. 8 BetrVG steht allein dem Betriebsrat des Stammbetriebs zu, für den die Sozialeinrichtung geschaffen worden ist, und wird durch die Mitbestimmung des Betriebsrates der Sozialeinrichtung nicht ausgeschlossen[562].

Die Errichtung einer Sozialeinrichtung unterliegt, wie sich aus § 88 Nr. 2 BetrVG ergibt nicht der Mitbestimmung des Betriebsrates. Da der Arbeitgeber die Mittel aufzubringen hat, soll er frei darüber entscheiden können, ob er eine Sozialeinrichtung errichtet[563].

Däubler vertritt die Auffassung, dass es sich bei der Errichtung der betriebsorganisatorisch eigenständigen Einheit um eine zeitlich befristete Schaffung einer Sozialeinrichtung handelt, was mit Rücksicht auf die §§ 175, 254 ff. SGB III ausnahmsweise der Mitbestimmung unterliegt[564].

Dem ist nur insoweit zuzustimmen, als durch § 88 Nr.2 BetrVG die mögliche Erzwingbarkeit der betriebsorganisatorisch eigenständigen Einheit nach § 112 Abs.1 S.2, Abs.4 BetrVG nicht von vornherein ausgeschlossen ist.

Da sich die Regelungsbefugnis der Einigungsstelle allein nach den Kompetenznormen des § 112 Abs.1 S.2, Abs.4 BetrVG richtet.

Die Errichtung einer betriebsorganisatorisch eigenständigen Einheit beim bisherigen Arbeitgeberbetrieb betrifft dessen Betriebsstruktur und dessen Betriebsorganisation. Diese Fragen sind dem Interessenausgleich zugeordnet und mithin für den Sozialplan gesperrt. Es handelt sich um die sog. Organisationsregelungen. Die Gründung einer betriebsorganisatorischen Einheit als eigener Rechtsträger betrifft überbetriebliche Belange.

Die Entscheidung einen solchen Rechtsträger zu gründen, betreffen Fragen der Unternehmensführung und sind daher der Regelungsbefugnis der Einigungsstelle nach § 112 Abs.1 S.2, Abs.4 BetrVG entzogen[565]. Diese Regelung können die Betriebsparteien allenfalls freiwillig treffen[566].

Davon zu trennen ist die Frage, ob die Einigungsstelle festlegen darf, dass der Arbeitgeber die Übernahme von vom Arbeitsplatzverlust betroffener Arbeitnehmer durch eine, von einem Dritten getragene, rechtlich selbständige betriebsorganisatorisch eigenständigen Einheit, im Hinblick auf die Gewährung von Strukturkurzarbei-

---

562 *Wiese*, BetrVG § 87, Rdnr. 652.

563 *Wiese*, BetrVG § 87, Rdnr. 600.

564 *Däubler*, DKK §§ 112, 112a BetrVG Rdnr. 183.

565 vgl. *Löwisch*, Der Transfer- Sozialplan S. 45; Es besteht allenfalls eine Informationspflicht nach § 106 Abs.2, Abs.3 Nr.10 BetrVG gegenüber dem Wirtschaftsausschuss.

566 Ebenso *Wendeling-Schröder/Welkoborsky*, NZA 2002, 1370 (1377); die Autoren wollen dieses Ergebnis durch eine Verschiebung der Grenzziehung zwischen Interessenausgleich und Sozialplan lösen .

tergeld nach § 175 SGB III, finanziert[567]. Dadurch bleibt die Betriebsstruktur und Betriebsorganisation des abgebenden Arbeitgebers unberührt. Er hat lediglich einen Vertrag zugunsten der betroffenen Arbeitnehmer i.S.d. §§ 328 ff. BGB abzuschließen. Nicht erzwingbar ist, mit welcher Beschäftigungs- und Qualifizierungsgesellschaft der Arbeitgeber abschließt.
Von der Regelungsbefugnis der Einigungsstelle ist gedeckt, dass der Arbeitgeber einen bestimmten Geldbetrag zweckgebunden zur Finanzierung einer zeitlich befristeten Übernahme betroffener Arbeitnehmer nach einem bestimmten Verteilungsschlüssel auf die Berechtigten zur Verfügung stellt[568]. Insofern reicht das Mitbestimmungsrecht bei der Aufstellung eines Sozialplanes weiter als bei §§ 88 Nr. 2, 87 Abs. 1 Nr. 8 BetrVG.

4. Erbringung der Sozialplanleistung durch Dritten

Diese Lösung wäre unzulässig, wenn der Arbeitgeber die Sozialplanmaßnahmen aus betriebsverfassungsrechtlichen Gründen nicht durch einen Dritten erbringen dürfte. Nach § 77 Abs. 1 S.1 BetrVG führt der Arbeitgeber Vereinbarungen, auch soweit sie auf einem Spruch der Einigungsstelle beruhen, durch. Die betriebliche Leistungsmacht und Organisationsmacht obliegt dem Arbeitgeber[569]. Der Arbeitgeber kann demgemäss die oben genannten Qualifikations- und Transferleistungen während der Kündigungsfrist oder bis zum Zeitpunkt des vereinbarten Endes des Arbeitsverhältnisses selbst erbringen oder von einer sog. Beschäftigungs- und Qualifizierungsgesellschaft (BQG) erbringen lassen.
Der Einsatz einer BQG führt darüber hinaus zu spezifischen Entlastungen für den Arbeitgeber
Die Transfergesellschaft ist ein eigenständiger Rechtsträger. Regelmäßig wird sie in der Form einer GmbH betrieben. Sie kann ein selbständiger Dritter sein oder aber auch als Konzerngesellschaft des abbauenden Unternehmens geführt werden. Die Leistung der BQG braucht sich nicht darin zu erschöpfen, die im Transfer- Sozialplan vereinbarten Qualifizierungs- und Transferdienstleistungen zu erbringen.
Sie dient regelmäßig darüber hinaus der Ausgliederung aus dem bisherigen Unternehmen und der Eingliederung in neue Beschäftigung bei einem anderen Unternehmen. Die zur Kündigung vorgesehenen Arbeitnehmer treten freiwillig in die Transfergesellschaft über. Das alte Arbeitsverhältnis endet durch Aufhebungsvertrag, und zeitgleich wird ein befristetes Beschäftigungsverhältnis mit der Transfergesellschaft

[567] Diese Konstellation ist arbeitsförderungsrechtlich möglich.
[568] Vgl. *Richardi*, BetrVG §§ 112 Rdnr. 163.
[569] *FKHE*, BetrVG, §77 Rdnr. 4

begründet. Im Rahmen des Beschäftigungsverhältnisses werden die im Transfer-Sozialplan und Aufhebungsvertrag verabredeten Leistungen erbracht. Der freiwillige Übertritt auch einer Mehrzahl von Arbeitnehmern führt nicht zu einem Betriebs- oder Teilbetriebsübergang nach § 613a BGB auf die BQG, denn die Arbeitnehmer setzen nicht die gleiche oder gleichartige Tätigkeit fort[570]. Sie qualifizieren sich für den externen Arbeitsmarkt. Dass die Arbeitnehmer beim bisherigen Arbeitgeber ggf. in einer abgrenzbaren organisatorischen Einheit tätig waren, genügt nicht, da erforderlich ist, dass diese wirtschaftliche Einheit beim Erwerber fortgeführt wird[571]. Damit sind bei der Gestaltung der Beschäftigungsverhältnisse die Restriktionen des § 613a BGB nicht zu beachten[572].

Da das Arbeitsverhältnis mit einem neuen Rechtsträger abgeschlossen wird, entfällt die spezifische Befristungskontrolle bei der Umwandlung eines unbefristeten in ein befristetes Arbeitsverhältnis[573]. Das Beschäftigungsverhältnis vorbehaltlich seiner Einordnung als Arbeitsverhältnis kann nach § 14 Abs. 2 S. 1 TzBfG befristet abgeschlossen werden. Die Verbotsvorschrift des § 14 Abs.2 TzBfG greift nicht, da es sich um zwei beim bisherigen Arbeitgeber und der BQG zwei unterschiedliche „Arbeitgeber“ handelt.

Die Ausgliederungsfunktion der Transfergesellschaft besteht darin, eine andernfalls notwendige betriebsbedingte Kündigung durch die einvernehmliche befristete Übernahme der betroffenen Arbeitnehmer und das Auslaufen des befristeten Beschäftigungsverhältnisses zu ersetzen. Das abgebende Unternehmen trägt dabei die Personalkosten der übergehenden Arbeitnehmer sowie die Verwaltungskosten der Transfergesellschaft, soweit diese nicht öffentlich bezuschusst werden. Die öffentliche Bezuschussung erfolgt regelmäßig durch das sog. Strukturkurzarbeitergeld nach § 175 SGB III.

Mit dem Übertritt in die Transfergesellschaft können trotz der einvernehmlichen Aufhebung des Arbeitsverhältnisses mit dem bisherigen Arbeitgeber die ansonsten mit dem Abschluss eines Aufhebungsvertrages verbundenen sozialrechtlichen Folgen wie z.B. Sperrzeiten nach § 144 SGB III vermieden werden. Der Prozess des Personalabbaus kann entsprechend den betrieblichen Interessen präziser gesteuert werden. Hierzu können die Einführung entsprechende Anreizstrukturen beitragen.

Selbst die Einbeziehung von sog. „unkündbaren“ Arbeitnehmern mit Sonderkündigungsschutz wie z.B. Arbeitnehmer in Elternzeit ist möglich.

---

[570] *Bachner/Schindele*, NZA 1999, 130 (135), *Gaul/ Kliemt*, NZA 2000, 674 (675).

[571] BAG vom 10.12.1998- 8 AZR 324/97- AP Nr. 185 zu § 613a BGB = EzA § 613a BGB Nr. 175 = NZA 1999, 422; BAG vom 18.3.1999 – 8 AZR 196/98- AP Nr. 190 zu § 613a BGB = EzA § 613a BGB Nr. 178 = NZA 1999, 869.

[572] *Bauer/ v. Steinau/Steinrück*, Handbuch des Unternehmenskaufs, Teil V Rdnr. 279.

[573] BAG vom 12.1.2000 – 7 AZR 48/99 – NZA 2000, 718.

Damit können Lösungen gefunden werden, die im Falle von betriebsbedingten Kündigungen nicht erreicht werden könnten. So führen die gesetzlichen Vorgaben zu Sozialauswahl bei einer Restrukturierung nicht selten zur Verschlechterung der betrieblichen Alters- und Leistungsstruktur und damit zu einer weiteren Schwächung der Wettbewerbsfähigkeit des Unternehmens insgesamt. Denn es ist nicht unumstritten, ob im Rahmen der Sozialauswahl die Erhaltung einer ausgewogenen Altersstruktur ein berechtigtes betriebliches Bedürfnis i.S.d. § 1 Abs. 3 S. 2 KSchG ist[574].
Durch die Zusammenarbeit mit einer BQG kann die Möglichkeit eröffnet werden, weitere aus Unternehmenssicht typische Nachteile von Personalanpassungsmaßnahmen zu vermeiden. Denn die vom Arbeitsplatzabbau betroffenen Arbeitnehmer werden unter Beendigung ihres Arbeitsverhältnisses zum bisherigen Arbeitgeber Beschäftigte der juristisch eigenständigen BQG. Damit wird insbesondere gewährleistet, dass diese Arbeitnehmer bis zum Ablauf der Kündigungsfrist bzw. dem Befristungsende keinen Anspruch auf Beschäftigung- bzw. Wiedereinstellung beim bisherigen Arbeitgeber geltend machen können. Ein solcher Anspruch kommt in Betracht, wenn bis zum Ablauf der Kündigungsfrist bzw. des vereinbarten Vertragendes ein freier Arbeitsplatz im Unternehmen erkennbar wird[575].
Nicht zuletzt wird durch die eigenständige Betriebsführung die Lösung der Mitarbeiter vom Altbetrieb und somit ihre Orientierung auf dem externen Arbeitsmarkt erleichtert[576].
Insbesondere kann und sollte die Personalabteilung des abgebenden Unternehmens nur bedingt in die Arbeit der Transfergesellschaft einbezogen werden, da an dieser Stelle Interessenkonflikte entstehen können. Die für den Personalabbau verantwortlichen Personalmitarbeiter dürften nicht zuletzt auf Akzeptanzprobleme bei den Teilnehmern der Maßnahmen stoßen[577].

5. Arbeitsförderungsrechtliche Anforderungen an die Vermeidung von Entlassungen nach § 175 Abs. 1 S. 1 Nr. 2 SGB III

Nach § 175 Abs. 1 S. 1 Nr. 2 SGB III muss die Zusammenfassung in betriebsorganisatorisch eigenständigen Einheiten zur Vermeidung von Entlassungen einer erheblichen Zahl von Arbeitnehmern des Betriebs erfolgen. Ziel ist die Verlängerung und die Abfederung des Entlassungsprozesses[578]. Daraus abgeleitet wird die besondere An-

---

[574] *Dorndorf*, KSchG § 1 Rdnr.1122.
[575] BAG vom 27.2.197 – 2 AZR 302/96 – AP Nr. Nr. 1 zu §1 KSchG 1969 Wiedereinstellungsanspruch = EzA § 1 KSchG Wiedereinstellungsanspruch Nr. 1= NZA 1997, 757; BB 1997, 212.
[576] Arbeitspapier 16, S. 31.
[577] Arbeitspapier 16, S. 31.
[578] *Bieback in Gagel* SGB III § 175 Rdnr. 36.

forderung aufgestellt, dass Fortsetzung des bisherigen Arbeitsverhältnisses bis zu seinem ordnungsgemäßen Ablauf nach Ende der Kündigungsfristen gem. Gesetz, Tarifvertrag oder Einzelvertrag für die Förderung nach § 175 SGB III nicht ausreicht[579]. Das Strukturkurzarbeitergeld wird gem. § 175 Abs. 3 SGB III auch an Arbeitnehmer geleistet, deren Arbeitsverhältnis schon gekündigt oder durch Aufhebungsvertrag aufgelöst ist. Ihre Verweildauer in der betriebsorganisatorisch eigenständigen Einheit muss auch in diesem Fall den Zeitraum der maßgeblichen Kündigungsfrist übersteigen, um Mitnahmeeffekte zu erschweren[580]. Denn soweit die maßgebliche Kündigungsfrist im Rahmen eines Aufhebungsvertrages mit vereinbarter Abfindungszahlung nicht eingehalten worden ist, ruht der Anspruch auf Arbeitslosengeld nach § 143a SGB III. Bei Verzicht auf die Voraussetzung der über die Kündigungsfrist hinausragenden Verweildauer in der betriebsorganisatorisch eigenständigen Einheit ließe sich das Strukturkurzarbeitergeld leicht dazu verwenden, in einer Aufhebungsvereinbarung gegen den Sinn und Zweck des § 143a SGB III die Restlaufzeit des Arbeitsverhältnisses unterhalb der maßgeblichen Kündigungsfrist zu verabreden, die so eingesparte Lohnzahlung in eine Erhöhung der Abfindung einzubringen und sie gleichzeitig durch Strukturkurzarbeitergeld zu refinanzieren.

6. Regelungsbefugnis der Einigungsstelle zur Vermeidung von Entlassungen

Die Umsetzung der arbeitsförderungsrechtlichen Anforderung zur Vermeidung von Entlassungen nach § 175 Abs. 1 S.1 Nr. 2 SGB III bedeutet, dass die Einigungsstelle die Weiterbeschäftigung von Arbeitnehmern festlegen müsste, deren Arbeitsplätze nach der geplanten Betriebsänderung weggefallen sind und deren Arbeitsverhältnisse zur Beendigung vorgesehen oder bereits aufgehoben sind. Ausgehend von der BAG Entscheidung vom 17.9.1991 ist die Festlegung von Weiterbeschäftigungspflichten des Arbeitgebers zum Regelungsgegenstand des Interessenausgleichs. Die Einigungsstelle ist zu dieser Festlegung nicht befugt. Die Entscheidung würde letztendlich die Personalabbauentscheidung der Betriebsänderung unmittelbar abzuändern bzw. konterkarieren.
Anders verhält es sich, wenn der Arbeitgeber lediglich verpflichtet wird, den vom Arbeitsplatzabbau betroffenen Arbeitnehmern die Beschäftigung in einer von einem Dritten geführten betriebsorganisatorisch eigenständigen Einheit zu finanzieren. Dabei ist für die Erzwingbarkeit durch die Einigungsstelle entscheidend, dass für den

---

[579] *Bieback inGagel* SGB III § 175 Rdnr. 37.
[580] *Roeder in Niesel* SGB III Rdnr. 5; *Eckhardt*, AUB 2000, 100.

abgebenden Arbeitgeber keine Arbeitgeberpflichten ggü. den übertretenden Arbeitnehmer fortbestehen, insbesondere kein Rückkehrrecht zum bisherigen Arbeitgeber bei Fehlschlagen des Transfers in Anschlussbeschäftigung bei einem Dritten[581]. Der Arbeitgeber kann demnach nicht zur Einrichtung einer betriebsorganisatorisch eigenständigen Einheit in seinem Betrieb gezwungen werden[582].

D. Schranken des Transfer-Sozialplans

Bei der Aufstellung des Transfer-Sozialplans sind dieselben Inhaltsschranken zu berücksichtigen wie beim Abfindungssozialplan.
§ 112 BetrVG räumt den Betriebsparteien grundsätzlich die Möglichkeit ein, in den Grenzen von Recht und Billigkeit selbst zu bestimmen, ob und welche Nachteile aus dem Verlust des Arbeitsplatzes in welcher Weise in einem Sozialplan ausgeglichen werden. Sie können bei ihrer Regelung von einem Nachteilsausgleich auch gänzlich absehen und nach der Vermeidbarkeit der Nachteile unterscheiden[583]. Die Betriebspartner sind nicht gehalten, alle denkbaren Nachteile zu entschädigen, und daher auch berechtigt, Arbeitnehmer von Leistungen des Sozialplans auszunehmen[584]. Der Inhalt des Sozialplanes muss dabei jedoch stets dem Normzweck von § 112 Abs. 1 S. 2 BetrVG entsprechen, die wirtschaftlichen Nachteile auszugleichen oder zu mildern, die den Arbeitnehmern infolge der geplanten Betriebsänderung entstehen[585]. Der Normzweck des Sozialplans beschränkt sich allerdings nicht auf den Transfer. Transfer in eine neue Beschäftigung ist eine der möglichen Überbrückungshilfen. Dass ein Sozialplan vorsehen kann, Arbeitnehmer vom Anspruch auf Sozialplanleistungen auszunehmen, wenn sie durch Vermittlung des Arbeitgebers einen neuen Arbeitsplatz erhalten[586], bedeutet nicht dass der Arbeitgeber verpflichtet ist, Vermittlungsleistungen zu erbringen.
Hinsichtlich der Inhaltsschranken bei der Aufstellung ist zwischen dem freiwillig vereinbarten Transfer-Sozialplan und dem von der Einigungsstelle aufgestelltem Transfer-Sozialplan zu unterscheiden. Die Betriebspartner sind bei der Aufstellung des So-

---

[581] Die Konsequenz der fehlenden Erzwingbarkeit spricht im Übrigen gegen die von Teilen der arbeitsförderungsrechtlichen Literatur geforderten Voraussetzung eines „Rests der Arbeitgberfunktion" im Rahmen des § 175 SGB III.

[582] ebenso *Stege/Weinspach* BetrVG §§ 111- 113 Rdnr. 139g; *Löwisch,* Transfer-Sozialplan, S. 34 (45).

[583] BAG vom 9.11.1994 – 10AZR 281/94 – AP Nr. 85 zu § 112 BetrVG 1972 = EzA § 112 BetrVG Nr. 78.

[584] BAG vom 19.7.1995 – 10 AZR 885/94 – AP Nr. 96 zu § 112 BetrVG 1972 = EzA § 112 BetrVG 1972, Nr. 82.

[585] BAG vom – 10 AZR 129/92 - AP Nr. 66 zu § 112 BetrVG = EzA § 112 BetrVG 1972 Nr. 65.

[586] BAG vom 19.6.1996 – 10 AZR 23/96 – AP Nr. 102 zu § 112 BetrVG = EzA § 112 BetrVG 1972 Nr. 85.

zialplans, einzelne Arbeitnehmer im Verhältnis zu anderen Arbeitnehmern billig zu behandeln[587]. Die Einigungsstelle ist an die Ermessensrichtlinien des § 112 Abs. 5 BetrVG gebunden. Nicht zuletzt hat die Überschreitung der Regelungsmaterie des Sozialplans durch die Betriebsparteien und die Einigungsstelle unterschiedliche Rechtsfolgen.

I. Gleichrangige Beachtung der Ermessensrichtlinien nach § 112 Abs. 5 BetrVG bei der Aufstellung des Transfer-Sozialplans durch die Einigungsstelle

Bei der Entscheidung zum Transfer-Sozialplan und der Aufstellung desselben hat die Einigungsstelle die in § 112 Abs. 5 S. 2 BetrVG aufgeführten Ermessensrichtlinien gleichrangig zu beachten[588]. § 112 Abs. 5 S. 2 Nr. 2a BetrVG hat keinen Vorrang. Dafür spricht die systematische Stellung der neu eingeführten Ermessensrichtlinie als Nr. 2a in Satz 2. Sie ist damit wie die übrigen Ermessensrichtlinien eine Konkretisierung der Abwägungsgrundsatzes aus § 112 Abs.5 S. 1 BetrVG. Hätte der Gesetzgeber weitergehende Wirkung zumessen wollen, hätte er die Regelung in Satz 1 einfügen müssen.

Auch soweit ein Transfer-Sozialplan in Betracht kommt, richtet sich die Frage, ob und in welchem Umfang solche Maßnahmen im Sozialplan vorgesehen werden, nach der wirtschaftlichen Vertretbarkeit der damit verbundenen Kosten für das Unternehmen[589]. Bei diesen Erwägungen sind die Möglichkeiten der Kofinanzierung durch die arbeitsförderungsrechtlichen Instrumente mit ein zu beziehen. Erfolgt eine Entscheidung zu Gunsten der Zuschüsse zu Sozialplanmaßnahmen und werden die Fördermittel in die Kalkulation aufgenommen, muss die Gestaltung des Transfer-Sozialplans dem Grundsatz der Sparsamkeit und Wirtschaftlichkeit nach § 255 Abs. 1 Nr. 5 SGB III entsprechen. Es gilt auch hier, dass der Gesamtbetrag der Sozialplanleistungen den Fortbestand des Unternehmens oder der verbleibenden Arbeitsplätze nicht gefährden darf[590]. Die Formulierungen „soll" und „in der Regel" eröffnen die Befugnis, aufgrund der begründungsbedürftigen Besonderheiten des Einzelfalls von den Grundsätzen abzuweichen[591].

---

[587] *Kruip*, Sozialplandotierung, S.104.
[588] Zu den Inhalten der einzelnen Ermessensrichtlinien siehe oben.
[589] *Löwisch/Kaiser*, BetrVG § 112 Rdnr. 48.
[590] *Rolfs*, NZA 1998, 17 (21).
[591] *Löwisch*, Anmerkung zu AP Nr. 47 zu § 112 BetrVG 1972.

II. Unterschiedliche Rechtsfolgen bei Überschreitung der Regelungskompetenz durch Betriebsparteien und Einigungsstelle

Überschreitet der freiwillig vereinbarte Sozialplan den durch die Legaldefinition in § 112 Abs. 1 S. 2 BetrVG abgesteckten Rahmen, dann liegt insoweit kein Sozialplan sondern hinsichtlich der Regelungen mit Bezug zur konkreten Betriebsänderung ein Interessenausgleich vor. Die Vereinbarung eines solchen ist auf freiwilliger Basis gestattet[592]. Anders verhält es sich bei dem von der Einigungsstelle aufgestellten Sozialplan, überschreitet dieser die Grenzen des § 112 Abs. 1 S.2 BetrVG, ist er unwirksam[593]. Denn insofern ist § 112 Abs. 1 S. 2 BetrVG die Kompetenzgrenze.
Konkret die Errichtung der betriebsorganisatorisch eigenständigen Einheit beim Arbeitgeber bzw. als Tochterunternehmen des personalreduzierenden Unternehmens als eine der Voraussetzungen für den Bezug des Strukturkurzarbeitergeldes ist nur auf Grundlage einer freiwilligen Vereinbarung zwischen den Betriebsparteien möglich.
Da es sich bei diesen Vereinbarungen nicht um einen Sozialplangegenstand handelt, sind diese verabredeten Maßnahmen bereits aus diesem Gesichtspunkt nicht durch Zuschüsse zu Sozialplanmaßnahmen nach §§ 254, 255 Abs. 1 Nr. 3 SGB III förderungsfähig.

III. Die identischen Schranken des erzwungenen und vereinbarten Transfer-Sozialplans

Der erzwungene und vereinbarte Transfer-Sozialplan ist abgesehen von der unterschiedlichen Regelungskompetenz der Agierenden an den gleichen Schranken unterworfen und an denselben Maßstäben zu messen.

1. Maßstab: Zweckbestimmung des Sozialpans

Verstößt die Gestaltung des Transfer-Sozialplanes gegen die Zweckbestimmung des Sozialplanes, dann fehlt sowohl den Betriebsparteien als auch der Einigungsstelle die Regelungsmacht, weil ihre funktionelle Zuständigkeit überschreiten[594]. Der Sozialplan darf nicht für Regelungen eingesetzt werden, die ausschließlich zu Lasten der

---

[592] *Friedemann*, Das Verfahren der Einigungsstelle, Rz. 457.
[593] *Stege/Weinspach*, BetrVG, § 111-113 Rdnr. 128a.
[594] *Fabricius/Oetker*, BetrVG, §§ 112, 112a Rdnr. 272; siehe auch *Veit*, Die funktionelle Zuständigkeit des Betriebsrats, S. 211.

Arbeitnehmer wirken[595]. Denn der Sozialplan soll die wirtschaftlichen Nachteile ausgleichen oder mildern; Inhalt ist der Schutz der Arbeitnehmer auf sozialem und personellem Gebiet[596].

Der Transfer-Sozialplan ersetzt wie der Sozialplan nicht die Kündigung der Arbeitsverhältnisse. Für den Ausspruch der Kündigungen besteht keine kollektive Regelungsmacht der Betriebspartner[597]. Dennoch ist es möglich auf der kollektiven Ebene des Transfer-Sozialplans steuernde Anreize für die Entscheidung der betroffenen Arbeitnehmer einzurichten.

Allerdings darf der Anspruch auf Sozialplanleistung nicht davon abhängig gemacht werden, dass der Arbeitnehmer darauf verzichtet, gegen seine Kündigung gerichtliche Schritte einzuleiten[598]. Auch gilt dies gleichermaßen, wenn der Anspruch vom Abschluss einvernehmlicher Aufhebungsverträge abhängig gemacht wird, auch wenn dies unter Umständen mit dem Angebot zum Übertritt in eine Beschäftigungs- und Qualifizierungsgesellschaft verbunden ist.

Zulässig ist dagegen den Arbeitnehmern zusätzliche Leistungen zum Zwecke vorzeitigen Ausscheidens zu versprechen, um betroffene Arbeitnehmer zum einvernehmlichen Ausscheiden zu gewinnen[599]. Ebenso kann der Anspruch auf Transferleistungen von der einvernehmlichen Beendigung des Arbeitsverhältnisses abhängig gemacht werden, wenn im Fall der Ablehnung eine wenngleich demgegenüber bescheidenere Sozialplanleistung angeboten wird[600].

Diese Lösung verstößt i.Ü. auch nicht gegen die arbeitsförderungsrechtlichen Förderungsvoraussetzungen der §§ 175 ff. SGB III und §§ 254 ff. SGB III. So ist der Ausschlussgrund des § 255 Abs. 2 Nr. 1 SGB III, der die Zuschüsse zu Sozialplanmaßnahmen im Falle der individuellen Wahlfreiheit zwischen Abfindung und Transfer verwehrte, durch das Job-AQTIV-Gesetz entfallen[601]. Unzulässig ist weiterhin von der einvernehmlichen Vereinbarung eines Aufhebungsvertrages eine Alles-oder-Nichts-Lösung abhängig zu machen.

---

[595] *FKHE*, BetrVG, §§ 112,112a Rdnr. 106.
[596] *FKHE*, BetrVG, §§ 112,112a Rdnr. 106.
[597] BAG vom 17.7.1964 – 1 ABR 3/64 - AP Nr. 3 zu § 80 ArbGG; *FKHE* BetrVG §§ 112, 112a Rdnr. 178.
[598] BAG vom 20.12.1983 – 1 AZR 442/82 – AP Nr. 17 zu § 112 BetrVG 1972 = EzA § 112 BetrVG 1972 N. 29.
[599] BAG vom 18.09.2001 – 3 AZR 656/00, AP Nr. 179 zu § 242 BGB. Gleichbehandlung = EzA § 1 BetrAVG Gleichbehandlung Nr. 22.
[600] A.A. *Däubler*, DKK BetrVG §§ 112,112a Rdnr. 171 Rdnr, der gar keine Steuerung zulässt.
[601] Vgl. dazu auch die gemeinsame Stellungnahme der IGBCE und des BAVC vom Juli 2002.

2. Maßstab zwingendes höherrangiges Recht

Der Transfer-Sozialplan als Spezialform des Sozialplans darf unabhängig davon, wie er zustande gekommen ist, nicht gegen zwingendes höherrangiges Recht verstoßen[602]. Nach § 75 Abs. 1 S.1 BetrVG haben die Betriebsparteien darüber zu wachen, dass alle im Betrieb tätigen Personen nach den Grundsätzen von Recht und Billigkeit behandelt werden.

In diesem Zusammenhang stellt sich die Frage, ob die Betriebsparteien eine Pflicht zur Teilnahme an Qualifizierungs- und Transfermaßnahmen der betroffenen Arbeitnehmer festlegen können. Die einseitige Festlegung einer solchen Pflicht übersteigt die Vereinbarungskompetenz von Arbeitgeber und Betriebsrat wegen des Verbots des Arbeitszwangs aus Art. 12 Abs. 2 GG[603]. Gegen eine zwangsweise Teilnahme an Eingliederungsmaßnahmen spricht ebenfalls das allgemeine Persönlichkeitsrecht der Arbeitnehmer aus Art. 2 Abs. 1 i.V.m. Art. 1 Abs. 1 GG, die nach § 75 Abs. 2 S. 1 BetrVG von Arbeitgeber und Betriebsrat zu schützen und zu fördern sind. Aus § 2 Abs.4 u. Abs. 5 SGB III lässt sich keine Rechtfertigung für den Eingriff durch die Betriebsparteien herleiten[604]. Gegen die zwangsweise Überführung in ein Qualifizierungsrechtsverhältnis spricht auch der damit verbundene Verlust des Arbeitnehmerstatus. Zwar schließt eine Beschäftigung, die ausschließlich auf Qualifikation gerichtet ist, die Arbeitnehmereigenschaft nicht grds. aus. Jedoch ist erforderlich, dass die Ausbildung im Rahmen des arbeitstechnischen Zwecks des Betriebs erfolgt[605]. Die Teilnehmer werden in der Beschäftigungs- und Qualifizierungsgesellschaft für den Arbeitsmarkt und nicht für den Betrieb ausgebildet. Gegenstand der Vertragsbeziehung ist dort nicht mehr die weisungsgebundene Arbeitsleistung. Nicht zuletzt spricht auch der Anspruch des Arbeitnehmers auf Beschäftigung gemäß dem vereinbarten Arbeitsvertrag bis zur Beendigung des Arbeitsverhältnisses gegen die Festlegung einer Teilnahmepflicht durch die Betriebsparteien bzw. die Einigungsstelle[606]. Damit kann die Teilnahme an Transfer- und Qualifizierungsmaßnahmen allenfalls angeboten, nicht aber festgelegt werden.

Gleiches gilt für die einseitige Einführung von struktureller Kurzarbeit. Denn auch in diesem Fall werden die Arbeitnehmer nicht mehr entsprechend ihrem Arbeitsvertrag beschäftigt. Der Umfang der Arbeitspflicht wird auf Null herabgesetzt und dementsprechend der Lohn gemindert. Statt Lohn erhalten die Arbeitnehmer Kurzarbeiter-

---

[602] *Röder/Baeck*, Interessenausgleich, S. 139.
[603] So auch *Löwisch* ,Transfer-Sozialplan, S. 33 (48); A.A. *Meyer*, NZA 1998, 403 (407).
[604] So i.E. *Meyer*, NZA 1998, 403 (407).
[605] vgl.BAG v. 5.4.2000- 7 ABR 20/99 – AP Nr. 62 zu § 5 BetrVG 1972 = EzA § 5 BetrVG 1972 Nr. 63.
[606] Vgl. zum Beschäftigungsanspruch während der Kündigungsfrist, *Bauer* Arbeitsrechtliche Aufhebungsverträge Rdnr. 452 ff.

geld. Die Einführung von struktureller Kurzarbeit kann auch nicht auf § 87 Abs. 1 Nr. 3 BetrVG gestützt werden. Zwar ist § 87 Abs. 1 Nr. 1 BetrVG eine eigenständige Ermächtigungsgrundlage zur Einwirkung auf den Inhalt der Arbeitsverhältnisse der Belegschaftsmitglieder durch Betriebsvereinbarung[607], aber deren Voraussetzung liegt nicht vor. Denn § 87 Abs. 1 Nr. 3 BetrVG erfasst die vorübergehende Verkürzung der betriebsüblichen Arbeitszeit wohingegen die strukturelle Kurzarbeit nach § 175 Abs. 1 SGB III einen nicht nur vorübergehenden Arbeitsausfall voraussetzt. Die Ermächtigung zur einseitigen Einführung von struktureller Kurzarbeit kann weder aus § 87 Abs. 1 Nr.3 BetrVG noch aus § 112 BetrVG abgeleitet werden.

Zulässig ist es jedoch in einen Sozialplan, der Leistungen vorsieht, den Arbeitnehmern auch gewisse Belastungen aufzuerlegen[608]. Demgemäss kann die Inanspruchnahme von Leistungen aus dem Transfer-Sozialplan mit der Auflage verbunden werden, an den vorgesehenen Maßnahmen teilzunehmen. Dem Arbeitnehmer bleibt so die Entscheidungsfreiheit, die im Sozialplan vorgesehenen Qualifizierungsmaßnahmen anzunehmen oder nicht[609].

Eine weitere Regelungsschranke ist das Gebot der Gleichbehandlung bzw. das Verbot sachfremder Differenzierung[610]. Aufgrund des arbeitsrechtlichen Gleichbehandlungsgrundsatzes ist es den Betriebspartnern untersagt, einzelne Arbeitnehmer oder Arbeitnehmergruppen gegenüber anderen willkürlich ungleich zu behandeln, wobei von einer Ungleichbehandlung immer dann auszugehen ist, wenn im wesentlichen gleich gelagerte Fälle ohne sachlichen Grund oder aus sachfremden Erwägungen unterschiedlich behandelt werden. Sachfremd sind Differenzierungsgründe, wenn es für die unterschiedliche Behandlung keine billigenswerten Gründe gibt[611]. Verstößt eine Klausel gegen den Grundsatz der Gleichbehandlung ist die Klausel rechtswidrig und damit die unzulässige Differenzierung nichtig. Den zu Unrecht von der Sozialplanleistung ausgeschlossenen Arbeitnehmern ist die ohne die unzulässige Differenzierung zustehende Leistung zu gewähren. Es erfolgt eine Angleichung nach oben[612]. Hierin besteht die Gefahr einer ungewollten Vergrößerung des vom Unternehmen einkalkulierten oder vertretbaren Sozialplanvolumens.

Die Aufstellung eines reinen Transfer-Sozialplans begegnet hinsichtlich des Gleichbehandlungsgrundsatzes keinen Bedenken, auch wenn die vom Personalabbau betroffenen Arbeitnehmer, die sich gegen die Teilnahme am Transfer entscheiden, keine Abfindung erhalten. Insoweit wird eingewandt, dass die vollumfängliche Um-

---

607 *Wiese*, BetrVG § 87 Rdnr. 363.
608 Röder/Baeck, Interessenausgleich, S. 139.
609 Vgl. *Löwisch*, Transfer-Sozialplan, 33 (48).
610 *Richardi*, BetrVG, § 112 BetrVG Rdnr. 97.
611 BAG vom 25.11.1993 – 2 AZR 324/93 - AP Nr. 114 zu § 242 BGB Gleichbehandlung.
612 BAG vom 17.4.1996 – 10 AZR 606/95 - AP Nr. 101 zu § 112 BetrVG.

schichtung der Finanzmittel von Abfindungen hin zur Beschäftigungsförderung zu Lasten der Einzelnen gehe, die sich gegen die Teilnahme entscheiden, diese so wegen „unerwünschter" Lebensgestaltung bestraft werden[613]. Es muss dabei die Frage aufgeworfen werden, ob die individuelle Entscheidung zur Teilnahme an Transferleistungen bzw. die Ablehnung nicht bereits die Vergleichbarkeit der betroffenen Arbeitnehmer entfallen lässt. Denn zunächst haben alle vom Personalabbau betroffenen Arbeitnehmer die Wahlfreiheit, Transferleistungen in Anspruch zu nehmen. Sie werden also gerade gleich behandelt.

Dabei ist der Zweck des Sozialplans zu berücksichtigen, denn, wer keiner Unterstützung bei der Suche nach einer Anschlussbeschäftigung bedarf, etwa weil er bereits eine solche gefunden hat, benötigt in der Tat keine Transferleistungen und wird sich gegen die Teilnahme entscheiden. Insofern ist aber bereits fraglich, ob diesen Arbeitnehmern wesentliche wirtschaftliche Nachteile infolge der Betriebsänderung überhaupt entstanden sind.

Ebenso wenig gibt es eine Regel, dass höhere Abfindungssummen gezahlt werden müssen, wenn auch diejenigen, die die Eingliederungsmaßnahme in Anspruch nehmen einen bestimmten Geldbetrag erhalten[614]. Die Zahlung einer solchen „Entscheidungsprämie" mit der Zielsetzung, möglichst viele Arbeitnehmer für die Teilnahme an Transfermaßnahmen zur Vermeidung von Arbeitslosigkeit zu gewinnen, ist gerade im Hinblick auf § 112 Abs. 5 S. 2 Nr. 2a BetrVG gerechtfertigt.

IV. Vorsorgeregelungen im Transfer-Sozialplan

Im Zeitpunkt des Abschlusses des Transfer-Sozialplans steht die Kofinanzierung durch Strukturkurzarbeitergeld und/ oder durch Zuschüsse zu Sozialplanmaßnahmen nicht rechtssicher fest.

Hinsichtlich des Strukturkurzarbeitergeldes ist unklar, ob tatsächlich ausreichend viele Arbeitnehmer sich für den Übertritt in die betriebsorganisatorisch eigenständige Einheit entscheiden, um Entlassungen einer erheblichen Zahl von Arbeitnehmern des Betriebs nach § 175 Abs. 1 Nr. 2 SGB III zu vermeiden.

Die Bezuschussung durch Zuschüsse zu Sozialplanmaßnahmen steht trotz der Möglichkeit, einen Vorabentscheid nach § 256 Abs. 2 SGB III zu beantragen, der Höhe nach nicht fest. Denn das Landesarbeitsamt stellt lediglich verbindlich fest, ob und unter welchen Voraussetzungen eine Maßnahme gefördert werden kann. Ein An-

---

[613] *Däubler*, DKK, BetrVG, §§ 112, 112a Rdnr. 171.
[614] *Däubler*, DKK BetrVG, §§ 112, 112a Rdnr. 171.

spruch auf Erlass eines Vorbescheides hinsichtlich der Höhe des Zuschusses besteht nicht.

Die Höhe des Zuschusses bleibt nach gegenwärtiger Rechtslage der endgültigen Entscheidung nach Abschluss des zu fördernden Sozialplans vorbehalten. Dies führt zu dem Dilemma, dass der Sozialplan vereinbart werden muss noch ehe die eine rechtsverbindliche Auskunft über die Zuschusshöhe vorliegt[615]. Damit sind zwei Konstellationen denkbar. Zum Einen der Zuschuss zu den Sozialplanmaßnahmen wird nicht oder zum anderen nicht in der vom Unternehmer bzw. den Betriebsparteien erwarteten Höhe gewährt.

Sind für diese Fälle keine Vorkehrungen getroffen, stellt sich das Problem der nachträglichen Abänderung oder Beendigung von Sozialplänen[616].

Ebenso wie In einem Sozialplan der Anspruch auf eine Abfindung von einer entsprechenden Zweckzuwendung der Treuhandanstalt abhängig gemacht werden kann[617], kann im Transfer-Sozialplan eine auflösende Bedingung für den Fall der Nichtförderung festgesetzt werden.

Dabei stellt sich die Frage, ob die Einigungsstelle eine solche Regelung nicht sogar festsetzen muss, um § 112 Abs. 5 S. 2 Nr. 3 BetrVG zu genügen. Denn die Einigungsstelle hat bei der Bemessung des Gesamtbetrages der Sozialplanleistungen darauf zu achten, dass der Fortbestand des Unternehmens oder die nach Durchführung der Betriebsänderung verbleibenden Arbeitsplätze nicht gefährdet werden. Jedenfalls wenn die Leistungsfähigkeit des Unternehmens Transferleistungen nur zulässt unter Zugrundelegung der Bezuschussung seitens der Arbeitsverwaltung, muss die Einigungsstelle vorsorglich eine entsprechende Bedingung festsetzen oder den Berechtigtenkreis entsprechend der Leistungsfähigkeit des Unternehmens definieren. Das sich hier stellende Auswahlproblem darf nicht schematisch unter Übernahme der Grundsätze über die soziale Auswahl nach § 1 Abs. 3 KSchG bewältigt werden[618]. Entsprechend dem Sozialplanzweck ist darauf abzustellen, wer die schlechtesten Chancen auf dem Arbeitsmarkt hat und wer von seinen persönlichen Voraussetzungen die Maßnahme voraussichtlich erfolgreich absolvieren wird. Das Ressourcenproblem ist schließlich über Ausschlussklauseln zu regeln. Nach § 75 Abs. 1 S. 2 BetrVG sind die Betriebsparteien verpflichtet, darauf zu achten, dass die Arbeitnehmer nicht wegen Überschreitung bestimmter Altersstufen benachteiligt werden[619]. Dies bedeutet aber nicht, dass damit in einer betrieblichen Regelung jede unter-

---

[615] s.u. Gestaltungsmöglichkeiten im Transfer-Sozialplan.
[616] vgl. *Luding*, Beendigung und Veränderung von Sozialplänen.
[617] BAG vom 2.7.1992 – 10 AZR 485/ 92 – EzA § 112 BetrVG 1972 Nr. 69.
[618] Däubler BetrVG §§ 112, 112a Rdnr. 174.
[619] BAG vom 28.10.1992 – 10 AZR 489/91 – EzA § 112 BetrVG 1972 Nr. 66.

schiedliche Behandlung zwischen älteren und jüngeren Arbeitnehmern unzulässig wäre[620]. Eine Differenzierung aufgrund bestehender tatsächlicher und für die jeweilige Regelung erheblicher Gesichtspunkte ist zulässig[621].
Die Betriebsparteien können berücksichtigen, dass zu entlassende Arbeitnehmer schon oder bald das vorgezogene Altersruhegeld in Anspruch nehmen können[622]. Das BAG hat weiter konkretisiert, dass es nicht gegen § 75 BetrVG verstößt, wenn die Betriebspartner solche Arbeitnehmer von Sozialplanleistungen ausnehmen, die zum Zeitpunkt der Auflösung des Arbeitsverhältnisses die Voraussetzungen für den übergangslosen Rentenbezug nach Beendigung des Anspruchs auf Arbeitslosengeldes erfüllen[623].

---

[620] BAG vom 14.2.1984 – 1 AZR 574/82 – EzA § 112 BetrVG 1972 Nr. 2, AP Nr. 21 zu § 112 BetrVG 1972.
[621] BAG vom – 26.6.1990 - EzA § 112 BetrVG 1972 Nr. 55, AP Nr. 56 zu § 112 BetrVG 1972.
[622] BAG vom 28.10.1992 – 10 AZR 489/91 – EzA § 112 BetrVG 1972 Nr. 66.
[623] BAG vom 31.7.1996 – 10 AZR 45/96 – EzA § 112 BetrVG 1972 Nr. 86.

§ 3 Arbeitsförderungsrechtliche Kofinanzierung des Transfer-Sozialplans

Mit der Einführung der Ermessensrichtlinie für die Einigungsstelle bei der Aufstellung von Sozialplänen nach § 112 Abs. 5 S. 2 Nr. 2a BetrVG kommt es erstmals zu einer ausdrücklichen Vernetzung von kollektivem Arbeitsrecht und Arbeitsförderungsrecht. Damit sind die arbeitsförderungsrechtlichen Instrumente zur Vermeidung von Arbeitslosigkeit im SGB III näher zu betrachten.

Durch das Arbeitsförderungs- Reformgesetz (AFRG) vom 24. März 1997[624] wurden die arbeitsförderungsrechtlichen Vorschriften grundlegend überarbeitet und zum 1. Januar 1998 als Drittes Buch (SGB III) in das Sozialgesetzbuch eingegliedert.

Mit den Zuschüssen zu Sozialplanmaßnahmen nach §§ 254 ff. SGB III und dem Strukturkurzarbeitergeld nach §§ 175 ff. SGB III wurden zwei arbeitsmarktpolitische Förderinstrumente eingeführt, mit denen notwendige Personalanpassungsprozesse beschäftigungswirksam gestaltet werden können. Diese Regelungen flankieren seither den Sozialplan[625]. Zuschüsse zu Sozialplanmaßnahmen kannte das AFG nicht und das Strukturkurzarbeitergeld nur mit anderen Anspruchsvoraussetzungen. Durch die Förderung von Sozialplanmaßnahmen soll nach dem Willen des Gesetzgebers „ein Anreiz für die Betriebspartner gegeben werden, mehr als bisher, Sozialplanmittel für beschäftigungswirksame Maßnahmen einzusetzen"[626]. Der Gesetzgeber setzt mit §§ 254 ff. SGB III Mittel der Arbeitsförderung ergänzend zu betrieblichen Mitteln zur Finanzierung von Transfermaßnahmen ein, um so bereits im Vorfeld von geplanten Entlassungen und Arbeitslosigkeit vorzubeugen. Zuletzt wurde die Regelung durch das Gesetz zur Reform der arbeitsmarktpolitischen Instrumente, Job-AQTIV–Gesetz, vom 10.12.2001[627] geändert und damit deren Anwendung vereinfacht.

Im geplanten Kontext einer proaktiven Arbeitsförderung sind auch die Veränderungen bei der 1988 eingeführten, häufig modifizierten und stets nur befristeten, Regelung des Strukturkurzarbeitergeldes zu nennen. Mit der Rechtsänderung des Einmalzahlungs- Neuregelungsgesetz vom 28.12.2001[628] wird der Anspruch auf Struktur-Kurzarbeitergeld bis zum 31.12.2006 ermöglicht.

Das Strukturkurzarbeitergeld nach §§ 175 ff. SGB III soll anders als das konjunkturelle Kurzarbeitergeld nicht den Erhalt des bisherigen Arbeitsplatzes erreichen, sondern nicht vermeidbare Massenentlassungen sozial abfedern[629].

---

[624] BGBl. I, S. 594 .
[625] *Löwisch*, RdA 1997, 287 (287).
[626] BT- Drucks. 13/4941, S.197.
[627] BGBl. I, S. 3443.
[628] BGBl. I, S. 1971.
[629] *Roeder in Niesel* SGB III, § 175 Rdnr. 2.

Durch die Gewährung von Strukturkurzarbeitergeld wird die Auslaufphase der Arbeitsverhältnisse gefördert und damit die Möglichkeit eröffnet, während des Förderzeitraumes die Ausfallzeiten für den Transfer der Arbeitnehmer zu nutzen.
Die beiden funktional äquivalenten Instrumente folgen unterschiedlichen Logiken:

- Sozialplanzuschüsse leisten einen Beitrag zu den Kosten von Förderungsmaßnahmen, während die Entgeltansprüche der Arbeitnehmer unverändert bleiben.
- Das Strukturkurzarbeitergeld verringert Personalkosten bei verlängertem Beschäftigungsangebot, während die Kosten für Fördermaßnahmen von Arbeitgeber zu tragen sind[630].

A. Anknüpfung an betriebsverfassungsrechtliche Begriffe in §§ 254 ff. und §§ 175 ff. SGB III

In den Regelungen der §§ 254 ff. und §§ 175 ff. SGB III sind betriebsverfassungsrechtliche Rechtsbegriffe übernommen worden. So setzt § 175 Abs.1 S. 1 Nr.1 SGB III für die Gewährung von Struktur- Kurzarbeitergeld u.a. voraus, dass Strukturveränderungen für einen Betrieb mit einer Einschränkung und Stilllegung des ganzen Betriebs oder mit wesentlichen Betriebsteilen verbunden sind. Die Zuschüsse zu Sozialplanmaßnahmen knüpfen daran an, dass diese nach §§ 254, 255 Abs.1 Nr.3 SGB III in einem Sozialplan vereinbart sind.
Die Übernahme von betriebsverfassungsrechtlichen Begriffen im Arbeitsförderungsrecht spricht dafür, dass diese entsprechend ihrer Bedeutung im angestammten Rechtsgebiet ausgelegt werden[631]. Dementsprechend sind die betriebsverfassungsrechtlichen Definitionen in das Arbeitsförderungsrecht zu übernehmen[632].
Darüber hinaus fordert § 255 Abs.1 Nr.2 SGB III sogar ausdrücklich den Versuch eines Interessenausgleichs nach § 112 des Betriebsverfassungsrechts. Trotz der Anknüpfung der arbeitsförderungsrechtlichen Vorschriften an die betriebsverfassungsrechtliche Terminologie bleibt es bei der Abgrenzung zwischen Arbeitsrecht und Arbeitsförderungsrecht. Das Arbeitsrecht regelt die Rechtsverhältnisse der Arbeitnehmer und das Arbeitsförderungsrecht des SGB III die der Arbeitslosen und Arbeitsuchenden[633].

---

[630] vgl. BeitrAB 242: Zuschüsse zu Sozialplanmaßnahmen, 22.
[631] *Wißmann*, Transfer- Sozialplan, S. 81 (84).
[632] *Bachner/ Schindele*, NZA 1999, 131 (131); *Bieback in Gagel* SGB III, § 175 Rdnr. 27; *Feckler*, GK-SGB III, § 175 Rdnr. 12a, *Roeder in Niesel* SGB III, § 175 Rdnr. 3.
[633] *Stindt*, FS Weinspach, S. 147 (166).

B. *Zuschüsse zu Sozialplanmaßnahmen nach §§ 254 ff SGB III*

Die Anspruchsvoraussetzungen und das Verfahren für die Zuschüsse zu Sozialplanmaßnahmen sind in den §§ 254 ff. SGB III geregelt.

I. Grundsatz der Gewährung von Zuschüssen zu Sozialplanmaßnahmen

Mit den Zuschüssen zu Sozialplanmaßnahmen nach §§ 254 ff SGB III hat der Gesetzgeber Neuland betreten. Dementsprechend ist das Instrument immer wieder modifiziert worden[634]. Durch die Vorschriften soll ein Anreiz für die Betriebspartner gegeben werden, mehr als bisher Sozialplanmittel für beschäftigungswirksame Maßnahmen einzusetzen, die bei Nutzung der speziellen betrieblichen Möglichkeiten sehr wirksam sein können[635].

Zuletzt sind die Fördervoraussetzungen hinsichtlich beschäftigungswirksamer Sozialplanleistungen durch Job-AQTIV-Gesetz mit Wirkung zum 1.1.2002 geregelt worden. Damit soll die Rechtsanwendung vereinfacht und der Einsatz des Instrumentes weiter flexibilisiert werden[636].

Mit Artikel 1 des Job-AQTIV-Gesetzes vom 10. Dezember 2001 wurden zum 01.01.2002 die §§ 254, 255 Abs. 2 SGB III geändert und § 257 Abs. 1 SGB III aufgehoben. Damit wollte der Gesetzgeber stärkere Anreize für Arbeitgeber und Arbeitnehmer schaffen, betriebliche Mittel verstärkt für Qualifizierungs- und andere Eingliederungsmaßnahmen zugunsten der Betroffenen einzusetzen[637].

In der Grundsatznorm § 254 SGB III kommt das Programm und das Ziel des Instruments zum Ausdruck. Danach können die in einem Sozialplan vorgesehenen Maßnahmen zur Eingliederung von Arbeitnehmern in den Arbeitsmarkt durch Zuschüsse gefördert werden. Die Förderung gem. §§ 254 ff SGBIII beschränkt sich sonach auf Eingliederungsmaßnahmen wie Qualifizierungs- und Transferleistungen mit Zielrichtung in den Arbeitsmarkt. Das entspricht dem Vorrang der aktiven Arbeitsförderung nach § 5 SGB III. Danach sind die Leistungen der aktiven Arbeitsförderung entsprechend ihrer jeweiligen Zielbestimmung und Ergebnissen der Beratungs- und Vermittlungsgespräche einzusetzen, um sonst erforderliche Leistungen zum Ersatz des Arbeitsentgelts bei Arbeitslosigkeit, nicht nur vorübergehend, zu vermeiden und dem

---

[634] 1. SGB III-ÄndG v. 16.12.1997 (BGBl. I, 2970); BetrVerf-RG vom 23.07.2001(BGBl. I, 1852); Job-AQTIV-G vom. 10.12.2001 (BGBl. I, 3443).

[635] BT-Drucks. 13/4941, S. 149.

[636] BT-Drucks. 14/6944, S. 42.

[637] BT-Drucks. 14/6944 ,S. 25.

Entstehen von Langzeitarbeitslosigkeit vorzubeugen. Abfindungen sind nach § 254 SGB III von vornherein nicht förderungsfähig.
In § 255 SGB III sind die Anforderungen an die Eingliederungsmaßnahmen im Rahmen des Sozialplans geregelt. Dabei arbeitet das Gesetz mit positiven und negativen Anspruchsvoraussetzungen in den §§ 254, 255 SGB III.
Dies ist erforderlich, weil die große Flexibilität und die pauschalierende Betrachtungsweise die Gefahr der missbräuchlichen Nutzung des Förderinstruments besteht[638]. Dieses Risiko ist ausweislich der Gesetzesmaterialien bewusst eingegangen worden. Denn für die Arbeitslosenversicherung ist es sinnvoller und kostengünstiger, wenn es bereits im Vorfeld einer anstehenden Entlassung gelingt, für die betroffenen Arbeitnehmer eine unmittelbare Anschlussbeschäftigung zu finden[639].

II. Arbeitgeber als anspruchsberechtigter Träger der Maßnahmen

Nach § 3 Abs.3 Nr. 4 SGB III ist der Träger anspruchsberechtigt hinsichtlich der Zuschüsse zu den Sozialplanmaßnahmen. § 21 SGB III enthält die für das Arbeitsförderungsrecht verbindliche Definition des Begriffs Träger. Träger sind demnach natürliche oder juristische Personen oder Personengesellschaften, die Maßnahmen der Arbeitsförderung selbst durchführen oder durch Dritte durchführen lassen. Da der Arbeitgeber die im Sozialplan vereinbarten oder von der Einigungsstelle festgelegten Eingliederungsmaßnahmen gem. § 77 Abs. 1 S.1 BetrVG durchführt, ist er Träger i.S.d. § 21 SGB III. Den Status als Träger der Maßnahme verliert der Arbeitgeber auch nicht dadurch, dass er ggf. eine Beschäftigungs- und Qualifizierungsgesellschaft einschaltet.

III. Zuschüsse zu Sozialplanmaßnahmen als Ermessensleistung der aktiven Arbeitsförderung

Es handelt sich bei den Zuschüssen zu Sozialplanmaßnahmen um Ermessensleistungen der aktiven Arbeitsförderung nach § 3 Abs.3 Nr. 4, Ans. 5 SGB III. Der nach § 3 Abs.3 SGB III berechtigte Träger hat gem. § 39 Abs. 1 S. 2 SGB nur einen Anspruch auf pflichtgemäße Ausübung des Ermessens durch die Arbeitsverwaltung bei der Entscheidung über die Gewährung der Zuschüsse zu den Sozialplanmaßnahmen. Die Ermessensbetätigungspflicht besteht allerdings nur, wenn die sog. Eingangsvoraussetzungen erfüllt sind. Diese sind in §§ 254, 255 SGB III hinsichtlich des

---

[638] *Feckler*, GK-SGB III, § 255 Rdnr. 1a.
[639] BT-Drucks. 14/6944, 25.

Anspruchs auf Zuschussgewährung dem Grunde nach und in § 257 SGB III der Höhe nach geregelt. Die Arbeitsverwaltung hat ihr Ermessen so auszuüben, dass alle Berechtigten in gleicher Lage in gleicher Weise zu fördern sind[640].
Sie stützt ihre Entscheidung häufig auf Dienstanweisungen und Richtlinien. So ist zu den Zuschüssen zu Sozialplanmaßnahmen mit dem Runderlass vom 21.06.2000 eine entsprechende Richtlinie erlassen worden. Diese hat keine Rechtsnormqualität und folglich auch keine bindende Wirkung für die Gerichte. Sie beschränkt sich auf verwaltungsinterne Bedeutung ohne normative Wirkung und Verbindlichkeit für die Auslegung der Gesetze[641]. Allerdings bewirkt deren Anwendung regelmäßig die Selbstbindung der Arbeitsverwaltung und gibt den Berechtigten den Anspruch auf Gleichbehandlung[642]. Die Verwaltungsübung gibt allerdings keinen Anspruch auf Gleichbehandlung, wenn sie nicht dem Gesetz entspricht[643]. Die ermessenslenkenden Vorschriften haben keinen absoluten Charakter, auf keinen Fall darf ihre Handhabung zu einer gebundenen Entscheidung führen[644].
Bei der Auswahl der Ermessensleistungen hat die Arbeitsverwaltung nach § 7 S. 1 SGB III unter Beachtung des Grundsatzes der Wirtschaftlichkeit und Sparsamkeit die für den Einzelfall am besten geeignete Leistung oder Kombination von Leistungen zu wählen.
Aus § 71b Abs. 4 SGB IV, wonach die den Arbeitsämtern zugewiesenen Mittel so zu bewirtschaften sind, dass die Erbringung von Ermessensleistungen im gesamten Haushaltsjahr gewährleistet ist, ist abzuleiten, dass die Hauhaltslage in die Ermessenserwägung einbezogen werden darf. Ermessensfehlerhaft ist die Ablehnung von Leistungen aber, wenn diese alleine damit begründet wird, es seien bereits die Haushaltsmittel erschöpft[645].
Der Runderlass konkretisiert auch die Anspruchs- bzw. Eingangsvoraussetzungen der §§ 254 und 255 SGB III. Die Eingangsvoraussetzungen sind uneingeschränkt überprüfbar; es sei denn, dass der Arbeitsverwaltung ausnahmsweise hinsichtlich eines unbestimmten Rechtsbegriffes ein Beurteilungsspielraum eingeräumt ist[646].

---

[640] *Niesel in Niesel* SGB III, § 7 Rdnr. 7.
[641] *Niesel in Niesel* SGB III, § 7 Rdnr. 9.
[642] BSG - SozR 2200 § 1236 Nr. 15.
[643] BSG - SozR 2200 § 1236 Nr. 16.
[644] *Niesel in Niesel* SGB III, § 7 Rdnr. 10.
[645] BSG SozR 3-410 § 55a Nr. 1 = NZA 1991, 404.
[646] Vgl. BSG SozR § 1237a Nr. 6; BSG SozR 2200 § 1237 Nr. 15.

IV. Die Grundsatznorm § 254 SGB III

Das Job-AQTIV-Gesetz hat den Grundsatz der Zuschüsse zu Sozialmaßnahmen nach § 254 SGB III vereinfacht. Nach § 254 SGB III a.F. konnten die in einem Sozialplan vorgesehenen Maßnahmen, die der Eingliederung von ohne die Förderung nicht oder nicht dauerhaft in den Arbeitsmarkt einzugliedernden Arbeitnehmern dienen, wenn anstelle dieser Maßnahmen für diese Arbeitnehmer voraussichtlich andere Leistungen der aktiven Arbeitsförderung zu erbringen wären.

Heute können gem. § 254 SGB III die in einem Sozialplan vorgesehenen Maßnahmen zur Eingliederung von Arbeitnehmern in den Arbeitsmarkt durch Zuschüsse gefördert werden. Der Gesetzgeber verzichtet dadurch auf zwei bisher notwendige Förderungsvoraussetzungen. Erstens begrenzt die Regelung die Zuschüsse nicht mehr auf eingliederungsbedürftige Arbeitnehmer und sie verzichtet zweitens auf die Substitution von anderen Leistungen der Arbeitsförderung i.S.d. § 3 Abs. 4 SGB III. Die Änderung trägt dem Anliegen Rechnung, die Rechtsanwendung zu vereinfachen und den Einsatz des Instrumentes weiter zu flexibilisieren[647].

1. Mögliche Eingliederungsmaßnahmen

§ 254 SGB III enthält nach wie vor keine Aufzählung förderungsfähiger Maßnahmen. Voraussetzung der Zuschüsse ist, dass die im Sozialplan vorgesehenen Maßnahmen zur Eingliederung von Arbeitnehmern in den Arbeitsmarkt eingesetzt werden. Damit ist das Ziel und zugleich der Beurteilungsmaßstab der Maßnahmen definiert. Die Maßnahme muss geeignet sein, die Eingliederung in den Arbeitsmarkt zu fördern[648]. Voraussetzung für die Förderung ist, dass die Maßnahmen zur Eingliederung der Arbeitnehmer in den Arbeitsmarkt dient. Demzufolge bleiben Arbeitnehmer, die wegen ihres Alters nach Abschluss der Maßnahme nicht mehr in das aktive Arbeitsleben zurückkehren werden, aus dem Kreis der förderungsfähigen Maßnahmeteilnehmer ausgeschlossen. Der gleitende Übergang in die Altersrente wird nicht durch §§ 254 ff SGB III gefördert. Für diesen Personenkreis kommt eine Förderung allenfalls nach §§ 3, 4 ATG über die Vereinbarung eines Altersteilzeitverhältnisses in Betracht, sofern eine Wiederbesetzung erfolgt[649].

---

[647] BT – Drucks. 14/6944, S. 42

[648] *Stindt*, Beschäftigungsförderung, S. 119 (127).

[649] Dieser Weg ist allerdings nur in dem Fall möglich, wenn der Personalabbau mit Personalaufbau an anderer Stelle einhergeht. Nur dann kann eine Wiederbesetzung nach § 3 Abs. 1 Nr. 2 ATG erfolgen.

§ 254 SGB III verlangt nicht, dass der Sozialplan ausschließlich Eingliederungsmaßnahmen vorsieht[650]. Abfindungen sind keine Eingliederungsmaßnahme und damit nicht förderungsfähig. Die Auswahl der Maßnahmen zur Erreichung ist den Betriebsparteien überlassen. Damit soll für betriebliche und örtliche Bedürfnisse und auch für Kreativität breiter Raum gelassen werden[651]. Trotz des Wegfalles des Substitutionserfordernisses, sind insbesondere Sozialplanleistungen, die inhaltlich denen der aktiven Arbeitsförderung entsprechen förderungsfähig. Denn deren Aufnahme ins SGB III spricht für deren Tauglichkeit zur Eingliederung von betroffenen Arbeitnehmern in den Arbeitsmarkt. Es besteht aber keine Beschränkung auf den Maßnahmekatalog und die Tatbestandsvoraussetzungen einer Förderung nach SGB III[652].

2. Wegfall des Substitionserfordernisses

Darüber hinaus wird durch das Job-AQTIV-Gesetz in § 254 SGB III auf die Voraussetzung verzichtet, dass anstelle der im Sozialplan vorgesehenen Eingliederungsmaßnahmen ansonsten Leistungen der aktiven Arbeitsförderung an die Betroffenen zu erbringen wären. Leistungen der aktiven Arbeitsförderung sind entsprechend § 3 Abs. 4 SGB III alle Leistungen der Arbeitsförderung mit Ausnahme von Arbeitslosengeld, Teilarbeitslosengeld, Arbeitslosenhilfe und Insolvenzgeld. Die Substitution von anderen Leistungen der aktiven Arbeitsförderung ist nicht mehr Anspruchsvoraussetzung, bleibt aber regelmäßig faktische Folge des Einsatzes von Eingliederungsmaßnahmen im Sozialplan. Es kann im Regelfall davon ausgegangen werden, dass bei wesentlichen Betriebsänderungen die betroffenen Arbeitnehmer Leistungen der Arbeitsförderung beanspruchen könnten[653].

Ziel des Verzichts auf das Substitutionserfordernisses ist der Wegfall der mit dieser Anspruchsvoraussetzung verbundenen notwendigen Prognose durch die Arbeitsverwaltung über die mögliche Bewilligung von Leistungen der aktiven Arbeitsverwaltung. Diese kann in der zur Verfügung stehenden Zeit nicht getroffen werden[654]. Infolge des Verzichts lässt sich, ausweislich der Gesetzesbegründung, das Instrument noch flexibler einsetzen, z.B. zur Durchführung kurzfristiger betrieblicher Weiterbildungsmaßnahmen (unter Umständen mit Übernahme der Lohnkosten)[655]. Damit werden zu Gunsten der Flexibilität finanzielle Mehrbelastungen in Kauf genommen. Ausweislich

---

[650] *Löwisch*, RdA 1997, 287 (287).
[651] *Ammermüller*, BArbBl. 7 (11).
[652] *Stark in Wissing*, SGB III, § 254 Rdnr. 5.
[653] BT-Drucks 14/6944 S. 42.
[654] BT-Drucks 14/6944 S. 42.
[655] BT-Drucks 14/6944 S. 42.

der Gesetzesbegründung wird davon ausgegangen, dass nennenswerte Mehrbelastungen nicht zu erwarten sind[656].

Der Eintritt der Mehrbelastung hängt letztlich von der Effizienz der im Sozialplan vorgesehenen Eingliederungsmaßnahmen ab, denn dadurch wird gewährleistet, dass keine Doppelinanspruchnahme der Arbeitsverwaltung erfolgt.

3. Keine Begrenzung auf eingliederungsbedürftige Arbeitnehmer

Die Begrenzung der Zuschüsse auf Eingliederungsmaßnahmen, die auf Arbeitnehmer ohne die Förderung nicht oder nicht dauerhaft in den Arbeitsmarkt einzugliedern wären, ist ebenfalls aufgegeben worden. Auf die damit verbundene Prognoseentscheidung bezogen auf die Eingliederungsaussichten in den Arbeitsmarkt eines jeden einzelnen in Frage kommenden Arbeitnehmers wird verzichtet[657]. Damit sind eingliederungs- und nicht eingliederungsbedürftige Arbeitnehmer gleichermaßen förderungsfähig. Diese Vorschrift sicherte den Vorrang der Vermittlung in Arbeit vor der Gewährung von Leistungen der aktiven Arbeitsförderung durch die Arbeitsverwaltung zu Lasten der Versichertengemeinschaft. Allerdings ist der allgemeine Grundsatz des Vorrangs der Vermittlung in Arbeit nach § 4 Abs. 2 SGB III in Hinsicht auf die Leistungen der aktiven Arbeitsförderung unverändert geblieben. Er muss demgemäss von der Arbeitsverwaltung bei der Entscheidung über die Zuschussgewährung nach wie vor berücksichtigt werden.

V. Der Zuschuss nach §§ 254ff. SGB III

Die Leistung besteht aus einem Zuschuss zu den im Sozialplan vorgesehenen Eingliederungsmaßnahmen. Ein Anspruch auf ein Darlehen als wirtschaftliches Minus besteht nicht. Das Gesetz unterscheidet in § 54 SGB III bei der Mobilitätshilfe ausdrücklich zwischen diesen Fördermitteln.

1. Zuschusshöhe nach § 257 SGB III

§ 257 SGB III regelt die Bemessung des Zuschusses zu beschäftigungswirksamen Sozialplanmaßnahmen. Die Zuschusshöhe steht im pflichtgemäßen Ermessen des Landesarbeitsamtes[658].

---

[656] BT-Drucks 14/6944 S. 42.
[657] *Stark in Wissing,* SGB III, § 254 Rdnr. 4.
[658] *Roeder in Niesel* SGB III § 257 Rdnr. 2.

2. Förderungshöchstbetrag

Durch das Job-AQTIV-Gesetz wurde diese relative Begrenzung der Zuschusshöhe nach § 257 Abs.1 SGB III abgeschafft. Gem. § 257 Abs. 1 S. 1 SGB III konnte vor Inkrafttreten des Job-AQTIV-Gesetzes ein Betrag geleistet werden, der in einem angemessenem Verhältnis zu den durch die Maßnahme entstehenden Gesamtkosten und zur Dauer der Maßnahme steht. Nach Satz 2 war hierbei zu berücksichtigen, in welchem Umfang der Sozialplan Mittel zur Eingliederung von Arbeitnehmern anstelle von Abfindungen vorsieht. Abs. 2 wurde ersatzlos aufgehoben. Der Gesetzgeber wollte damit die Anwendung des Instruments vereinfachen, um die Zuschüsse zu Sozialplanmaßnahmen effektiver einzusetzen und dem Gedanken der Prävention stärker Rechnung tragen zu können. Die Vorschrift habe sich als nicht praktikabel erwiesen[659]. Mit der weiterhin gültigen Beschränkung der Förderhöhe im bisherigen zweiten Absatz der Vorschrift und der Gesetzesbegründung wird Missbräuchen ausreichend vorgebeugt[660].

Nach dem neuen § 257 SGB III, der sich auf den bisherigen Absatz 2 beschränkt, ist der Zuschussbetrag „gedeckelt". Es darf höchstens der Betrag geleistet werden, der sich errechnet aus der Multiplikation von der Teilnehmer zu Beginn der Maßnahme mit den durchschnittlichen jährlichen Aufwendungen an Arbeitslosengeld (Nettozahlbetrag ohne Sozialversicherung) je Arbeitslosengeldbezieher des Kalenderjahres, in dem, die Maßnahme beginnt. Dabei wird der Sozialversicherungsaufwand im Rahmen der Arbeitslosengeldgewährung nicht berücksichtigt[661]. Es wird die Teilnehmerzahl zu Beginn abgestellt, um ständige Neuberechnungen bei Ausscheiden von Teilnehmern zu vermeiden.

Zu einem Rückerstattungsanspruch seitens der Arbeitsverwaltung kann es im Rahmen der Gesamtabrechnung nach § 326 SGB III kommen. Denn erst nach Vorlage der Gesamtabrechnung durch den Träger wird über den Umfang der zu erbringenden Leistung abschließend entschieden.

Der für 2002 maßgebliche Wert liegt bei 8.478 € pro Teilnehmer[662]. Der Höchstbetrag kann unabhängig von der Maßnahmedauer gewährt werden. Zwar orientiert sich der Förderungshöchstbetrag am jährlichen Nettoarbeitslosengeld des durchschnittlichen Arbeitslosen. Daraus kann weder eine Begrenzung der persönlichen Förderung des einzelnen Arbeitnehmers auf den errechneten Förderbetrag noch ein Anspruch auf Ausschöpfung des der Berechnung zugrundeliegenden Förderungsbetrages

---

[659] BT-Drucks 14/6944, S. 42.
[660] BT-Drucks 14/6944, S. 42.
[661] Vgl. *Stindt,* FS Weinspach, S. 147 (156).
[662] Vgl. Runderlass vom 18.12.2001.

durch den Arbeitnehmer hergeleitet werden[663]. Eine Umverteilung durch die Betriebsparteien im Rahmen billigen Ermessens ist folglich möglich.
Eine Vollfinanzierung der Maßnahmen durch die Arbeitsverwaltung ist ausgeschlossen, da zwingende Fördervoraussetzung nach § 255 Abs.1 Nr.5 die angemessene Eigenbeteiligung des Unternehmens ist.

3. Maßstab für die Bestimmung der Zuschusshöhe nach Wegfall des § 257 Abs. 2 SGB III

Nachdem die Vorgabe für die Ermessensentscheidung hinsichtlich der Zuschusshöhe abgeschafft wurde, ist fraglich, nach welchen Vorgaben nunmehr die Ermessensentscheidung zu erfolgen hat. § 257 SGB III regelt nur die Obergrenze der Zuschüsse. Jedenfalls können die alten Maßstäbe aus § 257 Abs.1 SGB III a.F. nicht contra legem herangezogen werden[664]. Damit ist die Entscheidung über die Zuschusshöhe, abgesehen von der festgelegten Obergrenze, wie die Entscheidung über den Zuschuss, dem Grunde nach an allgemeinen arbeitsförderungsrechtlichen Ermessensgrundsätzen auszurichten.

a. § 7 SGB III als Maßstab der Ermessensentscheidung

§ 7 SGB III regelt, wie die Verwaltung bei begrenzten Mitteln das Auswahlermessen zwischen Ermessensleistungen der aktiven Arbeitsförderung auszuüben hat. Die Regelung passt mithin nicht auf die Entscheidung über die Zuschusshöhe, da insofern keine solche Auswahlentscheidung ansteht.
Da durch den Wegfall des § 257 Abs.1 SGB III a.F. eine Regelungslücke entstanden ist, die regelungsbedürftig ist, ist zu prüfen, ob diese Vorschrift analog angewendet werden kann.
Um die Sozialplanmaßnahmen effektiver einzusetzen und dem Gedanken der Prävention stärker Rechnung zu tragen, hat der Gesetzgeber, die bis 31.12.2001 gültige Einschränkung des § 257 Abs.1 SGB III a.F. aufgehoben[665]. Dabei hat er keine Maßstäbe für die Ermessensentscheidung zur Verfügung gestellt. § 7 S.2 SGB III regelt, auf welche Gesichtspunkte bei der Entscheidung über die Eignung einer Leistung der aktiven Arbeitsförderung abzustellen ist. Weiter regelt § 7 S.1 SGB III, dass diese Entscheidung unter Beachtung des Grundsatzes der Wirtschaftlichkeit und Sparsamkeit zu erfolgen hat. Dies rechtfertigt § 7 SGB III als Grundsatznorm für die Erbrin-

---

[663] so auch Bundesanstalt für Arbeit vom 31.10.1997, DA, 257.2.1.
[664] a.A. *Feckler* GK – SGB III, § 257 Rdnr. 3.
[665] BT-Drucks. 14/6944, S. 42.

gung von Ermessensleistungen[666] auch bei der Entscheidung über die Zuschusshöhe anzuwenden.
Effektivität der eingesetzten Mittel hat wie die Begründung des Job–AQTIV- Gesetzes zeigt, größeres Gewicht erfahren.
Effektivität und Wirtschaftlichkeit der vorgesehenen Eingliederungsmaßnahmen, sowie die Leistungsfähigkeit des Unternehmens sind wesentliche Entscheidungskriterien[667].
Bei der Entscheidung sind nicht zuletzt die im Eingliederungstitel nach § 71b SGB IV zur Verfügung stehenden Haushaltsmittel zu berücksichtigen[668]. Soweit zwischen mehreren Zuschussanträgen zu entscheiden ist, ist dabei maßgebliches Kriterium deren unterschiedlicher Grad an arbeitsmarktlicher Zweckmäßigkeit[669].

b. Kein Einfluss des § 2 SGB III auf die Ermessensentscheidung

In der Literatur wird teilweise die Auffassung vertreten, bei Ermessensentscheidungen der Arbeitsverwaltung die Nichteinhaltung der Regelungen des § 2 SGB III zu berücksichtigen[670]. So sollen Unternehmen, die durch Weiterbildungsbemühungen für eine berufliche Fortentwicklung ihres Personals gesorgt haben, große Anstrengungen zur Vermeidung von Arbeitslosigkeit unternommen oder mit der Arbeitsverwaltung konstant und zielgerichtet im Rahmen der Entlassungen kooperiert haben, bei der Gewährung der arbeitsförderungsrechtlichen Ermessensleistungen eher bedacht werden als Unternehmen die diese Erwartungen nicht oder partiell nicht genügen[671].
Damit wird im Ergebnis § 2 SGB III widriges Arbeitgeberverhalten sanktioniert, ohne dass eine entsprechende Ermächtigungsnorm vorliegt. Denn eine Sanktionsnorm vergleichbar der Sperrfrist nach § 144 SGB III existiert nicht. Zudem werden durch diese Auffassung letztlich die vom Personalabbau betroffenen Arbeitnehmer beschwert. Demnach ist § 2 SGB III im Hinblick auf § 257 SGB III keine ermessenlenkende Vorschrift.

---

666 *Niesel in Niesel* SGB III, § 7 Rdnr. 2.
667 *Roeder in Niesel* SGB III, § 257 Rdnr. 4.
668 BSG vom 28.6.1979 – 1 Ra 97/78.
669 so bereits *Löwisch*, RdA 1997, 287 (292).
670 *Eichenhofer*, SGb 2000, 289 (292); ähnlich *Wendeling-Schröder/Welkoborsky*, NZA 2002, 1370 (1375).
671 *Eichenhofer*, SGb 2000, 289 (292).

VI. Die Zuschussvoraussetzungen nach § 255 Abs. 1 SGB III

Ob die in einem Transfer-Sozialplan vorgesehene Transfer- und Qualifizierungsmaßnahme durch einen Zuschuss der Bundesanstalt für Arbeit gefördert werden kann, hängt nicht allein von den Voraussetzungen des § 254 SGB III ab. Erforderlich ist darüber hinaus, dass es sich bei der beabsichtigten Eingliederungsmaßnahme um eine förderungsfähige Maßnahme i.S.d. § 255 Abs. 1 SGB III handelt.

1. Drohende Arbeitslosigkeit infolge geplanter Betriebsänderung gem. § 255 Abs.1 Nr. 1SGB III

Gemäß § 255 Abs. 1 Nr. 1 SGB III werden Zuschüsse nur geleistet, wenn die in der Maßnahme zu fördernden Arbeitnehmer infolge einer geplanten Betriebsänderung von Arbeitslosigkeit bedroht sind.

a. Zu fördernde Arbeitnehmer

Die von Arbeitslosigkeit bedrohten Personen müssen Arbeitnehmer des personalabbauenden Unternehmens gewesen sein. Maßgeblich ist der arbeitsrechtliche Arbeitnehmerbegriff. In den §§ 12 ff. SGB III findet sich keine spezifisch arbeitsförderungsrechtliche Arbeitnehmerdefinition. Damit sind insoweit auch leitende Angestellte erfasst, die nach § 5 Abs. 3 BetrVG aus dem Anwendungsbereich des BetrVG ausgenommen sind. Unschädlich ist es, wenn die Arbeitsverhältnisse der ehemaligen Arbeitnehmer bereits in Umsetzung der Betriebsänderung vor Abschluss eines Sozialplans beendet worden sind. Denn im Gegensatz zu § 175 Abs.1 S.1 Nr.2 SGB III sollen durch das Instrument der Zuschüsse zu Sozialplanmaßnahmen nicht Entlassungen verhindert werden. Auch das Arbeitsrecht lässt das Recht zur erzwingbaren Aufstellung eines Sozialplans nach §§ 112 Abs.4, 5 BetrVG nicht entfallen, wenn die Betriebsänderung bereits durchgeführt wurde[672].

Wäre die bereits erfolgte tatsächliche Beendigung des Arbeitsverhältnisses ein Ausschlussgrund auch für die Förderung durch Zuschüsse zu Sozialplanmaßnahmen, liefe § 112 Abs.5 S.2 Nr.2a BetrVG in den Fällen leer, in denen der Arbeitgeber entweder gemäß des vereinbarten Interessenausgleichs oder auch unter Missachtung der Beteiligungsrechte die Betriebsänderung bereits durchgeführt hätte. Sähe man die Rechtfertigung für den Entzug der Förderungsfähigkeit in der arbeitsförderungsrechtlichen Sanktion für arbeitsrechtswidriges Verhalten des Arbeitgebers, bzw. für

---

[672] *Richardi*, BetrVG, § 112 Rdnr. 62.

die verzögerliche Aufstellung eines Sozialplans, träfe diese in erster Linie die Arbeitnehmer. Diese Auffassung ist daher abzulehnen[673].

b. Drohende Arbeitslosigkeit

Gemäß der Legaldefinition des § 17 SGB III liegt drohende Arbeitslosigkeit vor, wenn nach Nr. 1 ein Arbeitnehmer versicherungspflichtig beschäftigt wird, nach Nr. 2 alsbald mit Beendigung der Beschäftigung rechnen muss und nach Nr. 3 voraussichtlich nach Beendigung der Beschäftigung arbeitslos wird.

aa. Versicherungspflichtige Beschäftigung

Das Bestehen einer versicherungspflichtigen Beschäftigung i.S.d. § 17 Nr. 1 SGB III in der Person des zu fördernden Arbeitnehmers richtet sich nach den Vorschriften des Arbeitsförderungsrechts. Versicherungspflichtig sind nach § 25 Abs. 1 S.1 SGB III insbesondere Personen, die gegen Arbeitsentgelt oder zu ihrer Berufsausbildung beschäftigt sind. Dagegen sind Personen, die geringfügige Beschäftigung nach § 8 SGB IV ausüben gemäß § 27 Abs. 2 SGB III versicherungsfrei und somit nicht förderungsfähig.
Zu beachten ist im Arbeitsförderungsrecht die Vermutung einer Beschäftigung nach § 7 Abs. 4 S. 1 SGB IV[674]. Bis auf die geringfügig Beschäftigten und die leitenden Angestellten ist der Personenkreis in § 17 Nr. 1 SGB III mit dem in §§ 111 ff. BetrVG identisch.

bb. Alsbaldige Beendigung der Beschäftigung

Nach § 17 Nr. 2 SGB III muss der Arbeitnehmer alsbald mit der Beendigung der Beschäftigung rechnen. Nicht jede Gefahr, arbeitslos zu werden genügt, sondern die Bedrohung muss unmittelbar bestehen[675].
Aus der Formulierung „rechnen müssen" ist abzuleiten, dass der Eintritt von Arbeitslosigkeit nicht vom eigenen Verhalten des Arbeitnehmers abhängen darf[676]. Unschädlich ist, wenn sich die arbeitgeberseitige Kündigung bereits erfolgt ist[677]. So

---

[673] Die Argumente entsprechen denen bei der Ablehnung des Einflusses von § 2 SGB III auf die Ermessensentscheidung der Arbeitsverwaltung.
[674] Vgl. *Rolfs*, ErfK § 7 Abs. 4 S. 1 SGB IV; gemeinsames Rundschreiben der Spitzenorganisation der Sozialversicherung vom 20.12.1999 unter 3.5.6. NZA 2000, 190 (192).
[675] *Niesel in Niesel* SGB III, § 17 Rdnr. 4.
[676] *Niesel in Niesel* SGB III, § 17 Rdnr. 6.
[677] *Stark in Wissing* SGB III, § 255 Rdnr. 3.

schließt § 255 Abs. 1 Nr. 1 bereits arbeitslos gewordene Arbeitnehmer nicht aus, nur weil sich bei ihnen die mit der Betriebsänderung verbundenen Risiken bereits voll verwirklicht haben[678]. Denn nach Durchführung des Interessenausgleichversuchs oder Abschlusses ist der Unternehmer frei, die Betriebsänderung mit den damit verbundenen Beendigungen der betroffenen Arbeitsverhältnisse zu beginnen[679]. Demzufolge können Arbeitnehmer bereits arbeitslos werden, bevor ein Sozialplan zustande gekommen ist.

Aus dem Wortlaut „rechnen müssen" wird teilweise gefolgert, dass bei Beendigung des Arbeitsverhältnisse durch Eigenkündigung oder Aufhebungsvertrag die Voraussetzungen des § 17 Nr. 2 SGB III erfüllt, wenn sie aus wichtigem Grund i.S.d. § 144 Abs. 1 SGB III erfolgt[680]. Wurde das Beschäftigungsverhältnis durch Eigenkündigung oder Aufhebungsvertrag gelöst, weil andernfalls eine Kündigung des Arbeitgebers drohte, liegt danach kein wichtiger Grund vor. Dem Arbeitnehmer ist es i.d.R. zuzumuten die Kündigung des Arbeitgebers abzuwarten[681]. Etwas anderes gilt, wenn die arbeitgeberseitige Kündigung mit Bestimmtheit in Aussicht gestellt worden ist, ohne dass der Arbeitnehmer hierzu durch vertragswidriges Verhalten Anlass gegeben hat, diese Kündigung zu demselben Zeitpunkt zu dem das Beschäftigungsverhältnis geendet hat, wirksam geworden wäre, diese Kündigung arbeitsrechtlich zulässig gewesen wäre und dem Arbeitnehmer nicht zuzumuten war, die Kündigung abzuwarten[682]. Letzteres ist der Fall, wenn er durch sein Verhalten objektiv Nachteile aus einer arbeitgeberseitigen Kündigung für sein berufliches Fortkommen vermeiden kann oder sonstige gleich gewichtige Gründe darlegen kann[683].

Sonach lägen die Anforderungen für die drohende Arbeitslosigkeit und damit Förderungsfähigkeit nach § 255 Abs. 1 Nr. 1 SGB III höher als die für die Sozialplanberechtigung im Falle der Eigenkündigung bzw. des Abschlusses eines Aufhebungsvertrages. So ist die arbeitnehmerseitige Beendigung des Arbeitsverhältnisses ein möglicher Ausschlussgrund von Sozialplanleistungen, wenn diese nicht vom Arbeitgeber veranlasst worden ist[684]. Im Falle der arbeitgeberseitigen Veranlassung verstößt die Herausnahme gegen § 75 Abs. 1 S. 1 BetrVG und dem arbeitsrechtlichen Gleichbehandlungsgrundsatz[685].

---

678 *Feckler*, GK-SGB III, § 256 Rdnr. 4b.
679 *Röder/Baeck*, Interessenausgleich, S. 12.
680 *Niesel in Niesel* SGB III, § 17 Rdnr. 6.
681 *Niesel in Niesel* SGB III, § 144 Rdnr. 83.
682 *Niesel in Niesel* SGB III, § 144 Rdnr. 83.
683 *Niesel in Niesel* SGB III, § 144 Rdnr. 83.
684 BAG vom 20.4.1994 - 10 AZR 323/93- AP Nr. 24 zu § 75 BetrVG1972 = BB 1994, 1938.
685 BAG vom 19.7.1995 – 10 AZR 885/94 – AP Nr. 96 zu § 112 BetrVG 1972= EzA § 112 BetrVG 1972 Nr. 82 = BB 1995, 2534.

Auch werden in § 112a Abs. 1 S. 2 BetrVG Aufhebungsverträge, die der Arbeitgeber veranlasst hat, einer arbeitgeberseitigen Entlassung gleichgestellt und begründen sonach die Sozialplanpflicht beim reinen Personalabbau.
Sicherlich ist richtig, dass der Pflicht einen Sozialplan aufzustellen und der Berechtigung der Arbeitnehmer auf die vereinbarten Sozialplanleistungen nicht zwingend auf deren Förderungsfähigkeit zu schließen ist. Betrachtet man aber die Anforderungen, die an eine arbeitgeberseitige Kündigung gestellt werden, lässt sich die obigen Erfordernisse nicht aufrechterhalten. Bei Kündigungen ist ausreichend, dass sie nicht offensichtlich unwirksam sind.
Nicht zuletzt spricht die allgemeinen Formulierung „Beendigung der Beschäftigung" gegen die überhöhten Anforderungen, die den Beendigungstatbestand offen lässt und nicht auf die arbeitgeberseitige Beendigungskündigung beschränkt[686]. Diese Auslegung ist auch mit dem Zweck des § 255 SGB III vereinbar, nach dem bestimmte Mindestvoraussetzungen erfüllt sein müssen, um missbräuchliche Inanspruchnahme auszuschließen[687]. Dadurch dass der Konnex mit der Betriebsänderung besteht, ist der Missbrauchsgefahr ausreichend Rechnung getragen.
Nach BSG ist ein Arbeitnehmer von Arbeitslosigkeit bedroht, wenn bei ihm mit einiger Wahrscheinlichkeit in nächster Zeit zu erwarten ist, dass er arbeitslos wird[688]. Insofern genügt, dass der Arbeitgeber dem Arbeitnehmer mitgeteilt hat, dass er gekündigt werde. Gleiches gilt, wenn er ggf. in einem Interessenausgleich namentlich benannt ist. So wie dies in § 125 Abs. 1 S. 2 Nr. 2 InsO beim Interessenausgleich in der Insolvenz vorgesehen ist. Diese arbeitsförderungsrechtliche Voraussetzung ist auch hinsichtlich von Namenslisten in Interessenausgleichen außerhalb der Insolvenz erfüllt. Unerheblich ist insoweit, dass § 1 Abs. 5 KSchG a.F. mit dem Gesetz zu Korrekturen in der Sozialversicherung zur Sicherung der Arbeitnehmerrechte zum 1.1.1999[689] aufgehoben worden ist. Danach wurde bei namentlicher Benennung der zu kündigenden Arbeitnehmer vermutet, dass die Kündigung durch dringende betriebliche Erfordernisse bedingt ist und darüber hinaus konnte die Sozialauswahl nur auf grobe Fehlerhaftigkeit überprüft werden. Die freiwillige Auflistung der zu kündigenden Arbeitnehmer ist aus Sicht der Sozialplanförderung sinnvoll, inwieweit sie im ggf. folgenden Kündigungsschutzverfahren eine Vermutungswirkung entfaltet und wie weit sie reicht ist umstritten[690].

---

[686] *Gaul*, AUA 1998, 336 (337); Feckler GK-SGB III, § 255 Rdnr. 8; *Meyer*, NZA 1998, 513 (514).
[687] BT- Drucks 13/4941, S. 198.
[688] BSG vom 30.3.1994 – 11 Rar 95/93 – DBIR § 44 AFG Nr. 4138.
[689] BGBl. I, S. 3843.
[690] *Löwisch*, Transfer-Sozialplan, S. 33 (42).

Die Frage, ob die Kündigung sozial gerechtfertigt ist arbeitsförderungsrechtlich grds. unerheblich; denn bis zum Obsiegen im Kündigungsschutzprozess ist der betreffende Arbeitnehmer arbeitslos im Sinne des SGB III[691]. Insbesondere ist unbeachtlich, ob die Beendigung des Arbeitsverhältnisses durch mildere Maßnahmen etwa wie Kurzarbeit verhindert werden könnte[692].
Nur bei offensichtlicher Unwirksamkeit der In Aussicht gestellten Kündigung z.B. die Kündigung einer Schwangeren (§ 9 MuSchG), eines Arbeitnehmers in Elternzeit (§ 18 BErzGG) oder eines schwerbehinderten Menschen ohne Zustimmung des Integrationsamtes (§ 85 SGB IX) gilt etwas anderes, da er jederzeit seinen Anspruch auf Weiterbeschäftigung gerichtlich durchsetzen kann[693].

cc. Voraussichtliche Arbeitslosigkeit

Nach § 17 Nr. 3 SGB III muss der Arbeitnehmer nach Beendigung des Arbeitsverhältnisses voraussichtlich arbeitslos werden. Es ist eine Prognose aufzustellen, ob konkrete Aussicht auf einen Anschlussarbeitsplatz vorliegt[694]. Auszugehen ist im Grundsatz von Arbeitslosigkeit i.S.v. § 118 SGB III. Nach § 118 Abs. 1 SGB III ist ein Arbeitnehmer arbeitslos, der vorübergehend nicht in einem Beschäftigungsverhältnis steht und eine versicherungspflichtige, mindestens 15 h wöchentlich umfassende Beschäftigung sucht. Nach Abs. 3 S. 1 stehen eine selbständige Tätigkeit der Beschäftigung gleich.
Somit besteht keine Gefahr der Arbeitslosigkeit für Arbeitnehmer, wenn er auf einen anderen Arbeitsplatz konkret weiterbeschäftigt werden kann, wobei die Person des neuen Arbeitgebers grds. unerheblich ist[695]. Unbeachtlich ist, ob der andere Arbeitsplatz im bisherigen Betrieb, in einem anderen Betrieb des Unternehmens oder bei einem anderen Unternehmen zur Verfügung steht, unabhängig davon, ob es sich um ein Konzernunternehmen handelt oder nicht[696].
Ebenfalls nicht arbeitslos werden Arbeitnehmer, die nach Ausscheiden aus dem bisherigen Arbeitsverhältnis eine selbständige Tätigkeit aufnehmen werden.
Dabei sind zunächst die Hilfen, die für von Arbeitslosigkeit bedrohte Arbeitnehmer vorgesehen sind, nicht zu berücksichtigen[697]. Es wäre zirkelschlüssig, beispielsweise

---

691 *Löwisch*, RdA 1997, 287 (289).
692 so *Gaul*, AuA 1998, 336 (337); aA *Meyer*, NZA 1998, 403 (406).
693 BAG (Großer Senat) vom 27.2.1985 – GS 1/84 – AP Nr. 14 zu § 611 BGB Beschäftigungspflicht = EzA § 611 BGB Beschäftigungspflicht Nr.9.
694 *Niesel in Niesel* SGB III § 17 Rdnr. 9.
695 *Fabricius/Oetker*, BetrVG, §§ 112, 112a Rdnr. 374.
696 *Bepler in Gagel* SGB III § 255 Rdnr. 9; *Löwisch*, RdA 1997, 287 (289); *Rolfs*, NZA 1998, 17 (20).
697 *Gagel in Gagel* SGB III § 17 Rdnr. 12.

die Arbeitnehmer von der Förderung auszunehmen, die befristet in eine Transfergesellschaft übertreten. Denn dadurch soll ihnen gerade die Eingliederung in den Arbeitsmarkt ermöglicht werden.
Das entspricht dem Vorrang der Vermittlung gegenüber sonstigen Leistungen der aktiven Arbeitsförderung nach § 4 Abs.2 SGB III. Dieser Grundsatz ist bei den Tatbestandsvoraussetzungen des § 255 Abs. 1 Nr. 1 SGB III auch nach der Änderung des § 254 SGB III durch das Job-AQTIV-Gesetz zu berücksichtigen. Nach § 254 SGB III a.F. mussten die vorgesehenen Maßnahmen der Eingliederung von ohne die Förderung nicht oder nicht dauerhaft in den Arbeitsmarkt einzugliedernden Arbeitnehmern dienen. Dies entspricht dem § 4 Abs.2 SGB III. Danach gilt der Vorrang der Vermittlung im Verhältnis zu den Zuschüssen zu Sozialplanmaßnahmen als Leistung der aktiven Arbeitsförderung, es sei denn, die Leistung ist für eine dauerhafte Eingliederung erforderlich. Dieser Gesichtspunkt bleibt weiterhin zu berücksichtigen, denn zum Einen ist § 4 Abs. 2 SGB III unverändert geblieben und zum Anderen ist § 254 SGB III nur wegen der Schwierigkeiten der Prognose hinsichtlich der möglichen Bewilligung von Leistungen der aktiven Arbeitsförderung vereinfacht worden[698].

(1) Zumutbarkeit des Anschlussarbeitsverhältnisses

Ausgehend vom Wortlaut des § 17 Nr. 3 SGB III schließt jede versicherungspflichtige, mindestens 15h wöchentlich umfassende Anschlussbeschäftigung die voraussichtliche Arbeitslosigkeit aus. Nach allgemeiner Auffassung hat eine teleologische Reduktion des § 17 Nr. 3 SGB III im Rahmen des § 255 Abs. 1 Nr. 1 SGB III auf zumutbare Arbeitsverhältnisse zu erfolgen[699]. Nur zumutbare Anschlussarbeitsverhältnisse lassen demzufolge drohende Arbeitslosigkeit entfallen und sperren die Förderungsfähigkeit von Eingliederungsmaßnahmen für diesen Personenkreis. Eine Regelung, die zumutbare Tätigkeiten für von Arbeitslosigkeit bedrohte aber noch im Arbeitsverhältnis befindliche Arbeitnehmer bestimmt, findet sich im SGB III nicht. So ist umstritten, welcher Maßstab bei der Beurteilung der Zumutbarkeit heranzuziehen ist. Eine planwidrige Regelungslücke im Arbeitsförderungsrecht, unter welchen Voraussetzungen ein Anschlussarbeitsverhältnis für diesen Arbeitnehmerkreis zumutbar ist, liegt damit vor.

---

[698] vgl. BT-Drucks. 14/6944, S.42.
[699] *Bepler in Gagel* SGB III Rdnr. 9; *Löwisch*, RdA 1997, 287 (289); *Roeder in Niesel* SGB III, § 255 Rdnr. 6.

Löwisch[700] zieht bei der Ermittlung, welche Beschäftigung zumutbar ist § 121 SGB III heran. In § 121 SGB III wird geregelt welche Beschäftigungen Arbeitslosen zumutbar sind. Die Vorschrift ist nur auf Arbeitslose direkt anwendbar.

Nach dem Grundsatz in § 121 Abs. 1 SGB III sind dem Arbeitslosen alle seiner Arbeitsfähigkeit entsprechenden Beschäftigungen zumutbar, soweit allgemeine oder personenbezogene Gründe der Zumutbarkeit nicht entgegenstehen. Die Durchbrechungen des in Abs. 1 formulierten Grundsatzes stellen keinen abschließenden Katalog dar[701].

Nach § 121 Abs. 2 SGB III ist aus allgemeinen Gründen eine Beschäftigung, die gegen gesetzliche, tarifliche oder in Betriebsvereinbarungen festgelegte Bestimmungen über Arbeitsbedingungen oder gegen Bestimmungen des Arbeitsschutzes verstoßen, nicht zumutbar.

Als personenbezogene Gründe kommen insbesondere nach § 121 Abs. 3 SGB III das erheblich niedrigere Arbeitsentgelt im Vergleich zum bisherigen und nach § 121 Abs. 4 SGB III die unverhältnismäßig langen Pendelzeiten in Betracht.

Nach § 121 Abs. 5 SGB III ist dabei eine Beschäftigung nicht schon deshalb unzumutbar, weil sie befristet ist oder nicht zum Kreis der Beschäftigungen gehört, für die der Arbeitnehmer ausgebildet ist, oder die er bisher ausgeübt hat.

Die Gegenauffassung möchte zur Beurteilung der Frage den Zumutbarkeitsmaßstab des § 112 Abs. 5 S.2 Nr. 2 BetrVG heranziehen. Diese Vorschrift gilt nach seinem Wortlaut für die Einigungsstelle bei der Aufstellung von Sozialplänen[702]. Diese Regelung ist ebenfalls nicht direkt anwendbar.

§ 112 Abs. 5 S. 2 Nr. 2 BetrVG normiert, unter welchen Voraussetzungen die Einigungsstelle, Arbeitnehmer von Sozialplanleistungen ausschließen soll. Sonach soll die Einigungsstelle Arbeitnehmer von Leistungen ausschließen, die in einem zumutbaren Arbeitsverhältnis im selben Betrieb oder in einem anderen Betrieb des Unternehmens oder in eines zum Konzern gehörenden Unternehmens weiterbeschäftigt werden können und die Weiterbeschäftigung ablehnen. Die mögliche Weiterbeschäftigung an einem andern Ort begründet für sich allein nicht die Unzumutbarkeit.

Ermessensmissbräuchlich im Hinblick auf § 112 Abs. 5 S. 2 Nr. 2 S. 2 BetrVG ist, wenn die Einigungsstelle Arbeitnehmern, die einen anderen zumutbaren Arbeitsplatz ablehnen gleichwohl Leistungen zuspricht[703] Beschäftigungsmöglichkeiten außerhalb

---

[700] *Löwisch*, RdA 1997, 287 (289); Roeder hat insofern seine Meinung seit der Vorauflage geändert *Roeder in Niesel* SGB III, § 255 Rdnr. 6.

[701] *Brand in Niesel* SGB III, § 121 Rdnr. 2.

[702] *Bepler in Gagel* SGB III, § 255 Rdnr. 10, *Stark in Wissing* SGB III, § 255 Rdnr. 3.

[703] BAG vom 28.9.1988 – 1 ABR 23/87 – AP Nr. 47 zu § 112 BetrVG 1972 = EzA § 112 BetrVG 1972 Nr. 49.

des Unternehmens oder Konzerns sind bei den Aussichten auf dem Arbeitsmarkt nach § 112 Abs. 5 S. 2 Nr. 2 S. 1 BetrVG zu berücksichtigen[704].

Im Hinblick auf die Zumutbarkeitskriterien trifft diese Regelung abgesehen vom Hinweis, dass die Weiterbeschäftigung an einem andern Ort für sich allein nicht die Unzumutbarkeit begründet, keine weitere Konkretisierung des unbestimmten Rechtsbegriffes. Das Gesetz sagt nämlich nicht, unter welchen Umständen eine andere Beschäftigung i.S.d. § 112 Abs. 5 S. 2 Nr. 2 BetrVG zumutbar ist[705].

Nach der allgemeinen Auffassung zu § 112 Abs. 5 Nr. 2 BetrVG sind in der Regel gleichwertige Arbeitsbedingungen im Verhältnis zu den bisherigen zumutbar[706]. Die Gleichwertigkeit von Arbeitsbedingungen muss in finanzieller und beruflicher Hinsicht gewährleistet sein[707]. Das ist in rechtlicher Hinsicht nur der Fall, wenn das Zustandekommen des neuen Arbeitsverhältnisses ausschließlich vom Willen des Arbeitnehmers abhängt. Notwendig ist ein arbeitgeberseitiges Arbeitsplatzangebot[708]. Die Tätigkeit ist zumutbar, wenn sie der beruflichen Qualifikation mit einer tariflichen Vergütung entspricht[709]. Auch muss der erworbene arbeitsrechtliche Besitzstand in dem neuen Arbeitsverhältnis gewährleistet sein[710].

Die Kriterien der Zumutbarkeit können von den Betriebsparteien bzw. der Einigungsstelle konkretisiert werden[711]. Die Einigungsstelle kann Arbeitnehmer schon dann von den Leistungen ausschließen, die einen angebotenen Arbeitsplatz ausschließen, der nach der von ihnen getroffenen Regelung als zumutbarer Arbeitsplatz anzusehen ist[712]. Dies gilt auch, wenn die Zuerkennung von Leistungen bei Ablehnung eines solchen Arbeitsplatzes nicht gegen § 112 Abs. 5 S. 2 Nr. 2 S. 2 BetrVG verstoßen würde[713].

Sowohl § 121 SGB III wie auch § 112 Abs. 5 S.2 Nr. 2 BetrVG können allenfalls analog angewendet werden. Dies setzte neben der Regelungslücke voraus, dass der

---

[704] *Fabricius/Oetker*, BetrVG, §§ 112, 112a Rdnr. 323; *FKHE*, BetrVG, §§ 112,112a Rdnr. 179, *Röder/Baeck*, Interessenausgleich, S. 160.

[705] Röder/Baeck, Interessenausgleich, S. 159.

[706] *Fabricius/Oetker*, BetrVG, § 112, 112a Rdnr. 324; *FKHE* BetrVG §§ 112,112a Rdnr. 177.

[707] So wurde jüngst bspw. vom ArbG Frankfurt a.M. – 7/17 Ca 2936/02 – dpa 31.10.2002 die Gleichwertigkeit schon bei fehlender Handlungsvollmacht und Wegfall der Stellvertreterfunktion abgelehnt; *Richardi*, BetrVG, § 112 Rdnr. 128 mwN.

[708] *Richardi*, BetrVG, § 112 Rdnr. 127; *FKHE*, BetrVG, §§ 112,112a Rdnr. 176.

[709] *FKHE*, BetrVG, §§ 112,112a Rdnr. 178.

[710] *Richardi*, BetrVG, § 112 Rdnr. 128.

[711] BAG vom 27.10. 1987 – 1 ABR 9/86 - AP Nr. 41 zu § 112 BetrVG 1972 = EzA § 112 BetrVG 1972 Nr. 41; *Hanau/Kania* ErfK, BetrVG §§ 112, 112a Rdnr. 34.

[712] BAG vom 28.9.1988 – 1 ABR 23/87 – AP Nr. 47 zu § 112 BetrVG 1972 = EzA § 112 BetrVG 1972 Nr. 49.

[713] BAG vom 28.9.1988 – 1 ABR 23/87 – AP Nr. 47 zu § 112 BetrVG 1972 = EzA § 112 BetrVG 1972 Nr. 49.

von den vorgenannten Normen geregelte Sachverhalt mit dem zu regelnden ähnlich ist.

§ 121 SGB III regelt die Zumutbarkeit von Arbeitsverhältnissen bei Arbeitslosen. Er regelt zusammen mit § 144 Abs. 1 Nr. 2 SGB III, unter welchen Umständen wegen Arbeitsablehnung eine Sperrzeit hinsichtlich des Arbeitslosengeldes eintritt. Diese Regelung wiederum gilt auch für Bezieher von Kurzarbeitergeld nach § 172 Abs. 3 S. 3 SGB III. Damit zählt diese Vorschrift zu jenen, die die Grenzen des versicherten Risikos im Rahmen der Arbeitslosenversicherung definiert. §§ 118 ff SGB III legen die Grenzen durch Beschreibung des Versicherungsfalles „Arbeitslosigkeit" und durch den Mindestumfang an Vermittelbarkeit fest, § 144 SGB III belastet bestimmte Verhaltensweisen mit einer Einschränkung der Versicherungsleistung[714]. Sperrzeiten stellen damit nach dem Willen des Gesetzgebers eine zeitlich begrenzte Ablehnung des Risikos in einem vom Versicherten zu vertretenden Schadensfall. Die Gemeinschaft der Beitragszahler soll davor geschützt werden, dass der Anspruchsberechtigte das Risiko seiner Arbeitslosigkeit manipuliert[715].

Durch die Gewährung von Zuschüssen zu Sozialplanmaßnahmen, soll das Versicherungsrisiko nicht erhöht werden. Vielmehr soll Arbeitslosigkeit verhindert werden. Die Zielsetzung, den Versicherungsfall Arbeitslosigkeit zu verhindern ist, damit identisch. Wendete man § 112 Abs. 5 S. 2 Nr. 2 BetrVG an, würde die arbeitsförderungsrechtliche Kofinanzierung dazu eingesetzt, dass der betreffende Arbeitnehmer eine arbeitsrechtlich gleichwertige Anschlussbeschäftigung findet. Diese weitergehende Zielsetzung kann aus § 254 SGB III nicht abgeleitet werden.

Davon unberührt bleibt, dass die Zeitspanne bis zum Ende des Arbeitsverhältnisses dem Arbeitnehmer als Freiraum zur Verwirklichung seines Rechts auf Freiheit der Berufs- und Arbeitsplatzwahl bleibt[716]. Für ihn ist die Möglichkeit gesichert, in dieser Zeit uneingeschränkt darauf zu setzen, wieder in seinem oder ähnlich qualifizierten Tätigkeit unterzukommen[717]. Das damit verbundene Risiko trägt jedoch der Arbeitnehmer selbst.

Da die Anforderungen an die Zumutbarkeit nach § 121 SGB III geringer sind als die des § 112 Abs. 5 S. 2 Nr. 2 BetrVG, ist bei dessen Anwendung im Rahmen des § 255 Abs. Nr. 1 SGB III die Konstellation denkbar, dass Arbeitnehmer hinsichtlich der in Aussicht stehenden nach § 121 SGB III zumutbaren Weiterbeschäftigung nicht von der Sozialplanleistung ausgenommen werden müssten, aber die in Anspruch genommene Sozialplanleistung wegen fehlender drohender Arbeitslosigkeit nicht

---

[714] *Winkler in Gagel*, SGB III, § 144 SGB III Rdnr. 22.
[715] BSG vom 13.3.1990 – 11 Rar 69/88 – SozR 3- 4100 § 119 AFG Nr. 2.
[716] Vgl. *Gagel*, BB 2001, 358 (362).
[717] *Gagel*, BB 2001, 358 (362).

förderungsfähig ist. Dieses Ergebnis ist nicht zwingend, da die Betriebsparteien und die Einigungsstelle berechtigt sind, die Anforderungen an die Zumutbarkeit abzusenken[718].

Dass die Anwendbarkeit des § 121 SGB III i.V.m. § 144 Abs. 1 Nr. 2 SGB III auf bestehende Arbeitsverhältnisse ausgeschlossen sei, ist arbeitsförderungsrechtlich im Hinblick auf die Vorschrift des § 172 Abs. 3 S. 3 SGB III nicht durchzuhalten. § 172 SGB III regelt die persönlichen Voraussetzungen des Bezuges von Kurzarbeitergeld, einer Leistung der aktiven Arbeitsförderung wie die Zuschüsse zu Sozialplanmaßnahmen. Zumindest beim konjunkturellen Kurzarbeitergeld muss das Arbeitsverhältnis zum bisherigen Arbeitgeber nach § 172 Abs. 1 Nr. 2 SGB III auch fortbestehen. Während § 112 Abs. 5 S. 2 Nr. 2 BetrVG die Ausschlusspflicht der Einigungsstelle von Sozialplanleistungen regelt, hat § 255 Abs. 1 Nr. 1 SGB III die Anspruchsvoraussetzungen für die Zuschüsse zu Sozialplanmaßnahmen gegenüber der Bundesanstalt für Arbeit und damit der Solidargemeinschaft der Versicherten.

Aufgrund der unterschiedlichen Regelungsgegenstände ist die Heranziehung unterschiedlicher Kriterien für die Beurteilung der Zumutbarkeit gerechtfertigt. Die Zumutbarkeit von Anschlussarbeitsverhältnissen in § 255 Abs. 1 Nr. 1 SGBIII ist also an § 121 SGB III zu messen. So ist beispielsweise eine Anschlussbeschäftigung zumutbar, wenn das erzielbare Entgelt das bisherige Bemessungsentgelt um nicht mehr als 20% unterschreitet. Die weitere Staffelung ist nicht anwendbar, da die Zuschussentscheidung zu einem Zeitpunkt ergeht, wenn der Sozialplan zustandekommt - d.h. regelmäßig, noch ehe die Arbeitslosigkeit eingetreten ist.

(2) Weiterbeschäftigung in Betrieb, Unternehmen oder Konzern

Im Falle der zumutbaren Weiterbeschäftigung im Betrieb wie auch im Unternehmen ist die Voraussetzung des § 255 Abs. 1 Nr. 1 SGB III nicht erfüllt[719].

Eine Meinung lehnt die konzernbezogene Weiterbeschäftigungsmöglichkeit als Ausschluss der drohenden Arbeitslosigkeit ab, da ansonsten der Kündigungsschutz eine konzernbezogene Auslegung erfahre[720]. Diese sei nur zu berücksichtigen, sofern aufgrund einer Konzernversetzungsklausel ein so weitreichendes Direktionsrecht bestehe[721]. Die vorliegend diskutierte Weiterbeschäftigungsmöglichkeit ist, von der des Kündigungsschutzrechts in § 1 KSchG, zu trennen. Denn in § 255 Abs. 1 Nr. 1 SGB

[718] BAG vom 28.9.1988 – 1 ABR 23/87 – AP Nr. 47 zu § 112 BetrVG 1972 = EzA § 112 BetrVG 1972 Nr. 49.
[719] *Bepler in Gagel* SGB III § 255 Rdnr. 10; *Löwisch*, RdA 1997, 287 (289).
[720] *Gaul*, AUA 1998, 336 (337).
[721] *Gaul*, AUA 1998, 336 (337).

III geht es nicht um den Kündigungsschutz, sondern um die Festlegung der Anspruchsvoraussetzungen für die Zuschüsse zu Sozialplanmaßnahmen. Zweck ist, Missbräuche des Instruments zu vermeiden. In einem solchen Fall, in dem die Möglichkeit einer neuen Beschäftigung besteht, scheidet die Bewilligung von Leistungen der aktiven Arbeitsförderung auch angesichts von § 4 SGB III, wegen der Nachrangigkeit gegenüber einer möglichen Vermittlung in Arbeit aus[722].

Kann also der Arbeitnehmer auf einem anderen i.S.d. § 121 SGB III zumutbaren Arbeitsplatz im Betrieb, Unternehmen oder Konzern weiterbeschäftigt werden, ist dessen Eingliederungsmaßnahme nicht förderungsfähig. Der Ausgleich eventuell auftretender wirtschaftlicher Nachteile durch den Sozialplan ist möglich und nicht zwingend durch § 112 Abs. 5 S. 2 Nr. 2 BetrVG ausgeschlossen. Die §§ 254 SGB III ff. räumen kein Wahlrecht zwischen Eingliederungsmaßnahme und zumutbarer Weiterbeschäftigung ein[723].

(3) Befristete Anschlussbeschäftigung

Nach § 121 Abs. 5 SGB III ist eine Beschäftigung nicht schon deshalb unzumutbar, weil sie befristet ist. Im Umkehrschluss bedeutet dies aber nicht, dass jede befristete Beschäftigung zumutbar ist.

Die befristete Beschäftigung muss unter Berücksichtigung der Zielsetzung der §§ 254 ff SGB III und § 4 Abs. 2 SGB III der dauerhaften Eingliederung in den Arbeitsmarkt dienen. So sind befristete Anschlussarbeitsverhältnisse, die von vornherein zu keiner dauerhaften Eingliederung in den Arbeitsmarkt führen, nicht zumutbar[724].

Im Einzelfall ist damit die Dauer des befristeten Arbeitsverhältnisses und der Befristungsgrund maßgeblich[725]. Die Rechtsgrundlagen für die Befristung von Arbeitsverhältnissen sind seit 01.01.2001 im Teilzeit- und Befristungsgesetz geregelt[726]. Die Befristung eines Arbeitsverhältnisses ist, wenn kein Fall der sachgrundlos zulässigen kalendermäßigen erstmaligen Befristung für die Dauer von nicht mehr als zwei Jahren nach § 14 Abs. 2 TzBfG oder einer Befristung von älteren Arbeitnehmern nach § 14 Abs. 3 TzBfG gegeben ist, gem. § 14 Abs. 1 TzBfG nur zulässig, wenn ein sachlicher Grund vorliegt. Das Gesetz stellt acht nicht abschließende Grundtatbestände zur Verfügung.

---

722 *Bepler in Gagel*, SGB III, § 255 Rdnr. 10.
723 *Löwisch*, RdA 1999, 287 (289).
724 Vgl. *Roeder in Niesel*, SGB III, § 255 Rdnr. 6.
725 Vgl. *Roeder in Niesel*, SGB III, § 255 Rdnr. 6.
726 Gesetz vom 21.12.2000 BGBl. I S. 1966.

Von den in § 14 Abs. 1 S. 2 TzBfG gesetzlich anerkannten Sachgründen sind der vorübergehende betriebliche Bedarf an Arbeitsleistung nach Nr. 1, die Vertretung eines anderen Arbeitnehmers nach Nr. 3, die Eigenart der Arbeitsleistung nach Nr. 4, Haushaltsmittel nach Nr. 7 und der gerichtliche Vergleich nach Nr. 8 rglm. nicht zur dauerhaften Eingliederung in den Arbeitsmarkt geeignet, da eine über das Befristungsende hinausgehende Weiterbeschäftigung von vornherein nicht zu erwarten ist. Hingegen sind die sachlichen Gründe der Befristung im Anschluss an eine Ausbildung oder ein Studium nach Nr. 2 und zur Erprobung nach Nr. 5 geeignet, eine Eingliederung zu erreichen. Gleiches gilt für die sachgrundlose nach § 14 Abs. 2 TzBfG und die mit älteren Arbeitnehmern nach § 14 Abs. 3 TzBfG zulässige Befristung. In den letztgenannten Fällen sind lediglich Kurzbefristungen unzumutbar. Eine Kurzbefristung ist regelmäßig nicht anzunehmen, wenn diese nicht mind. 1 Jahr dauert[727]. Denn erst ein Arbeitsverhältnis von 1 Jahr Dauer genügt nach § 123 S. 1 SGB III für die Erfüllung der Anwartschaftszeit für den Bezug von Arbeitslosengeld. Durch die Aufnahme der befristeten Arbeitsverhältnisses darf das Eingehen eines Dauerarbeitsverhältnisses nicht gefährdet werden[728].

(4) Leiharbeitsverhältnisse

Die Vermittlung in Leiharbeitsverhältnisse ist ausgehend vom Grundsatz des § 121 SGB III nicht von vorneherein unzumutbar. Der Gesetzgeber ist von der Tauglichkeit über Leiharbeitsverhältnisse, die dauerhafte Eingliederung in den Arbeitsmarkt zu gewährleisten, überzeugt[729]. Nach Schätzungen werden etwa 30 % der Leiharbeitnehmer in feste Arbeitsverhältnisse bei den Entleihern übernommen[730]. Das Job-AQTIV-Gesetz verdoppelte sogar die bisher zulässige Überlassungsdauer[731]. Nach § 3 Abs. 1 Nr. 6 AÜG bestimmt, dass die Verleihererlaubnis zu versagen ist, wenn Tatsachen die Annahme rechtfertigen, dass der Verleiher einem Entleiher denselben Arbeitnehmer länger als 24 aufeinanderfolgende Monate überlässt. Gleichzeitig hat der Gesetzgeber für die Arbeitnehmerüberlassung, die einen Zeitraum von 12 Monaten überschreitet eine Mindestlohnregelung getroffen. Nach § 10 Abs. 5 AÜG hat der Leiharbeitnehmer einen Anspruch gegen den Verleiher auf die im Betrieb des Entleihers für vergleichbare Arbeitnehmer des Entleihers geltenden Arbeitsbedingungen einschließlich Arbeitsentgelts. Zudem hat der Arbeitnehmer ein Arbeitsverhältnis mit

---

[727] Vgl. *Ruhm*, Arbeitsförderungsrecht S. 121 Rdnr. 419 zu Sperrzeiten.
[728] *Steinmeyer in Gagel* SGB III, § 121 Rdnr. 95.
[729] Vgl. BT- Drucks. 14/4220 S. 15 u. 74.
[730] vgl. *Boemke/Lembke*, DB 2002, 893 (893).
[731] BGBl. I 2001 S. 3443

dem Verleiher. Und nicht zuletzt ist der Schutz der Leiharbeitnehmer gegenüber Verleihern, die ihren arbeits- und sozialversicherungsrechtlichen Pflichten nicht nachkommen, besonders gewährleistet[732]. Im einzelnen zählen dazu der Erlaubnisvorbehalt nach §§ 1 ff. AÜG, hoheitliche Überwachung § 6 AÜG und die straf- bzw. ordnungswidrigkeitenrechtliche Sanktionierung nach §§ 15 ff. AÜG[733].

(5) Allgemeine Chancen auf dem Arbeitsmarkt

Inwieweit allein allgemeine Chancen auf dem Arbeitsmarkt eine zumutbare Anschlussbeschäftigung zu erlangen, der Annahme drohender Arbeitslosigkeit entgegenstehen, ist fraglich. Nach § 17 Nr. 3 SGB III genügt voraussichtliche Arbeitslosigkeit. Mit Arbeitslosigkeit ist sicher nicht zu rechnen, wenn die zu fördernden Arbeitnehmer ein konkretes Angebot auf Abschluss eines Anschlussarbeitsverhältnisses hat. Aber auch wenn mit hinreichender Wahrscheinlichkeit feststeht, dass eine Vermittlung in ein zumutbares Arbeitsverhältnis möglich ist, liegt keine voraussichtliche Arbeitslosigkeit vor[734]. Bedeutsam sind insoweit die Chancen auf dem Arbeitsmarkt für die zu fördernden Arbeitnehmer, einen Anschlussarbeitsplatz zu erhalten[735]. Dabei ist zu berücksichtigen, ob der betreffende Arbeitnehmer einen Mangelberuf ausübt. Dieser Umstand ist aber nur ein erstes Indiz für die Vermittelbarkeit. Weitere Voraussetzung ist, dass die Arbeitsverwaltung über ausreichend vakante Stellenangebote für die vom Arbeitsplatzabbau betroffenen und für Eingliederungsmaßnahmen vorgesehenen Arbeitnehmer zur Verfügung stehen hat. Miteinzubeziehen ist auch die konkrete Berufsbiographie der zu fördernden Arbeitnehmer. Die Beweislast trägt insoweit die Arbeitsverwaltung[736].

c. Geplante Betriebsänderung ursächlich für die drohende Arbeitslosigkeit

Die drohende Arbeitslosigkeit muss infolge der geplanten Betriebsänderung i.S.d. § 111 BetrVG eintreten. Es ist nicht ausreichend, wenn andere Gründe als die der Betriebsänderung dazu führen, dass der Arbeitnehmer von Arbeitslosigkeit bedroht ist[737]. Damit scheidet der Arbeitsplatzverlust aus verhaltensbedingten oder personenbedingten Gründen gleichermaßen aus wie der freiwillige Austritt ohne Bezug zur Betriebsänderung. Hingegen sind die Arbeitnehmer mit ein zu beziehen, die anläss-

---

[732] *Boemke/Lembke*, DB 2002, 893 (899).
[733] *Boemke/Lembke*, DB 2002, 893 (899).
[734] *Niesel in Niesel* SGB III, § 17 Rdnr. 9.
[735] *Gagel in Gagel* SGB III, § 17 Rdnr. 12
[736] *Niesel in Niesel* SGB III, § 17 Rdnr. 9.
[737] *Stark in Wissing* SGB III, § 255 Rdnr. 3.

lich der Betriebsänderung einen Aufhebungsvertrag abgeschlossen bzw. selbst gekündigt haben, sofern dies vom Arbeitgeber im Hinblick auf die geplante Betriebsänderung angestoßen war[738]. Der Kausalzusammenhang ist gleichermaßen, wie beim Zusammenhang zwischen geplanter Betriebsänderung und wirtschaftlichen Nachteil, in § 112 Abs.1 S.2 BetrVG zu ermitteln.

d. Prognosefragen

Letztlich muss die Arbeitsverwaltung hinsichtlich der drohenden Arbeitslosigkeit der zu fördernden Arbeitnehmer eine Prognoseentscheidung fällen. Fraglich ist, ob bei dieser Entscheidung auf den einzelnen Arbeitnehmer in einer Einzelfallbetrachtung oder auf die Mehrzahl der Arbeitnehmer in einer typisierenden Betrachtung abgestellt werden muss. Der Wortlaut des § 255 Abs.1 Nr.1 SGB III gibt keinen Anhaltspunkt für eine typisierende Betrachtung bezogen auf die Mehrzahl der zu fördernden Arbeitnehmer. Auch aus systematischen Gründen lässt sich eine solche Erleichterung aus der Grundsatznorm § 254 SGB III nicht ableiten.
Ausweislich der Gesetzesbegründung zum AFRG sollte im Interesse der verwaltungsökonomischen Prüfung und Entscheidung eine Einzelfallbetrachtung für jeden von der Betriebsänderung betroffenen Arbeitnehmer vermieden werden[739]. Dementsprechend hatte § 252 des Entwurfs der Regierungskoalition (der spätere § 254 SGB III) zunächst den Wortlaut: „Die in einem Sozialplan vorgesehenen Maßnahmen, die der Eingliederung von Arbeitnehmern dienen, können gefördert werden, wenn anstelle dieser Maßnahmen für die Mehrzahl dieser Arbeitnehmer voraussichtlich andere Leistungen der aktiven Arbeitsförderung zu erbringen wären." Im Interesse eines zielgerichteten Einsatzes von Beitragsmitteln wurde formuliert, dass die in einem Sozialplan vorgesehenen Maßnahmen, die der Eingliederung von ohne die Förderung nicht oder nicht dauerhaft in den Arbeitsmarkt einzugliedernden Arbeitnehmern dienen, durch Zuschüsse gefördert werden können, wenn anstelle dieser Maßnahmen für diese Arbeitnehmer voraussichtlich andere Leistungen der aktiven Arbeitsförderung zu erbringen wären. Wie oben bereits dargestellt, wurde durch das Job-AQTIV-Gesetz auf das Substitutionserfordernis in § 254 SGB III nunmehr ganz verzichtet. Grund für diesen Verzicht ist nach der Gesetzesbegründung der Umstand, dass die Prognose über die Bewilligung von Leistungen der aktiven Arbeitsförderung in der zur Verfügung stehenden Zeit nicht getroffen werden kann[740].

---

[738] BAG vom 19.7.1995 – 10 AZR 885/94 - AP Nr. 96 zu § 112 BetrVG = EzA § 112 BetrVG 1972 Nr. 82 = NZA 1996, 271 = NZA 1996, 271.
[739] BT-Drucks. 13/4941, S. 198
[740] BT-Drucks. 14/6944, S. 42

Der Verzicht beschränkt sich auf die konkrete Anspruchsvoraussetzung und trifft insoweit keine generelle Regelung. Eine generelle Abkehr von der Einzelfallprüfung in § 255 Abs.1 Nr.1 SGB III kann aus dem Verzicht auf eine Anspruchsvoraussetzung in § 254 SGB III nicht hergeleitet werden.
Denn nur die Einzelfallbetrachtung gewährleistet, dass die Versichertengemeinschaft nicht missbräuchlich in Anspruch genommen wird. Eine Überforderung der Arbeitsverwaltung trifft nicht zuletzt deshalb nicht ein, da ihr ein nur begrenzt überprüfbarer Beurteilungsspielraum bei dieser Prognoseentscheidung eingeräumt ist.

2. Versuch eines Interessenausgleichs i.S.d. § 112 BetrVG gem. § 255 Abs. 1 Nr. 2 SGB III

Nach § 255 Abs.1 Nr.2 SGB III ist die Maßnahme nur förderungsfähig, wenn über die geplante Betriebsänderung ein Interessenausgleich nach § 112 BetrVG versucht worden ist.
Sowohl aufgrund des Wortlauts von § 255 Abs.1 Nr.2 SGB III als auch wegen der Benutzung betriebsverfassungsrechtlicher Terminologie in §§ 254 ff. SGB III meint die Vorschrift einen Interessenausgleich i.S.d. § 112 Abs.1 S.1 BetrVG. Der Versuch eines Interessenausgleichs ist Fördervoraussetzung für die Zuschüsse zu Sozialplanmaßnahmen. Dies entspricht § 2 Abs.2 Satz 2 Nr.2 SGB III, wonach die Arbeitgeber vorrangig durch betriebliche Maßnahmen die Inanspruchnahme von Leistungen der Arbeitsförderung sowie die Entlassung von Arbeitnehmern vermeiden sollen. Im Hinblick auf die vorrangige Verantwortung von Arbeitgebern und Arbeitnehmern für die Erhaltung von Arbeitsplätzen müssen zunächst die innerbetrieblichen Möglichkeiten ausgeschöpft werden, bevor die Allgemeinheit mit Leistungen eintritt[741].
Durch die Anspruchsvoraussetzung soll demnach vermieden werden, dass auf die Solidargemeinschaft der Versicherten Kosten für vermeidbare Eingliederungsmaßnahmen im Sozialplan auferlegt werden.
Ziel des Interessenausgleichs i.S.d. § 112 BetrVG ist, die zum Teil gegenläufigen Interessen von Unternehmer und Betriebsrat in Einklang zu bringen, um Nachteile für die Arbeitnehmer zu vermeiden[742]. Der Interessenausgleich betrifft das Ob, Wie und Wann einer Betriebsänderung. Anders als beim Sozialplan sollen nicht die wirtschaftlichen Nachteile infolge der geplanten Betriebsänderung ausgeglichen bzw. gemildert werden, sondern durch Modifizierung der Betriebsänderung von vornherein vermeiden.

---

[741] BT-Drucks. 13/4941, S. 198.
[742] BAG vom 17.9 1991 – 1 ABR 23/91 - AP Nr.59 zu §§ 112 BetrVG 1972 = EzA § 112 BetrVG 1972 Nr. 58.

Durch den Interessenausgleich werden nach Möglichkeit die Entlassungen von Arbeitnehmern im Rahmen der modifizierten Betriebsänderung, damit der Arbeitsplatzverlust und somit die Eingliederungsmaßnahmen mitsamt deren Kofinanzierung durch die Arbeitsverwaltung vermieden.
Der Interessenausgleich kann nicht erzwungen werden[743]. Auch sind die Entlassungen im Rahmen einer Betriebsänderung ohne den Versuch eines Interessenausgleichs nicht unwirksam, jedoch entstehen Ansprüche auf Nachteilsausgleich nach § 113 Abs.3 BetrVG seitens der betroffenen Arbeitnehmer.
Dementsprechend lässt § 255 Abs.1 Nr.2 BetrVG den Versuch des Interessenausgleichs ausreichen und geht damit auch nicht über das betriebsverfassungsrechtlich Mögliche hinaus. Dadurch dass der Interessenausgleichsversuch zur arbeitsförderungsrechtlichen Anspruchsvoraussetzung wird, erfährt dieser eine Aufwertung.
Damit begründet § 255 Abs. 1 Nr. 2 SGB III in diesem Falle eine zusätzliche arbeitsrechtliche Obliegenheit im Sinne einer „Last", deren Erfüllung im wohlverstandenem eigenen Interesse des „Belasteten" liegt. Bei Missachtung erfolgen Rechtsnachteile nämlich der Verlust der Förderungsfähigkeit von im Sozialplan vorgesehenen Eingliederungsmaßnahmen. Eine arbeitsrechtliche Pflicht wird insoweit aber nicht begründet.

a. Anforderungen an den Versuch eines Interessenausgleichs nach § 113 Abs. 3 BetrVG

§ 255 Abs.1 Nr.2 SGB III verlangt, dass über die geplante Betriebsänderung ein Interessenausgleich versucht worden ist.
Da in § 255 Abs.1 Nr.2 SGB III hinsichtlich des Interessenausgleichs ausdrücklich auf das Betriebsverfassungsrecht verwiesen wird, ist auch bei der Bestimmung des Versuchs auf dieses zu rekurrieren. So obliegt dem Unternehmer im Betriebsverfassungsrecht nach § 113 Abs.3 BetrVG einen Interessenausgleich zu versuchen[744]. Ansonsten trifft ihn die Sanktion nach § 113 Abs.3 i.V. mit Abs. 1 S. 2 BetrVG, den Arbeitnehmern, die infolge der Durchführung der Betriebsänderung entlassen werden oder andere wirtschaftliche Nachteile erleiden, ein Nachteilsausgleich in Form von Abfindungen zu zahlen[745].

[743] *Fabricius/ Oetker*, BetrVG, §§ 112, 112a Rdnr. 27.
[744] vgl. *Fabricius/Oetker*, BetrVG, §§ 112, 112a Rdnr. 377; *Bepler in Gagel* SGB III, § 255 Rdnrn. 14 u. 15.
[745] Die Abfindungshöhe richtet sich nach § 10 KSchG. Innerhalb der dort normierten Höchstgrenzen setzt das Gericht die Abfindung für den einzelnen Arbeitnehmer fest.

Welche Anforderungen an den Versuch eines Interessenausgleichs zu stellen sind, sind umstritten. Bis zum 31.12.1998 und damit zur Einführung der §§254 ff. SGB III bestimmten die Sätze 2 und 3 des § 113 Abs.3 BetrVG a.F., dass der Unternehmer einen Interessenausgleich versucht, wenn er den Betriebsrat nach § 111 S.1 BetrVG beteiligt hatte und nicht innerhalb von zwei Monaten nach Beginn der Beratungen oder schriftlicher Aufforderung zur Aufnahme der Beratungen einen Interessenausgleich nach § 112 Abs.2 und Abs.3 BetrVG zustande gekommen war. Wenn innerhalb dieser Zweimonatsfrist die Einigungsstelle angerufen wurde, endete die Frist gemäß § 113 Abs.3 S.3 BetrVG a.F. einen Monat nach Anrufung der Einigungsstelle, wenn dadurch die Zweimonatsfrist überschritten wurde.

Mit Wirkung zum 1.1.1999 wurden die Sätze 2 und 3 des § 113 BetrVG durch das Gesetz zu Korrekturen in der Sozialversicherung und zur Sicherung der Arbeitnehmerrechte vom 19.12.1998 gestrichen[746].

Sich auf diese Rechtslage zu beziehen, würde den Grundsatz „lex posterior derogat legi priori" missachten[747].

Zweifelhaft ist jedoch, ob nun vollumfänglich oder nur eingeschränkt auf die Rechtslage vor dem arbeitsrechtlichen Beschäftigungsförderungsgesetz vom 25.9.1996[748] abzustellen ist.

Der Unternehmer konnte vor dem arbeitsrechtlichen Beschäftigungsförderungsgesetz eine Betriebsänderung erst sanktionslos durchführen, wenn er alle in § 112 Abs.2 BetrVG vorgesehenen Verfahrensschritte durchlaufen hatte[749].

In der Literatur wird vertreten, dass dies nun nicht mehr nötig ist. So hat die Regelung § 113 Abs.3 S. 2 und 3 BetrVG während ihres Bestehens gezeigt, dass Interessenausgleichsverfahren in zwei bis drei Monaten durchgeführt werden können[750].

Dem vom Gesetzgeber mit Aufhebung der Sätze 2 und 3 verfolgte Zweck – Wiederherstellung des Befriedungseffektes des Interessenausgleichs – ist deshalb genüge getan, wenn der Unternehmer den Betriebsrat ordnungsgemäß nach § 111 S.1 BetrVG beteiligt und danach eine je nach Umfang der in Rede stehenden Betriebsvereinbarung angemessenen Frist verstreicht. Der Gesetzeszweck verlangt nicht, dass die Last, die Einigungsstelle anzurufen, beim Unternehmer liegt. Wenn der Betriebsrat der Auffassung ist, dass die Interessen der Arbeitnehmer am besten auf

[746] BGBL. 1998 Teil 1 S. 3843.
[747] i.E. so *FKHE*, BetrVG, § 112 Rdnr. 19.
[748] BGBL 1996 Teil 1 S.1476.
[749] BAG vom 18.12.1984 – 1 AZR 176/82 – AP Nr. 28 zu § 112 BetrVG 1972 = BB 1985, 1394; BAG vom 9.7.1985- AP Nr. 30 zu § 112 BetrVG 1972 = DB 1986, 279.
[750] *Löwisch/Kaiser* BetrVG § 113 Rdnr. 12.

dem Weg über die Einigungsstelle zu wahren sind, muss er sie diese selbst anrufen[751].

Die herrschende Meinung in der Literatur ist der Auffassung, dass mit Wegfall der Befristung das in § 112 Abs.2 BetrVG vorgesehene Verfahren voll ausgeschöpft werden muss[752]. Der Wegfall der Befristung kann nicht nachträglich durch eine ausdehnende Auslegung des Begriffs „versucht" korrigiert werden. Die „Zeitkarte bleibt im Blatt des Betriebsrates"[753].

Das BAG knüpft mit der jüngsten Entscheidung zum Versuch des Interessenausgleichs an die Rechtsprechung vor dem Beschäftigungsförderungsgesetz an[754]. Es fordert für den ausreichenden Versuch des Interessenausgleichs, dass der Unternehmer nach dem Scheitern der Verhandlungen mit dem Betriebsrat, die Einigungsstelle anruft[755]. Denn § 113 Abs.3 BetrVG schützt das Interesse der betroffenen Arbeitnehmer mittelbar durch Sicherung des Verhandlungsanspruchs des Betriebsrats. Der Verhandlungsanspruch umfasst nach § 112 Abs.2 BetrVG auch die Durchführung des Einigungsstellenverfahrens. In diesem Verfahren erhalten die Betriebsparteien letztmals Gelegenheit, unter Mitwirkung eines unparteiischen Vorsitzenden Alternativen zur geplanten Betriebsänderung zu erörtern oder Modifikationen zu prüfen, die für die betroffenen Arbeitnehmer weniger nachteilige Folgen haben. Zwar kann die Betriebsänderung letztlich ohne Einigung der Betriebsparteien nach den Vorstellungen des Arbeitgebers durchgeführt werden. Anders als in Angelegenheiten der zwingenden Mitbestimmung ist ein Spruch der Einigungsstelle, durch den eine Regelung auch gegen den Willen des Arbeitgebers getroffen werden könnte, hier nicht möglich. Dennoch ist das Einigungsstellenverfahren zum Schutz der Belange der betroffenen Arbeitnehmer sinnvoll und nicht etwa bloße Förmelei. Zu einem anderen Ergebnis führt allenfalls der Umstand, wenn der Betriebsrat die Verhandlungen rechtsmissbräuchlich hinauszögert[756].

Die weitergehende Notwendigkeit einer förmlichen Feststellung der Einigungsstelle, dass die Verhandlungen um einen Interessenausgleich gescheitert sind, ist aus § 255 Abs.1 Nr.2 SGB III nicht abzuleiten[757].

---

[751] *Löwisch*, BB 1999, 102 (106).

[752] *Fabricius/Oetker*, GK-BetrVG, § 113 BetrVG Rdnrn. 35 ff. mwN.

[753] vgl. *Blanke/Rose*, RdA 2001, 92 (101).

[754] BAG vom 20.11.2001 – 1AZR 97/01- www.bundesarbeitsgericht.de zuletzt abgerufen am 29.12.2002.

[755] so bereits BAG vom 18.12.1984 – 1AZR 176/82 – AP Nr. 11 zu § 113 BetrVG 1972 = EzA § 113 BetrVG 1972 Nr. 12;BAG vom 9.7.1985 – 1AZR 323/83 – AP Nr. 13 zu § 113 BetrVG 1972 = EzA § 113 BetrVG 1972 Nr. 13.

[756] BetrVG 1972 Nr. 12;BAG vom 9.7.1985 – 1AZR 323/83 – AP Nr. 13 zu § 113 BetrVG 1972 = EzA § 113 BetrVG 1972 Nr. 13.

[757] so aber *Bepler* in Gagel SGB III, § 255 Rdnr. 15.

Im Ergebnis ist dem BAG zu folgen, streitet für diese Auffassung doch das jüngere Gesetz. Die hohe Anforderung wird im Zusammenhang mit § 255 Abs. 1 Nr. 2 SGB III zudem durch den Zweck „Missbrauchschutz der Versichertengemeinschaft" gerechtfertigt.
Der Versuch muss dem Landesarbeitsamt jederzeit nachgewiesen werden können[758]. Damit soll gewährleistet werden, dass vor einer Förderung alle Möglichkeiten zur anderweitigen Vermeidung der Arbeitslosigkeit ausgeschöpft sind[759].

b. Vereinbarter Interessenausgleich

Kommt ein Interessenausgleich einvernehmlich zwischen den Betriebsparteien zustande, ohne dass zuvor die nach § 112 Abs.2 BetrVG vorgesehenen Verfahrensschritte durchlaufen worden sind, ist über den Wortlaut von § 255 Abs.1 Nr.2 SGB III hinaus eine Bezuschussung möglich. Dies ergibt sich im Wege des Erst-Recht-Schlusses, wenn im übrigen ein gescheiterter Interessenausgleich nach Durchlaufen des Verfahrens gem. § 112 Abs.2 BetrVG genügt. Wird eine Einigung zwischen den Betriebsparteien erreicht, sind entsprechend dem Zweck des § 255 Abs.1 Nr.2 SGB III die innerbetrieblichen Möglichkeiten ausgeschöpft worden, bevor die Allgemeinheit mit Leistungen eintritt. Denn im Falle einer Einigung kann man davon ausgehen, dass der Zweck des Interessenausgleichverfahrens erreicht worden ist. Dieser besteht bekanntermaßen darin, sich nach Möglichkeit auf eine Maßnahme zu verständigen, die für die betroffenen Arbeitnehmer keine oder nur geringe Nachteile mit sich bringt als die Betriebsänderung in der zunächst vom Arbeitgeber geplanten Form[760].

c. Anforderungen an den Versuch eines Interessenausgleichs bei Tendenzunternehmen

Fraglich ist, wie zu verfahren ist, wenn die Durchführung eines Interessenausgleichs i.S.d. § 112 Abs.1 S. 1 BetrVG arbeitsrechtlich nicht vorgesehen ist. So trifft § 118 Abs.1 S.2 BetrVG für Tendenzunternehmen hinsichtlich der Mitbestimmung in wirtschaftlichen Angelegenheiten eine differenzierende Sonderregel. Diese tragen dem Umstand Rechnung, dass die wirtschaftlichen Angelegenheiten mit der Tendenzverwirklichung unmittelbar verknüpft sind. Nach § 118 Abs.1 S.2 BetrVG sind die §§ 111

---

[758] *Roeder in Niesel*, SGB III, § 255 Rdnr. 7.
[759] *Löwisch*, RdA 1997, 287 (288).
[760] BAG vom 17.9 1991 – 1 ABR 23/91 - AP Nr.59 zu §§ 112 BetrVG 1972 = EzA § 112 BetrVG 1972 Nr. 58; BAG vom 20.4.1994 - 10 AZR 186/93 – AP Nr. 83 zu § 112 BetrVG 1972.

bis 113 BetrVG nur insoweit anzuwenden, als sie den Ausgleich oder die Milderung wirtschaftlicher Nachteile für die Arbeitnehmer infolge von Betriebsänderungen regeln. Die Pflicht des Arbeitgebers aus § 111 S.1 BetrVG, den Betriebsrat über geplante Betriebsänderungen zu unterrichten und zu beraten, besteht auch in Tendenzunternehmen. Die Beratung erstreckt sich dabei nur auf die mit der Betriebsänderung verbundenen sozialen Auswirkungen und nicht auf die Betriebsänderung selbst. § 112 BetrVG gilt nur, sofern das Zustandekommen eines Sozialplans betroffen ist, und § 113 Abs. 3 BetrVG ist insofern anzuwenden, als es um das Unterbleiben von Sozialplanverhandlungen geht[761]. Dagegen findet § 112 Abs.1 bis 3 BetrVG und § 113 Abs.3 BetrVG keine Anwendung, soweit der Interessenausgleich über die geplante Betriebsänderung geregelt ist. Einen Interessenausgleich braucht der Unternehmer in Tendenzunternehmen aus arbeitsrechtlicher Sicht nicht zu versuchen; der freiwillige Abschluss eines Interessenausgleichs ist möglich[762]. Mit § 118 Abs.1 S. 2 BetrVG stellt der Gesetzgeber die praktische Konkordanz zwischen grundgesetzlichen Freiheitsrechten einerseits und den sozialstaatlichen Anforderungen einer Mitbestimmung von Arbeitnehmern an den sie betreffenden Entscheidungen des Arbeitgebers her. § 118 Abs.1 BetrVG ist als Vorschrift zur Gewährleistung von Grundrechtsentfaltungen zu verstehen[763]. Die Grundrechte enthalten nicht nur Eingriffsverbote und Abwehrrechte, sondern legen dem Staat auch Schutzpflichten auf[764]. Dem Staat sind nicht nur unmittelbare Eingriffe in Gestalt einer Einflussnahme auf die Tendenz der Unternehmen verwehrt. Er darf diese auch nicht durch rechtliche Regelungen fremden nichtstaatlichen Einflüssen unterwerfen oder öffnen, die mit zugrundeliegenden Grundrechten unvereinbar wären[765]. Zu solchen Eingriffen rechnen auch Beteiligungsrechte des Betriebsrates[766]. Indem § 118 Abs.1 BetrVG das jeweilige Tendenzunternehmen vor tendenzbezogener Einflussnahme abschirmt, erfüllt das Gesetz diese Anforderungen des Grundrechtschutzes.

Fraglich ist, ob diese Argumentation den Verzicht auf die tatbestandliche Voraussetzung des Versuchs eines Interessenausgleichs hinsichtlich der Förderungsfähigkeit einer Eingliederungsmaßnahme rechtfertigt[767].

Mit der arbeitsförderungsrechtlichen Anspruchsvoraussetzung wird die Privilegierung von Tendenzunternehmen, Betriebsänderungen, ohne Versuch eines Interessenaus-

---

[761] BAG vom 27.10.1998 – 1 AZR 766/97 – AP Nr. 65 zu § 118 BetrVG 1972 = BB 1999, 687.
[762] BAG vom 27.10.1998 – 1 AZR 766/97 – AP Nr. 65 zu § 118 BetrVG 1972 = BB 1999, 687.
[763] *Fabricius/Weber*, BetrVG, § 118 Rdnr. 18.
[764] vgl. BVerfG vom 6.11.1979 – 1 BvR 81/76 – AP Nr. 14 zu § 118 BetrVG 1972 = EzA § 118 BetrVG 1972 Nr. 23.
[765] *Fabricius/Weber*, BetrVG, § 118 Rdnr. 19
[766] vgl. BVerfG vom 6.11.1979 – 1 BvR 81/76 – AP Nr. 14 zu § 118 BetrVG 1972 = EzA § 118 BetrVG 1972 Nr. 23.
[767] i.E. so *Fabricius/Oetker*, BetrVG, §§ 112, 112a Rndr. 379.

gleichs durchzuführen, nicht beeinträchtigt. Diese kann, ohne Nachteile fürchten zu müssen, vom Tendenzunternehmer ohne Versuch eines Interessenausgleichs durchgeführt werden.
Will der Tendenzunternehmer in den Genuss einer Kofinanzierung durch Zuschüsse von Sozialplanmaßnahmen kommen, hat er deren Anspruchsvoraussetzungen zu erfüllen. Der Versuch des Interessenausgleichs wird insofern belohnt.
Mit § 255 Abs.1 Nr.2 SGB III soll gewährleistet werden, dass die innerbetrieblichen Möglichkeiten zur Vermeidung von wirtschaftlichen Nachteilen für die betroffenen Arbeitnehmer ausgeschöpft werden, ehe die Allgemeinheit mit Leistungen eintritt[768].
Festzuhalten ist in diesem Zusammenhang, dass bei Massenentlassungen § 17 Abs. 2 KSchG nicht durch § 118 BetrVG ausgeschlossen ist[769]. Nach § 17 Abs.2 KSchG hat der Arbeitgeber, über die Vermeidung und Beschränkung von Entlassungen sowie über Milderung ihrer Folgen mit dem Betriebsrat zu beraten.
Das Ziel von § 17 KSchG wie des 3. Abschnittes des KSchG überhaupt, ist in erster Linie arbeitsmarktpolitischer Art, nämlich die weitestmögliche Verhütung von Arbeitslosigkeit im Allgemeininteresse[770]. Insofern gehen die Interessen der Allgemeinheit vor.
Einerseits ist betriebsverfassungsrechtlich die Durchführung des Interessenausgleichsverfahrens inklusive der Anrufung der Einigungsstelle bei Betriebsänderungen in Tendenzunternehmen nicht vorgesehen. Andererseits muss die Einigungsstelle bei der Erwägung zur Aufstellung eines Transfer-Sozialplans nach § 112 Abs.5 S.2 Nr.2a BetrVG berücksichtigen, wenngleich ein Tendenzunternehmen die Voraussetzung des § 255 Abs.1 Nr.2 SGB III rglm. nicht erfüllt. Damit hätte der Tendenzunternehmer es letztlich im Sozialplanverfahren in der hand, ob ein Transfer-Sozialplan in Betracht kommt.
Die Lösung ist in der Reduktion der Anforderung an den Versuch des Interessenausgleichs zu suchen, da nur auf diese Weise auf der einen Seite Missbrauch vermieden und auf der anderen Seite die Konkordanz mit § 255 Abs. 3 SGB III möglich ist. Es genügt damit ein ernstliches Verhandeln der Betriebsparteien über den Abschluss eines Interessenausgleichs, das gegenüber der Arbeitsverwaltung nachzuweisen ist.

---

[768] *Feckler*, GK-SGB III, § 255 Rdnr. 8.
[769] *Fabricius/Weber*, BetrVG § 118 Rdnr. 147; *Hanau/Kania*, ErfK BetrVG § 118 Rdnr. 18.
[770] vgl. *Hoyingen/Huene*, Vorb. Zu §§ 17 ff. KSchG Rdnr. 6.

3. Vereinbarter Sozialplan für zu fördernde Arbeitnehmer nach § 255 Abs. 1 Nr. 3 SGB III

Nach § 255 Abs.1 Nr. 3 BetrVG ist die Eingliederungsmaßnahme förderungsfähig, wenn für die zu fördernden Arbeitnehmer ein Sozialplan vereinbart worden ist.

a. Zu fördernde Arbeitnehmer

Aus § 255 Abs. 1 Nr. 3 SGB III geht hervor, dass der Sozialplan nicht ausschließlich Qualifizierungs- und Transfermaßnahmen vorsehen muss [771]. Die Regelung begrenzt die Förderungsfähigkeit auf Sozialplanmaßnahmen der zu fördernden Arbeitnehmer. Ausreichend ist, dass für einen bestimmten festgelegten Teil der Gesamtheit, der von Personalabbau betroffenen Arbeitnehmer, beschäftigungswirksame Regelungen im Sozialplan vorgesehen sind. Dies ist erforderlich, um Mitnahmeeffekte zu vermeiden[772].

b. Betriebsverfassungsrechtlicher Sozialplan als Anknüpfungspunkt der Zuschüsse

§ 255 Abs.1 Nr.3 SGB III knüpft an den Sozialplan im Betriebsverfassungsrecht an. Dies ergibt bereits die systematische Auslegung. § 255 Abs.1 Nr.1 und 2 sprechen mit der geplanten Betriebsänderung und dem Versuch eines Interessenausgleichs nach § 112 BetrVG die beiden betriebsverfassungsrechtlichen Vorstufen auf dem Weg zum Sozialplan an. Im übrigen spricht bereits der Auslegungsgrundsatz, dass der Übernahme fachspezifisch geprägter Begriffe in Vorschriften anderer Rechtsgebiete im Zweifel die in der Ausgangsnorm angelegte Begründung zugrunde liegt[773]. Vom Arbeitgeber auf Grundlage von Vereinbarungen außerhalb eines Sozialplanes - abgesehen von den nach § 255 Abs.3 SGB III gleichgestellten Vereinbarungen - durchgeführte Eingliederungsmaßnahmen sind nicht förderungsfähig ungeachtet dessen, ob sie die übrigen Voraussetzungen für die Zuschussgewährung erfüllen.
Der Sozialplan ist in § 112 Abs.1 S. 2 BetrVG als Einigung zwischen Unternehmer und Betriebsrat über den Ausgleich oder die Milderung der wirtschaftlichen Nachteile, die den Arbeitnehmern infolge der geplanten Betriebsänderung entstehen, definiert. Wie in § 255 Abs. 1 Nr.1 SGB III wird danach eine Betriebsänderung nach § 111 ff. BetrVG vorausgesetzt. Damit muss eine Betriebseinschränkung oder –stilllegung,

---

[771] *Bepler in Gagel* SGB III, § 255 BetrVG Rdnr.18; *Löwisch*, RdA 1997 287 (287)
[772] *Roeder in Niesel* SGB III, § 255 Rdnr.8.
[773] *Wißmann*, Transfer-Sozialplan S. 81 (84).

Betriebsverlegung, Zusammenschluss oder Spaltung von Betrieben, grundlegende Änderung von Betriebsorganisation, -zweck oder -anlagen, Einführung grundlegend neuer Arbeitsmethoden oder Fertigungsverfahren und nicht zuletzt der reine Personalabbau über den vom BAG festgelegten Werten des § 17 KSchG[774] vorliegen. Hingegen ist eine Betriebsänderung in Form einer erheblichen Änderung der Arbeitsmethoden verbunden mit unerheblichem Abbau von Arbeitsplätzen weit unter den Grenzen des § 17 KSchG ausreichend die Förderungsfähigkeit zu bejahen. Maßnahmen, die keine Betriebsänderung nach Satz 2 sind, reichen nicht aus.
Keine Zuschüsse werden für Sozialplanleistungen gewährt, die lediglich wirtschaftliche Nachteile infolge von erheblich veränderten Arbeitsmethoden ausgleichen oder abmildern, wenn den betroffenen Arbeitnehmern nicht der Verlust des Arbeitsplatzes droht[775].
Die Förderungsfähigkeit nach §§ 254, 255 Abs. 1 Nr. 3 SGB III beschränkt sich auf Regelungsgegenstände des Sozialplans. Diese sind nach § 112 Abs.4, Abs.1 BetrVG durch die Einigungsstelle erzwingbar.
Dem wird entgegengehalten, dass aus arbeitsförderungsrechtlicher Sicht durchaus Fälle denkbar sind, in denen es dem Gesetzeszweck entspricht, Sozialplanleistungen zu bezuschussen, zu denen der Arbeitgeber zwar nicht hätte gezwungen werden können, die er aber freiwillig zusagt[776].
Die darin zum Ausdruck kommende Zweckmäßigkeitserwägung rechtfertigt jedenfalls keine Ausdehnung über die Grenze des Wortlauts der §§ 254, 255 Abs. 1 Nr. 3 SGB III, sofern die Regelungsgegenstände nicht dem Sozialplan zuzuordnen sind. Das führt insofern zum paradoxen Ergebnis, dass der Interessenausgleich, durch den nach § 255 Abs. 1 Nr. 2 SGB III eine Belastung der Versichertengemeinschaft vermieden werden soll, selbst förderungsfähig würde.

c. Vereinbarte Sozialpläne

Nach dem Gesetzeswortlaut des § 255 Abs.1 Nr.3 SGB III kommt es ausschließlich auf das Vorliegen eines vereinbarten Sozialplanes an. Die Zuschussleistungen knüpfen an einen tatsächlich vereinbarten Sozialplan an. Solange dieser nicht besteht, ist eine Förderung nicht möglich[777].

---

[774] Betriebe mit 21 bis 59 Arbeitnehmer Entlassung von 6 Arbeitnehmern, Betriebe mit 60 bis 499 Arbeitnehmer Entlassung von 26 Arbeitnehmern oder mind. 10%; in Betrieben mit mindestens 500 Arbeitnehmern Entlassung 30 Arbeitnehmer aber mindestens 5% betroffen.
[775] s.o.
[776] *Löwisch,* RdA 1997, 287 (289).
[777] BT- Drucks. 13/4941, S. 198.

Hierunter fällt der zwischen dem Unternehmer und dem Betriebsrat sowie der in freier Verhandlung ggf. im Rahmen des Vermittlungsverfahrens nach § 112 Abs.2 und 3 BetrVG vereinbarte Sozialplan.
Daraus folgt auch, dass die Zuschussmöglichkeit durch die Bundesanstalt für Arbeit Kleinunternehmen mit bis zu 20 Arbeitnehmern, für die die §§ 111 ff. BetrVG nicht gelten, nicht erfasst. Zwar können auf Grundlage von § 88 BetrVG, auch in solchen Unternehmen Sozialpläne abgeschlossen werden. Vor der Reform des Betriebsverfassungsrechts konnte man die Herausnahme der Bezuschussung von Kleinbetrieben mit dem Argument rechtfertigen, dass die durch Betriebsänderungen in solchen Betrieben verursachte Belastung für den Arbeitsmarkt typischerweise geringer sind. Gestützt wurde diese Argumentation damit, dass die Schwellenwerte für die Beteiligungsrechte nach § 111 BetrVG und für die Einschaltung des Arbeitsamtes nach § 17 KSchG mit Betrieben mit 20 und mehr Arbeitnehmern identisch waren. Das hat sich durch das BetrV-RG geändert.
Anders als in § 175 SGB III werden in § 255 Abs.1 Nr.3 SGB III nach wie vor Kleinbetriebe nicht ausdrücklich berücksichtigt. In § 175 SGB III wurde durch das Job-AQTIV- Gesetz in Absatz 1 ein neuer Satz 2 eingefügt, wonach Anspruch auf Kurzarbeitergeld in Fällen eines nicht nur vorübergehenden Arbeitsausfalles besteht in Betrieben mit in der Regel nicht mehr als 20 Arbeitnehmern ungeachtet den Voraussetzungen des Satzes 1, wenn bei mindestens 20 % der in dem Betrieb beschäftigten Arbeitnehmern trotz des Arbeitsausfalles Entlassungen vermieden werden können. In § 255 Abs. 1 Nr. 3 SGB III wurde eine vergleichbare Regelung nicht eingefügt.

aa. Nicht erzwingbare Sozialpläne

Die Anwendbarkeit der §§ 254 ff. SGB III ist nicht dadurch ausgeschlossen, dass Sozialpläne im Falle von Neugründungen gemäß § 112a Abs. 2 BetrVG überhaupt nicht und im Falle von reinem Personalabbau gemäß § 112a Abs. 1 BetrVG nur dann erzwungen werden, wenn die dort genannten Prozentsätze erreicht wurden. Denn auch bei diesen Vereinbarungen handelt es sich um Sozialpläne i.S.d. § 112 Abs.1 S.2 BetrVG. Unverzichtbar bleibt das tatsächliche Zustandekommen eines Sozialplans. Auch wenn dieser Sozialplan ohne das Druckmittel des Einigungsstellenverfahrens freiwillig zustande kommt, gibt es keinen arbeitsförderungsrechtlichen Grund, die dort vereinbarten Eingliederungsmaßnahmen, soweit sie dem Regelungsgegenstand des Sozialplans zuzurechnen sind, nicht zu bezuschussen. Die aus der Betriebsänderung insbesondere dem Personalabbau resultierenden Belastungen für den Arbeitsmarkt sind dieselben.

Die fehlende Erzwingbarkeit von Sozialplänen nach §§ 112a BetrVG lässt nicht die Förderungsfähigkeit der vereinbarten Eingliederungsmaßnahmen nach §§ 254, 255 Abs. 1 Nr. 3 SGB III entfallen.

bb. Sozialpläne durch Spruch der Einigungsstelle

§ 255 Abs.1 Nr.3 SGB III erfasst auch Sozialpläne, die durch einen Spruch der Einigungsstelle aufgestellt worden ist.

Als Grundlage für die Förderung nach §§ 254 SGB III genügt nach einhelliger Auffassung auch eine entsprechende Regelung durch den die Einigung zwischen den Betriebsparteien ersetzenden Spruch der Einigungsstelle i.S.d. § 112 Abs. 4 BetrVG[778]. Damit ist die „Vereinbarung“ im Wege der Zwangsschlichtung, dem vereinbarten Sozialplan gleichzustellen. Dafür spricht im übrigen auch die Einführung des § 112 Abs.5 S.2 Nr. 2a BetrVG. Verneinte man die Förderungsfähigkeit eines durch Einigungsstellenspruch zustande gekommenen Sozialplans, führte dies zu einem paradoxen Ergebnis. Durch Einigungsstellenspruch kommt ein Transfer- Sozialplan zustande, der die im SGB III vorgesehenen Förderungsmöglichkeiten zur Vermeidung von Arbeitslosigkeit berücksichtigt, der aber selbst nicht förderungsfähig ist. Nicht zuletzt spricht für die Förderungsfähigkeit die Gesetzessystematik der §§ 254 ff. SGB III. So ist die Einigungsstelle nach § 256 Abs.2 SGB III nunmehr arbeitsförderungsrechtlich berechtigt, eine Vorabentscheidung des Landesarbeitsamtes, ob und unter welchen Voraussetzungen eine Maßnahme gefördert werden kann, zu beantragen[779].

cc. Vorsorglicher Transfer-Sozialplan und Transfer- Rahmensozialplan

Nach der Legaldefinition in § 112 Abs. 1 S. 2 BetrVG, auf der auch die Kompetenznorm der Einigungsstelle in § 112 Abs. 4 BetrVG aufbaut, muss sich der Sozialplan auf eine geplante Betriebsänderung beziehen. Nach einem Beschluss des BAG können darüber hinaus Betriebsrat und Arbeitgeber für noch nicht geplante aber in groben Umrissen schon abschätzbare Betriebsänderungen einen Sozialplan in Form einer freiwilligen Betriebsvereinbarung aufstellen[780]. Nicht in Betracht kommt der vor-

---

[778] *Löwisch*, RdA 1997, 287 (288); *Rolfs*, NZA 1998, 17 (20).

[779] Vor der Reform wurde diskutiert, ob die Vorschrift analog auf die Einigungsstelle anzuwenden ist. Vgl. dazu *Heinze* SGb 2000, 241 (245).

[780] *Löwisch,* FS Dieterich S.345 (347) mwN.

sorgliche Sozialplan nach Meinung des BAG für noch völlig ungewisse Betriebsänderungen, weil dann in dem mit ihm verbundenen Verbrauch des Sozialplanverfahrens ein unzulässiger Verzicht des Betriebsrates auf sein Mitbestimmungsrecht liegt[781]. Grundlage für den vorsorglichen Sozialplan ist die umfassende, sich aus §§ 77 Abs. 3, 88 BetrVG ergebende Regelungskompetenz der Betriebspartner[782]. Der vorsorgliche Sozialplan fällt nicht unter §§ 111 ff BetrVG und ist nicht erzwingbar[783]. Denn es liegt noch keine konkret geplante Betriebsänderung vor[784]. Das Mitbestimmungsrecht des Betriebsrates nach § 112 BetrVG ist aber verbraucht, falls eine entsprechende Betriebsänderung später tatsächlich vorgenommen wird[785]. Gegen die Sperrwirkung des vorsorglichen Sozialplans, im Falle der anschließend konkret geplanten Betriebsänderung, wird vorgebracht, dass diese einem Verzicht auf die Ausübung künftiger Mitbestimmungsrechte gleichkäme[786]. Dieser Argumentation hat das BAG eine Absage erteilt und darauf hingewiesen, dass zum einen ein Verzicht auf Ausübung des Mitbestimmungsrechts nicht vorliege, da das Mitbestimmungsrecht bereits durch den Sozialplanschluss in Form des vorsorglichen Sozialplans ausgeübt wurde. Zum anderen würde bei Ablehnung der Sperrwirkung nur der Arbeitgeber durch den vorsorglichen Sozialplan gebunden. Andernfalls erhält der vorsorgliche Sozialplan den Charakter einer Mindestregelung[787].

Bei einem Rahmensozialplan fehlt der Zusammenhang mit einer konkreten Betriebsänderung vollständig. Mit dem Rahmensozialplan wird keine abschließende Regelung für den Ausgleich und die Milderung der wirtschaftlichen Nachteile getroffen; es werden quasi nur die Eckdaten eines künftigen Sozialplans festgelegt. Ein Verbrauch des Mitbestimmungsrechts wie beim vorsorglichen Sozialplan erfolgt demzufolge nicht.

Rahmensozialpläne werden ebenfalls in Form freiwilliger Betriebsvereinbarungen abgeschlossen. Rechtsgrundlage ist § 88 BetrVG. Der Rahmensozialplan wird unabhängig vom Verfahren nach § 112 BetrVG aufgestellt. Dieses wird erst durchgeführt, wenn eine Betriebsänderung konkret geplant wird. Die im Rahmensozialplan vorgegebenen Leistungen mindern nur die im eigentlichen Sozialplan auszugleichenden

---

781 BAG vom 26.8.1997 – 1 ABR 12/97 – AP Nr. 117 zu § 112 BetrVG 1972 = EzA 112 BetrVG 1972 Nr. 96 mit Anm. Löwisch.

782 *Löwisch*, FS Dieterich S.345 (347) mwN.

783 *Fabricius/Oetker*, BetrVG, §§ 112, 112a Rdnr. 26.

784 *Matthes* in MünchArbR, § 354 Rdnr. 7.

785 BAG vom 26.8.1997 – 1 ABR 12/97 – AP Nr. 117 zu § 112 BetrVG 1972 = EzA 112 BetrVG 1972 Nr. 96 mit Anm. Löwisch.

786 *Däubler*, NZA 1985, 545 (546); *Rumpff/Boewer*, Mitbestimmung, I Rz. 78.

787 BAG vom 26.8.1997 – 1 ABR 12/97 – AP Nr. 117 zu § 112 BetrVG 1972 = EzA 112 BetrVG 1972 Nr. 96 mit Anm. Löwisch.

wirtschaftlichen Nachteile und sind damit praktisch als Mindestbedingungen zu berücksichtigen[788].

Nach §§ 254 ff. SGB III können in einem Sozialplan vorgesehene Maßnahmen zur Eingliederung von Arbeitnehmern in den Arbeitsmarkt durch Zuschüsse der Arbeitsverwaltung gefördert werden. Die Förderung ist nach § 255 Abs. 1 Nr. 4 SGB III unter anderem davon abhängig, dass die im Sozialplan vorgesehene Maßnahme nach Art, Umfang und Inhalt zur Eingliederung der Arbeitnehmer arbeitsmarktlich zweckmäßig ist. Däubler weist im Zusammenhang mit dem vorsorglichen Sozialplan zutreffend darauf hin, dass etwa die Frage, wie stark Arbeitnehmer von Kündigungen betroffen sind, von der Entwicklung des Arbeitsmarktes abhängt[789].

Auch ist nach § 255 Abs. 1 Nr. 5 SGB III Voraussetzung, dass der Unternehmer im Rahmen des Sozialplanes in angemessenem Umfang Mittel zur Finanzierung der Eingliederungsmaßnahme zur Verfügung stellt. Beide Voraussetzungen lassen sich sinnvoll nur zum Zeitpunkt der konkreten Betriebsänderung beurteilen: Die arbeitsmarktliche Zweckmäßigkeit hängt vom Zustand des Arbeitsmarkts zu diesem Zeitpunkt ab und die Angemessenheit des Umfangs der Eigenmittel kommt es auf die wirtschaftliche Lage des Unternehmens zu diesem Zeitpunkt ab[790]. Ob vorsorgliche Transfer- Sozialpläne die Voraussetzungen der Förderung erfüllen, wäre eine Frage des Zufalls[791].

Darüber hinaus fehlt es beim vorsorglichen Sozialplan an der weiteren Voraussetzung für die Förderung des Sozialplans dem Versuch eines Interessenausgleichs nach § 255 Abs. 1 Nr. 2 SGB III.

Denn im Gegensatz zum vorsorglichen Sozialplan, der als freiwillige Betriebsvereinbarung im Vorgriff auf eine noch nicht feststehende Betriebsvereinbarung vereinbart werden kann, setzen Verhandlungen über einen Interessenausgleich eine hinreichend bestimmte, im Einzelnen bereits absehbare Maßnahme voraus, deren Durchführung der Arbeitgeber konkret anstrebt[792]. Sonach kann ein Versuch des Interessenausgleichs aus Rechtsgründen nicht vor Abschluss eines Vorsorglichen Sozialplans abgeschlossen werden. Der vorsorgliche Sozialplan, der Eingliederungsmaßnahmen enthält, müsste wegen fehlender Förderungsfähigkeit aufgehoben und neu

---

[788] *Löwisch*, FS Dieterich S.345 (347) mwN.
[789] *Däubler*, NZA 1985, 545 (546).
[790] *Löwisch*, Der Transfer-Sozialplan, S. 33 (39).
[791] *Löwisch*, FS Dieterich, S. 354 (352).
[792] BAG vom 20.11.2001 – 1AZR 97/01- www.bundesarbeitgericht.de zuletzt abgerufen am 29.12.2002.

verhandelt werden. Ob der Arbeitgeber ohne ausdrückliche Vereinbarung ein solches Recht hat, ist fraglich[793].

Der Rahmensozialplan ist nicht förderungsfähig, denn es fehlt bereits an der notwendigen Betriebsänderung. Allenfalls der in Konkretisierung des Rahmensozialplans zustande gekommene Sozialplan ist förderungsfähig. Der Rahmensozialplan ist dennoch ein taugliches Instrument, die Grundsatzentscheidung, Abfindungssozialplan oder Transfer-Sozialplan zur Bewältigung von künftigen Betriebsänderungen im Vorfeld festzulegen. Auch können im Falle der Entscheidung für den Transfer-Sozialplan abstrakt die Eingliederungsmaßnahmen vereinbart werden. Im Falle einer geplanten Betriebsänderung ist dann nur die Konkretisierung erforderlich. Zu diesem Zeitpunkt können in den noch ausstehenden Detailregelungen die Förderungsvoraussetzungen der §§ 154 ff. SGB III durch die Betriebsparteien bzw. die Einigungsstelle berücksichtigt werden.

d. Rechtswirksame Sozialpläne

Die Förderungsfähigkeit der Eingliederungsmaßnahmen setzt voraus, dass der Sozialplan einen Anspruch der zu fördernden Arbeitnehmer auf Teilnahme an der vorgesehenen Transfer- und Qualifizierungsmaßnahme begründet. Der Sozialplan muss rechtswirksam sein. Nichtige Sozialpläne sind nicht förderungsfähig. Entfalten doch nichtige Sozialpläne keine Rechtswirkungen[794].

Zunächst ist zu bestimmen, nach welchen Grundsätzen sich die Rechtswirksamkeit des Sozialplanes beurteilt. Die dogmatische Einordnung des Sozialplans ist hiermit entscheidend. § 112 Abs.1 BetrVG gestaltet das Recht des Sozialplans nur lückenhaft aus. Fraglich ist, ob es sich bei dem Sozialplan um eine Betriebsvereinbarung handelt, und ob folglich § 77 Abs.2 bis 6 BetrVG unmittelbar Anwendung finden, sofern § 112 Abs.1 BetrVG oder der Zweck des Sozialplans nicht entgegenstehen. Bei eigenständiger Einordnung des Sozialplans stellt sich dahingegen die Frage, ob im Wege des Analogieschlusses zur Schließung etwaiger Regelungslücken auf § 77 BetrVG, bzw. die allgemeinen Grundsätze zur Betriebsvereinbarung zurückgegriffen werden soll.

Aus § 112 BetrVG ist abzuleiten, dass das Gesetz für den Sozialplan eine eigenständige Regelung aufgestellt hat.

Weder die Bezugnahme auf § 112 Abs.1 S.1 BetrVG für das Schriftformerfordernis noch die Gleichstellung hinsichtlich der Rechtsfolgen in § 112 Abs.1 S.3 BetrVG wä-

---

[793] vgl. dazu allgemein zum Finanzierungsirrtum *Luding*, Beendigung und Veränderung von Sozialplänen, S. 72 ff.

[794] *Kreutz*, BetrVG, § 77 Rdnr. 59.

re erforderlich, wenn der Sozialplan eine Betriebsvereinbarung i.S.d. § 77 BetrVG wäre. Demzufolge kann der Sozialplan nicht als Betriebsvereinbarung eingeordnet werden. Jedoch ist es im Hinblick auf den Willen des Gesetzgebers, den Sozialplan mit der Betriebsvereinbarung gleichzustellen in § 112 Abs.1 S.3 BetrVG gerechtfertigt, den Sozialplan als „Betriebsvereinbarung besonderer Art" zu bewerten und die Grundsätze zur Betriebsvereinbarung entsprechend anzuwenden, soweit eine Lückenausfüllung im Analogieschluss zulässig ist. Wegen der Bezugnahme in § 112 Abs.1 S. 2 auf § 112 Abs.1 S. 1 BetrVG ist für den rechtswirksamen Abschluss des Sozialplans die Schriftform erforderlich[795]. Dieser ist schriftlich niederzulegen und vom Betriebsrat und dem Unternehmer zu unterschreiben. Die Wahrung der Schriftform ist Wirksamkeitsvoraussetzung[796]. Ein mündlich abgeschlossener oder nicht unterzeichneter Sozialplan ist deshalb unwirksam. Gleiches gilt bei der Einigung vor der Einigungsstelle nach § 112 Abs.3 BetrVG. Dementsprechend ist aus Gründen der Rechtssicherheit das Fehlen der vorgeschriebenen Schriftform des Spruchs der Einigungsstelle als Nichtigkeitsgrund anzusehen[797]. Darüber hinaus ist der Sozialplan nichtig, wenn sie auf Arbeitnehmerseite nicht von dem allein als Partei zuständigen Betriebsrat abgeschlossen wurde, falls der Betriebsratsvorsitzende ohne Vertretungsmacht gehandelt und der Betriebsrat die Genehmigung verweigert hat oder wenn beispielsweise die Betriebsratswahl nichtig war. Nichtigkeit ist auch Rechtsfolge, soweit ein Sozialplan unter Überschreitung der Außenschranken oder der Innenschranken der Betriebsautonomie abgeschlossen wurde. Hinsichtlich der bei der Aufstellung des Sozialplans zu beachtenden Inhaltsschranken ist zwischen dem freiwillig vereinbarten Sozialplan und dem von der Einigungsstelle aufgestellten Sozialplan und dem von der Einigungsstelle aufgestellten Sozialplan zu unterscheiden.

So darf die Einigungsstelle bei der Aufstellung des Sozialplans im Rahmen des § 112 Abs.4 S. 2 BetrVG nicht ihre Kompetenz überschreiten, die durch die Legaldefinition des Sozialplans in § 112 Abs.1 S. 2 BetrVG begrenzt ist[798]. Daran sind die Betriebsparteien nicht gebunden. Überschreitet der Spruch der Einigungsstelle die Kompetenzgrenze der Legaldefinition in § 112 Abs.1 S. 2 BetrVG, so ist der aufgestellte Sozialplan wegen fehlender Rechtssetzungsmacht im Umfang der Kompetenzüberschreitung rechtsunwirksam[799].

Für die Aufstellung des Sozialplans durch die Einigungsstelle sind die Ermessensrichtlinien nach § 112 Abs. 5 S. 2 BetrVG anwendbar. Eine Überschreitung der Er-

---

795 *FKHE* BetrVG §§ 112, 112a Rdnr. 92 mwN.
796 *Richardi*, BetrVG, § 112 Rdnr. 78.
797 *FKHE*, BetrVG, § 76 Rdnr. 101.
798 *Richardi*, BetrVG, § 112 Rdnr. 107.
799 *Fabricius/Oetker*, BetrVG, §§ 112, 112a Rdnr. 300; Stege/Weinspach, BetrVG, §§ 111- 113 Rdnr. 128a.

messensgrenzen des § 112 Abs.5 BetrVG durch die Einigungsstelle führt nicht zur Nichtigkeit des Sozialplans, sondern nach § 76 Abs. 5 S.4 BetrVG lediglich zur Anfechtbarkeit des Spruchs der Einigungsstelle.
Wenn die zweiwöchige Anfechtungsfrist des § 76 Abs. 5 S. 4 BetrVG abgelaufen ist und keine Nichtigkeitsgründe vorliegen ist der Sozialplan rechtswirksam, selbst wenn Ermessensfehler vorliegen sollte.
Wurde der Spruch der Einigungsstelle fristgerecht angefochten und ist das eingeleitete Beschlussverfahren nicht offensichtlich unbegründet, dann ist der Sozialplan erst mit rechtskräftigem Abschluss des Verfahrens eine geeignete Grundlage für die Förderung nach §§ 254 SGB III[800].
Dies kann zu Friktionen führen, da die Anrufung des Arbeitsgerichts keine suspendierende Wirkung in Bezug auf die Geltung des Spruchs der Einigungsstelle zur Folge hat[801]. Der Beschluss ist für Arbeitgeber und Betriebsrat verbindlich und auszuführen [802]. Der Arbeitgeber kann bei besonders krassen und offensichtlichen Rechtsverstößen im Wege der einstweiligen Verfügung den Vollzug des Beschlusses einstweilig aussetzen lassen[803].
Soweit der Sozialplan durch die Einigungsstelle zustande gekommen ist, hat das Landesarbeitsamt nicht von Amts wegen festzustellen, ob die Einigungsstelle bei Festlegung des Sozialplanes die Ermessensrichtlinien eingehalten hat. Abgesehen davon dass dies zu einer Komplizierung des Verfahrens führte[804], würde im Ergebnis das Landesarbeitsamt inzident gleichsam dem Arbeitsgericht die Ermessensfehler des zugrundeliegenden Sozialplans prüfen. Damit würden die oben dargestellten, speziellen arbeitsrechtlichen Regelungen umgangen.

4. Arbeitsmarktliche Zweckmäßigkeit der Sozialplanmaßnahme nach § 255 Abs. 1 Nr. 4 SGB III

Nach § 255 Abs. 1 Nr. 4 SGB III müssen die im Sozialplan vorgesehenen Maßnahmen nach Art, Umfang und Inhalt zur Eingliederung der Arbeitnehmer arbeitsmarktlich zweckmäßig sein. Dabei hat der Gesetzgeber die Anforderungen an Art, Umfang und Inhalt der Maßnahmen im Interesse eines möglichst großen Gestaltungsspielraums im einzelnen nicht vorgegeben[805]. Inwieweit eine Maßnahme zweckmäßig ist

800 *Fabricius/Oetker*, BetrVG §§ 112,112a Rdnr. 380.
801 *Kreutz*, BetrVG, § 76 Rdnr. 176.
802 *Kreutz*, BetrVG § 76 Rdnr. 177.
803 *Kreutz*, BetrVG § 76 Rdnr. 177.
804 *Löwisch*, RdA 1997, 287 (289).
805 *Ammermüller*, BArbBl. 1997 Heft 7/8, S. 7 (11).

richtet, sich nach dem mit der Maßnahme angestrebten Ziel[806]. Arbeitsmarktlich zweckmäßig ist nicht abstrakt als Angebots- oder Nachfragesteuerung im Arbeitsmarkt zu verstehen. Dieses Verständnis kommt in der teilweise in der Literatur geäußerten Kritik zum Ausdruck, wenn eingewandt wird, dass arbeitsmarktliche Zweckmäßigkeit über die Interessen der betroffenen Arbeitnehmer hinausführe [807]. Im Blick stünde damit das Gemeinwohl. Der Arbeitsmarkt war und ist nicht Gegenstand der Betriebsverfassung und folglich nicht Sache der Betriebsparteien[808]. Denn die Verpflichtung das Gemeinwohl zu beachten, würde die Betriebspartner überfordern und ist deshalb zu Recht nicht mehr in § 2 Abs.1 enthalten[809]. Daran hat sich auch durch die Reform der Betriebsverfassungsrechts nichts geändert. Werden die durch § 255 Abs. 1 Nr. 4 SGB III Belange des Arbeitsmarktes ins Spektrum der Zwecke des Sozialplans aufgenommen, so könnte dies der Transmissionsriemen sein, der die in § 2 SGB III statuierten einschlägigen arbeitsförderungsrechtlichen Pflichten von Arbeitgeber und Arbeitnehmern mit der kollektiven Regelungsebene im Betrieb in Verbindung bringt[810].

Bereits in §§ 33 und 36 Nr. 3 AFG war Voraussetzung für die Förderung der beruflichen Bildung, dass sie arbeitsmarktlich zweckmäßig sind.

Im SGB III ist sie noch als Voraussetzung für die Anerkennung einer Weiterbildungsmaßnahme in § 86 Abs. 1 Nr. 8 SGB III. Eingliederungsmaßnahmen sind in Anlehnung an diese Regelung arbeitsmarktlich zweckmäßig, wenn sie auf berufliche Tätigkeiten vorbereiten, für die innerhalb angemessener Zeit auf dem in Betracht kommenden Arbeitsmarkt für die zu fördernden Arbeitnehmer voraussichtlich Beschäftigungsmöglichkeiten vorhanden sind. Aus arbeitsmarktlicher Sicht muss die Maßnahme stets zur Eingliederung zweckmäßig sein. Wenig erfolgversprechende Maßnahmen sind von der Förderung ausgeschlossen[811]. Dient die Eingliederungsmaßnahme der Umschulung des Arbeitnehmers für einen anderen Beruf, ist die Zweckmäßigkeit zu bejahen, wenn es sich um einen Mangelberuf handelt[812].

Steht dem Arbeitsplatzangebot im Arbeitsmarkt ein Überhang an bereits ausgebildeten Arbeitnehmern gegenüber oder sind in absehbarer Zeit Unterbringungsschwierigkeiten zu erwarten, ist die Zweckmäßigkeit zu verneinen[813]. Anders verhält es sich bei einer Fort- und Weiterbildung, denn diese verbessert die Wettbewerbslage des

---

806 Bundesanstalt für Arbeit vom 31.10.1997, DA, 255.1.4.
807 so *Wissmann*, Transfer-Sozialplan, S. 81 (89).
808 *Galperin/Löwisch* § 77 Anm. 58; *F.Kirchhof*, Private Rechtsetzung S. 218.
809 *Kraft*, BetrVG, § 2 Anm. 46.
810 *Hanau/Peters-Lange*, NZA 1998, 785 (791).
811 BT-Drucks. 13/ 4941, S. 198.
812 *Däubler*, DKK BetrVG, §§ 112, 112a Rdnr. 165.
813 vgl. BSG vom 21.5.1980 – 7 RAr 109/78, AUB S. 377.

betroffenen Arbeitnehmers, so dass seine Erfolgschancen eine Anschlussbeschäftigung zu erhalten, auch in einem überbesetzten Beruf erhöht werden[814]. Somit ist die Sozialplanmaßnahme arbeitsmarktlich zweckmäßig, wenn unter Berücksichtigung des örtlichen Arbeitsmarktes, voraussichtlich in angemessener Zeit nach Abschluss der Maßnahmen, mit der Eingliederung der Maßnahmeteilnehmer in den Arbeitsmarkt zu rechnen ist[815].
Erforderlich ist eine Prognoseentscheidung bezogen auf den örtlichen Arbeitsmarkt zum Zeitpunkt der Vornahme der Betriebsänderung. Auch müssen Umstände in der Person des zu fördernden Arbeitnehmers die arbeitsmarktlichen Zweckmäßigkeit entgegenstehen, berücksichtigt werden[816]. Der Arbeitsverwaltung kommt bei der Prognose auf Grundlage des unbestimmten Rechtsbegriffs ein gerichtlich nur begrenzt überprüfbarer Beurteilungsspielraum zu.

5. Sparsamkeit und Wirtschaftlichkeit nach § 255 Abs. 1 Nr. 4 SGB III

Die Förderungsfähigkeit nach § 255 Abs. 1 Nr. 4 SGB III setzt weiter voraus, dass die im Sozialplan vorgesehene Maßnahme nach den Grundsätzen der Sparsamkeit und Wirtschaftlichkeit geplant ist. Diese Grundsätze stammen ursprünglich aus dem öffentlichen Haushaltsrecht[817]. Die Anforderungen beziehen sich nach dem Wortlaut auf die Sozialplanmaßnahme selbst und nicht auf die Zuschussleistung. Da die Höhe der Leistungen maßgeblich durch die Gesamtkosten der Maßnahmen beeinflusst wird, ist es erforderlich, dass bei der Planung auf ein ausgewogenes Preis-/Leistungsverhältnis geachtet wird und überteuerte Konzeptionen unterbleiben[818]. Der Grundsatz der Sparsamkeit und Wirtschaftlichkeit gilt sowohl für die Kosten für den Maßnahmeträger als auch die reinen Eingliederungsmaßnahmen für die zu fördernden Arbeitnehmer. Sparsamkeit bedeutet den Träger zu beauftragen, der bei gleichwertigem Leistungsangebot die geringeren Kosten generiert. Stets ist zu prüfen, ob nicht andere und sparsamere Maßnahmen den angestrebten Eingliederungserfolg erreichen. Das bedeutet aber auch, dass durchaus ein teurerer Anbieter ausgewählt werden kann, wenn dessen Leistungen qualitativ hochwertiger sind und die Mehrkosten nicht außer Verhältnis zu der besseren Qualität stehen. Es kommt dem-

---

814 vgl. BSG vom 21.6. 1977 – 7/21/ 7RAr 109/775 - BB 1977, 1452.
815 Handbuch Arbeitsförderung, S. 499.
816 *Löwisch*, RdA 1997, 287 (289).
817 *Gern*, Kommunalrecht Rdnr. 355; vgl. zu § 77 Abs.2 GemO BaWü: Das Gebot den Gemeindehaushalt wirtschaftlich zu führen, bedeutet „wirtschaftlich mit dem Ziel, mit geringstmöglichen Mitteln einen bestimmten Erfolg im Rahmen der Aufgabenerfüllung zu erzielen (Sparsamkeitsprinzip) oder mit bestimmten Mitteln einen grösstmöglichen Erfolg zu erzielen."
818 BT-Drucks. 13/4941, S. 198.

entsprechend darauf an, ob die höheren Kosten einer teureren Leistung vom zu erwartendem Eingliederungserfolg her diesen Einsatz rechtfertigt. Bei der Beurteilung können die durchschnittlichen Kosten vergleichbarer Eingliederungsmaßnahmen eine Orientierungshilfe darstellen[819]. Dieser Vergleich muss auch bei interner Durchführung insbesondere beim Einsatz der unternehmenseigenen Weiterbildungsabteilung zu deren Gunsten ausfallen, um die staatliche Kofinanzierung hinsichtlich der Aufwendungen zu erhalten[820]. Denn der Arbeitgeber i.S.d. § 21 SGB III kann die Eingliederungsmaßnahmen selbst durchführen oder durch Dritte durchführen lassen.
Bei den Kosten für die Maßnahmen werden nicht die Fördergrenzen des SGB III hinsichtlich der von der Bundesanstalt für Arbeit selbst finanzierten Eingliederungsmaßnahmen als Grenze herangezogen. Dagegen spricht schon, dass die Arbeitsverwaltung die Eingliederungsmaßnahmen nach §§ 254 ff. SGB III nur kofinanziert und nicht allein trägt[821]. So ist bei der Durchführung der Eingliederungsmaßnahme durch den Betrieb selbst maßgebend, was der Betrieb in der Vergangenheit für Eingliederungs- und/oder Qualifizierungsmaßnahmen zur Anpassung der Arbeitnehmer an die Erfordernisse am Arbeitsplatz aufgewendet hat[822]. Könnten die Arbeitnehmer im Rahmen des Transfer-Sozialplans nicht mehr erhalten als bei der Inanspruchnahme der individuellen aktiven Arbeitsförderung als Arbeitsloser nach SGB III, wäre der Abschluss eines Abfindungssozialplanes für deren Repräsentanten attraktiver[823].
Bei Bedenken gegen die Sparsamkeit und Wirtschaftlichkeit ist nicht jede Förderungsfähigkeit ausgeschlossen. Dies wäre eine den Zielen der §§ 254 SGB III zuwiderlaufende Überreaktion[824]. Das Landesarbeitsamt hat bei der Bemessung eines Zuschusses einen angemessenen Aufwand quasi in einer kalkulatorischen Korrektur zugrunde zu legen[825].Im Ergebnis führt dies nicht zu einer übermäßigen Belastung, weil in jedem Falle die in § 257 SGB III festgelegten Grenzen für den Zuschuss von der Arbeitsverwaltung einzuhalten sind[826].

6. Angemessene Eigenbeteiligung nach § 255 Abs.1 Nr. 5 SGB III

Eine Maßnahme ist nach § 255 Abs. 1 Nr. 5 SGB III förderungsfähig, wenn der Unternehmer im Rahmen des Sozialplans in angemessenem Umfang Mittel zur Finan-

---

[819] Bundesanstalt für Arbeit vom 31.10.1997, DA, 255.1.4.
[820] zum Ausschluss der Förderung wegen überwiegendem betrieblichen Interesse s.u.
[821] vgl. § 255 Abs.1 Nr. 5 SGB III.
[822] Bundesanstalt für Arbeit vom 31.10.1997, DA, 255 1.4.
[823] *Bepler in Gagel* SGB III, § 255 Rdnr. 24.
[824] *Bepler in Gagel* SGB III, § 255 Rdnr. 24.
[825] *Roeder in Niesel* SGB III, § 255 Rdnr. 10.
[826] *Löwisch*, RdA 1997, 287 (290).

zierung der Eingliederungsmaßnahme zur Verfügung stellt. Denn die Sozialplanzuschüsse nach §§ 254 ff. SGB III sollen nicht dazu führen, dass die Sozialplankosten auf die Solidargemeinschaft der Beitragszahler zur Arbeitslosenversicherung verlagert werden[827]. Der Zuschuss zu Sozialplanmaßnahmen soll sich auf eine Mitfinanzierung beschränken und den Arbeitgeber nicht aus seiner Verantwortung für die Finanzierung des Sozialplans entlassen[828].

a. Art der Mittel zur Finanzierung

Aus dem Wortlaut des § 255 Abs.1 Nr.5 SGB III könnte abgeleitet werden, dass mit der Formulierung „ Mittel zur Finanzierung" ausschließlich Geldleistungen als Eigenbeteiligung zulässig seien[829]. Anders als im ESF – BA – Programm, welches ein aus Mitteln des Europäischen Sozialfonds mitfinanziertes zusätzliches arbeitsmarktpolitisches Programm im Bereich des Bundes ist, sind Eigenleistungen in Form von Sachkosten ausdrücklich nicht ausgeschlossen[830]. Gehören zu den Kosten einer Eingliederungsmaßnahme die Aufwendungen für die notwendigen Sachmittel, so ist auch deren Substitution durch das Unternehmen als Eigenbeteiligung i.S.d. § 255 Abs.1 Nr.5 SGB III anzusehen.

Es kann im Ergebnis keinen Unterschied machen, ob der Unternehmer die Eingliederungsmaßnahmen bzw. Bestandteile derselben selbst erbringt oder einkauft.

Beschränkt man hingegen die Eigenleistung des Unternehmers auf Geldleistungen, könnte der Unternehmer durch Einschaltung eines Dritten diesem die für die Durchführung notwendigen Gegenstände wie z.B. Schulungsräume entgeltlich überlassen, um sie schließlich dem Dritten wiederum zu bezahlen, wodurch eine Geldleistung des Unternehmers generiert würde. Die Grenze zum unzulässigen Umgehungsgeschäft ist durch diese Kapitalisierung noch nicht überschritten. Die Berücksichtigung anderer Leistungen, außer Geldleistungen, widerspricht nicht der Zielsetzung der Regelung, dass sich der Betrieb in einem angemessenen Umfang an den Kosten der Eingliederungsmaßnahmen beteiligt.

So sind als Sachleistungen des Unternehmens vorstellbar die Bereitstellung von Seminarräumen, Videoequipment, Stelltafeln für die Durchführung der Orientierungs- und Bewerbungsseminare, ebenso die technische Einrichtung eines Bewerbungsbüros wie Computer samt Internetanschlüsse sowie die Bereitstellung von Tageszeitungen. Ebenso kommen als Eigenbeteiligung auch Dienstleistungen von un-

---

[827] BT-Drucks. 13/4940, S. 198.

[828] *Clever*, ZfSG/SGB 1998, 3 (8); *Meyer*, NZA 1998, 513 (514)

[829] vgl. Handbuch Arbeitsförderung S. 499.

[830] vgl. § 7 ESF –RL i.V.m. DA 7.18.

ternehmenseigenen Serviceeinheiten wie z.B. der betrieblichen Weiterbildungseinheit in Betracht, die Seminare oder Bewerbungscoaching intern anbieten kann. Ebenfalls sind die Kosten für den Einsatz von Mitarbeitern zur Einrichtung einer Jobbörse durch Akquise freier Arbeitsplätze bei dritten Unternehmen mitzuberücksichtigen.

Anders als bei Freistellungskosten für die von Personalabbau betroffener Arbeitnehmer, für die keine Beschäftigungsmöglichkeit besteht, werden in den oben genannten Fällen Eingliederungsmaßnahmen substituiert, die ansonsten auf dem Markt eingekauft werden müssten.

Entscheidend ist die Werthaltigkeit der Leistung für den Arbeitnehmer und nicht die Frage, ob der Unternehmer für die Gegenstände oder das Personal andere Verwendung gehabt hat, diese speziell für das Projekt einsetzt oder erst durch den Einsatz eine Vollauslastung erzielt. Diese Frage ist vielmehr im Ausschlusstatbestand § 255 Abs. 2 Nr. 1 SGB III zu erörtern, wonach Zuschüsse zu Sozialplanleistungen ausgeschlossen sind, wenn die Maßnahme dem überwiegend betrieblichen Interesse dient.

Entscheidende Frage ist im Zusammenhang mit § 255 Abs.1 Nr.5 SGB III, substituiert die Eigenbeteiligung des Unternehmers ansonsten erforderlich gewordene Eingliederungsmaßnahmen. Dieser Grundsatz gilt auch hinsichtlich der Freistellungskosten von betroffenen Arbeitnehmern. Diese sind anrechenbar, soweit und solange diese Kosten auflaufen, weil die Arbeitnehmer an Eingliederungsmaßnahmen teilnehmen, nicht aber in der übrigen Zeit, wenn beispielsweise ohnehin keine Beschäftigung für die Arbeitnehmer möglich ist. Denn das Beschäftigungsrisiko hat der Arbeitgeber zu tragen, ohne dass er die Möglichkeit hat, sich den Annahmeverzugslohn aus § 615 BGB als Eigenleistung nach § 255 Abs. 1 Nr. 5 SGB III anrechnen zu lassen.

b. Angemessener Umfang zur Finanzierung im Rahmen des Sozialplans

Zwingende Voraussetzung nach § 255 Abs.1 Nr.5 SGB III ist, dass sich der Unternehmer im Rahmen des Sozialplans im angemessenen Umfang an der Eingliederungsmaßnahme beteiligt.

Nach einer in der Literatur verbreiteten Auffassung richtet sich die Angemessenheit des Umfangs der für die Eingliederungsmaßnahme vorgesehenen Finanzmittel nach dem Verhältnis zu den für andere Sozialplanleistungen insbesondere für Abfindungen vorgesehenen Mitteln[831]. Dabei soll nach Ansicht der Arbeitsverwaltung bei ei-

[831] *Löwisch*, RdA 1997, 287 (290).

nem offensichtlichen Missverhältnis zwischen der Dotierung der Eingliederungsmaßnahmen und der Abfindungen eine Förderung ausgeschlossen sein[832]. Maßgebend für die Frage, ob sich der Unternehmer in angemessenem Umfang beteiligt, ist nicht isoliert das Sozialplanvolumen insgesamt, sondern das Verhältnis der auf die Eingliederungsmaßnahmen zu den auf Abfindungszahlungen entfallende Teil.
Die Gegenauffassung geht davon aus, dass die Betriebspartner oder die Einigungsstelle das für den Unternehmer unter Umständen des Einzelfalles insgesamt zumutbare Volumen des Sozialplanes - quasi das nach allgemeinen Grundsätzen Geschuldete- festzulegen und auf die beabsichtigten Maßnahmen zu verteilen haben[833]. Entscheidend für die Eigenbeteiligung des Unternehmers sei seine wirtschaftliche Situation, die Zahl der von Entlassung bedrohten Arbeitnehmer, die Art und Dauer der Maßnahme und die durch die Betriebsänderung erfolgten Einsparungen[834]. Der Zuschuss sei ein Mehr, mit dessen Hilfe mehr erreicht werden solle, als vom Unternehmer allein hätte herbeigeführt werden können[835].
Die letzte Auffassung stellt im Ergebnis auf das Gesamtvolumen des Sozialplanes ab und hält die Eingliederungsmaßnahmen nur für förderungsfähig, wenn das noch vertretbare Dotierungsmaximum erreicht ist. Demzufolge müsste bei einem von der Einigungsstelle zu verabschiedenden Sozialplan das nach § 112 Abs. 5 Nr. 3 BetrVG noch vertretbare Dotierungsvolumen ausgeschöpft werden[836]. Hinsichtlich freiwillig vereinbarter Sozialpläne fehlen insoweit gesetzliche Vorgaben zur maximalen Sozialplandotierung[837].
Letztere Auffassung ist im Ergebnis abzulehnen. Der Vertreter dieser Auffassung[838] räumt selbst ein, dass es sich um eine umständliche Vorgehensweise handelt, wenn das Landesarbeitsamt die Sozialplandotierung überprüfen müsste. Konsequent angewendet bedeutet dies nämlich, dass das Sozialplanvolumen, das Verhandlungsergebnis zwischen den Betriebsparteien ist, behördlich bzw. ggf. durch die Sozialgerichte überprüft werden müsste. Unternehmer und Betriebsrat sind im Rahmen der gesetzlichen Bestimmungen in der Ausgestaltung der Einigung über den Ausgleich oder der Milderung der wirtschaftlichen Nachteile frei[839]. Die Festlegung des Sozial-

[832] Bundesanstalt für Arbeit vom 31.10.1997, DA,255.1.5.
[833] *Bepler in Gagel* SGB III, § 255 Rdnr. 26.
[834] *Rolfs*, NZA 1998, 17 (21); *Roeder in Niesel* SGB III § 255 Rdnr. 12.
[835] *Bepler in Gagel*, SGB III, § 255 Rdnr. 26.
[836] In der Insolvenz muss demzufolge der Nachteilsausgleich die Höhe von 2 ½ Monatsverdiensten der von der Entlassung betroffenen Arbeitnehmer, sofern dadurch die relative Begrenzung von nicht mehr als einem Drittel der für die Verteilung an die Konkursgläubiger zur Verfügung stehenden Konkursmasse verwendet werden.
[837] *Etzel*, Betriebsverfassungsrecht, Rdnr. 1018.
[838] *Bepler in Gagel* SGB III, § 255 Rdnr. 26.
[839] *Fabricius/Oetker*, BetrVG, §§ 112, 112a Rdnr. 47.

planvolumens fällt allein in den Verantwortungsbereich der Betriebsparteien, die über die größte Sachnähe für die Beurteilung der Frage verfügen. Die gefundenen Regelungen müssen lediglich den Grundsätzen von Recht und Billigkeit gem. § 75 BetrVG entsprechen. Die Festlegung welches Sozialplanvolumen z.B. den Fortbestand des Unternehmens sowie der nach der Durchführung der Betriebsänderung verbleibenden Arbeitsplätze nicht gefährdet, obliegt den Betriebsparteien[840]. Die Anwendung der zweiten Auffassung bedeutete, dass die Kofinanzierung des Transfer- Sozialplanes vom Unternehmer stets mit der Maximaldotierung unter der Kontrolle der Arbeitsverwaltung erkauft werden müsste. Damit würde jeglicher Anreiz, unternehmensseitig anstelle von Abfindungen Transferleistungen anzubieten, verloren gehen. Zudem geht aus der Formulierung „im Rahmen des Sozialplans in angemessenem Umfang" hervor, dass für die Beurteilung nicht die Höhe des Sozialplanvolumens entscheidend ist. Der vorliegende Sozialplan gibt den Rahmen vor, innerhalb dessen die vereinbarten Mittel entsprechend der Vorschrift verteilt werden. Das Attribut „angemessen" bezieht sich nicht auf den Sozialplan sondern auf die Finanzmittel, die für die Eingliederungsmaßnahmen vorgesehen sind. Die Angemessenheit des Umfangs der für die Eingliederungsmaßnahme vorgesehenen Finanzmittel richtet sich damit lediglich nach dem Verhältnis zu den für andere Sozialplanleistungen, insbesondere für Abfindungen, vorgesehenen Mitteln.

Die Angemessenheit der Beteiligung des Unternehmers an den Eingliederungsmaßnahmen ist dem jeweiligen Einzelfall entsprechend zu bewerten. Feste Richtwerte hat der Gesetzgeber nicht vorgegeben[841]. Das Verhältnis zwischen anderen Sozialplanleistungen und Eingliederungsmaßnahmen wird weitgehend von der Altersstruktur der vom Sozialplan erfassten Arbeitnehmer abhängen[842]. So kann ein gegenüber Eingliederungsmaßnahmen hoher Abfindungsanteil durch die Personalstruktur gerechtfertigt sein, wenn überwiegend ältere Arbeitnehmer mit langer Betriebszugehörigkeit mit entsprechend hohen Abfindungsansprüchen betroffen sind und der Kreis der förderungsfähigen Mitarbeiter recht klein ist[843].

7. Gesicherte Durchführung nach § 255 Abs. 1 Nr. 6 SGB III

§ 255 Abs.1 Nr. 6 SGB III fordert, dass die Durchführung der Eingliederungsmaßnahme gesichert ist. Zuschüsse werden nicht gewährt, wenn zum Beginn der Maßnahme nicht mit hinreichender Sicherheit davon ausgegangen werden kann, dass die

---

840 *Meyer*, NZA 1998, 513 (515).
841 Bundesanstalt für Arbeit vom 31.10.1997, DA, 255.1.5.
842 Bundesanstalt für Arbeit vom 31.10.1997, DA, 255.1.5.
843 *Meyer*, NZA 1998, 513 (514).

Eingliederungsmaßnahme bis zu deren geplantem Ende fortgesetzt werden können[844]. Es muss die tatsächliche und rechtliche Basis für die erfolgreiche Durchführung der im Sozialplan vorgesehenen Maßnahmen geschaffen sein. Sollen die Eingliederungsmaßnahmen im oder vom Betrieb selbst durchgeführt werden, ist vom Betrieb eine Erklärung vorzulegen, dass die für die Durchführung notwendigen Voraussetzungen in räumlicher und personeller Hinsicht vorliegen und bis Ende der geplanten Eingliederungsmaßnahmen aufrecht erhalten werden[845]. Die regelmäßige Pflicht zur Gründung einer Auffanggesellschaft wird damit nicht begründet[846]. Denn die Begründung zum Entwurf eines Arbeitsförderungs- Reformgesetzes ging von einer Sicherung durch Beauftragung eines Trägers sowie eines Finanzierungsvertrages aus[847]. Nach der Begründung des Gesetzentwurfs soll mit § 255 Abs. 1 Nr. 6 SGB III dem Fall Rechnung getragen werden, dass der Unternehmer während der Durchführung wegfällt[848]. Mit dem Wegfall ist der tatsächliche Untergang des die Eingliederungsmaßnahme selbst durchführenden Unternehmens gemeint, nämlich dass die innerbetriebliche Weiterbildungsabteilung wegfällt. Denn ein Unternehmen fällt im Hinblick auf die Verpflichtung nicht ohne weiteres weg; entweder tritt ein Rechtsnachfolger an die Stelle des Unternehmens oder es wird liquidiert und der Liquidator hat die Verpflichtung zu erfüllen. Auch im Falle der Insolvenz hat der Insolvenzverwalter die Verpflichtungen zu erfüllen. Werden die Eingliederungsmaßnahmen im Auftrag des Betriebes von einem anderen Träger oder von einer Auffanggesellschaft durchgeführt, verlangt die Arbeitsverwaltung von dieser die entsprechende Erklärung[849]. Bestehen begründete Zweifel an der finanziellen Leistungsfähigkeit des beauftragenden Unternehmens ist die Zahlungsverpflichtung durch Bankbürgschaft oder durch die Einrichtung eines Treuhandkontos sicherstellen. Wird ein Sozialplan im Rahmen der Insolvenz abgeschlossen, wird die Arbeitsverwaltung regelmäßig eine derartige Sicherstellung verlangen müssen.

VII. Ausschlusstatbestände nach § 255 Abs. 2 SGB III

In § 255 Abs. 2 SGB III sind die Ausschlusstatbestände hinsichtlich der Gewährung von Zuschüssen zu Sozialplanmaßnahmen geregelt. Damit sollen Missbräuche verhindert werden[850].

---

[844] Bundesanstalt für Arbeit vom 31.10.1997, DA, 255.1.6.
[845] Bundesanstalt für Arbeit vom 31.10.1997, DA, 255.1.6.
[846] *Rolfs*, NZA 1998, 17 (21).
[847] BT-Drucks 13/4941, S. 198.
[848] BT-Drucks 13/4941, S. 198.
[849] Bundesanstalt für Arbeit vom 31.10.1997, DA, 255.1.6.
[850] *Roeder in Niesel* SGB III, § 255 Rdnr. 2.

1. Überwiegende betriebliche Interessen nach § 255 Abs. 2 SGB III

Ausgeschlossen ist die Förderung durch Zuschüsse zu Sozialplanmaßnahmen gem. § 255 Abs. 2 Nr. 1 SGB III, wenn sie überwiegend betrieblichen Interessen dient. Mit dieser Regelung sollen sowohl Mitnahmeeffekte als auch Wettbewerbsverzerrungen vermieden werden[851]. Während der Anspruch auf Strukturkurzarbeitergeld nach § 175 Abs.2 SGB III ausgeschlossen ist, wenn die Arbeitnehmer nur vorübergehend in der betriebsorganisatorisch eigenständigen Einheit zusammengefasst werden, um anschließend einen anderen Arbeitsplatz des Betriebs zu besetzen, knüpft § 255 Abs. 2 SGB III an die betrieblichen Interessen an.

Eine vergleichbare Formulierung findet sich in § 95 Abs. 2 S. 1 SGB III, wonach Arbeitnehmer nicht gefördert werden, wenn die Weiterbildung überwiegend im Interesse des Betriebs liegt, dem die Arbeitnehmer angehören. Sicherlich kann § 95 Abs. 2 S. 2 SGB III nicht angewendet werden, wonach eine Weiterbildungsmaßnahme insbesondere im Interesse des Betriebs liegt, wenn sie unmittelbar oder mittelbar von dem Betrieb getragen wird[852]. Die Förderung nach den §§ 254 ff. SGB III geht davon aus, dass der Unternehmer die im Sozialplan vorgesehenen Eingliederungsmaßnahmen als Träger i.S.v. § 21 SGB III selbst oder durch einen Dritten durchführt. Schließlich wird nach § 255 Abs. 1 Nr. 5 SGB III die Eigenbeteiligung des Unternehmens gerade verlangt. Die Übertragung des § 95 Abs. 2 S. 2 SGB III führte mithin zu dem Ergebnis, dass die Förderung in Form von Zuschüssen zu Sozialplanmaßnahmen stets ausgeschlossen wäre.

In Anlehnung an die Gesetzesbegründung ist das betriebliche Interesse auch als Unternehmensinteresse zu verstehen[853]. Denn das Unternehmen als Rechtsträger des Betriebs ist das Rechtssubjekt, das die Zuschussleistung als Träger der Maßnahme nach § 3 Abs. 3 Nr. 4 SGB III erhält. Zwischen dem Unternehmen und der Arbeitsverwaltung besteht das arbeitsförderungsrechtliche Rechtsverhältnis.

Erforderlich ist ein als überwiegend zu quantifizierendes Interesse. Überwiegend ist das Interesse an der Maßnahme mehr als 50% beträgt[854]. In § 255 Abs. 2 Nr. 1 SGB III geht es um die Vermeidung von ungerechtfertigter Kostenverlagerung vom Betrieb bzw. Unternehmen auf die Arbeitsverwaltung und damit verbundener möglicher Wettbewerbsverzerrung[855]. Ein überwiegendes betriebliches Interesse ist jedenfalls

---

[851] *Roeder in Niesel* SGB III, § 255 Rdnr. 14.
[852] *Bepler in Gagel* SGB III § 255 Rdnr. 32, *Löwisch,* RdA 1999, 287 (289).
[853] BT – Drucks. 13/4941, S.198; ausführlich auch *Löwisch*, RdA 1999, 287 (289).
[854] *Feckler*, GK-SGB III, § 254 Rdnr. 9.
[855] BSG Soz.R 4100 § 43 AFG Nr.18.

dann nicht anzunehmen, wenn Eingliederungsmaßnahmen vorgesehen sind, die primär für die Chancen am regulären Arbeitsmarkt von Bedeutung sind[856].

a. Ausschluss der Förderung bei beabsichtigter Weiterbeschäftigung

Fraglich ist, ob und inwieweit die spätere Weiterbeschäftigung von Arbeitnehmern, die für die Eingliederungsmaßnahmen nach dem Sozialplan vorgesehen sind, im Betrieb, im Unternehmen oder im Konzern im betrieblichen Interesse i.S.d. § 255 Abs. 2 Nr. 1 SGB III liegt. Betriebsverfassungsrechtlich ist zwischen Betrieb, Unternehmen und Konzern zu unterscheiden[857].
Zunächst sind die Weiterbeschäftigungsmöglichkeiten der infolge der Betriebsänderung redundanten Arbeitnehmer bei der Beurteilung drohender Arbeitslosigkeit im Rahmen des § 255 Abs. 1 Nr. 1 SGB III relevant. Allerdings werden in dem Zusammenhang nur zumutbare Weiterbeschäftigungsmöglichkeiten berücksichtigt. Unzumutbare Weiterbeschäftigungsmöglichkeiten für die vom Personalabbau bedrohten Arbeitnehmer lassen die drohende Arbeitslosigkeit nicht entfallen. Diese könnten demgemäss in § 255 Abs. 2 Nr. 1 SGB III Bedeutung erlangen.
Im betrieblichen Interesse liegt sicherlich die Weiterbeschäftigung im Betrieb nach Durchführung einer bezuschussten Maßnahme i.S.d. § 254 SGB III [858]. Denn unter Umständen wird der betroffene Arbeitnehmer durch die bezuschussten Maßnahmen erst in die Lage versetzt, eine andere Tätigkeit im Betrieb auszuführen.
Ist eine solche Maßnahme mit Ziel der Weiterbeschäftigung im Betrieb von vornherein beabsichtigt, gehört dieser Regelungsgegenstand allerdings nicht zum Inhalt des Sozialplans sondern zu dem des Interessenausgleichs. Im Kern handelt es sich dabei nämlich um eine Versetzungs- und Umschulungsregelung zu Lasten der Versichertengemeinschaft. Bereits aufgrund dieser Zuordnung wäre die „Eingliederungsmaßnahme" nicht förderungsfähig[859].
Die Annahme eines Unternehmensinteresses an der Kofinanzierung einer Weiterbildungsmaßnahme drängt sich hinsichtlich der unternehmensseitigen Pflicht nach § 1 Abs. 2 S.3 KSchG auf. Danach hat der Arbeitgeber die Weiterbeschäftigung des re-

[856] *Bepler in Gagel* SGB III, § 254 Rdnr. 34
[857] Vgl. bspw. Unterscheidung der Zuständigkeiten von Betriebsrat auf Betriebsebene, Gesamtbetriebsrat auf Unternehmensebene und Konzernbetriebsrat auf Konzernebene.
[858] *Bepler in Gagel* SGB III, § 255 Rdnr. 32; *Feckler*, GK-SGB III, § 255 Rdnr. 9; *Theuerkauf in Hennig* SGB II,I § 255 Rdnr. 9.
[859] Dass *Bepler* und *Löwisch* die Förderungsfähigkeit bei Weiterbeschäftigung im Betrieb wegen überwiegender betrieblicher Interessen entfallen lassen ist konsequent, denn beide beschränken den Kreis der förderungsfähigen Eingliederungsmaßnahmen nicht auf diejenigen, die dem Regelungsgegenstand des Sozialplans nach § 112 Abs. 1 S. 2 BetrVG angehören.

dundanten Arbeitnehmers durch zumutbare Umschulungs- und Fortbildungsmaßnahmen zu ermöglichen, bevor er eine Kündigung aussprechen kann.

Soll die beabsichtigte Weiterbeschäftigung nicht in dem Betrieb, in dem die Betriebsänderung erfolgt, sondern im Unternehmen erfolgen, ist diese Regelung kein Sozialplangegenstand und damit von vornherein nicht förderungsfähig. Denn diejenigen Maßnahmen, die auf eine Weiterbeschäftigung im Unternehmen gerichtet sind, sind dem Interessenausgleich zugewiesen und für den Sozialplan gesperrt[860]. Insoweit ist das Beispiel in der Gesetzesbegründung missverständlich. Ausweislich der Gesetzesmaterialien ist nämlich die Förderung wegen überwiegend betrieblichem Interesse ausgeschlossen, wenn die Maßnahme darin besteht, die von der Stilllegung eines Produktionszweiges betroffenen Arbeitnehmer für einen anderen Produktionszweig desselben Unternehmens zu qualifizieren, da die Verantwortung für derartige Maßnahmen allein beim Unternehmen liege[861].

Demzufolge stellt sich allein die Frage, ob eine Weiterbeschäftigung von betroffenen Arbeitnehmern im Konzern, im betrieblichen Interesse liegt. Insofern hat das BAG sich hinsichtlich der grds. Zuordnung zum Interessenausgleich oder Sozialplangegenstand noch nicht eindeutig festgelegt und verweist aber darauf, dass die Einigungsstelle dem anderen Unternehmen eine solche Verpflichtung letztlich nicht auferlegen könne[862].

Die Arbeitsverwaltung schließt die Förderung in Fällen aus, wenn der Arbeitnehmer für einen anderen Arbeitsplatz im Konzern qualifiziert wird. Denn derartige innerbetriebliche Anpassungsqualifikationen liegen in der alleinigen Verantwortung des Unternehmens[863]. In der Literatur wird die Ausweitung auf den Konzern aus Gründen der Vermeidung von Wettbewerbsverzerrungen befürwortet[864].

Bepler und Gaul sind dem Grundsatz nach gleicher Auffassung, wollen die Förderung aber dennoch unter bestimmten Voraussetzungen im Einzelfall zulassen. Gaul[865] will eine Förderung zulassen, wenn der Konzern auf dem Arbeitsmarkt andere – billigere – (Leih-) Arbeitnehmer erhalten könnte, aber auf deren Einsatz zugunsten einer Weiterbeschäftigung der von der Betriebsänderung Betroffenen verzichtet. Bepler[866] ist der Meinung, dass eine Förderung dann nicht ausgeschlossen sein sollte, wenn Eigenvorteile des Unternehmens im Hinblick auf die Weiterbildung für einen

---

860 BAG vom 17.9 1991 – 1 ABR 23/91 - AP Nr.59 zu §§ 112 BetrVG 1972 = EzA § 112 BetrVG 1972 Nr. 58.
861 BT – Drucks. 13/4941, S.198.
862 *Wissmann*, Transfer - Sozialplan, S.81 (87).
863 Bundesanstalt für Arbeit vom 31.10.1997, 255.2.1.
864 *Feckler*, GK-SGB III § 254 Rdnr. 9; *Rolfs*, NZA 1998, 17 (21).
865 *Gaul*, AuA 1998, 336 (338).
866 *Bepler in Gagel*, SGB III, § 255 Rdnr. 35.

Konzernarbeitsplatz nicht erkennbar sind, die notwendige Weiterbildungsmaßnahme auch für den allgemeinen Arbeitsmarkt qualifiziert und die Maßnahme in ihrem Umfang das Maß dessen überschreitet, was ein Unternehmen im Rahmen von § 1 Abs. 2 S. 3 KSchG zugemutet werden kann. Abzustellen ist bei der Ausschlussregelung auf die Sicht ex ante.
Diese Ausweitung des Ausschlusstatbestandes selbst unter Berücksichtigung der ausgeführten Rückausnahmen wird nicht vom Wortlaut des § 255 Abs. 2 Nr. 1 SGB III gedeckt. Anknüpfungspunkt für den Ausschluss sind die betrieblichen Interessen bzw. Unternehmensinteressen und nicht die Konzerninteressen. Der Konzern spielt im Rechtsverhältnis zur Arbeitsverwaltung keine Rolle; er ist nicht Träger der Eingliederungsmaßnahmen. Anders als bei der Frage nach der wirtschaftlichen Vertretbarkeit im Rahmen der Sozialplandotierung können hier die Interessen des Konzerns auch nicht in Ausnahmefällen mit den betrieblichen Interessen gleichgesetzt werden[867]. Ein originäres betriebliches Interesse i.S.d. § 255 Abs. 2 Nr. 1 SGB III kann sich im Einzelfall aus den vertraglichen Verpflichtungen zwischen dem Rechtsträger des Betriebs und der Konzernobergesellschaft ergeben[868].

b. Kein Ausschluss der Förderung bei fehlgeschlagener Eingliederungsmaßnahme und ungeplanter Weiterbeschäftigung

Fraglich ist, ob Zuschüsse zu Sozialplanmaßnahmen ebenfalls ausgeschlossen sind, wenn Eingliederungsmaßnahmen zur Aufnahme einer Beschäftigung bei einem dritten Arbeitgeber im Sozialplan vorgesehen waren aber sich nicht realisiert und die betreffenden Arbeitnehmer wider Erwarten einen Arbeitsplatz im Betrieb erhalten. In § 255 Abs. 2 SGB III findet sich keine Regelung für diesen Sachverhalt. § 175 Abs. 2 SGB III ist wie § 255 Abs. 2 Nr. 1 SGB III ein Ausschlusstatbestand für Leistungen der aktiven Arbeitsförderung.
Nach § 175 Abs. 1 S. 5 SGB III ist der Anspruch auf Kurzarbeitergeld entgegen § 172 Abs. 2 SGB III nicht ausgeschlossen, wenn ein Arbeitnehmer an einer Qualifikationsmaßnahme teilnimmt, die das Ziel der anschließenden Aufnahme einer Beschäftigung bei einem anderen Arbeitgeber hat, und bei Nichterreichen dieses Zieles in den bisherigen Betrieb zurückkehrt. Beide Grundregeln zielen auf die Vermeidung von Missbräuchen zu Lasten der Versichertengemeinschaft. Der von § 175 Abs. 1 S.

---

[867] Vgl. *Gajewski*, FS Gaul S. 189 (202); *Kruip*, S. 162 ff, die hinsichtlich der Sozialplandotierung im Rahmen des § 112 Abs. 5 S.1 BetrVG zwischen Konzernen mit Beherrschungs- und Gewinnabführungsvertrag , einfachen Konzernen und Gleichordnungskonzernen differenzieren.
[868] Ähnlich *Fabricius/Oetker* BetrVG § 112, 112a Rdnr. 393, die auf die Eigenvorteile des Unternehmens abstellen.

5 SGB III erfasste Fall, kann sich im Rahmen des § 255 Abs. 2 SGB III ereignen. Der geregelte und der nicht geregelte Sachverhalte ähneln sich. Der Fall ist jedoch planwidrig nicht geregelt. Danach ist eine analoge Anwendung des § 175 Abs.1 S. 5 SGB III im Rahmen des § 255 Abs. 2 SGB III möglich[869].

c. Interne Durchführung der Eingliederungsmaßnahme und überwiegendes betriebliches Interesse

Die interne Durchführung der Eingliederungsmaßnahme ggf. durch die unternehmenseigene Weiterbildungsabteilung kann dazu führen, dass diese besser ausgelastet und damit einen höheren Kostendeckungsbeitrag für den Betrieb bzw. das Unternehmen leistet. Das liegt im betrieblichen Interesse. Nach Löwisch soll die bessere Auslastung nicht im überwiegenden betrieblichen Interesse liegen, wenn die Weiterbildung allgemein für den Arbeitsmarkt erfolgt[870]. Ebenso ist der gelegentliche Einsatz der betroffenen Mitarbeiter im produktiven Arbeitsablauf insbesondere zu Fortbildungszwecken nicht förderungsschädlich, da dies noch kein überwiegendes betriebliches Interesse bedingt[871].

2. Kein Widerspruch mit den gesetzlichen Zielen der Arbeitsförderung nach § 255 Abs. 2 Nr. 2 SGB III

Die Förderung des Sozialplans ist ausgeschlossen, wenn die Maßnahmen den gesetzlichen Zielen der Arbeitsförderung zuwiderlaufen. Die geplante Eingliederungsmaßnahme muss als vorrangiges Ziel die berufliche Eingliederung der Arbeitnehmer verfolgen, um mit den Zielen der Arbeitsförderung in Einklang zu stehen[872]. Die Ziele der Arbeitsförderung ergeben sich insbesondere aus den § 1 SGB III. Diese Vorschrift ist zum 01.01.2002 ebenfalls durch das Job-AQTIV-Gesetz neugefasst worden. Nach § 1 Abs. 1 S.1 SGB III sollen die Leistungen der Arbeitsförderung dazu beitragen, dass ein hoher Beschäftigungsstand erreicht und die Beschäftigungsstruktur ständig verbessert wird. Sie sind nach S. 2 insbesondere darauf auszurichten, das Entstehen von Arbeitslosigkeit zu vermeiden oder die Dauer zu verkürzen. Nach § 1 Abs. 1 S. 4 SGB III soll der Einsatz der Leistungen der Arbeitsförderung der beschäftigungspolitischen Zielsetzung der Sozial- Wirtschafts- und Finanzpolitik der Bundesregierung dienen.

---

[869] I.E. ebenso *Roeder in Niesel* SGB III, § 255 Rdnr. 14.
[870] *Löwisch* ,RdA 1997, 287 (291).
[871] *Bepler in Gagel* SGB III, § 255 Rdnr. 33.
[872] *Stark in Wissing* SGB III, § 255 Rdnr. 10.

Die Zielsetzung der Arbeitsförderung nach § 1 Abs. 2 SGB III a.F. war die Erhaltung und Schaffung von wettbewerbsfähigen Arbeitsplätzen.
Das bedeutete, dass nach § 255 Abs. 2 Nr. 2 SGB III keine Förderungen erfolgen, die aufgrund ihres Subventionscharakters Arbeitsplätze bei dritten Arbeitgebern gefährden. Zwar ist auch § 1 Abs. 2 SGB III durch das Job- AQTIV- Gesetz geändert und diese Zielsetzung der Arbeitsförderung damit aufgegeben worden. Ausweislich der Gesetzesbegründung soll aktive Arbeitsmarktpolitik dabei zur Erreichung gesamtwirtschaftlicher Zielsetzungen beitragen und vorausschauend agieren können[873]. Es wird verdeutlicht, dass es nicht primär Aufgabe der aktiven Arbeitsmarktpolitik ist, Beschäftigungsmöglichkeiten zu schaffen[874]. Allerdings ist öffentlich geförderte Beschäftigung möglichst strukturverbessernd auszugestalten[875].
Dies ist weiterhin nicht der Fall, wenn der Sozialplan vorsieht, dass Arbeitgebern eine Prämie gezahlt wird, die von der Betriebsänderung betroffene Arbeitnehmer einstellen[876]. Anderes gilt, wenn die Minderleistungsfähigkeit des betroffenen Arbeitnehmers auf dem neuen Arbeitsplatz in Form eines Eingliederungszuschusses zeitbefristet ausgeglichen werden soll[877]. Insofern ist die Vorschrift § 217 SGB III analog heranzuziehen, um Missbrauch durch schlichte Umbenennung der Einstellungsprämie in Eingliederungszuschuss vorzubeugen. Eingliederungszuschüsse zu Arbeitsentgelten werden Arbeitgebern gem. § 217 S.1 SGB III für die Eingliederung förderungsbedürftiger Arbeitnehmer gewährt. Nach § 217 S. 2 sind förderungsbedürftig Arbeitnehmer, die ohne die Leistung nicht oder nicht dauerhaft in den Arbeitsmarkt eingegliedert werden können.
Darüber hinaus ist die Förderung von Maßnahmen in Sozialplänen ausgeschlossen, die das Ausscheiden der Arbeitnehmer aus dem Arbeitsprozess fördert. Maßnahmen mit dem Ziel der Frühverrentung sind nicht förderungsfähig. Insofern bleibt es bei den Regelungen des ATG, wonach im Falle der Wiederbesetzung eine Erstattung nach §§ 3, 4 ATG erfolgen kann. Erschöpft sich die Betriebsänderung in reinem Personalabbau gibt es keine Fördermöglichkeit. Dieser Weg steht nur in Fällen offen, in denen der Personalabbau mit einem Personalaufbau in der Organisations- bzw. Funktionseinheit einhergeht[878].
Eine berufliche Eingliederung setzt nicht das Erreichen einer erneuten abhängigen Beschäftigung voraus. Deswegen sind auch Programme zur Realisierung von Existenzgründungsvorhaben förderungsfähig. Dies geht aus § 57 SGB III hervor, wonach

[873] BT-Drucks. 14/6944, S. 28.
[874] BT-Drucks. 14/6944, S. 28.
[875] BT-Drucks. 14/6944, S. 28.
[876] Bundesanstalt für Arbeit vom 31.10.1997, 255.2.2.
[877] Bundesanstalt für Arbeit vom 31.10.1997, 255.2.2.
[878] dazu *Nimscholz/ Oppermann/ Ostrowicz*, Altersteilzeit, S. 249 ff.

die Unterstützung der Aufnahme einer selbständigen Tätigkeit als Gegenstand der Arbeitsförderung geregelt ist. Bei der Förderung der Schaffung einer selbständigen Existenz besteht die Aussicht auf Schaffung weiterer neuer abhängiger Arbeitsplätze.

3. Wegfall des Ausschlussgrundes: Wahlrecht zwischen Abfindung und Eingliederung nach § 255 Abs. 2 Nr. 3 SGB III

Mit Inkrafttreten des Job-AQTIV-Gesetzes wurde § 255 Abs. 2 Nr.3 SGB III a.F. aufgehoben. Danach war die Förderung durch Sozialplanzuschüsse ausgeschlossen, wenn der Sozialplan ein Wahlrecht für den einzelnen Arbeitnehmer zwischen Abfindung und Eingliederungsmaßnahme vorsah. Damit sollte die Zielsetzung der §§ 254 ff. SGB III abgesichert werden, die für Sozialpläne aufgewendeten finanziellen Mittel verstärkt für Maßnahmen der aktiven Arbeitsmarktförderung anstatt für Abfindungen zu verwenden[879]. Nach dem Willen des Gesetzgebers muss nunmehr der präventive Einsatz der Sozialplanmaßnahmen und die Bezuschussung durch die Arbeitsverwaltung auch möglich sein, wenn im Sozialplan ein Wahlrecht zwischen Abfindungen und Eingliederungsmaßnahmen vorgesehen ist. Denn nach seiner Auffassung könnte andernfalls die Durchführung von Eingliederungsmaßnahmen in den Betrieben, die diese Maßnahmen nicht mehr allein finanzieren können, gefährdet sein[880]. Arbeitnehmern, die sich für die Teilnahme an den Maßnahmen entscheiden, blieben die erforderliche präventive und betriebsnahe Unterstützung bei der Suche eines neuen Arbeitsplatzes vorenthalten[881]. Überzeugend ist diese Begründung nicht. Die Grundidee der Transfer- Sozialplankonzeption, statt Abfindungen Transfermaßnahmen zur Vermittlung in den ersten Arbeitsmarkt vorzusehen, wird konterkariert[882]. Es ist im übrigen zu bedenken, dass gerade die Arbeitnehmer, die kurzfristig auf dem Arbeitsmarkt einen neuen Arbeitsplatz finden, sich für die Abfindung entscheiden, so können hier Mitnahmeeffekte entstehen[883].
Die Gestaltungsmöglichkeiten für die Betriebsparteien wurden erweitert. Bislang war notwendig, im Sozialplan bereits im voraus eine Einteilung der betroffenen Arbeitnehmer vorzunehmen und festzulegen, wer Eingliederungsmaßnahmen in Anspruch nehmen kann und wer einen Abfindungsanspruch erhält. Jetzt genügt es, wenn der Kreis der „Wahlberechtigten" definiert wird. Erwähnenswert ist, dass bislang die Kombination von Eingliederungsmaßnahme und Abfindung zulässig war und bleibt.

---

879 *Roeder in Niesel* SGB III, § 255 Rdnr. 16.
880 BT-Drucks. 14/6944, S. 42.
881 BT-Drucks. 14/6944, S. 42.
882 *Stindt*, FS Weinspach, S. 147 (156).
883 *Stindt*, FS Weinspach, S. 147 (156).

VIII. Ausweitung der Zuschüsse zu Sozialplanmaßnahmen nach § 255 Abs. 3 SGB III

Grundsätzlich können nach §§ 254, 255 Abs. 1 SGB III nur Eingliederungsmaßnahmen bezuschusst werden, die in einem Sozialplan mit dem Betriebsrat vereinbart sind. § 255 Abs. 3 SGB III ordnet jedoch die entsprechende Anwendung der Absätze 1 und 2 für Maßnahmen an, die in einem außerhalb des Anwendungsbereichs des Betriebsverfassungsgesetz vereinbarten Sozialplan oder in einer sozialplanähnlichen Vereinbarung vorgesehen sind. Damit wird der Anwendungsbereich der Zuschüsse zu Sozialplanmaßnahmen erweitert. Die Bedeutung der Vorschrift erschließt sich aus ihrem Verhältnis zu der Tatbestandsvoraussetzung des § 255 Abs. 1 Nr.3 SGB III. Diese Regelung verlangt, dass ein Sozialplan i.S.d. § 112 Abs. 1 S. 2 BetrVG für die zu fördernden Arbeitnehmer vereinbart worden ist. Gemäß § 111 S. 2 BetrVG kann ein solcher Sozialplan nur in Unternehmen mit in der Regel mehr als 20 wahlberechtigten Arbeitnehmern und bestehendem, für den betroffenen Betrieb zuständigen, Betriebsrat abgeschlossen werden[884]. Damit sind nach der Regelung Kleinunternehmen und betriebsratslose Unternehmen gleichermaßen von der Gewährung von Sozialplanzuschüssen ausgeschlossen.

Die Förderungsfähigkeit von Eingliederungsmaßnahmen auf Grundlage von Vereinbarungen zwischen Unternehmer und Sprecherausschuss nach §§ 32 Abs.2, 28 Sprecherausschussgesetz SprAuG sind nach § 255 Abs. 1 Nr. 3 SGB III ebenfalls ausgeschlossen. Denn nach § 5 Abs. 3 BetrVG findet das Betriebsverfassungsgesetz auf Leitende Angestellte, deren Vertreter der Sprecherausschuss ist, keine Anwendung. Dienstvereinbarungen in Form von Sozialplänen nach § 75 Abs. 3 Nr. 13 BPersVG sind auch nicht förderungsfähig. Denn nach § 130 BetrVG findet das Betriebsverfassungsgesetz auf den öffentlichen Dienst keine Anwendung. Die Vereinbarungen in den Kirchen sind gleichermaßen von der Förderung ausgeschlossen, da nach § 118 Abs. 2 BetrVG das Betriebsverfassungsgesetz auf Religionsgemeinschaften und deren Einrichtungen nicht angewendet werden kann. Vor diesem Hintergrund sind die Erweiterungen des § 255 Abs. 3 BetrVG zu beurteilen.

1. Sozialpläne außerhalb des Anwendungsbereichs des BetrVG nach § 255 Abs. 3 1. Alt. SGB III

Nach § 255 Abs. 3 1. Alt. SGB III sind Maßnahmen, die in einem, außerhalb des Anwendungsbereichs des Betriebsverfassungsgesetzes vereinbarten, Sozialplan

---

[884] s.o.

vorgesehen sind, nicht von vornherein von der Förderungsfähigkeit ausgeschlossen. Dies könnte man dahingehend verstehen, dass man auf die Anwendbarkeit des BetrVG überhaupt abstellen muss[885].

Der gegenständliche Anwendungsbereich des Betriebsverfassungsrechts ergibt sich aus § 1 BetrVG. Nach § 1 Abs.1 BetrVG werden Betriebsräte in Betrieben gewählt mit in der Regel mindestens fünf ständigen wahlberechtigten Arbeitnehmern, von denen drei wählbar sind. Im Übrigen ist das Betriebsverfassungsrecht nicht anwendbar auf Religionsgemeinschaften und ihre und erzieherischen Einrichtungen nach § 118 Abs. 2 BetrVG, nicht für im Flugbetrieb beschäftigte Arbeitnehmer von Luftfahrunternehmen nach § 117 Abs.2 BetrVG, nicht für Betriebe der öffentlichen Hand nach § 130 BetrVG.

Der persönliche Anwendungsbereich erstreckt sich auf alle Arbeitnehmer i.S.d. § 5 Abs.1 BetrVG nicht jedoch auf leitende Angestellte i.S.v. § 5 Abs.3 BetrVG.

Man könnte Sozialpläne außerhalb des Anwendungsbereichs auch als außerhalb der §§ 111 ff. BetrVG lesen. Nach § 255 Abs.1 Nr.3 SGB III sind freiwillige Sozialpläne in Unternehmen mit bis zu 20 wahlberechtigten Arbeitnehmern, vorsorgliche Sozialpläne und Rahmensozialpläne ausgeschlossen. Diese würden dann förderungsfähig.

Für die Auslegung im zweiten Sinne spricht, dass damit § 255 Abs.3 2.Alt. SGB III ein eigener Anwendungsbereich verbleibt[886]. Denn würde man sich im Sinne der ersten Auslegung entscheiden, wären beispielsweise Vereinbarungen im Bereich der Kirchen und Religionsgemeinschaften unter die 1. Alternative zu subsumieren. Ausweislich der Gesetzesbegründung sind diese Regelungen als Beispiele für sozialplanähnliche Vereinbarungen aufgeführt worden[887].

Die Ausweitung des § 255 Abs.3 1.Alt. SGB III erstreckt sich auf Sozialpläne im Betriebsverfassungsrecht außerhalb des Anwendungsbereichs der §§ 111 ff. BetrVG. Das Argument, dass bei vergleichbaren betrieblichen Veränderungen in Kleinbetrieben keine die Arbeitsämter bei der Durchführung von individuellen Maßnahmen der Arbeitsförderung überfordernde Massenkündigungen vorliegen, sticht angesichts der vergleichbaren Transferleistung der Qualifizierung von Beziehern von Strukturkurzarbeitergeld in betriebsorganisatorisch eigenständigen Einheiten nicht. Denn in § 175 Abs. 1 S. 2 SGB III ist durch das Job-AQTIV-Gesetz ausdrücklich Kleinbetriebe mit in der Regel nicht mehr als 20 Arbeitnehmer einbezogen, um den Arbeitnehmern zu ermöglichen, sich auf neue Beschäftigung durch Qualifizierung vorzubereiten. Eine entsprechende gesetzliche Regelung ist im Rahmen der §§ 254 ff. SGB III insoweit

---

[885] *Bepler in Gagel* SGB III, § 255 Rdnr. 43.

[886] *Gaul,* AuA 1998 S. 336 (337); *Roeder in Niesel* SGB III § 255 Rdnr. 18.

[887] BT-Drucks. 13/8994, S. 56 u. 63.

nicht erforderlich, da § 255 Abs. 3 1. Alt. SGB III nach Maßgabe der hier vertretenen diesen Fall erfasst.

Damit sind förderungsfähige Sozialplanmaßnahmen in freiwilligen Betriebsvereinbarungen auf Grundlage des § 88 BetrVG in Kleinunternehmen möglich. Bei den Betriebsvereinbarungen muss es sich um Sozialpläne handeln, also um Regelungen, die gemäß der Definition des § 112 Abs.1 S.2 BetrVG, eine Einigung zwischen Unternehmer und Betriebsrat über den Ausgleich oder die Milderung wirtschaftlicher Nachteile, die den Arbeitnehmern infolge der geplanten Betriebsänderung entstehen, darstellen. Maßnahmen, die Regelungsgegenstände des Interessenausgleichs sind, sind auch insofern nicht förderungsfähig.

Die Ausweitung des § 255 Abs.3 1.Alt. SGB III erfasst freiwillige Sozialpläne, die in Unternehmen mit in der Regel nicht mehr als 20 wahlberechtigten Arbeitnehmern abgeschlossen werden, vorsorgliche Sozialpläne und Rahmensozialpläne.

2. Sozialplanähnliche Vereinbarungen nach § 255 Abs. 3 2.Alt SGB III

Nach § 255 Abs.3 2.Alt. SGB III gelten die Absätze 1 und 2 entsprechend für Maßnahmen, die in einer sozialplanähnlichen Vereinbarung vorgesehen sind.

Auszugehen ist vom Wortlaut der Vorschrift. Gefördert wird eine „sozialplanähnliche Vereinbarung", d.h. trotz der Unterschiede müssen die in Betracht kommenden Vereinbarungen eine Ähnlichkeit zu zum Sozialplan i.S.d. § 112 Abs.1 S.2 BetrVG aufweisen. Sozialplanähnlich bedeutet, dass die wesentlichen Inhalte vergleichbar denen eines Sozialplanes sein müssen[888].

a. Inhaltliche Sozialplanähnlichkeit

Die inhaltliche Sozialplanähnlichkeit ist auf Grundlage des § 112 Abs. 1 S. 2 BetrVG zu beurteilen. Die betreffende Vereinbarung muss den Ausgleich oder die Milderung der wirtschaftlichen Nachteile zum Gegenstand haben, die den Arbeitnehmern infolge der Betriebsänderung oder einer entsprechenden Umstrukturierung entstehen. Damit ist wiederum die Abgrenzung zum Interessenausgleich maßgeblich. Der Interessenausgleich ist keine sozialplanähnliche Vereinbarung. Die Instrumente Sozialplan und Interessenausgleich stehen in einem Exklusivitätsverhältnis.

---

[888] Bundesanstalt für Arbeit vom 31.10.1997, 255.3.1.

b. Verfahrensmäßige Sozialplanähnlichkeit

Parteien des Sozialplan i.S.d. § 112 Abs. 1 S. 2 BetrVG sind der Arbeitgeber und der Betriebsrat. Es handelt sich um eine kollektive Regelung. Der Betriebsrat ist die gewählte Arbeitnehmervertretung. Fraglich ist, ob die Vereinbarung zwischen der Gesamtheit der von der Personalanpassung betroffenen Arbeitnehmern und dem Arbeitgeber sozialplanähnlich nach § 255 Abs. 3 2.Alt. SGB III sind[889]. Dagegen wird eingewandt, dass die Gesamtheit der Arbeitnehmer wegen des fehlenden kollektiven Charakters keine Parteien einer sozialplanähnlichen Vereinbarung sein. Notwendig ist eine nach gesetzlichen Vorgaben verfasste Arbeitnehmerschaft. Ausweislich der Gesetzesbegründung sind dies insbesondere kirchlichen Mitarbeitervertretungen. Für deren Bedienstete gilt ein dem Betriebsverfassungsrecht etwa vergleichbares Mitbestimmungssystem[890].

c. Einzelne Sozialplanähnliche Vereinbarungen

Damit ist im Einzelfall zu prüfen, ob die Vereinbarungen als sozialplanähnlich i.S.d. § 255 Abs. 3 2. Alt SGB III anzusehen sind.

aa. § 38 Abs. 1 Nr. 11 MAVO und § 40 lit. f MVG

In den einschlägigen Mitarbeitervertretungsordnungen der Kirchen findet sich ein dem Betriebsverfassungsrecht zumindest in etwa vergleichbares Mitbestimmungssystem[891]. Vereinbarungen die den Ausgleich von wirtschaftlichen Nachteilen der vom Arbeitsplatzverlust betroffenen Arbeitnehmer betreffen sind demzufolge miteinzubeziehen.

bb. Sozialplanrichtlinien des Sprecherausschusses

Fraglich ist, ob Eingliederungsmaßnahmen in Transfer- Sozialplan- Richtlinien mit Leitenden Angestellten nach § 255 Abs. 3 SGB III förderungsfähig sind. Gemäß § 32 Abs. 2 S. 2 SprAuG hat der Unternehmer mit dem Sprecherausschuss über Maßnahmen zum Ausgleich oder zur Milderung der wirtschaftlichen Nachteile zu beraten, die den leitenden Angestellten infolge der geplanten Betriebsänderung entstehen.

---

[889] *Roeder in Niesel*, SGB III, § 255 Rdnr. 19.
[890] Vgl. dazu *Richardi*, Arbeitrecht in der Kirche §§ 17-19.
[891] ders.

Eine entsprechende Regelung analog zum Sozialplan ist nicht erzwingbar, aber in Form einer Richtlinie gem. § 28 SprAuG möglich. Dabei hat die Richtlinie unmittelbare und zwingende Wirkung, wenn dies zwischen Sprecherausschuss und Arbeitgeber nach Abs. 2 vereinbart worden ist.

cc. *Sozialplan zugunsten Leitender Angestellter*

Der Sozialplan gilt nicht für leitende Angestellte i.S.d. § 5 Abs. 3 BetrVG und kann auch nicht vom Betriebsrat mit Rechtswirkungen einer Betriebsvereinbarung auf diese Personengruppe erstreckt werden[892]. Die Normsetzungszuständigkeit für leitende Angestellte steht nach § 28 SprAuG ausschließlich dem Sprecherausschuss zu, der einen Sozialplan für leitende Angestellte allerdings nur auf freiwilliger Basis mit dem Unternehmer abschließen kann. Rechtlich nicht zu beanstanden ist der Abschluss eines freiwilligen Sozialplans, der für alle Arbeitnehmer einschließlich der leitenden Angestellten gilt, wenn dieser sowohl von Betriebsrat und Sprecherausschuss unterschrieben wird[893]. Sieht ein zwischen Betriebsrat und Unternehmer abgeschlossener Sozialplan Leistungen für leitende Angestellte vor, so soll dieser nach BAG als Vertrag zugunsten Dritter Ansprüche der leitenden Angestellten begründen[894]. In der Literatur wird diese Rechtsprechung abgelehnt, da der Betriebsrat für den Abschluss privatrechtlicher Verträge die Rechtsfähigkeit fehle. Als Organ der Betriebsverfassung ist er lediglich teilrechtsfähig, wobei sich deren Umfang nach der betriebsverfassungsrechtlichen Kompetenzordnung bestimmt[895]. Deshalb ist auch eine nachträgliche Genehmigung durch den betreffenden leitenden Angestellten nicht möglich. Selbst Vertreter ohne Vertretungsmacht müssen nach § 165 BGB zumindest beschränkt geschäftsfähig sein. Die arbeitgeberseitige Erklärung kann aber in ein einseitiges Leistungsversprechen umgedeutet werden. Beide Konstrukte sind nicht von § 255 Abs. 3 2. Alt. SGB III erfasst. Ihnen fehlt nämlich die verfahrensmäßige Sozialplanähnlichkeit.

3. Entsprechende Anwendung des § 255 Abs. 1 u. 2 SGB III

§ 255 Abs. 3 SGB III ordnet die entsprechende Anwendung des § 255 Abs. 1 und 2 SGB III auf die einbezogenen Vereinbarungen an. Die Anspruchsvoraussetzungen

---

[892] BAG vom 31.1.1979 – 5 AZR 454/ 77- AP Nr. 8 zu § 112 BetrVG 1972 = EzA § 112 BetrVG 1972 Nr. 17.

[893] *Oetker*, ZfA 1990, 43 (83).

[894] BAG vom 31.1.1979 – 5 AZR 454/ 77- AP Nr. 8 zu § 112 BetrVG 1972 = EzA § 112 BetrVG 1972 Nr. 17.

[895] *Kraft* BetrVG, § 1 Rdnr. 74 ff.

des § 255 Abs. 1 sowie die Ausschlusstatbestände des § 255 Abs. 2 SGB III sind auf die von §§ 111 ff. BetrVG erfassten Sachverhalte konzipiert. Damit muss entsprechend § 255 Abs. 1 SGB III die drohende Arbeitslosigkeit, zwar nicht Folge einer Betriebsänderung, aber einer vergleichbaren Umstrukturierung sein. Die Notwendigkeit, vor Abschluss der durch die Erweiterung des § 255 Abs. 3 SGB III einbezogenen Vereinbarungen, einen Interessenausgleich zu versuchen, ist problematisch. Fraglich ist, ob in Fällen, in denen der Versuch des Interessenausgleichs oder eines ähnlichen Verfahrens nicht vorgesehen ist, auf diese Tatbestandsvoraussetzung verzichtet werden muss[896]. Diese Lösung ist abzulehnen, denn der Gesetzgeber hat die entsprechende Anwendung ausdrücklich angeordnet. Vielmehr muss unter Berücksichtigung der Zielsetzung des § 255 Abs. 1 Nr. 2 SGB III, die geplante Umstrukturierung selbst zwischen dem Unternehmer und der Arbeitnehmervertretung ernsthaft diskutiert und alle betrieblichen Möglichkeiten ausgeschöpft werden, bevor die Solidargemeinschaft der Versicherten in Anspruch genommen werden kann. Gegenstand dieses Diskurses ist, die Vermeidung von Nachteilen durch die geplante Umstrukturierung.
Die Voraussetzungen § 255 Abs. 1 Nr. 4 bis 6 SGB III, sowie die Ausschlusstatbestände des § 255 Abs. 2 SGB III weisen keine spezifischen Zusammenhänge mit §§ 111 ff. BetrVG auf, so dass deren Anwendung unproblematisch ist.

IX. Verfahren der Gewährung von Zuschüssen zu Sozialplanmaßnahmen

Zuständig für die Vergabe der Zuschüsse zu Sozialplanmaßnahmen sind nach § 327 Abs.6 S.2 SGB III das Landesarbeitsamt, in dessen Bezirk die Maßnahme durchgeführt wird. Die Zuständigkeit der mittleren Verwaltungsebene ist eine Ausnahme, denn gemäß § 327 Abs.6 S. 1 SGB III ist für Leistungen an Träger im übrigen das Arbeitsamt zuständig[897]. Damit soll der Gefahr der Überforderung der einzelnen Arbeitsämter hinsichtlich der umfangreichen Eingliederungsmaßnahmen sowie dem komplizierten Mittelausgleich zwischen Arbeitsämtern vorgebeugt werden[898].
Für die Zuständigkeit des Landesarbeitsamtes spricht auch der Umstand, dass der Präsident des Landesarbeitsamtes bei den Sozialplanverhandlungen nach § 112 Abs.2 S. 1 2.Alt. BetrVG von den Betriebsparteien als Vermittler hinzugezogen werden kann[899]. Zudem ist es der Präsident des Landesarbeitsamtes, der, in Abweichung zum Grundsatz des nicht öffentlichen Verfahrens, vor der Einigungsstelle nach

[896] So *Fabricius/Oetker* BetrVG, §§ 112, 112a Rdnr. 379.
[897] *Düe in Niesel* SGB III, § 327 Rdnr. 30.
[898] BT-Drucks. 13/4941, S.199.
[899] vgl. zum Vermittlungsverfahren *Hohenstatt*, NZA 1998, 846 (849).

§ 112 Abs.2 S. 3 BetrVG auf Ersuchen des Einigungsstellenvorsitzenden an den Verhandlungen teilnehmen kann.
Örtlich ist das Arbeitsamt zuständig, in dessen Bezirk die Maßnahme durchgeführt wird. Lässt der Unternehmer Eingliederungsmaßnahmen von einem anderen Unternehmen oder von einem ausgegründeten Weiterbildungsbetrieb durchführen, die ihren Sitz in einem anderen Landesarbeitsamtbezirk haben als das beauftragende Unternehmen, ist zweifelhaft, welches Landesarbeitsamt nach § 327 Abs. 6 S. 2 SGB III örtlich zuständig ist. Kompliziert wird die Zuständigkeitsfrage weiter, wenn Teile der Eingliederungsmaßnahmen vom abbauenden Unternehmen und vom beauftragten Unternehmen erbracht werden. Träger einer nach § 254 SGB III geförderten Eingliederungsmaßnahme ist der Unternehmer, der aus dem Sozialplan verpflichtet ist. Arbeitsrechtlich führt dieser gemäß § 77 Abs.1 S. 1 BetrVG den Sozialplan durch . Diese Regelung ist mit dem Arbeitsförderungsrecht kongruent. Denn noch § 21 SGB III ist dieser auch Träger; Einrichtungen, derer sich der Unternehmer bedient sind Dritte i.S.d. § 21 SGB III [900].
Maßgeblich ist der aus dem Sozialplan zu Eingliederungsmaßnahmen verpflichtete Unternehmer.
Auf diese Weise wird gewährleistet, dass die Zuständigkeiten zur Vermittlung nach § 112 Abs.2 S. 1 2.Alt. BetrVG, zur Beratung nach § 256 Abs. 1 SGB III, zum Vorabbescheid nach § 256 Abs.2 SGB III und zur Kostenerstattung nach § 327 Abs.6 S. 2 SGB III nur eines Landesarbeitsamtes begründet wird.
Zuschüsse zu Sozialplanmaßnahmen als Leistungen der Arbeitsförderung werden entsprechend § 323 Abs.1 S. SGB III nur auf Antrag gewährt. Antragsberechtigt ist der aus dem Sozialplan verpflichtete Unternehmer als Träger der Eingliederungsmaßnahmen. Der Antrag kann formlos gestellt werden. Dieser muss vor Beginn der Eingliederungsmaßnahme als dem „leistungsbegründendem Ereignis" gemäß § 324 Abs. 1 S. 1 SGB III gestellt werden. Nach § 324 Abs.1 S.2 SGB III kann der verspätete Antrag zugelassen werden, um unbillige Härten zu vermeiden. Der vereinbarte Sozialplan sowie weitere entscheidungsrelevante Unterlagen sind dem Antrag beizufügen. Empfänger der Zuschüsse ist der Unternehmer, der gemeinsam mit dem Betriebsrat den Sozialplan aufgestellt hat und nach § 77 Abs. 1 S.1 BetrVG für dessen Durchführung zuständig ist. Das zuständige Landesarbeitsamt entscheidet durch Bescheid über die Gewährung von Zuschüssen zu Sozialplanmaßnahmen. Der Bescheid ist Verwaltungsakt nach § 31 SGB X gegen den nach § 62 SGB X i.V.m. §§ 51 Abs.1, 53 ff. SGG Rechtsschutz vor den Sozialgerichten erlangt werden kann.

---

[900] vgl. *Löwisch*, RdA 1997, 287 (288).

Die Zuschüsse zu Sozialplanmaßnahmen werden dem Arbeitgeber grundsätzlich zu Beginn der Eingliederungsmaßnahme in der vom Landesarbeitsamt ermittelten Höhe in einem Betrag auf ein vom Privat- bzw. Betriebsvermögen getrenntes Konto ausgezahlt.
Da die Zuschussbemessung an die Gesamtkosten der Maßnahmen anknüpft, diese aber erst nach Durchführung der Maßnahmen feststehen, werden Veränderungen des Kostenansatzes bei der Gesamtabrechnung nach § 326 SGB III berücksichtigt. So erlässt nach Beendigung der Eingliederungsmaßnahme das zuständige Landesamt eine abschließende Entscheidung über den Umfang der zu erbringenden Leistungen. Nach § 326 Abs. 1 SGB III hat der Träger der Maßnahme innerhalb einer Ausschlussfrist von 6 Monaten beginnend mit Ablauf des Kalendermonats, in dem die Maßnahme beendet worden ist, die hierzu erforderlichen Unterlagen vorzulegen. Nach § 326 Abs. 2 SGB III sind vom Träger im Falle der nicht rechtzeitigen Gesamtabrechnung die erbrachten Leistungen in dem Umfang an das Landesarbeitsamt zu erstatten, in dem die Voraussetzungen für die Leistungen nicht nachgewiesen sind. Anfallende Guthabenzinsen werden bei der nach § 326 SGB III zu erstellenden Gesamtabrechnung zu Gunsten der Arbeitsverwaltung berücksichtigt. Einsparungen durch ein vorzeitiges Ausscheiden von Teilnehmern sind in der Gesamtabrechnung einzubeziehen. Die Prüfung derselben ergeht in Form eines rechtsbehelfsfähigen Bescheides.

C. Gestaltungsmöglichkeiten des Sozialplanes durch Strukturkurzarbeitergeld nach §§ 175 ff. SGB III

Anders als die Zuschüsse zu Sozialplanmaßnahmen setzt die Förderung durch Strukturkurzarbeitergeld nach §§ 175 SGB III nicht voraus, dass die angestrebten Maßnahmen in einem Sozialplan vereinbart werden. Das bedeutet aber nicht, dass es arbeitsförderungsrechtlich ausgeschlossen ist, eine Ausgestaltung des Sozialplans unter Einbeziehung der Förderung durch Strukturkurzarbeitergeld festzulegen. Die Grenzen für die Ausgestaltung des Sozialplans ergeben sich aus der arbeitsrechtlichen Vorschrift § 112 BetrVG. Wie bereits dargelegt, ist nur die Finanzierung der Durchführung unter Einbeziehung einer externen betriebsorganisatorisch eigenständigen Einheit bei einem eigenständigen Rechtsträger dem Sozialplangegenstand zuzuordnen.

I. Grundsatz der Gewährung von Strukturkurzarbeitergeld

Das Strukturkurzarbeitergeld nach §§ 175 ff SGB III geht aus den Vorläuferregelungen der §§ 63 ff. AFG hervor und ist damit anders als die Zuschüsse zu Sozialplanmaßnahmen ein bewährtes aber bis 31.12.2006[901] befristetes Instrument des Arbeitsförderungsrechts. Während das Strukturkurzarbeitergeld des AFG nur bei schwerwiegender struktureller Verschlechterung der Lage des Wirtschaftszweiges ausbezahlt wurde, genügt nunmehr eine Strukturveränderung für den Betrieb. Auch ist nicht mehr das ausdrückliche Erfordernis enthalten, dass der betroffene Arbeitsmarkt außergewöhnliche Verhältnisse aufweisen müsse[902].

Ziel des Strukturkurzarbeitergeldes ist es bei dauerhaften strukturellen Arbeitsausfällen Massenentlassungen zu verhindern und eine übergangsweise Beschäftigung zu sichern, während gleichzeitig die Vermittlungsaussichten der Arbeitnehmer verbessert werden sollen[903]. Beim Strukturkurzarbeitergeld handelt es sich um eine Strukturanpassungsleistung zum sozialverträglichen Personalabbau, durch welche die Auslaufphase des Arbeitsverhältnisses gefördert wird[904]. Es trägt nicht zum Erhalt von Arbeitsplätzen bei. Deshalb wird anders als beim konjunkturellen Kurzarbeitergeld nicht verlangt, dass der Arbeitsausfall gem. § 170 Abs. 1 Nr. 2 SGB III vorübergehend und das Arbeitsverhältnis gem. § 172 Abs. 1 Nr. 2 SGB III ungekündigt ist.

Für den Fall des nicht nur vorübergehenden Arbeitsausfalles sieht § 175 Abs. 1 SGB III die Möglichkeit der Gewährung von Kurzarbeitergeld vor, wenn Strukturveränderungen für den Betrieb mit einer Einschränkung und Stillegung des ganzen Betriebs oder wesentlichen Betriebsteilen verbunden sind und Personalanpassungsmaßnahmen in erheblichem Umfang einhergehen. Die vom Arbeitsausfall betroffenen Arbeitnehmer müssen zur Vermeidung von Entlassungen einer erheblichen Anzahl von Arbeitnehmern des Betriebs in einer betriebsorganisatorisch eigenständigen Einheit zusammengefasst werden.

Das Job-AQTIV-Gesetz hat die Anwendbarkeit des Strukturkurzarbeitergeldes sogar auf Kleinbetriebe erweitert, indem es einen neuen Satz 2 in § 175 Abs. 1 SGB III. Danach besteht der Anspruch auf Kurzarbeitergeld in Fällen des nicht nur vorübergehenden Arbeitsausfalles in Betrieben mit in der Regel nicht mehr als 20 Arbeit-

---

901 Das bisherige Befristungsende der §§ 175 ff SGB III ist jüngst durch das Einmalzahlungs-Neuregelungsgesetz vom 21.12.2000 (BGBl. S. 1971) auf diesen späteren Termin hinausgeschoben worden.

902 *Estelmann in Hennig* SGB III § 175 Rdnrn. 16 ff.

903 *Roeder in Niesel* SGB III, § 175 Rdnr. 2.

904 *Roeder in Niesel* SGB III, § 175 Rdnr. 2.

nehmern, wenn bei mindestens 20% der im Betrieb beschäftigten Arbeitnehmer trotz des Arbeitsausfalles Entlassungen vermieden werden können.

Nach § 175 S. 3 SGB III soll das Strukturkurzarbeitergeld zudem dazu beitragen, die Schaffung und Besetzung neuer Arbeitsplätze zu erleichtern. Dieses Ziel bezieht sich auf Arbeitsplätze außerhalb des bisherigen Betriebs. Das ergibt sich im Umkehrschluss aus § 175 Abs. 1 S. 5 SGBIII und § 175 Abs. 2 SGB III. Durch Verlängerung der Entlassungsphase gewinnt der betroffene Arbeitnehmer Zeit für die Suche nach einer Anschlussbeschäftigung, wodurch die auch die Besetzung von Arbeitsplätzen erleichtert wird. Denn die betroffenen Arbeitnehmer können aus der betriebsorganisatorischen Einheit ohne Einhaltung einer Kündigungsfrist auf den neuen Arbeitsplatz wechseln. Das Ziel neue Arbeitsplätze durch die Strukturkurzarbeitergeld zu schaffen kann von diesem Instrument zur Abfederung von Entlassungen entgegen der Gesetzesbegründung nicht erwartet werden[905]. Gem. § 175 Abs. 1 S. 4 SGB III sollen die Ausfallzeiten vom Betrieb dazu genutzt werden, die Vermittlungsaussichten der Arbeitnehmer insbesondere durch Qualifizierung zu verbessern. Diese Soll-Vorschrift hinsichtlich der Qualifizierung verdichtet sich zu einer notwendigen Voraussetzung für den über sechs Monate fortdauernden Bezug von Strukturkurzarbeitergeld gem. § 177 SGB Abs. 1 S. 4 III. Danach setzt der Strukturkurzarbeitergeldanspruch über 6 Monate hinaus bis zu maximal 24 Monaten[906] voraus, dass für die Arbeitnehmer Maßnahmen der beruflichen Qualifikation oder andere geeignete Maßnahmen zur Eingliederung vorgesehen sind.

Ausweislich der Begründung zum Einmalzahlungs-Neuregelungsgesetz hat diese Notwendigkeit zur Nutzung der Ausfallzeiten zu Zwecken der beruflichen Qualifizierung zunehmend zur Nutzung der Leistung geführt, um den Transfer aus einem vom Strukturwandel nachteilig betroffenen Betrieb in einen Betrieb mit positiven Beschäftigungsperspektiven zu erleichtern[907].

II. Arbeitnehmer als Anspruchsberechtigte des Strukturkurzarbeitergeldes

Gem. § 3 Abs. 1 Nr. 9 SGB III erhalten die Arbeitnehmer das Strukturkurzarbeitergeld. Es gilt der arbeitsrechtliche Arbeitnehmerbegriff[908]. Dennoch tritt nicht der versicherte Arbeitnehmer dem Arbeitsamt individuell gegenüber, sondern ist in ein Geflecht wirtschaftlicher und kollektivrechtlicher Beziehungen eingebunden. So sind im Interessenausgleich und Sozialplan einige der Voraussetzungen für die Kofinanzie-

---

[905] BT-Drs. 14/4371, S.12.

[906] vgl. Verordnung des Ministeriums für Arbeit und Soziales vom 7.3.2001 (BGBl. I S. 383).

[907] BT-Drucks. 14/4743 S. 20.

[908] Vgl. *Ruhm*, Arbeitsförderungsrecht, Rdnr. 38.

rung erst zu schaffen. Der Arbeitnehmer ist weder anzeige- noch antragsberechtigt nach §§ 173, 323 Abs. 2 SGB III. Er kann nicht einmal gegen den Bewilligungsbescheid über das Strukturkurzarbeitergeld vorgehen, wenn er hierdurch beschwert ist[909]. Damit ist der Arbeitnehmer arbeitsförderungsrechtlich in den Prozess der Bewilligung des Strukturkurzarbeitergeldes ebenso wenig eingebunden wie in den arbeitsrechtlichen Prozess der Aufstellung des Sozialplanes. Der einzelne Arbeitnehmer kann auch keine gerichtliche Überprüfung dahingehend erreichen, ob der finanzielle Gesamtrahmen des Sozialplans angemessen oder dessen Anwendung in seinem Einzelfall zu einem billigen Ergebnis führt, wenn sich der Sozialplan im Rahmen billigen Ermessens hält und nicht gegen höherrangiges Recht verstößt[910].

III. Strukturkurzarbeitergeld als Pflichtleistung der aktiven Arbeitsförderung

Aus der Überschrift des 4.Kapitels 8. Abschnitt 2.Titel geht hervor, dass es sich beim Strukturkurzarbeitergeld um eine Sonderform des Kurzarbeitergeldes handelt und somit um eine Leistung der aktiven Arbeitsförderung nach § 3 Abs. 1 Nr. 9, Abs. 4 SGB III. Nach § 3 Abs. 5 SGB III handelt es sich beim Kurzarbeitergeld um keine Ermessensleistung der Arbeitsförderung, sondern um eine Pflichtleistung der aktiven Arbeitsförderung. Damit haben die Versicherten einen durch das Gesetz genau fixierten, festen Anspruch[911]. Außerdem finden auch die besonderen haushaltsrechtlichen Vorschriften des SGB IV über die Planung und Verteilung dieser Mittel, insbesondere ihrer flexiblen Zusammenfassung in einem Eingliederungstitel nach § 71b SGB IV keine Anwendung. Das bringt eine hohe Planungssicherheit bei der Aufstellung eines Transfer-Sozialplans unter Einbeziehung von Strukturkurzarbeitergeld.

IV. Strukturkurzarbeitergeld als Lohnausfallvergütung

Durch das Strukturkurzarbeitergeld werden nicht Eingliederungsmaßnahmen wie bei den Zuschüssen zu Sozialplanmaßnahmen gefördert, sondern beim Strukturkurzarbeitergeld handelt es sich um eine Lohnausfallvergütung für das wegen Arbeitsausfalls aufgrund „Kurzarbeit Null“ entfallene Arbeitsentgelt[912]. Bei Kurzarbeit Null zum Bezug des Strukturkurzarbeitergeldes wird die betriebsübliche normale Arbeitszeit

---

[909] BSG vom 8.11.2001 – B 11 AL 19/01 R ; aA Bieback/ Gagel SGB III § 169 Rdnr. 88.
[910] BAG vom 17.2.81 – 1 AZR 290/78 - AP Nr. 11 zu § 112 BetrVG 1972 = EzA § 112 BetrVG 1972 Nr. 21; BAG vom 14.2.84 - 1 AZR 574/82 - AP Nr. 21 zu § 112 BetrVG 1972 = EzA § 112 BetrVG Nr. 30; BAG vom 26.7.88 – 1 AZR 156/87 - AP Nr. 45 zu § 112 BetrVG 1972 = EzA § 112 BetrVG 1972 Nr. 43.
[911] *Bieback in Gagel* SGB III, § 169 Rdnr. 4.
[912] Vgl. *Roeder in Niesel* SGB III, § 169 Rdnr. 2.

aufgrund des Arbeitsausfalls auf Null reduziert. Denn die Bezieher von Strukturkurzarbeitergeld sind Arbeitnehmer, deren Arbeitsplatz weggefallen ist. Während der Kurzarbeit Null spart der Arbeitgeber den Annahmeverzugslohn, den er bei unverändert fortbestehendem Arbeitsverhältnis ohne Beschäftigungsmöglichkeit nach § 615 BGB bis zum Ende der Kündigungsfrist zu leisten hätte.
Der Arbeitgeber hat allerdings die Remanenzkosten hinsichtlich der „kurzarbeitenden" Arbeitnehmer und gegebenenfalls tarifliche Aufstockungszahlungen zu leisten.

1. Anspruchshöhe gem. §§ 178,179 SGB III

Das Strukturkurzarbeitergeld beträgt nach §§ 178 Nrn. 1 u. 2 i.V.m. 129 Nr. 1 SGB III für Empfänger mit mindestens einem steuerlich berücksichtigungsfähigen Kind 67% der Nettoentgeltdifferenz und für alle übrigen Arbeitnehmer 60% der Nettoentgeltdifferenz. Durch Verordnung werden die jeweils für ein Kalenderjahr in einer Tabelle die für die Berechnung des Kurzarbeitergeldes maßgeblichen pauschalierten Nettobeträge festgelegt[913]. Die Nettoentgeltdifferenz berechnet sich nach § 179 SGB III: Sie entspricht dem Unterschiedsbetrag zwischen pauschalierten Nettoentgelt aus dem ohne Arbeitsausfall erzielten Bruttoarbeitsentgelt ohne Berücksichtigung von Mehrarbeit (Soll-Entgelt) und dem pauschalierten Nettoentgelt aus dem im Anspruchszeitraum tatsächlich erzielten Bruttoarbeitsentgelt (Ist-Entgelt).
Das Sollentgelt beträgt maximal die maßgebliche Beitragsbemessungsgrenze. Das vom Arbeitgeber unter Anrechnung des Kurzarbeitergeldes aufstockend gezahlte Arbeitsentgelt bleibt gem. § 179 Abs. 2 S. 2 SGB III beim Ist-Entgelt außer Betracht.
Bei Kurzarbeit Null ist die maßgebliche Nettoentgeltdifferenz rglm. aus dem bisherigen Bruttoentgelt zu berechnen. Allerdings ist zu beachten, dass zum Ist-Entgelt der zu zahlende Feiertagslohn nach § 2 Abs. 1 und Abs. 2 EFZG und das Urlaubsentgelt nach § 11 BUrlG zählt. Das Strukturkurzarbeitergeld ist lohnsteuerfrei gem. § 3 Nr. 2 EStG, unterliegt aber dem Progressionsvorbehalt.

2. Anspruchsdauer gem. § 177 SGB III

Kurzarbeitergeld wird für den Arbeitsausfall während der Bezugsfrist geleistet. Die Bezugsfrist ist der Zeitraum, für den bei Vorliegen der sonstigen Voraussetzungen Strukturkurzarbeitergeld geleistet werden kann[914]. Sie beginnt mit dem ersten Kalen-

---

[913] Für das Jahr 2002 ist die Tabelle in der SGB III-Leitungsentgelt-VO vom 20.12.2001 (BGBl. S. 4036) maßgebend.
[914] *Roeder in Niesel* SGB III, § 177 Rdnr. 3.

dermonat, für den in der betriebsorganisatorisch eigenständigen Einheit Strukturkurzarbeitergeld gezahlt wurde.
Entsprechend dem kollektiven Bezug gilt sie gem. § 177 Abs. 1 S. 2 SGB III für alle in einer betriebsorganisatorisch eigenständigen Einheit beschäftigten Arbeitnehmer. Insofern können für verschiedene betriebsorganisatorisch eigenständigen Einheiten jeweils unterschiedliche Bezugsfristen laufen.
Bei der Beschäftigung von Arbeitnehmern in einer betriebsorganisatorisch eigenständigen Einheit verlängert sich die mögliche Bezugsfrist von regelmäßig sechs auf zwölf Monate für diejenigen Arbeitnehmer, für die Maßnahmen zur beruflichen Qualifizierung oder zur Eingliederung vorgesehen sind § 177 Abs. 1 S. 3 u. 4 SGB III. Diese Anforderung soll gewährleisten, dass das Strukturkurzarbeitergeld nicht als bloße Übergangsleistung in den Vorruhestand genutzt wird. Ziel ist es den Übergang in neue Beschäftigung zu unterstützen, wofür konkrete Bemühungen zur Eingliederung in den Arbeitsmarkt unternommen werden müssen[915].
Nach § 182 Nr. 3 lit. b SGB III ist das Bundesministerium für Arbeit und Sozialordnung ermächtigt durch Rechtsverordnung die Bezugsfrist für das Kurzarbeitergeld über die gesetzliche Bezugsfrist bis zu 24 Monaten zu verlängern, wenn außergewöhnliche Verhältnisse auf dem gesamten Arbeitsmarkt vorliegen. Davon hat das Ministerium durch die Rechtsverordnung vom 7.3.2001 hinsichtlich des Strukturkurzarbeitergelds Gebrauch gemacht[916] und die Bezugsfrist auf 24 Monate erhöht.
In § 177 Abs. 4 SGB III werden die Höchstbezugsfristen der verschiedenen Kurzarbeitergeldarten bestimmt. Gem. § 177 Abs. 4 S.1 SGB III verkürzt sich die Bezugsfrist für das Strukturkurzarbeitergeld um die vorangegangene Bezugsdauer des Kurzarbeitergeldes, wenn seit dem letzten Kalendermonat des Bezugs noch nicht drei Monate vergangen sind. Insofern ist ein Hintereinanderschalten der beiden Instrumente denkbar. Das macht Sinn, wenn zunächst nicht absehbar ist, ob die Strukturveränderung nicht ohne Personalabbau zu bewältigen ist.
Nach § 177 Abs. 4 S. 2 SGB III beträgt die Höchstbezugsdauer für Kurzarbeitergeld höchstens 2 Jahre in einem Gesamtzeitraum von 3 Jahren. Da durch Rechtsverordnung die Bezugsfrist von gesetzlich 12 Monaten auf 24 Monate erhöht wurde, verlängert sich nach § 177 Abs. 4 S. 2 2.HS Nr. 1 SGB III die Bezugsfrist für Kurzarbeitergeld um diesen Zeitraum von 12 Monaten. Demzufolge könnte im maßgeblichen Dreijahreszeitraum zunächst konjunkturelles Kurzarbeitergeld bezogen und danach die 24 Monate Strukturkurzarbeitergeld ausgeschöpft werden.

---

[915] *Roeder in Niesel* SGB III, § 177 Rdnr. 5.
[916] BGBl. I S. 383.

Gem. § 177 Abs. 4 S. 2 2.HS Nr. 2 SGB III wird die Bezugsfrist ebenfalls um Zeiten verlängert, für die ein Sozialplan eine Maßnahme vorsieht, die der beruflichen Eingliederung von Arbeitnehmern dient. Darunter fallen die Eingliederungsmaßnahmen nach § 254 SGB III. Allerdings ist diese Regelung wegen der verlängerten Höchstdauer durch Rechtsverordnung praktisch nicht relevant.

3. Remanenzkosten während der Strukturkurzarbeit

Wird die Lösung über Strukturkurzarbeitergeld gewählt, ist zu berücksichtigen, dass die sog. Remanenzkosten vom Unternehmer zu tragen sind. Dies ist bei der Budgetierung zu berücksichtigen. Die Remanenzkosten betragen rglm. etwa 50% der bisherigen Entgelte.

a. Sozialversicherungsbeiträge zur Kranken-, Renten und Pflegeversicherung bei Gewährung von Strukturkurzarbeitergeld

Während des Bezuges von Strukturkurzarbeitergeld bleibt in der Kranken -und Pflegeversicherung die Mitgliedschaft § 192 Abs. 1 Nr. 4 SGB V bzw. § 20 Abs. 1 SGB XI erhalten und in der Renten- und Arbeitslosenversicherung die Versicherungspflicht nach § 1 S. 1 Nr. 1 SGB VI, § 24 Abs. 3 Nr. 1 SGB III fortbestehen. Es liegt trotz Arbeitszeit Null auch keine Versicherungsfreiheit wegen Geringfügigkeit der Beschäftigung vor[917]. Der Arbeitgeber hat nach §§ 249 Abs. 2 Nr. 3 SGB V, 168 Abs.1 Nr. 1 lit. a SGB VI, 58 Abs.1 S. 2 SGB XI die Beiträge zur Renten-, Kranken- und Pflegeversicherung der Strukturkurzarbeiter nach Maßgabe des jeweiligen allgemeinen Beitragssatzes allein zu tragen[918]. Der für freiwillig in der gesetzlichen Krankenversicherung Versicherte oder für Privatversicherte vom Arbeitgeber zu zahlende Beitragszuschuss erhöht sich bei Bezug von Strukturkurzarbeitergeld nach Maßgabe des § 257 Abs. 1 S. 3 SGB um die Hälfte des Betrages, den der Arbeitgeber bei Versicherungspflicht des Beschäftigten bei der Krankenkasse, bei der die Mitgliedschaft besteht nach § 249 Abs. 2 Nr. 3 SGB V zu tragen hätte. Das gilt entsprechend nach §§ 61 Abs. 1 S. 3, 58 Abs. 1 S. 2 SGB XI für die Pflegeversicherung. Als Bemessungsgrundlage (beitragspflichtige Einnahmen) für die Kranken- ,Pflege- und Rentenversicherung der Bezieher von Kurzarbeitergeld ist ein fiktives Arbeitsentgelt in Höhe von 80 % des Unterschiedsbetrages zwischen dem Sollentgelt und dem Ist-Entgelt nach

---

[917] *Voelzke in Küttner* Personalbuch 2001, S. 265.
[918] *Bothe*, Die Beiträge 1999, 449ff u. 577 ff.

§§ 232a Abs. 2 SGB V; 57 Abs. 1 SGB III; § 163 Abs. 6 SGB VI. Das Soll- und Ist-Entgelt bestimmt sich dabei wie in § 179 SGB III.
Beiträge zur Arbeitslosenversicherung sind für Bezieher von Kurzarbeitergeld nur aus dem Ist-Entgelt abzuführen. Für das tatsächlich erzielte beitragspflichtige Arbeitsentgelt während dieser Zeit tragen Arbeitgeber und Arbeitnehmer die Sozialversicherungsbeiträge inkl. der Arbeitslosenversicherung nach allgemeinen Vorschriften grundsätzlich zur Hälfte.

b. Anspruch auf Aufstockungszahlungen aus Individualvertrag, Betriebsvereinbarung oder Tarifvertrag

Bei den Remanenzkosten sind auch Aufstockungszahlungen zum Strukturkurzarbeitergeld zu berücksichtigen. Dabei kann das Kurzarbeitergeld bis zu 100% des bisherigen Nettoentgelts aufgestockt werden.

aa. Überblick über mögliche Anspruchsvoraussetzungen

Die Arbeitnehmer in Kurzarbeit Null können aus ihrem Arbeitsvertrag einen Anspruch auf Aufstockung ihres Strukturkurzarbeitergeldes haben. Dieser Anspruch könnte sich ebenfalls aus Betriebsvereinbarung ergeben, wobei in diesem Falle § 77 Abs. 3 BetrVG die betriebsverfassungsrechtliche Regelung sperrt, wenn die Aufstockung von Strukturkurzarbeitergeld üblicherweise im Tarifvertrag geregelt werden und der Tarifvertrag den Abschluss ergänzender Betriebsvereinbarungen nicht ausdrücklich zulässt.
Häufig finden sich in Tarifverträgen Regelungen zur Kurzarbeit wie z.B. § 7 MTV der Chemischen Industrie[919]. Zu prüfen ist, ob die tarifvertraglichen Regelungen das Strukturkurzarbeitergeld mit umfassen oder sich nur auf das konjunkturelle Kurzarbeitergeld beschränken. Findet sich keine ausdrückliche Regelung ist dies eine Frage der Auslegung im Einzelfall. Bei dem neuen Instrument des Strukturkurzarbeitergeldes ist sicherlich maßgeblich, zu welchem Zeitpunkt der maßgebliche Tarifvertrag zustande kam. Eine so weitreichende dynamische Verweisung, dass auch Instrumente, die bei der Einigung zum Tarifvertrag noch nicht bekannt oder auf die betref-

---

[919] Nach § 7 Abs. 2 MTV erhalten Arbeitnehmer, die Kurzarbeitergeld beziehen einen Zuschuss zum Kurzarbeitergeld, der brutto zu gewähren ist. Die Höhe des Zuschusses errechnet sich aus dem Unterschiedsbetrag zwischen dem infolge des Arbeitsausfalls verminderten Nettoarbeitsentgelt zuzüglich dem Kurzarbeitergeld und 90% des Nettoentgelts, das der Arbeitnehmer ohne Kurzarbeit im Abrechnungszeitraum erzielt hätte.

fende Branche nicht anwendbar sind, erfasst werden, bedarf besonderer Anknüpfungspunkte im Tarifvertragstext selbst.
Sollte ein Anspruch auf Aufstockung des Kurzarbeitergeldes im Tarifvertrag vereinbart sein, sind die tarifgebundenen Arbeitnehmer anspruchsberechtigt.

bb. Sozialversicherungsrechtliche Behandlung von Zuschüssen zum Strukturkurzarbeitergeld

Zuschüsse des Arbeitgebers zum Kurzarbeitergeld unerheblich aus welcher Anspruchsgrundlage gehören seit dem 1.1.1996 nach § 2 Abs. 2 Nr. 4 ArEV nicht zum Arbeitsentgelt, soweit sie zusammen mit dem Kurzarbeitergeld nicht 80% der Nettoentgeltdifferenz übersteigen. Insoweit zählen sie nicht zum beitragspflichtigen Arbeitsentgelt, so dass sie bei der Berechnung der Beiträge und Leistungen in der Sozialversicherung außer Betracht bleiben. Sie unterliegen somit auch nicht mehr der Beitragspflicht zur Arbeitslosenversicherung[920].

V. Die Anspruchsvoraussetzungen für das Strukturkurzarbeitergeld in einer betriebsorganisatorisch eigenständigen Einheit nach §§ 175 ff SGB III

Die Anspruchsvoraussetzungen für das Strukturkurzarbeitergeld ergeben sich aus § 175 ff. SGB III. Die sonstigen Vorschriften des Kurzarbeitergeldes §§ 169 ff. SGB III finden auf das Strukturkurzarbeitergeld Anwendung, soweit in §§ 175 ff. SGB nichts Abweichendes geregelt ist. Im Folgenden werden die für die Gewährung des Strukturkurzarbeitergeldes geltenden Abweichungen und Besonderheiten erörtert.

1. Nicht nur vorübergehender Arbeitsausfall nach § 175 Abs. 1 S.1 SGB III

Der Anspruch auf Strukturkurzarbeitergeld besteht nach § 175 S.1 SGB III in Fällen eines nicht nur vorübergehenden Arbeitsausfalls[921]. Strukturkurzarbeit setzt Arbeitsausfall voraus. Das Gesetz hat keinen Mindestumfang des Arbeitsausfalls genannt. Zum Teil wird diskutiert, ob der Arbeitsausfall erheblich sein muss[922]. Da die

---

[920] *Voelzke in Küttner*, Personalbuch 2001, S. 265.
[921] Nach *Estelmann in Hennig* SGB III, § 175 Rdnr. 36 handelt es sich bei dem nicht nur vorübergehenden Arbeitsausfall i.S.d. § 175 Abs. 1 S. 1 Nr. 1 SGB III um einen Arbeitsausfall, der in qualitativer Weise auf ein Verschwinden der Arbeit beruht. Dabei berücksichtigt er im Rahmen des „Arbeitsausfalls" bereits die „Strukturveränderung für den Betrieb".
[922] *Bieback in Gagel* SGB II,I § 175 Rdnr. 25.

betroffenen Arbeitnehmer zur Vermeidung von Entlassungen in betriebsorganisatorisch eigenständige Einheiten zusammengefasst werden müssen, muss der Arbeitsausfall 100% der bisherigen Arbeit umfassen. Bei Kurzarbeit Null wird Nichtarbeit finanziert[923].

Ein nicht nur vorübergehender Arbeitsausfall liegt vor, wenn das Ende des Arbeitsausfalles nicht absehbar ist. Der Arbeitsausfall muss endgültig sein, d.h. die Arbeitsplätze müssen wegfallen[924]. Darin unterscheidet sich das Strukturkurzarbeitergeld vom konjunkturellen Kurzarbeitergeld, welches nach § 170 I Nr. 2 SGB III an einen vorübergehenden Arbeitsausfall anknüpft.

2. Strukturveränderung für einen Betrieb

Der Anspruch auf Gewährung von Strukturkurzarbeitergeld setzt nach § 175 Abs. 1 S1. Nr. 1 SGB III eine Strukturveränderung für einen Betrieb voraus. In § 175 SGB III ist der arbeitsrechtliche Betriebsbegriff zugrunde zu legen. Die Strukturveränderung ist eine rein arbeitsförderungsrechtliche Tatbestandsvoraussetzung, die im Arbeitsrecht keine Entsprechung hat.

Eine Auffassung legt die Strukturveränderung dahingehend aus, dass alle dauerhaften Veränderungen in der Zusammensetzung und Organisation der Produktionsfaktoren des Betriebs unter dieses Tatbestandsmerkmal fallen[925]. Begründet wird diese Auffassung mit dem Unterschied zu § 170 Abs. 2 SGB III. § 175 SGB III verlange anders als § 170 Abs. 2 SGB III nicht, dass die Veränderung der betrieblichen Strukturen durch die allgemeine wirtschaftliche Entwicklung bedingt ist. Diese Auffassung lässt auch grundlegende allgemeine Änderungen der betrieblichen Organisation wie outsourcing, lean production ausreichen, selbst wenn diese allein durch spezielle, betriebsbezogene Wirtschaftlichkeitsüberlegungen bedingt und vor allem der Steigerung des Gewinns und Erlangung besserer wettbewerblicher Positionen dienen[926]. Im Ergebnis ist damit der Betrieb selbst Bezugspunkt der Strukturveränderung[927].

Nach der Gegenauffassung geht der Begriff der Strukturveränderung in einem Betrieb i.S.d. § 175 Abs. 1 S. 1 Nr. 1 SGB III über den in § 170 Abs. 2 SGB III enthaltenen Begriff hinaus[928]. Die betriebliche Strukturveränderung ist nicht nur eine Folge der Anpassung des Betriebes an die geänderten Marktverhältnisse aufgrund der all-

---

[923] *Feckler*, GK-SGB III, § 175 Rdnr. 20.
[924] *Bieback in Gagel* SGB III, § 175 Rdnr. 24.
[925] *Bieback in Gagel* SGB III, § 175 Rdnr. 26.
[926] *Bieback in Gagel* SGB III, § 175 Rdnr. 26.
[927] *Estelmann in Hennig*, SGB III, § 175 Rdnr. 6.
[928] *Feckler*, GK-SGB III, § 175 Rdnr. 7.

gemeinen wirtschaftlichen Entwicklung [929]. Die betriebliche Strukturveränderung ist auch Folge des Strukturwandels eines bestimmten Wirtschaftszweiges, der zu einzelbetrieblichen Verschiebungen auf Dauer führt[930]. Der Strukturwandel muss demnach eine dauerhafte Verschiebung der wirtschaftlichen Gegebenheiten mit sich bringen und den Betrieb nachhaltig und auf Dauer betreffen[931]. Diese Entwicklung ist von erheblichen Nachfrageausfällen gekennzeichnet, die diese Betriebe zwingen, ihre Produktion den wesentlich geänderten Anforderungen anzupassen und dabei Fertigungskapazitäten und Beschäftigte deutlich zu vermindern [932]. In der Folge wird der betreffende Betrieb auch bei Wiederaufleben der Konjunktur ohne Veränderung der Strukturen nicht wieder zur Vollbeschäftigung zurückkehren[933]. In jedem Fall scheiden insofern rein interne, betriebsbedingte Gründe aus.

Die erste Auffassung wird durch die Gesetzesbegründung zum 1. AFRG-Entwurf nur bedingt gestützt[934]. Danach soll wegen der Feststellungsschwierigkeiten nicht mehr darauf abgestellt werden, ob der Arbeitsausfall auf einer schwerwiegenden strukturellen Verschlechterung der Lage des Wirtschaftszweiges beruht, sondern ob Strukturveränderungen in einem Betrieb mit der Einschränkung oder Stilllegung des Betriebes oder wesentlicher Betriebsteile verbunden sind. Weiter wird in der Gesetzesbegründung ausgeführt, dass aufgrund der Schwierigkeiten bei der Feststellung, ob die zu dem Arbeitsplatzausfall führenden arbeitsplatzvernichtenden Strukturveränderungen die Lage eines Wirtschaftszweiges betreffen, nunmehr auf die Situation der jeweiligen Betriebe abgestellt werden soll[935].

Das bedeutet aber nicht, dass mit dem Strukturkurzarbeitergeld auch solche Massenentlassungen abgefedert werden sollen, die ihren Grund darin haben, dass ein Unternehmen im Wettbewerb unterlegen ist. Nach wie vor müssen die Wettbewerbsprobleme strukturell sein, sich als Problem einer Branche oder Region darstellen. Denn Anknüpfungspunkt für § 175 SGB III sind Strukturanpassungsprozesse[936].

Folgte man der ersten Auffassung wäre die Tatbestandsvoraussetzung der Strukturänderung überflüssig, denn die Stilllegung oder Einschränkung eines Betriebs oder eines wesentlichen Betriebsteils verbunden mit erheblichen Personalabbau bedeutet immer eine Strukturveränderung des Betriebs. Lediglich die zweite Auffassung gewährleistet dem Tatbestandsmerkmal „Strukturveränderung" eine eigenständige Be-

---

[929] *Feckler*, GK-SGB III, § 175 Rdnr. 7.
[930] *Feckler*, GK-SGB III, § 175 Rdnr. 7.
[931] *Bachner/Schindele*, NZA 1999, 130 (131); ebenso Sammelerlass Kurzarbeitergeld 6/ 2000, § 175, DA 7.2 .
[932] *Bachner/Schindele*, NZA 1999, 130 (131).
[933] vgl. *Roeder in Niesel* SGB III, § 175 Rdnr. 3.
[934] BT-Drucks. 13/4941, S. 147.
[935] BT-Drucks. 13/4941 S. 185.
[936] Vgl. BT-Drucks. 13/4941 S. 185.

deutung. Sonach sprechen für die zweite Meinung sowohl teleologische als auch systematische Gründe.

3. Einschränkung und Stilllegung des ganzen Betriebes und wesentlicher Betriebsteile nach § 175 Abs. 1 S.1 Nr.1 SGB III

Die Strukturveränderung für einen Betrieb muss gem. § 175 Abs.1 S. 1 Nr. 1 SGB III mit der Einschränkung und Stillegung des ganzen Betriebes oder von wesentlichen Betriebsteilen verbunden sein.
Dabei genügt nicht wie bei der Auslösung von Beteiligungsrechten nach §§ 111 ff. BetrVG, dass die Einschränkung oder Stilllegung geplant ist. Erforderlich ist, dass die Maßnahmen im für die Einschränkung und Stillegung maßgeblichen Umfang umgesetzt wird. Das ergibt sich aus dem Wortlaut des § 175 Abs. 1 S.1 Nr. 1 SGB III.
Diese Tatbestandsvoraussetzungen entsprechen denen des § 111 S. 3 Nr. 1 BetrVG hinsichtlich der Betriebsänderung.
§ 171 S. 2 gilt nicht für das Strukturkurzarbeitergeld[937]. Denn in § 175 SGB III sind die arbeitsrechtlichen Begriffspaare Betrieb und wesentliche Betriebsteile genannt, wohingegen § 171 SGB III von Betrieb und Betriebsabteilung spricht. Diese sprachliche Differenzierung zeigt, dass es sich bei Betriebsteilen nach § 175 SGB III gerade nicht um Betriebsabteilungen gem. § 171 S.2 SGB III handelt. Die arbeitsförderungsrechtliche Definition der Betriebsabteilung als räumlich, personell und organisatorisch vom Gesamtbetrieb abgegrenzter Betriebsteil, der mit eigenen technischen Betriebsmitteln einen eigenen Betriebszweck verfolgt, welcher auch nur Hilfszweck sein kann[938], kann nicht in § 175 SGB III hineingelesen werden.
Demnach ist bei der Auslegung der Begriffe in § 175 SGB III vollumfänglich auf die arbeitsrechtliche Interpretation zurückzugreifen[939].
Die Stilllegung und die Einschränkung sind danach zwei sich ausschließende Tatbestände. Der Unterschied zwischen einer Stilllegung und einer Einschränkung liegt wie bereits ausgeführt darin, dass im Fall der Stilllegung die Belegschaft aufgelöst während bei der Einschränkung die Leistungsfähigkeit des Betriebs erheblich, ungewöhnlich und nicht nur vorübergehend herabgesetzt wird[940]. Demgemäss können sie hinsichtlich eines Betriebs oder eines Betriebsteils nicht kumulativ auftreten. Es handelt sich bei der Voraussetzung „Stilllegung und Einschränkung" in § 175 Abs. 1 S.1 SGB III um ein Redaktionsversehen. Das „und" ist durch ein „oder" zu ersetzen[941].

---

937 A.A. *Estelmann in Hennig* SGB III § 175 Rdnr.50.
938 BSG vom 20.1.1982- SozR 4100 § 75 Nr.9.
939 *Bachner/Schindele,* NZA 1999, 130 (131), *Roeder in Niesel,* SGB III, § 175Rdnr. 3.
940 *Picot,* Arbeitsrecht, S. 178.
941 So auch *Bachner/Schindele,* NZA 1999, 130 (134).

Das Strukturkurzarbeitergeld knüpft an interessenausgleichspflichtige Sachverhalte an. Anders als in §§ 254, 255 Abs. 1 Nr. 3 SGB III wird aber keine Vereinbarung im Interessenausgleich oder im Sozialplan als Anspruchsvoraussetzung verlangt. Die Errichtung einer betriebsorganisatorisch eigenständigen Einheit durch den abbauenden Arbeitgeber ist nach seinem Regelungsgehalt dem Interessenausgleich zuzuordnen. Allein die Verpflichtung durch Einschaltung eines externen Anbieters die Möglichkeit zu schaffen und zu finanzieren, dass vom Personalabbau betroffene Arbeitnehmer Strukturkurzarbeitergeld zu beziehen können, gehört zum Sozialplangegenstand.

4. Personalanpassung in erheblichem Umfang

Weitere Voraussetzung für die Gewährung von Strukturkurzarbeitergeld ist, dass die Stilllegung oder Einschränkung des Betriebs oder wesentlicher Betriebsteile mit Personalanpassungsmaßnahmen in erheblichem Umfang einhergehen. Die Voraussetzung wäre tautologisch, wenn die Einschränkung des Betriebs in Form des reinen Personalabbaus mit Personalanpassungsmaßnahmen in erheblichem Umfang synonym wäre. Daher ist der Begriff Personalanpassungsmaßnahmen auf alle personelle Maßnahmen in Umsetzung der betrieblichen Strukturveränderung zu verstehen. Personalanpassungsmaßnahmen umfassen nicht nur Entlassungen, sondern auch Versetzungen, Umsetzungen, Vorruhestandsregelungen und schließlich Versetzungen in die betriebsorganisatorisch eigenständigen Einheit[942]. Mit ein zu beziehen sind nur diejenigen, die mit der Stilllegung oder der Einschränkung einhergehen. Insoweit müssen die Personalanpassungen im inneren Zusammenhang zur zugrundeliegenden Betriebsänderung stehen. Auszunehmen sind nur die Maßnahmen, die nicht in Umsetzung der Betriebsänderung sondern z.B. aus personen- oder verhaltensbedingten Gründen erfolgen.

Diese Personalanpassungen müssen in erheblichem Umfang erfolgen. Während in § 175 Abs. 1 S. 1 Nr. 2 SGB III hinsichtlich der Entlassungen einer erheblichen Anzahl von Arbeitnehmern ausdrücklich auf § 17 Abs. 1 KSchG verweist, fehlt ein solcher Verweis in § 175 Abs. 1 S. 1 Nr. 1 SGB III. Die herrschende Meinung zieht die Schwellenwerte des § 17 Abs. 1 KSchG mit vom BAG festgesetzten Modifikationen für Großbetriebe heran[943]. Aus § 175 Abs. 1 S. 4 SGB III geht hervor, dass ein mit den Personalanpassungsmaßnahmen einhergehender Personalaufbau nicht un-

[942] Sammelerlass Kurzarbeitergeld 6/ 2000, § 175, DA 7.3.
[943] *Bieback in Gagel*, SGB III § 175 Rdnr. 34; *Feckler*, GK-SGB III, § 175 Rdnr. 11.

schädlich für die Gewährung von Strukturkurzarbeitergeld ist, sondern auch der Zielsetzung dieser Vorschrift entspricht.

5. Eingegrenzter Anwendungsbereich bei Betriebsänderungen aufgrund der Kombination der drei Anspruchsvoraussetzungen des § 175 Abs. 1 S.1 Nr. 1 SGB III

Durch die Kombination der Anforderungen in § 175 Abs. 1 S. 1 Nr. 1 SGB III ist nicht jede sozialplanpflichtige Betriebsänderung i.S.d. § 111 S. 3 Nr. 1 BetrVG verbunden mit Personalanpassungen durch Strukturkurzarbeitergeld förderungsfähig.
Die Stilllegung oder die Einschränkung eines Kleinbetriebs mit bis zu 20 Arbeitnehmern nach § 111 S. 3 Nr. 1 BetrVG ist nicht nach § 175 Abs. 1 S. 1 Nr. 1 SGB III förderungsfähig, da mit der Betriebsstilllegung keine Personalanpassungen im erheblichen Umfang einhergehen können. Die erste Stufe der Schwellenwerte des § 17 KSchG werden nicht erreicht. Das ist die Folge des BetrV-RG, wonach hinsichtlich des Schwellenwerts bei Betriebsänderungen nunmehr auf das Unternehmen abgestellt wird.
Mit der Einfügung von S. 2 in § 175 SGB III durch das Job-AQTIV-Gesetz sind diese Fälle nicht mehr grundsätzlich von der Förderung ausgenommen. Denn nach § 175 S.2 SGB III besteht der Anspruch auf Kurzarbeitergeld auch in Fällen eines nicht nur vorübergehenden Arbeitsausfalls in einem Betrieb mit in der Regel nicht mehr als 20 Arbeitnehmern, wenn bei mindestens 20% der im Betrieb beschäftigten Arbeitnehmer trotz Arbeitsausfalls Entlassungen vermieden werden können.
Der reine Personalabbau in der Größenordnung des § 17 Abs. 1 KSchG stellt eine Einschränkung des Betriebs oder wesentlichen Betriebsteils dar. Gleichzeitig erfüllt er die Voraussetzung der Personalanpassung im erheblichen Umfang. Er erfüllt aber nicht die Voraussetzung der Strukturveränderung. Dazu wäre erforderlich, die Produktion den wesentlich geänderten Anforderungen anzupassen und dabei Fertigungskapazitäten und Beschäftigte deutlich zu vermindern[944]. Insofern genügt der Abbau von Arbeitsplätzen unter Aufrechterhaltung des Produktionsvolumens zur Steigerung der Produktivität nicht[945]. Ausgeschlossen von Förderungen sind danach Maßnahmen die ausschließlich auf Leistungsverdichtung abzielen.
Umgekehrt reicht allein eine zeitlich geringere Ausnutzung der Betriebsanlagen für die Anwendung von § 175 SGB III nicht aus[946]. Denn das Gesetz fordert kumulativ eine Personalanpassung in erheblichem Umfang.

---

[944] *Bachner/Schindele*, NZA 1999, 130 (131).
[945] Sammelerlass Kurzarbeitergeld 6/ 2000, § 175, DA 7.2.
[946] Vgl. Sammelerlass Kurzarbeitergeld 6/ 2000, § 175, DA 7.2.

6. Zusammenfassung in betriebsorganisatorisch eigenständigen Einheiten nach § 175 Abs. 1 S.1 Nr. 2 SGB III

Weitere Voraussetzung für die Gewährung von Strukturkurzarbeitergeld ist gem. § 175 Abs. 1 S.1 Nr. 2 SGB III, dass die von dem Arbeitsausfall betroffenen Arbeitnehmer zur Vermeidung von Entlassungen einer erheblichen Zahl von Arbeitnehmern des Betriebs (§17 Abs. 1 des KSchG) in einer betriebsorganisatorisch eigenständigen Einheit zusammengefasst werden.

a. Die betriebsorganisatorisch eigenständige Einheit

Die betriebsorganisatorisch eigenständige Einheit ist eine arbeitsförderungsrechtliche Einrichtung. Hinsichtlich deren arbeitsförderungsrechtlichen Anforderungen ist auf die bereits gemachten Ausführungen zu verweisen.
Die betriebsorganisatorisch eigenständige Einheit ist keine arbeitsrechtliche Organisationsgröße. Sie ist aber auch nicht mit der arbeitsförderungsrechtlichen Betriebsabteilung i.S.d. § 171 SGB III gleichzusetzen. Die Betriebsabteilung ist ein räumlich und organisatorisch vom Gesamtbetrieb abgegrenzter Betriebsteil, der mit eigenen technischen Betriebsmitteln einen eigenen Betriebszweck verfolgt, der auch nur Hilfszweck sein kann[947]. Der Betriebszweck ist auch im Arbeitsförderungsrecht ein arbeitstechnischer Zweck[948]. In der betriebsorganisatorisch eigenständigen Einheit wird kein arbeitstechnischer Zweck verfolgt.

b. Errichtung der betriebsorganisatorisch eigenständigen Einheit beim abbauenden Arbeitgeber

Betriebsorganisatorisch eigenständig bedeutet, dass sich die Einheit klar vom übrigen Betrieb abgegrenzt ist[949]. Die organisatorische Trennung der Arbeitnehmer, die von dem nicht nur vorübergehenden Arbeitsausfall betroffen sind, und den übrigen Arbeitnehmern des Betriebs soll gewährleisten, dass eine indirekte Subventionierung des abbauenden Betriebs vermieden und das Ziel der Gewährung von Strukturkurzarbeitergeld nämlich die soziale Abfederung und soziale Gestaltung des Strukturwandels sichergestellt wird[950].

---

[947] BSG vom 20.1.1982 - SozR 4100 § 75 Nr. 9.
[948] BSG vom 30.5.1997 - SozR 4100 § 63 Nr. 1.
[949] *Estelmann in Hennig*, SGB III, § 175 Rdnr. 61, *Roeder in Niesel*, SGB III, § 175 Rdnr. 6 .
[950] *Bieback in Gagel*, SGB III § 175 Rdnr. 2.

c. Vorübergehende Beschäftigung auf dem alten Arbeitsplatz

Als eigenständig kann die betrieblichen Einheit angesehen werden, wenn sie beispielsweise den vorübergehenden Personalmehrbedarf des Betriebs bei Krankheits- oder Urlaubsfällen oder für Reparaturarbeiten abdeckt[951]. Diese Ausnahme ist angesichts Regelungen in § 175 Abs. 1 S. 4 u. 5 SGB III restriktiv auszulegen. Der Arbeitgeber hat daher, das Arbeitsamt über Charakter und Dauer der Personalfluktuation zwischen betriebsorganisatorisch eigenständiger Einheit und dem Betrieb zu unterrichten[952]. Während dieser vorübergehenden Wiedereingliederung besteht kein Anspruch auf Strukturkurzarbeitergeld[953].

d. Einschaltung einer bereits existierenden BQG

Die betriebsorganisatorisch eigenständige Einheit muss nicht zwingend beim bisherigen Arbeitgeber gebildet werden. Träger der betriebsorganisatorisch eigenständigen Einheit kann auch eine dritte Rechtspersönlichkeit sein, die keinen weiteren Betrieb führt[954]. Dabei handelt es sich um sog. Beschäftigungs- und Qualifizierungsgesellschaften. Selbständige betriebsorganisatorische Einheiten können auch unter Mitwirkung mehrerer Arbeitgeber gebildet werden[955]. Bei der Beurteilung der Anspruchsvoraussetzungen sind in diesem Fall die Umstände des abgebenden Betriebes maßgeblich[956]. Dadurch, dass die als selbständige Rechtsträger organisierten betriebsorganisatorisch eigenständigen Einheiten in vollem Umfang in die Arbeitgeberrechte und –pflichten eintreten, wenngleich i.d.R. mit geringeren Leistungen im Vergleich zum bisherigen Arbeitgeber[957], sind die organisatorischen Voraussetzungen für die Nutzung des Strukturkurzarbeitergeldes erfüllbar[958].

---

[951] *Estelmann in Hennig* SGB III § 175 Rdnr. 62; Feckler GK-SGB III, § 175 Rdnr.16; *Roeder in Niesel* SGB III, § 175 Rdnr. 6.
[952] Sammelerlass Kurzarbeitergeld 6/ 2000, § 175, DA 7.5.
[953] *Estelmann in Hennig*, SGB III § 175 Rdnr. 62.
[954] BT-Drucks. 14/6944, S. 38.
[955] Sammelerlass Kurzarbeitergeld 6/ 2000, § 175, DA 7.5.
[956] *Feckler*, GK-SGB III, §175 Rdnr. 15.
[957] *Gaul/Kliemt*, NZA, 2000, 674 (674).
[958] Sammelerlass Kurzarbeitergeld 6/ 2000, § 175,DA 7.5.

Die Beschäftigungsbedingungen können im Sozialplan geregelt werden[959]. In diesem Fall scheiden die vom Arbeitsplatzabbau betroffenen Arbeitnehmer aus dem bisherigen Betrieb durch dreiseitigen Vertrag mit dem abgebenden Unternehmen und der aufnehmenden externen Beschäftigungs- und Qualifizierungsgesellschaft und begründen zu dieser Gesellschaft zugleich einen befristetes Beschäftigungsverhältnis nach Maßgabe der im Sozialplan festgelegten Konditionen.

e. Vermittlung in Zweitarbeitsverhältnisse bei ruhendem Beschäftigungsverhältnis zur betriebsorganisatorisch eigenständigen Einheit

Die Vermittlung von Arbeitnehmern der betriebsorganisatorisch eigenständigen Einheit in zeitlich befristete Arbeitsverhältnisse bei fortbestehendem ruhendem Beschäftigungsverhältnis zur betriebsorganisatorisch eigenständigen Einheit ist möglich. Diese Arbeitnehmer haben während der Dauer des Zweitarbeitsverhältnisses keinen Anspruch auf Strukturkurzarbeitergeld, weil bei ihnen während dieser Zeit kein mit einem Entgeltausfall verbundener Arbeitsausfall eintritt [960]. Bei Beendigung des befristeten Zweitarbeitsverhältnisses und Rückkehr lebt der Anspruch auf Strukturkurzarbeitergeldanspruch wieder auf[961].

Dies ermöglicht im Ergebnis die Erledigung und Abwicklung von Aufträgen bei gleichzeitiger Umsetzung der Personalanpassung. Denn die für eine juristische Sekunde in die selbständige betriebsorganisatorisch eigenständige Einheit, überführten Arbeitnehmer, können so im Wege der Arbeitnehmerüberlassung oder auf Grundlage eines befristeten Zweitarbeitsverhältnisses wieder für den bisherigen Betrieb tätig[962].

Davon zu trennen sind die Fälle des vorübergehenden Einsatzes bei einem dritten Arbeitgeber mit der Zielsetzung des Lernens bei der Arbeit, bei der der betreffende Arbeitnehmer kein Entgelt beziehen darf.

Ein Arbeitgeber kann auch mehrere förderungsfähige betriebsorganisatorisch eigenständige Einheiten bilden, sofern bei zeitlich versetzten Personalanpassungsmaßnahmen jeweils die übrigen Voraussetzungen des § 175 SGB III vorliegen. Eine Versetzung von Arbeitnehmern von der einen zur anderen betriebsorganisatorisch eigenständigen Einheit führt allerdings nicht zur Verlängerung der Bezugsfrist von Strukturkurzarbeitergeld. Maßgeblich bleibt nach wie vor § 177 Abs. 4 SGB III. Der entscheidende Zeitpunkt ist der Übertritt aus dem produktiven Bereich in die betriebsorganisatorisch eigenständige Einheit.

---

[959] *Feckler*, GK-SGB III, §175 Rdnr. 17.

[960] *Eckhardt*, AuB 2000, 100 (102).

[961] Sammelerlass Kurzarbeitergeld 6/ 2000, § 175, DA 7.5.

[962] *Roeder in Niesel* SGB III, § 175 Rdnr. 9; Sammelerlass Kurzarbeitergeld 6/ 2000, § 175, DA 7.4.

7. Zusammenfassung zur Vermeidung von Entlassungen einer erheblichen Anzahl von Arbeitnehmern

Nach § 175 Abs. 1 S. 1 Nr. 2 SGB III müssen die von dem Arbeitsausfall betroffenen Arbeitnehmer zur Vermeidung von Entlassungen einer erheblichen Anzahl von Arbeitnehmern des Betriebs in einer betriebsorganisatorisch eigenständigen Einheit zusammengefasst sein.

a. Zusammenhang zwischen der Zusammenfassung und der Vermeidung von Entlassungen

Durch die Zusammenfassung in der betriebsorganisatorisch eigenständigen Einheit sollen Entlassungen von Arbeitnehmern vermieden werden. Es wird nicht verlangt, dass diese Arbeitnehmer auch alle in der Einheit zusammengefasst sind[963]. Deshalb ist die Voraussetzung auch erfüllt, wenn nur ein Teil der gefährdeten Arbeitsplätze beim ursprünglichen Arbeitgeber bleibt[964]. Entlassungen einer erheblichen Zahl von Arbeitnehmern werden also vermieden, wenn durch die Zusammenfassung von Arbeitnehmern die in § 17 Abs. 1 KSchG niedergelegte Mindestgrößenordnung Entlassungen nicht eintreten oder wenigstens der in § 17 Abs. 1 KSchG genannten Mindestzahl von Arbeitnehmern erspart bleibt[965].

Das bedeutet aber nicht, dass bspw. in einem Betrieb mit 21 Arbeitnehmern, in dem 6 Arbeitnehmer abgebaut werden sollen, mit Übertritt von 2 vom Arbeitsausfall betroffenen Arbeitnehmern[966] in die betriebsorganisatorische Einheit und der Fortsetzung der Arbeitsverhältnisse mit den urspr. abzubauenden 4 Arbeitnehmern die Voraussetzung des §175 Abs.1 S. 1 Nr. 2 SGB III erfüllt ist. Denn der Personalabbau erfüllt nicht die Voraussetzungen der Einschränkung des Betriebs oder Betriebsteils i.S.d. § 175 Abs. 1 S. 1 Nr. 1 SGB III. Die Voraussetzungen der Nr. 1 und 2 des § 175 Abs. 1 S.1 SGB III müssen kumulativ vorliegen.

---

963 *Bieback in Gagel* SGB III, § 175 Rdnr. 38.

964 *Bachner/Schindele*, NZA 1999, 131; *Bieback in Gagel* SGB III § 175 Rdnr. 38; *Eckhardt*, AuB 2000, 100 (101).

965 Sammelerlass Kurzarbeitergeld 6/ 2000, § 175, DA 7.4.

966 Da der Gesetzgeber in § 175 Abs. 1 S. 1 Nr. 2 SGB III den Plural „die betroffenen Arbeitnehmer" benutzt, müssen stets mindestens zwei Arbeitnehmer in der betriebsorganisatorisch eigenständigen Einheit zusammengefasst werden.

Weiter wird nicht verlangt, dass diejenigen Arbeitnehmer, die in der betriebsorganisatorisch eigenständigen Einheit zusammengefasst sind, wirksam betriebsbedingt gekündigt worden wären. Ausreichend ist nach § 175 Abs. 1 Nr. 2 SGB III, dass sie vom Arbeitsausfall betroffen sind. Das ist der Fall, wenn ihr Arbeitsplatz infolge der dauerhaften Veränderung der Betriebsstruktur weggefallen ist. Maßgebend für diese Beurteilung ist der Betriebsplan[967].

b. Ausdrückliche Übernahme von § 17 Abs. 1 KSchG als Maßstab

Der ausdrückliche Verweis auf § 17 KSchG bezieht sich ausschließlich auf die dort geregelten Größenordnungen – Betriebsgröße und Zahl der zu entlassenden Arbeitnehmer. Dagegen ist der in § 17 KSchG enthaltene Zeitraum von 30 Kalendertagen unerheblich, d.h. die betroffenen Arbeitnehmer müssen nicht ansonsten diesem Zeitraum entlassen werden[968]. § 175 Abs. 1 S.1 Nr. 2 findet folglich in Betrieben, in denen in der Regel nicht mehr als 20 Arbeitnehmer tätig sind, keine Anwendung. Sie erfasst zwar Saison- und Kampagnebetriebe (§ 22 KSchG) sowie Betriebe, die von der öffentlichen Verwaltung geführt werden (§ 23 Abs. 2 S. 1 KSchG). Stellen Saison- und Kampagnebetriebe ihre Tätigkeit entsprechend ihres Zwecks nach der abgelaufenen Saison oder Kampagne ein, handelt es sich um keine Stilllegung des Betriebs i.S.d. § 111 S. 3 Nr. 1 BetrVG und erfüllen damit nicht die Förderungsvoraussetzungen nach § 175 Abs. 1 Nr. 1 SGB III[969]. Bei den Betrieben der öffentlichen Verwaltung findet nach § 130 BetrVG das Betriebsverfassungsrecht keine Anwendung, so dass keine Stilllegung oder Einschränkung i.S.d. § 111 S. 3 Nr. 1 BetrVG vorliegt. Anders als bei § 254 Abs. 3 SGB III gibt es in §§ 175 ff SGB III keine Erweiterungsregelung.

c. Vermeidung von Entlassungen als Vermeidung von Arbeitslosigkeit

Eine Entlassung i.S.d. § 175 Abs. 2 S.2 Nr. 2 SGB III ist wie in § 17 Abs. 1 KSchG die tatsächliche Beendigung des Arbeitsverhältnisses[970]. Das ergibt sich bereits daraus, dass nach § 175 Abs. 3 SGB III auch Arbeitnehmer in den Kreis der Anspruchsberechtigten einbezogen werden, deren Arbeitsverhältnis gekündigt oder durch Aufhebungsvertrag aufgelöst ist. Das Strukturkurzarbeitergeld wird nicht unmittelbar zur

---

[967] Sammelerlass Kurzarbeitergeld 6/ 2000, § 175, DA. 7.5.

[968] *Feckler*, GK-SGB III, § 175 Rdnr. 13.

[969] ebenso *Estelmann/Hennig* SGB III § 175 Rdnr.39, der allerdings darauf abstellt, dass es bei diesen Betrieben an der Strukturveränderung fehle.

[970] BAG vom 11.3.1999 – 2 AZR 461/98 -AP Nr. 12 zu § 17 KSchG 1969; BAG vom 24.10.1996 – 2 AZR 895/95 - AP Nr. 8 zu § 17 KSchG 1969; *Dorndorf*, KSchG, § 17 Rdnr. 21.

Vermeidung von Kündigungen sondern zu deren sozialer Abfederung eingesetzt. Nach Wortlaut und Zweck der Regelung gilt dies nur solange, wie bei den betroffenen Arbeitnehmern keine Arbeitslosigkeit eingetreten ist[971]. Denn die Vermeidung von Entlassung nach § 175 Abs. 1 S.1 Nr. 2 SGB III ist nicht mehr möglich, wenn die betreffenden Arbeitnehmer bereits arbeitslos sind. Da Arbeitslosigkeit des Arbeitnehmers gem. § 118 Abs. 1 Nr. 1 SGB III voraussetzt, dass er vorübergehend nicht in einem Beschäftigungsverhältnis steht, ist es unschädlich, wenn eine vorzeitige Arbeitslosmeldung nach § 122 SGB III erfolgte. Denn sie ist gerade zulässig, wenn die Arbeitslosigkeit noch nicht eingetreten, der Eintritt der Arbeitslosigkeit aber innerhalb der nächsten zwei Monate zu erwarten ist. Vermeidung von Entlassungen bedeutet im Kern zumindest vorübergehende Vermeidung von Arbeitslosigkeit[972].

d. Arbeitnehmer mit gekündigten oder einvernehmlich aufgelösten Arbeitsverhältnissen

Arbeitnehmer mit bereits gekündigten oder aufgehobenen Arbeitsverhältnissen werden bei der Zusammenfassung in betriebsorganisatorisch eigenständigen Einheiten, mit der Entlassungen einer erheblichen Zahl von Arbeitnehmern vermieden werden soll, nur berücksichtigt, wenn ihre individuelle Verweildauer in der betriebsorganisatorischen Einheit den Zeitraum der maßgeblichen Kündigungsfrist übersteigt[973]. Damit sollen die Einsparung von Personalkosten durch die Betriebe zu Lasten der Versichertengemeinschaft erschwert oder vermieden werden[974]. Ist in einem Sozialplan oder einer sonstigen kollektiven Vereinbarung eine einheitliche Bestandsdauer der betriebsorganisatorisch eigenständigen Einheit und damit die Verweildauer verabredet, wird diese ohne individuelle Betrachtung der Kündigungsfristen auch bei Vorliegen von Aufhebungsverträgen von der Arbeitsverwaltung akzeptiert[975]. Grund ist die Annahme, dass der Betriebsrat bei dem Zustandekommen der arbeitsrechtlichen Vereinbarung regulierend mitgewirkt hat. Es wird i.E. von der Arbeitsverwaltung beim Abschluss eines entsprechenden Sozialplans eine Art Richtigkeitsgewähr vermutet.

---

[971] Sammelerlass Kurzarbeitergeld 6/ 2000, § 175, DA 7.4.
[972] *Roeder in Niesel* SGB III, § 175 Rdnr. 5.
[973] Sammelerlass Kurzarbeitergeld 6/ 2000, § 175, DA 7.4.
[974] s.o.
[975] Sammelerlass Kurzarbeitergeld 6/ 2000, § 175, DA 7.4.

e. Aufstockung der betriebsorganisatorisch eigenständigen Einheit

Sofern eine betriebsorganisatorisch eigenständige Einheit nach § 175 SGB III gebildet ist, kann diese mit weiteren Arbeitnehmern des Betriebs aufgestockt werden, die infolge von neuen Personalanpassungskonzepten redundant geworden sind und unmittelbar aus dem produktiven Bereich einmünden. Dabei müssen durch die Übertretenden nicht erneut die Mindestzahlen des § 17 KSchG erreicht werden[976].

f. Gründung der betriebsorganisatorisch eigenständigen Einheit als maßgeblicher Zeitpunkt

Für den Anspruchsbeginn ist in i.d.R. der Zeitpunkt der Gründung der betriebsorganisatorisch eigenständigen Einheit maßgeblich[977]. Da es jedoch nicht möglich ist, die geforderte Mindestzahl an Arbeitnehmern am selben Tag der betriebsorganisatorischen Einheit zuzuweisen, beginnt der Anspruch auf Strukturkurzarbeitergeld schon dann, wenn eine betriebsorganisatorisch eigenständige Einheit geschaffen wird und binnen 30 Kalendertagen nach ihrer Gründung die Mindestzahl erreicht wird[978].

8. Ausweitung auf Kleinbetriebe nach §175 Abs. 1 S. 2 SGB III

Durch das Job-AQTIV-Gesetz ist in § 175 Abs. 1 SGB III ein neuer Satz 2 eingefügt worden. Danach besteht Anspruch auf Kurzarbeitergeld in Fällen des nicht nur vorübergehenden Arbeitsausfalls in Betrieben mit in der Regel nicht mehr als 20 Arbeitnehmern ungeachtet der Voraussetzungen nach Satz 1, wenn bei mindestens 20% der im Betrieb beschäftigten Arbeitnehmer trotz des Arbeitsausfalles Entlassungen verhindert werden können. Da durch das BetrV-RG nunmehr auch bei sog. Kleinbetrieben Betriebsänderungen nach § 111 S. 3 Nr. 1 BetrVG möglich sind, gewinnt die Vorschrift Bedeutung bei Betrieben, die nicht Teil eines Unternehmens i.S.v. § 111 S. 1 BetrVG sind, und bei der Festlegung der notwendigen Quote zu verhindernder Entlassungen.

---

[976] Sammelerlass Kurzarbeitergeld 6/ 2000, § 175, DA 7.4.
[977] *Roeder in Niesel* SGB III, § 175 Rdnr. 5.
[978] *Feckler*, GK- SGB III, § 175 Rdnr. 64.

9. Qualifizierung in der betriebsorganisatorisch eigenständigen Einheit nach § 175 Abs. 1 S. 3 und 4 SGB III

Gem. § 175 Abs. 1 S. 4 SGB III sollen die Zeiten des Arbeitsausfalls vom Betrieb dazu genutzt werden, die Vermittlungsaussichten der Arbeitnehmer zu erhöhen, insbesondere durch eine berufliche Qualifizierung, zu der auch zeitliche begrenzte Beschäftigung bei anderen Arbeitgebern gehören kann. Hierbei handelt es sich um eine Soll-Vorschrift. Der Anspruch der Arbeitnehmer auf Strukturkurzarbeitergeld hängt nicht davon ab, dass eine berufliche Qualifizierung der Arbeitnehmer in der betriebsorganisatorisch eigenständigen Einheit erfolgt[979]. Leistungsrechtliche Konsequenzen können aus der Nicht-Qualifizierung innerhalb der ersten 6 Monate der betriebsorganisatorischen Einheit nicht gezogen werden.

Qualifizierungsmaßnahmen bis zu 6 Monaten können sowohl im kurzarbeitenden Betrieb als auch außerhalb des Betriebes durchgeführt werden[980]. „Learning on the job" im Rahmen einer zeitlich begrenzten Beschäftigung bei einem anderen Arbeitgeber ist eine denkbare Qualifizierungsmaßnahme[981]. Durch die Beschäftigung in einem anderen Betrieb werden die Ziele des Strukturkurzarbeitergeldes oft gut erfüllt, die Vermittlungsaussichten und die Qualifikation zu erhöhen[982]. Voraussetzung für die Zahlung von Strukturkurzarbeitergeld ist jedoch, dass der betreffende Arbeitnehmer kein Entgelt erhält und nicht länger als sechs Monate beschäftigt ist[983].

Für die berufliche Qualifizierung ist ausdrücklich in § 175 Abs. 1 S. 3 SGB III die Beschäftigung bei einem anderen beispielhaft genannt. Die Aufzählung ist nicht abschließend. Es können im übrigen die gleichen Eingliederungsmaßnahmen wie bei § 254 SGB III durchgeführt werden.

Nach § 177 Abs. 1 S.4 SGB III setzt ein Anspruch auf Strukturkurzarbeitergeld in einer betriebsorganisatorisch eigenständigen Einheit über die Dauer von sechs Monaten hinaus voraus, dass für Arbeitnehmer Maßnahmen der beruflichen Qualifizierung oder andere geeignete Maßnahmen zur Eingliederung vorgesehen sind. Ab diesem Zeitpunkt wird die Qualifizierung zur Pflicht[984]. Dabei handelt es sich vor allem um Qualifikationsmaßnahmen, die der Arbeitgeber selbst durchführt oder durchführen lässt. Soweit die Arbeitsverwaltung Qualifikationsmaßnahmen durchführt und Unterhaltsgeld gezahlt wird, entfällt der Anspruch auf Strukturkurzarbeitergeld gem. § 172 Abs. 2 Nr. 1 SGB III. Anders ist es, wenn zusätzliche Leistungen aus dem Sonder-

---

[979] *Feckler*, GK-SGB III, § 175 Rdnr. 19.
[980] *Feckler*, GK-SGB III, § 175 Rdnr. 22.
[981] *Feckler*, GK-SGB III, § 175 Rdnr. 23.
[982] *Bieback in Gagel* SGB III, § 175 Rdnr. 50.
[983] Sammelerlass Kurzarbeitergeld 6/ 2000, § 175, DA. 7.7.
[984] *Bieback in Gagel* SGB III, § 175 Rdnr. 58.

programm ESF gewährt werden, die gerade der Aufstockung des Kurzarbeitergeldes dienen. Die allgemeine Obergrenze für den Bezug des Strukturkurzarbeitergeldes von 2 Jahren verlängert sich nach § 177 Abs. 4 S. 2 Nr. 2 SGB III um Zeiten, für die ein Sozialplan eine Maßnahme, die der beruflichen Eingliederung von Arbeitnehmern dient. Maßnahmen nach §§ 254 ff SGB III entsprechen diesen Anforderungen.

10. Möglichkeit der Finanzierung der Qualifikationsmaßnahmen durch Europäischen Sozialfond

§ 7 der ESF-Richtlinie regelt die Zuschüsse bei Qualifizierung während des Bezugs von Kurzarbeitergeld. Nach Abs.1 können notwendige Lehrgangskosten in entsprechender Anwendung von § 82 SGB III erstattet werden, sofern für Bezieher von Kurzarbeitergeld berufliche Qualifizierungsmaßnahmen zur Bewältigung des Strukturwandels oder zur Anpassung an neue Produktionssysteme durchgeführt werden. Gefördert werden die Teilnahme an:

- Orientierungs- bzw. Feststellungsmaßnahmen,
- Weiterbildungsmaßnahmen,
- Fortbildungsmaßnahmen, die auf einen anerkannten Berufsabschluss aufbauen und zu einem höherwertigen Abschluss führen,
- Sog. Betriebliche Maßnahmen (Lernen im Betrieb)
- Existenzgründungsseminare
- Maßnahmen zum Abbau berufsbezogener allgemeinbildender Defizite.

Dabei können nur Maßnahmen gefördert werden, die innerhalb des Bezugszeitraums von Strukturkurzarbeitergeld liegen. Ausgeschlossen ist die Förderung von Maßnahmen zur arbeitsmarktlichen Begleitung im Vorfeld oder Teilnahme an den Qualifizierungsmaßnahmen z.B. Vermittlungscoaching, da hierbei keine Qualifizierungsinhalte vermittelt werden. Orientierungs- und Feststellungsmaßnahmen dürfen maximal 8 Wochen dauern. Am Ende der Maßnahme muss eine Berufswegplanung vorliegen. Betriebliche Maßnahmen sind nur förderungsfähig, wenn sie nicht im umzustrukturierenden abgebenden Betrieb stattfinden. Der Träger der Qualifizierungsmaßnahmen hat ein Qualifizierungskonzept vorzulegen.

Die Lehrgangskosten müssen angemessen im Sinne des § 82 SGB III sein; dabei werden die von den Landesarbeitsämtern festgelegten Durchschnittskostensätze angesetzt. Nach § 7 Abs. 3 der ESF-Richtlinie hat sich der Arbeitgeber bei der Durchführung der Qualifizierungsmaßnahmen angemessen zu beteiligen. Eine angemessene Beteiligung liegt in der Regel vor, wenn sich der Arbeitgeber mit einem Betrag in Höhe von 10% der insgesamt entstehenden Kosten der Qualifizierungsmaßnah-

men beteiligt. Dabei wird die Eigenbeteiligung auf Grundlage des sich insgesamt ergebenden Mittelbedarfs für die Durchführung der Maßnahmen festgelegt. Um diesen Betrag reduziert sich das Fördervolumen. Sind die tatsächlich entstandenen Kosten geringer, wird die Eigenbeteiligung nicht reduziert. Bei der Erhöhung können weitere Mittel nach obigem Verfahren angefordert werden.
Die Erbringung der Eigenleistung in Form von Sachkosten ist nicht möglich. Dem Betrieb bzw. der betriebsorganisatorisch eigenständigen Einheit steht es offen, dem mit der Durchführung der Maßnahmen beauftragten Träger seine Einrichtungen entgeltlich zur Verfügung zu stellen und so zur Finanzierung der Eigenbeteiligung Einnahmen zu erzielen. Da die Mietkosten zur entsprechenden Erhöhung der Maßnahmekosten führen, sind die Überlassung zuletzt durch eine entsprechende vertragliche Gestaltung doch als Eigenbeteiligung zu berücksichtigen.

11. Rückkehrmöglichkeit bei fehlgeschlagenem Transfer nach § 175 Abs. 1 S. 5 SGB III

Mit dem Einmalzahlungs-Neuregelungsgesetz vom 28.12.2001 wurde § 175 Abs. 1 S. 5 SGB III eingefügt[985]. Nimmt der Arbeitnehmer während seiner Zugehörigkeit zu einer betriebsorganisatorisch eigenständigen Einheit an einer Qualifizierungsmaßnahme teil, die das Ziel der anschließenden Aufnahme einer Beschäftigung bei einem anderen Arbeitgeber hat, steht bei Nichterreichen dieses Ziels der Rückkehr des Arbeitnehmers in den bisherigen Betrieb seinem Anspruch auf Strukturkurzarbeitergeld nicht entgegen.
Durch die Neuregelung sollen Qualifizierungsmaßnahmen erleichtert werden, deren Erfolg noch nicht abzusehen ist und bei denen es sich deshalb oft empfiehlt, zu Beginn einen Überschuss an Arbeitnehmern zu qualifizieren, um dann zumindest einige von ihnen vermitteln zu können[986]. Es muss sich dabei um eine Qualifizierungsmaßnahme handeln, die ausdrücklich der Vermittlung einer Qualifikation für andere Arbeitgeber dient[987].

---

[985] BGBl. I S. 1971.
[986] BT-Drucks. 14/4743, S. 20.
[987] *Bieback in Gagel* SGB III, § 175 Rdnr. 52.

12. Verbot planmäßiger Entlastung von Personal- und Qualifizierungskosten zu Lasten der Arbeitsämter

Kein Strukturkurzarbeitergeld wird nach § 175 Abs. 2 SGB III gewährt, wenn die Arbeitnehmer nur vorübergehend in der betriebsorganisatorisch eigenständigen Einheit zusammengefasst werden, um anschließend einen anderen Arbeitsplatz des Betriebes zu besetzen. Durch die Formulierung „um zu“ wird deutlich, dass lediglich die Fälle zum Ausschluss des Anspruches führen, in denen der Rücktransfer der betreffenden Arbeitnehmer von vornherein geplant ist. Durch die Vorschrift § 175 Abs. 2 SGB III soll verhindert werden, dass Betriebe sich durch planmäßiges Vorgehen von Personal- und Qualifizierungskosten zu Lasten der Arbeitsämter befreien[988].
So ist nach Ansicht der Arbeitsverwaltung der Anspruch nicht ausgeschlossen, wenn sich im Laufe der Umstrukturierungsphase ein gesicherter Arbeitskräftebedarf auf Dauer ergibt, und entgegen der ursprünglichen Planung einzelne im Rahmen eines betrieblichen Anpassungskonzepts in die betriebsorganisatorische Einheit versetzte Arbeitnehmer wieder in diesen einmünden[989]. Diese Wertung entspricht dem Rechtsgedanken, der auch § 175 Abs. 1 S.5 SGB III zugrunde liegt.
Der Ausschlusstatbestand betrifft nach seinem Wortlaut die Weiterbeschäftigung auf einem anderen Arbeitsplatz im Betrieb. Eine Weiterbildung für einen anderen Arbeitsplatz in einem anderen Betrieb des Unternehmens schließt Strukturkurzarbeitergeld nicht aus[990]. Dagegen wird eingewandt, dass nicht der Betrieb finanziell entlastet werde, sondern die Kostenentlastung trete beim Rechtsträger ein[991] Dieser Umstand rechtfertige die Vorschrift dahingehend auszulegen, dass in § 175 Abs. 2 SGB III „irgendein Betrieb desselben Arbeitgebers“ gemeint sei. Auf die Konzernebene wird der Ausschluss nicht erweitert, da § 175 Abs. 2 SGB III keinen Zurechnungstatbestand mit Konzernbezogenheit aufweise. Der Wortlaut gibt ist eindeutig und lässt keinen Raum für eine Auslegung.

VI. Verfahren zur Gewährung von Strukturkurzarbeitergeld

Die Gewährung von Strukturkurzarbeitergeld setzt formell eine Anzeige i.S. d. § 173 SGB III und einen Antrag gem. §§ 323 ff. SGB III voraus.

---

[988] BT-Drucks. 13/4941, S. 186.
[989] Sammelerlass Kurzarbeitergeld 6/ 2000, § 175, DA 7.8.
[990] *Bieback in Gagel* SGB III, § 175 Rdnr. 48; Feckler GK-SGB III, § 175 Rdnr. 25; *Roeder in Niesel* SGB III, § 175 Rdnr. 15.
[991] *Estelmann in Hennig* SGB III § 175 Rdnr. 70.

Die Anzeige ist materiell-rechtliche Anspruchsvoraussetzung. Anzeige und Antrag sind selbständige Anspruchsvoraussetzungen. Die Anzeige ersetzt nicht den Antrag[992]. Gem. § 173 Abs.1 SGB III ist der Arbeitsausfall bei dem Arbeitsamt, in dessen Bezirk der Betrieb liegt, schriftlich anzuzeigen. Die Anzeige kann nur vom Arbeitgeber oder der Betriebsvertretung nach § 173 Abs. 1 S. 2 SGB III erstattet werden. Dabei ist zu beachten, dass gem. § 173 Abs. 2 SGB III das Kurzarbeitergeld frühestens von dem Kalendermonat an geleistet wird, in dem die Anzeige über den Arbeitsausfall beim Arbeitsamt eingegangen ist.

Nach § 173 Abs. 3 SGB III hat das Arbeitsamt dem Anzeigenden unverzüglich einen schriftlichen Bescheid darüber zu erteilen, ob auf Grund der vorgetragenen und glaubhaft gemachten Tatsachen ein erheblicher Arbeitsausfall vorliegt und die betrieblichen Voraussetzungen erfüllt sind. Mit seiner Bestandskraft gibt der positive Anerkennungsbescheid dem Arbeitgeber und Arbeitnehmern des Betriebes grundsätzlich die Zusicherung, dass bei Vorliegen der persönlichen Voraussetzungen nach fristgerechter Antragstellung den Arbeitnehmern für die Zeit des Arbeitsausfalls Kurzarbeitergeld gewährt wird[993]

In der schriftlichen Anzeige sind die das Vorliegen eines erheblichen Arbeitsausfalles und die betrieblichen Voraussetzungen inklusive der besonderen Anspruchsvoraussetzungen des § 175 SGB III darzulegen und glaubhaft zu machen. Der Arbeitgeber der betriebsorganisatorisch eigenständigen Einheit hat die von ihm behauptete betriebliche Strukturveränderung in der Regel mit der Anzeige über den Arbeitsausfall ausführlich darzulegen und glaubhaft zu machen. Ebenfalls sind die entsprechenden Beweismittel vorzulegen. Soweit hierzu betriebliche Analysen sowie betriebswirtschaftliche Konzepte vorhanden sind, sind sie der Anzeige beizufügen. Das Personalanpassungskonzept[994], mit dem die personellen Konsequenzen der Betriebseinschränkung oder Stilllegung dargestellt werden, ist ebenfalls vorzulegen. Der Arbeitgeber hat sich darin zum Umfang und der zeitlichen Planung des Personalabbaus zu äußern. Es muss darüber hinaus dargelegt werden, ob durch die Zusammenfassung in der betriebsorganisatorischen Einheit im Betrieb Entlassungen im erheblichen Umfang vermieden werden konnten.

Gleiches gilt für eine extern errichtete Beschäftigungs- und Qualifizierungsgesellschaft. Es ist ein auf den Personal abgebenden Betrieb bezogener Nachweis zu der Frage zu erbringen, ob durch die Zusammenfassung der Arbeitnehmer in einer rechtlich selbständigen betriebsorganisatorisch eigenständigen Einheit Entlassungen einer erheblichen Zahl von Arbeitnehmern vermieden werden. Bei der Glaubhaftma-

---

[992] BSG v. 6.4.2000 – B 11 AL 81/99 R - NZA -RR 2001, 609.
[993] BSG SozR 3-4100 § 63 Nr.1.
[994] Dazu zählen Interessenausgleich, Sozialplan und andere Vereinbarungen.

chung genügt, dass gem. § 23 Abs. 1 S. 2 SGB X für das Vorliegen der dargelegten Umstände die überwiegende Wahrscheinlichkeit spricht. Das Arbeitsamt ist aber nicht von der Amtsehrmittlungspflicht nach § 20 SGB X enthoben. Diese beschränkt sich aber auf die Behebung eigener Zweifel[995].

Den obigen Darlegungen ist eine Stellungnahme des Betriebsrates beizufügen. Wie beim konjunkturellen Kurzarbeitergeld führt das Fehlen der Stellungnahme nicht zur Unwirksamkeit der Anzeige[996].

Schließlich ist das Kurzarbeitergeld als Leistung der Arbeitsförderung gem. § 323 Abs. 1 S.1 SGB III zu beantragen. Nach § 323 Abs.2 S. 1 SGB III ist das Strukturkurzarbeitergeld schriftlich unter Beifügung einer Stellungsnahme der Betriebsvertretung zu beantragen. Der Betriebsrat kann nach § 323 Abs.2 S. 1 SGB III ebenfalls das Kurzarbeitergeld beantragen.

Nach § 324 Abs. 2 S. 2 SGB III ist das Kurzarbeitergeld nachträglich zu beantragen; dies hat innerhalb der Ausschlussfrist von 3 Kalendermonaten nach Ablauf des jeweiligen Anspruchszeitraums gem. § 325 Abs. 3 SGB III zu geschehen. Der Antrag ist für jeden Abrechnungszeitraum separat gem. § 325 Abs. 3 1. HS SGB III zu stellen. Der Antrag hat neben der endgültigen Festlegung der Ausfallzeiten und Bezugsfrist die persönlichen Anspruchsvoraussetzungen für die betroffenen Arbeitnehmer zum Inhalt, die in der Regel in Abrechnungslisten zusammengefasst werden. Der Antrag ist nach §§ 323 Abs. 2, 327 Abs. 3 S.1 SGB III schriftlich bei dem Arbeitsamt zu stellen, in dessen Bezirk die für den Betrieb zuständige Abrechnungsstelle liegt.

D. Kombination von Zuschüssen zum Sozialplan und Strukturkurzarbeitergeld

§ 258 SGB III regelt das Verhältnis von Zuschüssen zu Sozialplanmaßnahmen zu anderen Leistungen der aktiven Arbeitsförderung. Zu den Leistungen der aktiven Arbeitsförderung zählt das Strukturkurzarbeitergeld nach § 175 SGB III.

Nach § 258 SGB III sind während der Eingliederungsmaßnahmen für die Teilnehmer andere Leistungen der aktiven Arbeitsförderung mit gleichartiger Zielsetzung ausgeschlossen[997]. Mit § 258 SGB III soll sichergestellt werden, dass die Arbeitnehmer als Teilnehmer während einer Eingliederungsmaßnahme im Rahmen eines bezuschussten Sozialplans nicht noch individuelle Leistungen mit gleichartiger Zielsetzung erhalten [998].

---

[995] Vgl. *Roeder in Niesel* § 173 Rdnr. 10.
[996] BSG SozR 4100 § 63 Nr. 1.
[997] *Roeder in Niesel*, SGB III, § 258 Rdnr. 1.
[998] *Bepler in Gagel* SGB III § 258 Rdnr. 1; *Roeder in Niesel* SGB III, § 258 Rdnr. 2.

Die Arbeitsverwaltung leitet aus § 258 SGB III ab, dass Strukturkurzarbeitergeld und Zuschüsse zu Sozialplanmaßnahmen nicht parallel geleistet werden können[999]. Möglich ist danach lediglich ein Vor- bzw. Nacheinanderschalten der beiden Instrumente[1000]. Ebenfalls zulässig ist danach die Förderung eines Personankreises durch Zuschüsse zu Sozialplanmaßnahmen und eines davon abgegrenzten anderen Teils durch Strukturkurzarbeitergeld[1001]. Begründet wird diese Auffassung zum Einen mit § 254 SGB III a.F. und zum Anderen damit, dass beide Instrumente präventiv zur Vermeidung von Arbeitslosigkeit durch Eingliederungsmaßnahmen in den Arbeitsmarkt eingesetzt werden.

Die Gegenauffassung schließt die parallele Förderung durch Zuschüsse zu Sozialplanmaßnahmen und Strukturkurzarbeitergeld nicht grundsätzlich aus[1002]. Es ist im Einzelnen zu prüfen, ob die im Sozialplan vorgesehenen Eingliederungsmaßnahmen die gleichartige Zielsetzung wie das Strukturkurzarbeitergeld haben[1003].

Mit der Novellierung des § 254 SGB III durch das Job-AQTIV-Gesetz ist die Anspruchsvoraussetzung, dass anstelle der für diese Arbeitnehmer andere Leistungen der aktiven Arbeitsförderung zu erbringen wären, weggefallen. Ausweislich der Gesetzesbegründung wird nunmehr lediglich davon ausgegangen, dass faktisch entsprechende Aufwendungen für Eingliederungsmaßnahmen und Verwaltungsaufwand seitens der Arbeitsverwaltung eingespart werden[1004]. Diese Norm kann nicht mehr als Stütze für die erste Auffassung herangezogen werden. Ausgangspunkt für die Beurteilung, allein § 258 SGB III. Entscheidend ist dabei, ob die Leistungen eine gleichartige Zielsetzung verfolgen. Maßgeblich ist dabei, welchen materiellen Inhalt die geförderten Maßnahmen haben[1005]. Werden Eingliederungsmaßnahmen und die Kosten zum Lebensunterhalt der vom Personalabbau betroffenen Arbeitnehmer nach §§ 254 ff. SGB III vom Landesarbeitsamt getragen, bleibt kein Raum für die Förderung von Strukturkurzarbeitergeld. Anderes gilt, wenn sich die Förderung durch Zuschüsse zu Sozialplanmaßnahmen darauf beschränkt, die Eingliederungsmaßnahmen zu bezuschussen. Dann bleibt Raum für die Gewährung von Strukturkurzarbeitergeld an die Arbeitnehmer. Denn die Leistungen haben unterschiedliche Zielsetzungen, nämlich die Kofinanzierung der Eingliederung bzw. die Gewährung des Le-

---

[999] Bundesanstalt für Arbeit vom 31.10.1997, DA, 258.1.1; ebenso *Feckler*, GK-SGB III, § 258 Rdnr. 4; *Feckler*, GK-SGB III, § 175 Rdnr. 26a.

[1000] Bundesanstalt für Arbeit vom 31.10.1997, DA, 258.1.1.

[1001] Bundesanstalt für Arbeit vom 31.10.1997, DA, 255.1.2.; ebenso *Feckler*, GK-SGB III, § 258 Rdnr. 7.

[1002] *Löwisch*, RdA 1997, 287 (287); *Löwisch*, Der Transfer-Sozialplan S.34 (45);*Roeder in Niesel* SGB III, § 258 Rdnr. 2.

[1003] *Theuerkauf in Hennig* SGB III, § 258 Rdnr. 3.

[1004] Vgl. BT-Drucks. 14/6944, S. 42.

[1005] *Bepler in Gagel* SGB III, § 258 Rdnr. 2; *Meyer*, NZA 1998 S. 513 (518).

bensunterhalts[1006]. Bei der Kombination der beiden Instrumente dürfen die Zuschüsse des Arbeitgebers zum Strukturkurzarbeitergeld und die Remanenzkosten bei der Beurteilung der Eigenbeteiligung nach § 255 Abs. 1 Nr. 5 SGB III nicht berücksichtigt werden[1007].

Die Arbeitsverwaltung verkennt, dass es an der Gleichartigkeit der Zielsetzung der beiden Instrumente fehlt[1008]. Der übergeordnete Zweck - Vermeidung von Arbeitslosigkeit- rechtfertigt keine Gleichsetzung. Sonach ist eine Kombination der Förderungen aus §§ 175 ff. SGB III und §§ 254 ff. SGB III grds. möglich. Stets muss die gleichartige Zielsetzung der Maßnahmen im Einzelfall geprüft werden.

[1006] *Gaul*, AuA 1998, 336 (339); *Löwisch*, RdA 1999, 287 (287); *Meyer*, NZA 1998, 513 (518).
[1007] So auch *Gaul*, AuA 1998, 336 (339).
[1008] *Löwisch*, RdA 1997, 287 (287); *Roeder* in Niesel SGB III, § 258 Rdnr. 2.

§ 4 Zusammenfassung

1. Der Transfer-Sozialplan ist gem. § 112 Abs. 1 S.2 BetrVG auf den Ausgleich oder die Milderung der wirtschaftlichen Nachteile gerichtet, die den Arbeitnehmern infolge der geplanten Betriebsänderung entstehen. Erstes Ziel des Transfer-Sozialplanes ist es, den von einem Arbeitsplatzabbau betroffenen Arbeitnehmern neue Beschäftigungsmöglichkeiten zu eröffnen. Dies geschieht anstelle von Abfindungen durch Gewährung beschäftigungswirksamer Qualifizierungs- und Transferleistungen.

2. Mit Hilfe von Transfer-Sozialplänen ist es in der Praxis gelungen, die Gefahr der Arbeitslosigkeit für die betroffenen Arbeitnehmer im Vergleich zu bisherigen Abfindungslösungen deutlich abzusenken. Gleichzeitig konnte die Wahrung unternehmerischer Zielsetzungen im Kontext sehr unterschiedlicher Rahmenbedingungen von Betriebsänderungen sichergestellt werden. Die verhältnismäßig geringe Verbreitung des Transfer- Sozialplans wird paradoxerweise gerade durch die hohe Spezifik und Flexibilität des Instruments verursacht.

3. Die Transfer- und Qualifizierungsmaßnahmen können gem. §§ 254 ff. SGB III von der Bundesanstalt für Arbeit durch Zuschüsse zu Sozialplanmaßnahmen gefördert werden. Um den Transfer der betroffenen Arbeitnehmer in neue Beschäftigungsverhältnisse zu gestalten, stellt das Arbeitsförderungsrecht mit §§ 175 SGB III zudem das Kurzarbeitergeld in einer betriebsorganisatorisch eigenständigen Einheit (sog. Strukturkurzarbeitergeld) zur Verfügung.

4. Mit § 112 Abs. 5 S. 2 Nr. 2a BetrVG kommt es zu einer ausdrücklichen Vernetzung des Sozialplans als arbeitsrechtlichem Instrument des Betriebsverfassungsrechts und den sozialrechtlichen Vorschriften des Arbeitsförderungsrechts. Die Einigungsstelle soll bei der Aufstellung von Sozialplänen, insbesondere die im SGB III vorgesehenen Förderungsmöglichkeiten zur Vermeidung von Arbeitslosigkeit berücksichtigen.

5. Die für den Transfer- Sozialplan maßgeblichen Regelungen finden sich sowohl im Betriebsverfassungsrecht wie auch im Arbeitsförderungsrecht. Damit wird der Inhalt vom Transfer- Sozialplan durch zwei Regelungsebenen bestimmt, zwischen denen zwar Interdependenzen bestehen, die aber dennoch voneinander zu trennen sind. Der Transfer-Sozialplan bleibt ein betriebsverfassungsrechtliches Instrument. Als Sozialplan hat er Überbrückungs- und Vorsorgefunktion.

6. Der Transfer-Sozialplan fügt sich wie der klassische Sozialplan in das System der Beteiligungsrechte der §§ 111 ff. BetrVG ein. Damit ist ein Transfer-Sozialplan auch in Kleinbetrieben eines Unternehmens, das den neunen unternehmensbezogenen Schwellenwert überschreitet möglich. Die Betriebsänderungstatbestände bleiben unverändert und sind weiterhin betriebsbezogen. Neu sind insofern die dem Betrieb gleichgesetzten betriebsverfassungsrechtlichen Organisationseinheiten, die im Rahmen der §§ 111 ff: BetrVG an die Stelle des maßgeblichen Betriebs treten.
Keine Erweiterung der Beteiligungsrechte bei der Betriebsänderung erfolgt durch das neue Vorschlags- und Beratungsrecht aus § 92a BetrVG und dem Mitbestimmungsrecht aus § 97 Abs. 2 BetrVG. Durch diese kann die Umsetzung der Betriebsänderung mangels Unterlassungsanspruches auch nicht im Wege der Einstweiligen Verfügung verhindert werden. Die §§ 111 ff. BetrVG sind lex specialis im Falle der Betriebsänderung.
Eine Zuziehung eines Transfer-Beraters ist nicht über § 111 S. 2 BetrVG möglich, denn dieses Recht bezieht sich lediglich auf die Unterstützung bei der Wahrnehmung seiner Beteiligungsrechte aus § 111 BetrVG.

7. Der vom Transfer-Sozialplan auszugleichende bzw. abzumildernde wirtschaftliche Nachteil ist der Verlust des bisherigen Arbeitsplatzes der vom Personalabbau betroffenen Arbeitnehmer. Auf die dafür eingesetzten Transfer- und Qualifizierungsmaßnahmen sind die Vorschriften der betrieblichen Bildung nicht anzuwenden.

8. Nach § 256 Abs. 1 SGB III berät das Landesarbeitsamt den Unternehmer und den Betriebsrat auf Verlangen über die Förderungsmöglichkeiten von Eingliederungsmaßnahmen im Rahmen der Sozialplanverhandlungen sowie bei den vorgelagerten Interessenausgleichsverhandlungen. Aufgrund des Beratungsanspruchs nach § 256 Abs.1 SGB III fehlt es deshalb regelmäßig an der Erforderlichkeit nach § 80 Abs. 3 BetrVG hinsichtlich eines „Transfer- Beraters" im Rahmen der Sozialplanverhandlungen.

9. Nach § 256 Abs. 2 SGB III entscheidet das Landesarbeitsamt auf Antrag des Unternehmens oder der Einigungsstelle des Betriebsverfassungsgesetzes im voraus, ob und unter welchen Voraussetzungen eine Maßnahme gefördert werden kann. Der Vorabbescheid trifft keine verbindliche Feststellung, in welcher Höhe ein Zuschuss gewährt werden kann. Der Betriebsrat hat kein Recht auf Erlass eines Vorabbescheides. Der Betriebsrat hat gegenüber dem Unternehmer weder einen betriebsver-

fassungsrechtlichen noch arbeitsförderungsrechtlichen Anspruch, dass dieser ihm einen erlassenen Vorabbescheid überlässt oder diesen beschafft.
10. Mit § 112 Abs. 5 S. 2 Nr. 2a BetrVG beschränkt sich der Gesetzgeber nicht mehr auf die Schaffung eines Anreizsystems durch arbeitsförderungsrechtliche Instrumente, sondern bindet die Einigungsstelle bei ihrer Ermessensentscheidung zur Aufstellung des Sozialplanes ein. Sie ist gleichrangig neben die bisherigen drei Ermessensrichtlinien für die Aufstellung eines Sozialplanes eingeordnet worden.

11. Für die Betriebsparteien ergibt sich aus den arbeitsförderungsrechtlichen Regelungen kein generelles Abfindungsverbot, soweit Eingliederungsmaßnahmen möglich sind. Die Steuerung erfolgt insofern nur über Anreizstrukturen und nicht über Verpflichtungen. Aus dem Umstand, dass mit Vereinbarung von Eingliederungsmaßnahmen i.S.d. §§ 254 ff. SGB III das Sozialplanvolumen durch die Kofinanzierung vergrößert werden kann, ist ebenfalls keine Pflicht zur Vereinbarung von Eingliederungsmaßnahmen abzuleiten. Auch mit §§ 175 ff. SGB III bleibt der Gesetzgeber im System der Steuerung durch Anreize.

12. Aus § 2 SGB III lässt sich keine Gestaltungswirkung im Sinne einer Pflicht der Betriebsparteien zur Vereinbarung von Eingliederungsmaßnahmen anstelle von Abfindungen herleiten. § 112 Abs. 5 S.2 Nr. 2a BetrVG ist auf die freiwillige Vereinbarung nicht anwendbar. Sie wirkt nur mittelbar, insofern als die Betriebsparteien die Entscheidung der Einigungsstelle antizipieren.

13. § 112 Abs. 5 S. 2 Nr. 2 BetrVG ist eine weitere Ermessensrichtlinie, die § 112 Abs.5 S.1 BetrVG konkretisiert. Sie hat nicht bloße Hinweisfunktion, sondern ist ein „muss", wenn soweit nicht besondere Umstände eine andere Wertung erfordern. Die Ermessensrichtlinie nach § 112 Abs.5 S. 2 Nr. 2a BetrVG bezieht sich insbesondere auf die im SGB III vorgesehenen Förderungsmöglichkeiten zur Vermeidung von Arbeitslosigkeit. Der Ermessensrichtlinie nach § 112 Abs.5 S.2 Nr. 2a BetrVG wird man nur gerecht, wenn man den Begriff „berücksichtigen" teleologisch dahingehend auslegt, dass es regelmäßig billigem Ermessen entspricht, wenn der Sozialplan Transferleistungen und keine Abfindungen vorsieht, sofern die Anspruchsvoraussetzungen für Förderungsmöglichkeiten für den betroffenen Arbeitnehmerkreis vorliegen.
14. Die Grenze der Erzwingbarkeit von „im SGB III vorgesehenen Fördermöglichkeiten zur Vermeidung von Arbeitslosigkeit" bildet § 112 Abs. 4, Abs. 1 S.2 BetrVG als maßgebliche Kompetenznorm für die Einigungsstelle. Die Grenzziehung zwischen

Interessenausgleich und Sozialplan ist durch die Einführung der Ermessensrichtlinie § 112 Abs. 5 S. 2 Nr. 2a BetrVG und die flankierenden arbeitsförderungsrechtlichen Fördermittel nicht verschoben worden. Sie ist weiterhin nach arbeitsrechtlichen Gesichtspunkten zu bestimmen.

15. Die nach §§ 254, 255 Abs. 1 Nr. 3 SGB III förderungsfähigen Eingliederungsmaßnahmen können durch die Einigungsstelle festgelegt werden, da die für die Förderungsfähigkeit maßgeblichen Vorschriften ihrerseits auf § 112 Abs.4, Abs. 1 S. 2 BetrVG rekurrieren.

16. Die Errichtung einer betriebsorganisatorisch eigenständigen Einheit zum Bezug von Strukturkurzarbeitergeld nach § 175 ff. SGB III beim bisherigen Arbeitgeberbetrieb betrifft dessen Betriebsstruktur und dessen Betriebsorganisation. Die Entscheidung einen solchen Rechtsträger zu gründen, betreffen Fragen der Unternehmensführung. Beide Gegenstände sind daher der Regelungsbefugnis der Einigungsstelle nach § 112 Abs.1 S.2, Abs.4 BetrVG entzogen. Die Einigungsstelle darf lediglich festlegen, dass der Arbeitgeber die Übernahme von betroffenen Arbeitnehmer durch eine, von einem Dritten getragenen, rechtlich selbständigen betriebsorganisatorisch eigenständigen Einheit, im Hinblick auf die Gewährung von Struktur- Kurzarbeitergeld nach § 175 SGB III, finanziert. Nicht erzwingbar ist, mit welcher Beschäftigungs- und Qualifizierungsgesellschaft der Arbeitgeber abschließt. Insofern reicht das Mitbestimmungsrecht bei der Aufstellung eines Sozialplanes hinsichtlich der betriebsorganisatorisch eigenständigen Einheit als soziale Einrichtung weiter als allgemein bei sozialen Einrichtungen nach §§ 88 Nr. 2, 87 Abs. 1 Nr. 8 BetrVG. Die im Transfer-Sozialplan festgelegten Transfer- und Qualifizierungsleistungen können von einem Dritten wie z.B. einer BQG erbracht werden.
Die Einigungsstelle hat keine Befugnis zur Vermeidung von Entlassungen bzw. zum Hinausschieben derselben.

17. Bei der Aufstellung des Transfer-Sozialplans sind dieselben Inhaltsschranken zu berücksichtigen wie beim Abfindungssozialplan.

18. Auch soweit ein Transfer-Sozialplan in Betracht kommt, richtet sich die Frage, ob und in welchem Umfang solche Maßnahmen im Sozialplan vorgesehen werden, nach der wirtschaftlichen Vertretbarkeit der damit verbundenen Kosten für das Unternehmen. Die Kofinanzierung durch arbeitsförderungsrechtlichen Instrumente sind mit ein zu beziehen. Es gilt auch hier, dass der Gesamtbetrag der Sozialplanleistun-

gen den Fortbestand des Unternehmens oder der verbleibenden Arbeitsplätze nicht gefährden darf.

19. Die einseitige Festlegung einer Teilnahmepflicht an Transfermaßnahmen seitens betroffener Arbeitnehmer übersteigt die Vereinbarungskompetenz von Arbeitgeber und Betriebsrat wegen des Verbots des Arbeitszwangs aus Art. 12 Abs. 2 GG. Gegen eine zwangsweise Teilnahme an Eingliederungsmaßnahmen spricht ebenfalls das allgemeine Persönlichkeitsrecht der Arbeitnehmer aus Art 2 Abs. 1 i.V.m. Art. 1 Abs. 1 GG, die nach § 75 Abs. 2 S. 1 BetrVG von Arbeitgeber und Betriebsrat zu schützen und zu fördern sind. Der Erhalt von Leistungen aus dem Sozialplan können dagegen von der Teilnahme an Transfermaßnahmen abhängig gemacht werden.

20. Die Höhe des Zuschusses bleibt nach gegenwärtiger Rechtslage der endgültigen Entscheidung nach Abschluss des zu fördernden Sozialplans vorbehalten. Die Einigungsstelle und die Betriebsparteien haben für die Fälle der fehlenden Kofinanzierung Vorsorge zu tragen. Denkbar und zulässig sind auflösende Bedingungen hinsichtlich einzelner Transfer- und Qualifizierungsleistungen. Die Einigungsstelle muss solche Regelungen festsetzen, um den Anforderungen des § 112 Abs. 5 S. 2 Nr. 3 BetrVG zu genügen.

21. Mit den Zuschüssen zu Sozialplanmaßnahmen nach §§ 254 ff. SGB III und dem Strukturkurzarbeitergeld nach §§ 175 ff. SGB III wurden zwei arbeitsmarktpolitische Förderinstrumente in das SGB III eingeführt, mit denen notwendige Personalanpassungsprozesse beschäftigungswirksam gestaltet werden können. Diese Regelungen flankieren seither den Sozialplan und können über § 112 Abs. 5 S. 2 Nr. 2a BetrVG Inhalt des Transfer-Sozialplans werden. Die beiden funktional äquivalenten Instrumente folgen unterschiedlichen Logiken:

- Sozialplanzuschüsse leisten einen Beitrag zu den Kosten von Förderungsmaßnahmen, während die Entgeltansprüche der Arbeitnehmer unverändert bleiben
- Das Struktur- Kurzarbeitergeld verringert Personalkosten bei verlängertem Beschäftigungsangebot, während die Kosten für Fördermaßnahmen von Arbeitgeber zu tragen sind.

22. In den Regelungen der §§ 254 ff. und §§ 175 ff. SGB III sind betriebsverfassungsrechtliche Rechtsbegriffe übernommen worden. Trotz der Anknüpfung der arbeitsförderungsrechtlichen Vorschriften an die betriebsverfassungsrechtliche Termi-

nologie bleibt es bei der Abgrenzung der beiden Teilrechtsordnungen. Die Anspruchsvoraussetzungen sind spezifisch arbeitsförderungsrechtlich zu bestimmen.

Arnd Hermann

Outplacement

Eine Untersuchung der individualvertraglichen Gestaltung und kollektivarbeitsrechtlichen Aspekte eines neuen Instruments des Personalabbaus

Frankfurt am Main, Berlin, Bern, Bruxelles, New York, Oxford, Wien, 2001.
217 S., 2 Abb.
Studien zum Arbeitsrecht und zur Arbeitsrechtsvergleichung.
Herausgegeben von Manfred Weiss und Spiros Simitis. Bd. 2
ISBN 3-631-37804-1 · br. € 40.00*

Die wirtschaftliche Entwicklung ist gegenwärtig weltweit von starken Konzentrations- und Umstrukturierungsprozessen geprägt. Der Verlauf der Fusionen zeigt, daß trotz des Konjunkturaufschwungs Arbeitsplätze in Unternehmen verloren gehen können. Unter Outplacement wird ein Dienstleistungspaket verstanden, das für den betroffenen Mitarbeiter negative Folgen einer Entlassung abmildern soll, indem der Mitarbeiter im Rahmen einer Outplacement-Beratung bei der Suche nach einem neuen Arbeitsplatz unterstützt wird. Das Ziel dieser Arbeit ist eine rechtliche Einordnung von Outplacement vorzunehmen. Zum einen wird das Konzept der Outplacement-Beratung im Hinblick auf die Umsetzung in eine rechtsverbindliche Vereinbarung über diese Dienstleistung untersucht. Zum anderen wird versucht zu klären, zu welchen kollektivrechtlichen Regelungstatbeständen das Personalinstrument Outplacement einen rechtlich relevanten Bezug hat. Es geht darum festzustellen, ob die Outplacement-Maßnahme nach ihren konzeptionellen Elementen in die bestehenden kollektivrechtlichen Tatbestände einzuordnen ist oder die Anwendung von Outplacement der Umgehung von betriebsverfassungsrechtlich vorgesehenen Rechten oder sonstigen individuellen Rechten dient. Im Mittelpunkt dieser Untersuchung steht deshalb die Frage, ob Outplacement als eine kollektivrechtlich relevante Maßnahme den Aufgabenbereich des Betriebsrates betrifft und die Durchführung dieses Personalinstruments seine Beteiligung erfordert.

Aus dem Inhalt: Outplacement im Kontext des Betriebsverfassungsrechts · Die steuerrechtliche Behandlung von Outplacement